中国道路
开启全球治理新模式

杜月明 编著

图书在版编目（CIP）数据

中国道路开启全球治理新模式／杜月明编著． —北京：中央编译出版社，2017.6
ISBN 978-7-5117-3084-8

Ⅰ. ①中…
Ⅱ. ①杜…
Ⅲ. ①中国特色社会主义 -社会主义建设模式 -研究
Ⅳ. ①D616

中国版本图书馆 CIP 数据核字（2017）第 090625 号

中国道路开启全球治理新模式

出 版 人：葛海彦
出版统筹：贾宇琰
策划编辑：黄海明
特约策划：汤曼莉
责任编辑：韩继海
责任印制：尹　珺
出版发行：中央编译出版社
地　　址：北京西城区车公庄大街乙 5 号鸿儒大厦 B 座（100044）
电　　话：（010）52612345（总编室）　　　（010）52612313（编辑室）
　　　　　（010）52612316（发行部）　　　（010）52612346（馆配部）
传　　真：（010）66515838
经　　销：全国新华书店
印　　刷：北京紫瑞利印刷有限公司
开　　本：710 毫米×1000 毫米　1/16
字　　数：455 千字
印　　张：27
版　　次：2017 年 6 月第 1 版
印　　次：2017 年 6 月第 1 次印刷
定　　价：98.00 元

网　　址：www.cctphome.com　　　邮　箱：cctp@cctphome.com
新浪微博：@中央编译出版社　　　　微　信：中央编译出版社（ID: cctphome）
淘宝店铺：中央编译出版社直销店（http://shop108367160.taobao.com）　（010）55626985

本社常年法律顾问：北京市吴栾赵阎律师事务所律师　闫军　梁勤
凡有印装质量问题，本社负责调换，电话：（010）55626985

目 录

前言 ··· 1

第一章 民主的定义没有标准答案 ·· 1
 一、民主的概念 ·· 4
  （一）民主的定义没有标准答案 ···························· 4
  （二）对人民的解读 ·· 6
 二、民主的渊源 ·· 9
  （一）民主的古希腊起源说 ································ 9
  （二）民主的东方起源 ···································· 12
  （三）对民主欧洲中心论的探究 ·························· 16

第二章 民主没有固定标准与模式 ······································ 23
 一、民主过程的标准 ·· 25
  （一）民主过程的基础标准 ······························ 25
  （二）民主的参与衡量 ···································· 26
  （三）民主的多数原则 ···································· 32
  （四）民主的决议规则 ···································· 35
  （五）民主不是一人一票的选举 ·························· 36
  （六）多党制不一定是民主政府的保障 ·················· 38
  （七）国与国之间应严格遵循《联合国宪章》 ············ 41
  （八）国家民主政体的衡量 ······························ 43
 二、民主与国家政体选择 ·· 44
 三、国家政体模式的选择 ·· 47
  （一）君主立宪制的政体模式 ···························· 47

（二）代议制的政体模式 …… 55
（三）总统—议会制共和国的政体模式 …… 61
（四）中国选举民主与协商民主相结合的政体模式 …… 74

第三章　西方须再民主化 …… 169

一、中国模式开启世界民主形式的多元时代 …… 172
（一）中国制度成功创造经济发展的奇迹 …… 172
（二）中国何以这么短时间迅速崛起？ …… 179
（三）比较中西方制度，方知中国道路的魅力所在 …… 202
（四）中国道路的世界意义 …… 216
（五）苏维埃社会主义共和国联盟解体令"历史终结论"
　　　者欢呼雀跃 …… 234
（六）中国道路的成功，给世界民主政治秩序以重要启示 …… 238

二、未来世界的民主形式必将多元化共存 …… 248
（一）文明之间需要交流互鉴 …… 248
（二）世界在变化中加速调整 …… 254
（三）美国将不得不接受中国和其他新兴国家的崛起 …… 256
（四）民主的多元化将较长期存在 …… 270

三、西方须再民主化 …… 279
（一）美式民主并不在真正运转 …… 281
（二）西式民主在设计之初就先天不足 …… 284
（三）美国种族间的经济水平差距正在扩大 …… 285
（四）福利"瘦身"使西方福利国家模式遇到挑战 …… 288
（五）协商民主或是驱动美国及西方制度创新的途径 …… 289

第四章　西方民主的病在哪儿 …… 293

一、西方民主的双重标准 …… 297
（一）美式民主是有限制的民主 …… 297
（二）美国赤裸裸奉行"双重道德标准" …… 299
（三）劣迹斑斑的美国人权纪录 …… 300
（四）民主还是反民主，取决于评判者的力量 …… 305
（五）西式民主选举不具普世价值 …… 307

二、美国选举制度与民主的冲突 ········· 310
（一）美国总统选举并不反映多数选民的意愿 ········· 310
（二）金融僭主世袭才是美国民主政治的实质 ········· 313
（三）美国难以摆脱"王朝政治"传统 ········· 325

三、西方民主制度和"美国世纪"已面目全非 ········· 330
（一）从居里夫人的遭遇看法国民主的虚伪 ········· 330
（二）西式民主离资本很近，离民主本质很远 ········· 333
（三）教育不平等打碎了美国梦 ········· 338
（四）制度困境使西方民主沦为极化政治和金钱政治的代名词 ········· 341
（五）西方媒体并不自由 ········· 346

四、战争文化让美国成为暴政国家 ········· 354
（一）美国满世界找敌人意欲何为 ········· 354
（二）美国曾推翻七个政府 ········· 358
（三）美国用"圣诞大轰炸"结束越南战争 ········· 360
（四）冷战时期，驻德美军频练生化战 ········· 364
（五）美国借反恐之名发动伊拉克和阿富汗战争 ········· 366
（六）"颜色革命"致难民潮，美国是元凶 ········· 369
（七）美国无节制地使用无人机监视全球 ········· 372
（八）美国只相信上帝，监视其他所有人 ········· 374
（九）美国标榜自由，实则伪善 ········· 393

五、掀开美国"普世价值"的面纱 ········· 395
（一）西方宣扬"普世价值"的实质 ········· 395
（二）美国的建国史比任何国家都血腥和无耻 ········· 396

附录　简述美国总统间接选举制度 ········· 399

后记 ········· 416

主要参考文献 ········· 419

前　言

"民主"的话题长盛不衰，在当今世界也是使用最广，又是最富争议的政治概念之一，不时见诸报端，常有新著问世。冷战结束后，民主的理论和实践更成为国际政治领域的焦点话题。

近百年来，"民主"被认为是西方社会最主要的政治构架。历史上西方世界是相对于亚洲、中东和非洲等地的概念，不仅是一种发达经济和生活的象征，也代表着一种政治和经济模式。

凭借对"民主"概念的塑造和话语权的垄断，西方战略家将其包装成全人类的"普世价值"和全球性政治标准。"民主"被西方政治理论家提炼成政治制度的唯一真谛，将"民主"演变成一种政治宗教，变成西方对外政治输出的"政治圣经和基本软件"，成为西方通过"软实力"影响他国的"利器"。他们蛮横霸道地评价一个国家政局的好坏，就是看这个国家的社会制度是否符合西方标准的民主制度，而西方标准则是放之四海而皆准的"政治铁律"。

1991年苏联瓦解，以美国为首的西方世界宣布取得了政治、军事和思想等方面的全面胜利。日裔美籍学者福山发表言论，宣告"人类历史至此终结"，西方式的自由民主制度将一统世界。此后，借助经济全球化和"民主化"的浪潮，西方资本的贪婪和民主的乖戾借助新自由主义的催化剂，像变异的恶性病毒一样在国际上迅速蔓延。而西方在输出民主和鼓励"颜色革命"的同时，也催生了文明冲突和种族仇杀。

我们知道，意识形态一直是西方对华开展斗争的重点领域，并且成为西方国家破坏中国社会团结的主要突破口。以美国为代表的西方世界，常常对中国指手画脚，我们不仅常被说成是"不民主的"，还不断被扣上"反民主的帽子"。不少中国人也觉得"理亏"，我们在"民主"问题上总是处在被西方批判的位置。中国在意识形态领域的被动远胜于其他领域，西方在发动政治进攻时，我们却还在讲认识论。

就连小小的台湾地区也以"民主"自居，并不认为大陆是民主社会。我们反观台湾，经济发展停滞、民粹恶斗盛行，社会撕裂、民气消弭，全台湾呈衰败现状。一个巴掌大的地方，居然能分出南台湾北台湾，居然能分成本土与外省，居然还分出蓝营绿营，如果我们也走上这么一条所谓"民主"的道路，岂不把整个中国折腾垮了？不仅台湾，香港反对派发动了包括"占中"、否决特首普选方案等激烈的对抗行动，狂妄到试图让中央放弃"一国两制"。甚至炒作"港独"的人，居然也以"民主"的名义，把他们的意志说得至高无上，这岂不可笑？

"民主"究竟是个什么东西？历史证明，民主制度从来就被西方国家玩弄于股掌之间，呼之则来，弃之则去。那个军国主义阴魂不散的日本，首相安倍晋三解除"集体自卫权"，合法地向海外派兵，欲修改"和平宪法"，参拜供奉甲级战犯的靖国神社，也以"民主价值观"施展外交手段，意欲结成与我中国作对的同盟圈。凡此种种，都要求我们讲好自己的故事，把中国模式、中国发展道路告知世界。这个分化的世界想听中国故事，我们就要把国家的抱负和人民的梦想，靠自己讲清楚。

中国独特的政治道路带来发展的高涨势头，但也使我们在与西方世界交往时面临遭政治颠覆的风险。中国社会已认识到自信的重要性，但我们用来支撑自己稳定自信的资源依然不足。的确，当中国国家总体实力大大超过美国，人均生产水平也与西方接近，实现中国梦的时候，意识形态之忧必将大大缓解。但问题是如果我们不现在就行动起来巩固自己的意识形态阵线，我们大概根本就走不到获得完全自信的那一天，而在中途倒下。

有鉴于此，我们应该加强自己的话语权，把推动思想理论工作创新作为使命，用中国理论回答和解读中国道路，更好地适应新的伟大实践对理论工作提出的要求，提升自己的软实力。以美国为首的西方世界不是常常给我们扣上"不民主"甚至"反民主"的帽子吗？那我们就从"民主"的角度来研究，弄清其本质所在，才是最有力的反击。

因此，本书从西方的角度着眼，弄清"民主"的概念、起源、标准、模式，发现民主的定义根本没有标准答案，就连西方理论界也并没有形成一致认识。正如美国学者罗伯特·达尔所言："在长达两千五百年的历史时期里……在有关民主的一些最基本的问题上似乎没有产生共识。"它使我们清楚"民主"并没有一个较准确的定义,只能是仁者见仁、智者见智,从而令我们清醒地认识到,所谓西方的"普世价值民主观",并没有定论或形成共识,那么,又何以用这种模糊的东西来框定别人!

由此,本书对民主的起源进行了一些探寻,发现西方理论界对古希腊的历史进行重塑,为达目的推行他们的种族主义,甚至不惜造假来塑造欧洲的中心地位。

实践出真知,当中国经过60多年的探索,特别是改革开放,创新地走出独具特色的中国道路时,我们完全可以理直气壮地阐述中国道路就是世界民主形式的独特创新。

本书在介绍君主立宪制、代议制、总统—议会制共和民主政体的同时,着重论述了中国一党领导多党合作、政治协商、人民代表大会制度的议行合一民主政体。对它的形成、规则、创新及改革的方向都做了探讨,对中国道路进行了多维解读,有事实分析,有理论阐述,有数据,持之有物、言之成理:中国道路是成功的,这个成功缘自中国共产党的领导,缘自社会主义制度的优越。这样的解读,全面、客观、理性,令人信服。

中国的历史文化积淀使我们拥有特殊的选择权。随着物质条件的改善、政治决心的坚定,我们就可以放眼看世界,从全球经验中选择我们认为最好的元素,打造中国自己的道路。

中国拥有的国家道路选择权极其宝贵,中国人醒来了,我们的选择不是拍脑袋,是大量实践和经验参与的梳理和创新。实践已经证明,中国的发展道路或发展模式实现了对西方发展模式的成功突破,有着重塑世界的价值认同。中国道路的成功,给世界民主政治秩序以重要启示。

但是,在中国民主化进程中,我们发现,自己突然进入一个意识形态"软战时代"。在这个"软战时代",世界政治的主题将不再是国际关系中的"强权即公理",相反,"有道义""有道理"本身成为是否"有力量"的根据。因此,在意识形态存在异质性的世界,意识形态差异应得到尊重,不同意识形态应和平共处。这就要求我们,在总结中国民主化进程中的经验基础上,同时必须投射文化软实力,弘扬中国文化,寻求外界对中国的了解,并营造有利的国际环境。

我们无力改变美国,但我们需要看清楚这个被很多人尊为"榜样"的国家。我们的战略弥足珍贵,这就是在本书专门安排一章,揭露美国及西方民主的虚伪性的原因，从而剥去它的画皮，露出其真面目。

在人类文明发展进程中，从来就没有绝对"最好""最佳"或"最优"的制度或模式，也没有一成不变的制度或模式。民主是成长的，多样的，具体的，现实的，历史的。在未来政治选择与国家发展中需转变"话语范式"，要善于"驾驭民主化"，树立综合、全面、协调的政治发展观。

环视中东和拉美地区等第三世界的民主化历程，我们发现一个国家需要的政治发展方式、发展道路、发展价值和目标，在社会发展的不同阶段上是不同的。不同的国家战略和民族目标任务，决定了这个国家这一时期的政治主题和政治方式。与政治发展一样，民主有其成长的环境、条件、土壤、文化、成本与质量。民主进程要顺应政治发展的总目标，要与经济、社会、文化、政治等建设进程相协调。

中国民主化进程发展的政治经验告诉我们，树立正确的民主观，要破解西方强加的"极权、专制、不民主"等概念陷阱，努力提炼和归纳中国政治经验和理论价值，增强自信力和理论说服力。

西方把民主理论幻化成"一人一票"的选举，并以此打压别人，2016年是美国的换届选举年，而国内很多人并不了解美国总统选举的实际运作。本书在最后附录部分简要叙述美国总统间接选举制度的内容，让读者从中了解原来美国总统是间接选举，并不能完全反映美国的民意。这有助于读者认识美国民主的实质，增强我们的自信。

2013年，世界历史出现一个重要转折点。德国《世界报》年初刊文指出，到2013年，西方发达国家的经济总量将首次降至世界经济总量的一半。德国《文学和社会批评》杂志推出题为"西方黄金时代已去"的文章，指出，2013年前后，世界再次返回正常状态：只占世界人口15%左右的西方，将重新把权力交给近85%世界人口的新兴国家和发展中国家。

西方世界在全球格局中位置的升降是一个标志性的历史性事件，这是两三百年来从未有过的大变局，许多西方国家为此而陷入了"集体性的哀伤"。实际上，2008年爆发的国际金融危机戳破了西方世界的民主"神话"和政治"泡沫"。诺贝尔经济学奖获得者保罗·克鲁格曼研究得出：是不平等的政治决定不平等的经济，而不是相反。他提出，经济出了问题，往往是政治先出了问题，乃是它们的综合症状。2013年5月，三位美国政治学者在《政治泡沫：金融危机与美国民主的失败》一书中也提出，每个经济危机的背后都深藏着一个"政治泡沫"：政治偏见会助长不利于经济稳定的市场行为，而这种由信仰、制度及利益构成的偏见会不断增大市场的风险。"政治泡沫"是由僵化的意识形态、迟钝而低效的政府机构及特殊利益要求综合所致。

总而言之，世界上没有放之四海而皆准的具体发展模式，也没有一成不变的发展道路。近些年来，特别是国际金融危机以来，西方一些学者已开始对其经济政治制度进行反思，而中国走出的这条成功而独特的道路，也远远超出了西方话语的诠释能力。中国共产党带领人民所取得的成就，进一步坚定了中国特色社会主义的道路自信、理论自信、制度自信、文化自信，也使我们有底气、有信心建立自己的话语体系，不断升华对中国特色社会主义实践成果、理论成果、制度成果的认识。这也是本书以敢为天下先的探索精神和勇气创新的思维活动，努力打造具有中国特色、中国风格、中国气派的话语体系，贡献自己一点微薄力量，讲述在这么短的时间内，中国何以能震惊世界的故事。

杜月明

2017 年 1 月 22 日

于陶然湖景居所

第一章
民主的定义没有标准答案

"我们都声明拥护自由,但是在使用同一个词时,并非指的同一回事。"

——美国总统 阿伯拉罕·林肯

民主是一个长盛不衰的话题，不时见诸报端，且常有书刊出版。冷战结束后，民主的理论和实践成为国际政治领域的焦点话题。国内思想理论界对民主话题亦津津乐道，然却既熟悉，又混乱。微博上也掀起对民主问题不小的讨论热潮。当然笔者也想加入这个行列，对民主问题进行探讨。

我在拜读中国社会科学院辛向阳同志的《20世纪西方民主理论论析》一书时，看到他在导论中一开始就引用了美国历史上第16任总统林肯曾说过的一段话："我们都声明拥护自由，但是在使用同一个词时，并非指的同一回事。对有些人来说，自由这个词可能意味着每个人都有权随心所欲地支配自己和自己的劳动成果；而对另一些人来说，这同一个词可能意味着某些人可以随心所欲地支配他人和他人的劳动成果。……牧羊者把狼赶走，从狼的爪子下救出羊，羊为此感谢牧羊者，称他为解放者；而狼则因此谴责牧羊者，说他是自由的扼杀者，特别是因为这只羊是一只黑羊。很明显，羊跟狼对自由这个词下的定义是不一致的；而今天在我们人类之中，也普遍存在着这样一种分歧……虽然大家都自称热爱自由。"

自由和民主是密不可分的，没有自由何谈民主呢。他们认为只有选民选举出执政者才是民主，否则就不是民主，甚至是专制、独裁。对于民主，西方多被界定为一人一票，也就是普选。其实民主的理论，从不同的角度会得出不同的看法。正如羊和狼各自的看法不同一样。普选真的就是民主吗？安东尼·阿伯拉斯特在《民主》一书中讲了一段振聋发聩的话："对民主的检验就是'一个由人民投票选举的政府'这样一个事实吗？当希特勒于1933年成为德国政府总理时，他就是作为获得多数票党的党魁在德意志国会大选中通过正常的宪法程序当选的。纳粹党赢得了43.9%的选票——和不列颠的玛格丽特·撒切尔领导下的保守党于1983年和1987年赢得的选票数几乎一致，也和不列颠的工党在1997年和2001年获得选票几乎一致。在不列颠，几乎没人质疑只得到低于半数总选票的政府的合法性。因此希特勒有民主权利在1933年3月之后统治德国，然而没有人愿意把德意志第三帝国描述为民主国家。"[①] 由此我们可以看出，对民主的概念和理论要有一个科学、清晰的认识，仅仅用一人一票来界定民主，显然不足以证明其民主性，至少是条件不够充分。必须站在马克思主义的立场上，用马克思主义的观点来分析。

---

① ［英］安东尼·阿伯拉斯特：《民主》（第三版），孙荣飞、段保良、文雅译，吉林人民出版社2005年版，第4页。

一、民主的概念

（一）民主的定义没有标准答案

为了弄清楚什么是民主，我们首先要读懂民主的概念，而讲到民主的概念，实则就是给民主下一个定义。

在《汉语大词典》中，给出的解释是：（1）民之主宰者；（2）指人民有参与国事或对国事有自由发表意见的权利。民主用于国家形式，即成为一种国家制度，与"专制"相对立。作为一种国家制度，民主总是体现统治阶级的意志，具有鲜明的阶级性。①

《简明不列颠百科全书》对"democracy"（民主）的解释：字面上的意思是人民当家做主，但现代使用这个词时，有以下几种不同含义：（1）由全体公民按多数裁决程序直接行使政治决定权的政府形式，通常称为直接民主；（2）公民不是亲自而是通过由他们选举并向他们负责的代表行使政治决定权的政府形式，称为代议制民主；（3）在以保障全体公民享有某些个人或集体权利（如言论自由和宗教信仰自由等）为目的的宪法约束范围内，行使多数人权力的政府形式（通常也是代议制民主）称为自由民主或立宪民主；（4）任何一种旨在缩小社会经济差别（特别是由于私人财产分配不均而产生的社会经济差别）的政治或社会体制。②

1950年美国出版的《科利尔百科全书》指出："民主对于古希腊人来讲意味着'人民的统治'，它正如今天的含义。"

以上这些词典类的书籍虽然给出了民主的定义，但在思想理论界却还是认为不够准确。西方学者仍然从各自的角度在解读民主的概念，试图给出一个较完美的定义。美国密执安大学哲学教授卡尔·科恩指出："民主即民治。这是大多数词典所采用的，而且很可能是普遍都能接受的定义。"③科恩针对民主的基本概念即简短定义、自相矛盾的自治、民主的本质进行论述以后认为："民主是一种社会管理体制，在该体制中社会成员大体上能直接或间接地参与

---

① 《汉语大词典》第一版，第6卷，汉语大词典出版社1990年，第1422页。
② 《简明不列颠百科全书》第6册，中国大百科全书出版社1986年版，第5页。
③ ［美］卡尔·科恩：《论民主》，聂崇信、朱秀贤译，商务印书馆1988年版，第6页。

影响全体成员的决策。"① 由此，科恩认为民主管理的社会是社会成员自治的社会，在该社会中被管理者参与制定一切与他们有关的指导性决定，而"参与是问题的核心"。民主作为只存在于国家社会中的一种管理体制，也是任何大小社会成员自己管理自己的一种方式。于是就出现这样的定义："民主是社会主要势力大致保持平衡的体制；或，民主是一种领导人必须争取成员的支持的体制；或者民主是宪法对基本自由的保障确能付诸实行的一种体制。"②

就西方民主一词，"democracy"的希腊文原意是"demo"（民众）+ "cracy"（权力），"民主"其实是误译，孙中山译为"民权"比较恰当。孙中山区分"政权"与"治权"时表示，"治权"只能由少数政府人员操作，而"政权"可以贯彻"民主"精神。事实上，全世界哪儿都没有人民大众管理政府的做法，所谓民主只不过是一种心理上的条件反射。

而美国著名政治思想家乔万尼·萨托利在其耗费十年心血撰写的经典之作《民主新论》一书中说："从字面上看，民主是指'人民的权力'，权力属于人民。"③ 他进一步提出民主是什么与民主应是什么的问题。经过进一步论述，他指出："界定民主的问题包含着双重内容，它本身要求一个描述性定义和一个规定性定义。没有其一，便不存在其二，同时它们也不能互相取代。""我们必须记住：（1）民主的理想不能界定民主的现实，反过来说，现实中的民主不是理想的民主，也不可能同它一样；（2）民主是从它的理想和现实的相互作用中，从应然的推动力和实然的抗拒力的相互作用中产生和形成的。"④ 民主最简单的定义是阿伯拉罕·林肯1863年在葛底斯堡演说中讲的"民有、民治、民享"。这应该是西方学者普遍认可的。

不需再列出对"民主"一词的不同解释，由此，我们已经看出今天的民主理论是那么的缤纷多彩，就"民主"一词的含义理解也存在着各种各样的观点。诚如罗伯特·达尔所指出："各种民主思想，犹如一片巨大的，无法穿越的灌木丛。"⑤ 没有哪一种民主理论可以十全十美、无懈可击。所以，我们在理解民主的概念时，没必要迷信任何一位理论权威。观点立场不同即会有不

---

① ［美］卡尔·科恩：《论民主》，聂崇信、朱秀贤译，商务印书馆1988年版，第10页。
② 同上，第33—34页。
③ ［美］乔万尼·萨托利：《民主新论》，冯克利、阎克文译，上海人民出版社2009年版，第19页。
④ 同上，第20页。
⑤ ［美］罗伯特·达尔：《论民主》，李柏光、林猛译，商务印书馆1999年版，第43页。

同的解读。正如开头讲的羊和狼的看法不同一样。因之，卡尔·科恩指出："没有任何权威可以解决关于民主的争端。没有任何书籍和文件对民主做出了定论。任何现存的典籍在理论上都不够完整，难以视为定论。即使视为定论，肯定会遭到否定其权威性的民主人士的反对。没有任何个人或任何群体，不论是活着的或死去的，不论他或他们多么伟大，能在这一问题上享有最后发言权。"① 美国学者罗伯特·达尔也认为，"在长达两千五百年的历史时期里……在有关民主的一些最基本的问题上似乎没有产生共识。"② 由此，我们应该清楚地认识到，世界原来对民主没有一个较统一的定义，只能是仁者见仁，智者见智。这就让我们清醒地认识到，所谓西方的普世价值民主观并没有定论或形成共识。也就是说，对民主的定义，没有标准答案，它要求人类不倦地探索。

（二）对人民的解读

尽管西方学者对民主概念的界定千差万别，但从根本上讲，他们都认可"民主是人民的统治"这一基本含义。如牛津克莱兰顿出版社1966年英文第二版《牛津大词典》指出，民主是"人民的统治；在民主制下，主权最高权力属于作为一个整体的人民，而且这一权力或由人民自己直接行使，或者由人民选出官员代表自己行使。在现代的用法中，民主经常被模糊地表示一种社会状态，在这个社会中，所有的人拥有平等的权利，没有世袭的等级制和专横的特权"。这里提出了"人民"和"统治"的概念。我们知道，人民是创造世界历史的动力，人民是社会当家做主的主人，没有人民就无从谈论民主，因此，要对人民有一个科学的概念上的解读，我们先看看西方思想理论界的解释。

美国著名政治家乔万尼·萨托利，被西方学术界盛赞为在民主学上"堪称我们时代最为强大的头脑"，"他的论证没有真正的对手"，就是这位乔万尼·萨托利对于人民的概念在《民主新论》一书中归纳出六种解释：（1）人民字面上的含义是每一个人；（2）人民意味着一个不确定的大部分人，一个庞大的许多人；（3）人民意味着较低的阶层；（4）人民是一个不可分割的整体，一个有机整体；（5）人民是绝对多数原则所指的大多数人；（6）人民是

---

① ［美］卡尔·科恩：《论民主》，聂崇信、朱秀贤译，商务印书馆1988年版，第3页。
② ［美］罗伯特·达尔：《论民主》，李柏光、林猛译，商务印书馆1999年版，第3页。

有限多数原则所指的大多数人。① 这里乔万尼·萨托利把"人民"的概念归纳为空洞的"每一个人，大部分人，大多数人"。他更进一步认为："今天的'人民'代表一个无定形的集合体，一个高度混乱和分化的社会，总之，是一个失范的社会。"② 这里不难看出，萨托利抽掉了"人民"本质的概念，模糊了"人民"的阶级性。在"人民"的概念上，这是西方意识形态力图消解马克思主义价值观的主要内容。"在资本主义的概念中缺乏人民的概念，缺乏人民群众的真正的地位，而只有法律名义和形式上的公民、民众等，在资本主义那里人民只是一个抽象的概念，因而也就只有抽象的个体和个体崇拜。"③

我们知道，人民不是抽象的"每一个人，大部分人，大多数人"，而是具体的；人民也不是一个简单的数量概念，而是一个科学的阶级概念。只有弄清楚了人民的科学内涵，才能对民主有一个科学的界定。

毛泽东在1949年6月30日为纪念中国共产党建党二十八周年所写的《论人民民主专政》一文中明确指出："人民是什么？在中国，在现阶段，是工人阶级，农民阶级，城市小资产阶级和民族资产阶级。"④ 世间的事物，一切都是在不断变化着的。毛泽东1957年2月27日在最高国务会议第十一次（扩大）会议上的讲话《关于正确处理人民内部矛盾的问题》，集中、全面地论述了"人民"的概念。他说："人民这个概念在不同的国家和各个国家不同的时期，有着不同的内容。拿我国的情况来说，在抗日战争时期，一切抗日的阶级、阶层和社会集团都属于人民的范围，日本帝国主义、汉奸、亲日派都是人民的敌人。在解放战争时期，美帝国主义和它的走狗即官僚资产阶级、地主阶级以及代表这些阶级的国民党反动派，都是人民的敌人；一切反对这些敌人的阶级、阶层和社会集团，都属于人民的范围；一切反抗社会主义革命和敌视、破坏社会主义建设的社会势力和社会集团，都是人民的敌人。"⑤

改革开放时期，对"人民"又有了新的解释。邓小平1979年6月15日在中国人民政治协商会议第五届全国委员会第二次会议所致开幕词中说："我国工人阶级的地位已经大大加强，我国农民已经是有二十多年历史的集体农民。

---

① ［美］乔万尼·萨托利：《民主新论》，冯克利、阎克文译，上海人民出版社2009年版，第34页。
② 同上，第38页。
③ 辛向阳：《20世纪西方民主理论论析》，山东人民出版社2011年版，第4页。
④ 《毛泽东选集》第4卷，人民出版社1991年版，第1475页。
⑤ 《毛泽东选集》第5卷，人民出版社1977年版，第364页。

工农联盟将在社会主义现代化建设的新的基础上更加巩固和发展。我国广大的知识分子。包括从旧社会过来的老知识分子的绝大多数，已经成为工人阶级的一部分，正在努力自觉地为社会主义事业服务。"① "我国的统一战线已经成为工人阶级领导的、工农联盟为基础的社会主义劳动者和拥护社会主义的爱国者的广泛联盟。"② 这里工人和农民是人民最主要的组成部分，而这个统一战线内部的成员都是人民。

进入新世纪，人民的组成范围又发生了一些改变，江泽民在2002年11月党的第十六次代表大会报告中指出："随着改革开放的深入和经济文化的发展，我国工人阶级队伍不断壮大，素质不断提高。包括知识分子在内的工人阶级，广大农民，始终是推动我国先进生产力发展和社会全面进步的根本力量。在社会变革中出现的民营科技企业的创业人员和技术人员、受聘于外资企业的管理技术人员、个体户、私营企业主、中介组织的从业人员、自由职业人员等社会阶层，都是中国特色社会主义事业的建设者。"③ 由此看出，人民是富含阶级性的。

西方学者由于对"人民"的概念阐释脱离了本质的界定，因而对"人民的统治"得出了自相矛盾的结论。科恩指出："涉及统治的，有一部分是压服的权力，强迫被统治者，或违背他们意愿采取行动的权力。从这一重要意义来看，虽然一部分人民可以统治另一部分人民，但人民是不能统治他们自己的。"④ 科恩引用约翰·斯图亚特·米尔于1859年写的一段话："现在认为'自治'及'人民有权自己管理自己'这样的词语与真实情况不符。行使权力的主体与行使权力的对象并非同一部分人……"（《论自由》第一章）。科恩接着说：几乎一个世纪以后，沃尔特·李普曼把这一说法更具体化了。他说："人民……不能管理政府。他们自己不能执行管理。在通常情况下他们不能创制或提出必要的法规，群众不能治理。"（《公众哲学》1955年版，第19页）葛莱斯通说得更妙，他说："严格地说，可以构成一个民族的那么多人民从来就没有自己管理过自己。在人类生活的条件下，可以达到的最高境界，看来只能是他们自己选择自己的管辖者，同时，在某些选定的情况下，能直接对管辖

---

① 《邓小平文选》第2卷，人民出版社1994年版，第185—186页。
② 同上，第186—187页。
③ 《江泽民文选》第3卷，人民出版社2006年版，第539页。
④ [美]卡尔·科恩：《论民主》，聂崇信、朱秀贤译，商务印书馆1988年版，第7页。

者的行为施加影响。"(《十九世纪》1878年7月)科恩更明确地说:"在现实政治事务中,就人民这个词本身的含义来说,是不能统治他们自己的。……大多数人是被统治者,而非统治者。"①

出生于奥地利的美国人约瑟夫·熊彼特(1883—1950)力图发展一种以经验为基础的"现实主义"民主模式,他认为"民主并不是指,也不可能指,按照'人民'和'统治'这两个词的明显的意义说的人民确实在那里统治的意思。民主不过是指人民有机会接受或拒绝要来统治他们的人的意思……定义的一个方向可以说成:民主就是政治家的统治"②。这里不难看出,熊彼特否定了人民当家做主。马克思主义认为,民主就是人民当家做主,人民不仅能够自己管理自己,而且能够不断以民主制度来推动自己创造力的发挥。马克思讲:"民主制独有的特点,就是国家制度无论如何是人民存在的环节","不是国家制度创造人民,而是人民创造国家制度。"③ 马克思称赞巴黎公社就是属于人民,由人民掌权的政府。

二、民主的渊源

(一) 民主的古希腊起源说

"民主"一词大致是在2400年前发明出来的。一般认为是希罗多德首先说出了"民主"一词。实际上,这个词不是出现在他的原著中,而是出现在他的原著的译本中。④ 大部分西方学者都把古希腊看做民主的唯一源泉。在《简明不列颠百科全书》"民主"词条中说:"民主制起源于古希腊的某些城邦。现代民主观念在很大程度上是由中世纪欧洲的观念和制度形成的。"⑤

公元前594年,在古希腊雅典,没落贵族家庭出身的梭伦当选为执政官并被指定为"调停人"。梭伦担任执政官后在经济上,政治机构上进行了改革,修改了宪法,这标志着雅典平民反对贵族斗争取得了一次胜利。梭伦的改革削

---

① [美] 卡尔·科恩:《论民主》,聂崇信、朱秀贤译,商务印书馆1988年版,第7页。
② [英] 戴维·赫尔德:《民主的模式》,燕继荣等译,中央编译出版社2008年版,第166页。
③ 《马克思恩格斯全集》第1卷,人民出版社1956年版,第281页。
④ [美] 乔万尼·萨托利:《民主新论》,冯克利、阎克文译,上海人民出版社2009年版,第319页。
⑤ 《简明不列颠百科全书》第6册,中国大百科全书出版社1986年版,第5页。

弱了贵族会议的权力,提高了公民大会的作用。他的改革未满足农民的要求,又招致贵族的怨恨。公元前506年贵族出身的庇西特拉图用武力夺得雅典政权,建立了僭主政治。他没有改变雅典的宪法,他的各项措施基本上是梭伦政策的继续。

到公元前508年,克利斯提尼实行了民主改革。他新创十个地区部落,整个阿提卡分为三大地区(城市区、沿海区和内陆区),每个地区分为十个选区,代替梭伦时期的四个血缘部落。新的地区部落分散了氏族贵族的力量,摧毁了氏族制度残余。同时使许多失去氏族族籍的自由民、外来的居民,也取得了公民权,从而扩大了民主的力量。克利斯提尼还建立了五百人会议,以代替梭伦时期的四百人会议。五百人会议由十个地区部落各选50人组成,为公民大会准备决议,并执行公民大会决议。他还在雅典建立了十将军委员会,制定了陶片放逐法。① 通过陶片放逐法公民大会可以决定对危害国家分子放逐国外。克利斯提尼改革肃清了氏族制残余,结束了雅典平民反对贵族的长期斗争,最后完成了雅典由氏族过渡到国家的历史过程,确立了奴隶主民主政治。由此,克利斯提尼"一般认为是雅典民主政治的开山祖"②。克利斯提尼改革使奴隶主民主共和国的建立对雅典社会经济的发展起了促进作用,促进了财富、商业和工业的迅速繁荣。雅典人取得了抵抗斯巴达武装干涉的胜利,历时长达43年的希腊波斯战争最终取得了胜利。希腊进入古典时代③,奴隶制城邦达到极盛。希波战后在希腊一些城邦里,奴隶主民主政治有了进一步发展。雅典奴隶制民主发展尤为显著。此后进入史称伯里克利时代。马克思说:"希腊的内部极盛时期是伯里克利时代。"④

在伯里克利时代,雅典奴隶主民主政治获得高度发展。这时执政官以及其他几乎所有官职对每个等级的公民都是开放的,他们都可通过抽签法当选。还规定国家向贫穷公民发放公职津贴,以使贫穷公民有担任公职的物质保障。公

---

① 有的学者认为十将军委员会出现于公元前501年或公元前504年,而陶片放逐法最初出现于公元前500年。因此,可能二者都不是克里斯提尼建立或制定的。参见崔连仲主编:《世界通史》(古代卷),人民出版社1997年版,第208页。
② 《简明不列颠百科全书》第4册,中国大百科全书出版社1985年版,第775页。
③ "古典"一词,是源于希腊美术史的术语,具有"完美""典范"等含义。引申到政治、经济领域,用以说明达到繁盛阶段。此注释转引自崔连仲主编:《世界通史》(古代卷),人民出版社1997年版,第209页。
④ [德]卡尔·马克思:《第179号〈科伦日报〉社论》,《马克思恩格斯全集》第1卷,第113页。

民大会是最高权力机关，公民可在会上批评、审查公职人员，讨论对内对外政策，并作出决议，审议和通过法律法令。公民会议的作用空前扩大，但其权力又受到陪审法庭的制约。这时期，雅典的民主意识更加深入人心，其民主的理想和目标，诚如总督和政治家伯里克利在悼念公元前431年阵亡的雅典英雄的葬礼词中的明确表述。这篇演说词是30年以后的修昔底斯记录下来的，他很可能对其进行了重新编排。①

演说词中说："我们的制度之所以被称为民主制度，是因为权力不是掌握在少数人的手中，而是掌握在全体人民的手中。在解决个人争端的问题时，法律面前人人平等；当优先推举某人去担任公共职务的时候，推荐他的原因不是由于他是特定阶级的成员，而是由于他所具有的真实才能。只要具有为国家服务的能力，没有人会由于贫穷而在政治上一文不名。另外，正如我们的政治生活是自由和开放的一样，我们彼此相处的日常生活也是如此。我们不会计较我们的邻居以他自己的生活方式享受生活，也不会对他视以任何冷峻的目光，尽管那算不上真正的伤害，但那仍然会伤害人的感情。对于我们的私人生活，我们持宽容态度；但在公众事务中，我们坚守法律。这是因为法律要求我们深深地敬畏。"②

在雅典形成的高度完善的古代民主制度，具有重大的进步作用，但其本质仍然是奴隶主的民主。在雅典不仅奴隶被排斥在民主政治之外，外邦人和雅典的妇女也是没有公民权的。同时，财产的私有制限制着民主制的发展。在雅典事实上没有一个真正的贫民公民能够成为民主政治的领袖；几乎所有的政治领袖都出自富人阶层。工商业奴隶主代表伯里克利在任首席将军时期，独揽全国的军事、财政、外交大权。雅典虽在名义上是民主政治，但实际权力却掌握在第一公民手中。所以，这样看来古代民主与我们今天谈的民主相去甚远。正如萨托利在《民主新论》一书中所讲："严格地说，古代民主表现出来的特征是无国家（stateless），可以说，甚至比城邦的任何可能形式都更无国家意味。因此，关于如何建设民主国家，如何在庞大人口聚居的广阔领土上而不仅是在一个小城市里实行民主制度，古代民主制度不可能传授给我们任何知识。"③

---

① [英] 戴维·赫尔德：《民主的模式》，燕继荣等译，中央编译出版社2008年版，第15页。
② 同上，第16页。
③ [美] 乔万尼·萨托利：《民主新论》，冯克利、阎克文译，上海人民出版社2009年版，第306页。

（二）民主的东方起源

一直以来，西方知识界都认为民主制起源于古希腊的某些城邦，"民主"一词源于希腊语。美国的富兰克尔在《标准学生百科全书》中说："民主是一种由人民对公共事物作出最终决策的政府制度。民主一词源于古希腊语，意即人民的统治。"① 阿伯拉斯特在《民主》一书中指出："西方世界一直习于以民主为傲。长期认为民主存在于世界的西方。（福山在他的书的一章里把大不列颠、美国和其他几个国家看做是早在1848年就已是'自由国家'，即便那时大不列颠和美国有一半多的人口处于无投票权状况，而且在美国奴隶制依然没有取消。）"② 他们在颂扬西方民主传统的同时，极力攻击东方社会从来没有任何民主传统，只有专制主义的传统。事实并非如此。西方人的这一看法表明他们并不了解东方历史，亦或是带有偏见，但我们的知识理论界往往也认为"民主源于西方"，这就要好好总结研究我们悠久的历史文化了。

对理性民意的认知，中国公元前1300多年前的商代君王盘庚有独到判断。彼时商人面临迁徙难题。盘庚决定将都城迁至黄河南岸的殷，以摆脱水患困扰，结果他成了少数派。带头反对的是世家大族，他们贪恋原有的财富和利益，在百姓中散布流言，使大家纷纷抱怨迁都不便。盘庚为申明迁都之利和不迁之害，分别向官贵和庶民发布告谕，申斥显贵的贪图眼前利益，不顾现实危害，对民众不负责任；同时向百姓解释，迁都是为了大家的长远利益，"丕从厥志"，即这正是在顺从众人的意志。苏东坡认为，心中有，口中却未必表达，这才是民意的真相。最终盘庚迁都，进而使殷商走向复兴。显然，盘庚这种沟通过程，恰是对理性民意的启发。

实际上，从民主一词的最早使用与民主实体组织的起源、民主思想最先论述来看，它们均不是源于古希腊，而是起源于东方。据《汉语大词典》"民主"词条中引述，就词源来看，我国早在公元前11世纪左右就开始使用"民主"一词了，在古籍《尚书·多方》中就有周公的话说："天惟时求民主。"大意是讲上天于是为民众寻求新的君主；《尚书·多方》又载："乃惟成汤克以尔多方简，代夏作民主。"意思是说只有成汤采纳众议受到你们众多国的拥

---

① 辛向阳：《20世纪西方民主理论论析》，山东人民出版社2011年版，第6页。
② ［英］安东尼·阿伯拉斯特：《民主》（第三版），孙荣飞、段保良、文雅译，吉林人民出版社2005年版，第2页。

戴，才能代替夏舜做人民的统治者。① 这里虽然没有"人民权力"的含义，但"民主"一词的使用至少比古希腊历史学家希罗多德（公元前484—公元前452年）在《历史》一书中使用民主一词早6—7个世纪。

从对民主思想的论述方面看，中国也不晚于古希腊时代。如在中国春秋战国时代，充满了生机勃勃的民主精神。当时的史学家有王权衰落，处士、庶民参政议政的记载，这种百家争鸣的民主环境孕育了民主精神。当时有许多思想家提出了关于民主的最朴素的成分——民本思想。《孟子·尽心下》鲜明提出："民为贵，社稷次之，君为轻。"② 春秋后期，郑国有些人聚集在学校等公共场合议论批评时政，有人建议关闭学校，郑相子产反对说：

> "夫人朝夕退而游焉，以议执政之善否。其所善者，吾则行之；其所恶者，吾则改之。是吾师也，若之何毁之？我闻忠善以损怨，不闻作威以防怨。岂不遽止？然犹防川：大决所犯，伤人必多，吾不克救也；不如小决使道，不如吾闻而药之也。"③

意思是，人们早晚工作完了回来到那里游玩，并议论执政者施政的好坏。他们认为好的，我就推行它；他们讨厌的，我就改掉它。这是我的老师，为什么要毁掉它呢？我听说忠于为善能减少怨恨，没听说仗威势压迫能防止怨恨。难道靠威势不能很快制止议论？可是就像防止河水一样：溃决了大口，伤害人一定很多，我不能挽救了；不如把河道开个小口，疏导水慢慢地流，不如让我听到议论，把它当做治病的良药。这些都表明在有些方面中国古代思想家的民本思想包含了民主的成分。

民主实体组织的起源，也是最早发生在东方社会。原始民主制最为典型的是中国。我们的祖先在不同地区先后进行了最初的、漫长的直接民主的探索。我国原始社会的尧舜时代，已是充分发展的原始民主，史称"军事民主制"。《尚书·尧典》文献记载，尧为部落联盟领袖，在他年老时选择继承人，尧在征求四岳首领意见时，曰："明明扬侧陋。"师锡帝曰："有鳏在下，曰虞舜。"译成今天的白话文，其意思是，尧说："那就请你们荐举有高尚道德的人，即

---

① 李军、董辅文、吕文郁主编：《五经全译》上册，长春出版社1992年版，第344页。
② 金良年：《孟子译注》，上海古籍出版社1995年版，第300页。
③ 王守谦、金秀珍、王凤春译注：《左传全译》，贵州人民出版社1990年版，第1072页。

使出身卑贱也没关系。"大家对帝尧荐举说："有位还没结婚的人在社会底层，名叫虞舜。"征得四岳十二牧会议（即部落首领会议）同意，尧传位给舜。①后来，舜让位给禹，也是得到四岳十二牧会议同意后实现的。这种"禅让"是中国原始社会末期民主制的一种特殊形式。舜、禹都是处于社会底层的公民，这要比古希腊所有的政治领袖都出自富人的民主进步多得多，也早得多。据记载黄帝时期就曾"立明台之议"，尧时有"衢室之问"，广开言路。《淮南子·主木训》等古书还记载：唐尧和虞舜，为了方便人民进谏，曾于交通要道竖立木牌，让人们在上面刻写谏言。

《管子·桓公问》一文中有一个"啧室之议"的故事。一天，桓公问管仲说："我想永远拥有天下，不使天下灭亡，能办到吗？"管仲回答说："要做到国家永远不衰败，做君主的就不能凭个人的好恶损害公正原则，要调查了解老百姓讨厌什么，以便自身为戒。要做到这一点，仅凭帝王一时冲动，一时招贤纳谏是不够的，必须建立一种机构，建立一种制度。"管仲接着引经据典，追溯历史，继续对桓公讲："先祖黄帝建立明台的咨询制度，就是为了搜集贤士意见；尧实行衢室的询问制度，也是为了听取民众呼声；舜有进谏的旌旗，君主才不受蒙蔽；禹把谏鼓立在朝堂上，就是准备让百姓上告；商汤设厅堂搜集人们的非议；周武王有灵台的报告制度，广纳贤者意见。这就是古代圣帝明主不失天下的原因。"桓公又问："我也想效法他们，实行这种制度，应该叫什么名字？"管仲想了想说："可以叫'啧室之议'制度。就是说，国家的法度要简而易行，刑罚要审慎而无人犯罪，政事要简而易从，征税要少而交足。老百姓在这些方面要提出君主过失的，都纳入'啧室之议'的制度来处理。负责处理此事的办事人员都要忠于职守，并由为人坚持真理刚正不阿的大夫郭牙来主持这项。"桓公说：就这么办。这些都说明古代中国的原始民主制是比较发达的。②

古代两河流域即底格里斯河和幼发拉底河中下游南部，是西亚最早进入奴隶制社会的地区，是古代文明发祥地之一。公元前3000年前后，在这里相继出现了十几个城市国家（城邦）。从苏美尔城邦的产生到公元前2340年统一的阿卡德王国的兴起，在巴比伦尼亚地区先后出现了许多城市国家（城邦），

---

① 李军、董辅文、吕文郁主编：《五经全译》上册，长春出版社1992年版，第231页。
② 辛向阳：《20世纪西方民主理论析》，山东人民出版社2011年版，第7—8页。

其中主要有埃利都、乌尔、乌鲁克、温玛、拉尔萨、拉格什、民普尔和基什等。城邦的首脑平时为最高行政长官和最高祭司，战时则是军事统帅。国家管理机构还带有不少军事民主制的残余，即还保留有长老会和民政会这两个机构。这说明城邦首脑"执政"权力有限，并非是专制的国王。可见这些城邦不存在奴隶主专制主义的统治，而可能是实行贵族制或民主制的国家。

据苏美尔史诗《吉尔伽美什与阿伽》记载，基什王阿伽欲征服南方的乌鲁克。乌鲁克王吉尔伽美什先后征求长老会和民众会的意见，前者主张降服基什，后者主张拿起武器抵抗。吉尔伽美什遵循民众的决定。战事最后以和解结束（事件可能发生在公元前 2700 年左右）。有的研究者据此认为乌鲁克实行的是奴隶主民主政治，即民主共和。① 两河流域北部亚述的情况与古苏美尔相似，在那里也发现有公民大会掌握着国家最高权力的事例。所以，就民主实体的起源而论，古代两河流域远远早于古希腊城邦，它是人类奴隶制民主的发祥地，是奴隶制民主的原初形态。历史表明，无论"民主"一词的使用，还是最早的奴隶制民主的政治，贵族和平民议会都产生于东方。

一些比较客观的西方学者对民主政治的"西方中心论"也秉持批判态度。英国谢菲尔德大学政治与国际关系学高级讲师约翰·霍布森在他的新著《西方文明的东方起源》一书中明确指出："欧洲中心主义者声称，与东方专制主义相反，西方民主国家赋予个人以权力和自由。因此，一个强大的公民社会被认为是西方独有的东西。""很具代表性的是，欧洲中心主义通过各种办法将近代的政治民主观念追溯至古希腊，然后再追溯至英国的《自由大宪章》（1215）、英国的光荣革命（1688/1689）、美国宪法（1787/1789）以及法国大革命（1789），从而虚构了一幅永恒的西方民主画面。通过这种方式，欧洲和西方在其漫长的力量崛起过程中都以民主自居。这里重要的问题是，在 20 世纪前没有一个西方国家是民主的。詹姆斯·布劳特指出，欧洲中心论的史学家们想'将欧洲社会的许多积极因素向前追溯到中世纪，而这些因素出现在欧洲崛起之后，出现在欧洲开始现代化之后'。也就是说，欧洲中心论史学家们试图把一个之前并没有真正应用的 20 世纪的观念向前'推溯'。如果是这样的话，那么西方突破性的发展就不是自由民主国家作用的结果。而且也表明，

---

① 引自《世界通史》古代卷，人民出版社 1997 年版，第 90 页。

它并非由于强大的文明社会的作用。"①

霍布森列举分析了14个国家包括英、法、德、意、美、瑞士等民主状况后指出，大多数西方国家直到20世纪初才给予男性公民政治权利，并且很多国家直到20世纪中叶才有普选权。"美国是西方国家中拥有政治民主最晚的国家之一。因此，很明显，即使晚至1900年，真正的政治民主在西方仍然是一种幻想。"② 西方学者帕特里夏·斯普林伯格的总结很有说服力："在国家立法理论的历史中，田园式的、静止的、相对不发达的西方，将多元的、互动的、富于创新的东方视为'专制的'，这是一个莫大的讽刺，认为民主与议会密切相关的西方，直到我们所在的20世纪才实现了普选权。"③ 霍布森在给出的结论中写道："东方国家要比欧洲中心论所认为的东方专制主义更加理性，更有增长活力。……西方国家在其取得重大突破时期，远非欧洲中心论所认为的那么理性和民主。"④ 历史事实表明，民主的渊源来自东方，就连客观正直的西方学者也会告诉我们这样一个事实。言必称希腊该休矣。

（三）对民主欧洲中心论的探究

1. 对古希腊历史的重塑

约翰·霍布森在《西方文明东方起源》一书中说："对于我们大多数人来说，把世界历史的发展与西方的崛起和胜利混为一谈，似乎是自然或不言而喻的事情。这种传统观点可以被称作'欧洲中心论'。因为其核心是基于这样一种观念，即无论过去还是现在，西方完全应该占据世界历史发展舞台的中心。"

这段简捷的话告诉我们欧洲中心论的本质所在。当代美国学者，哈佛大学教授戴维·兰德斯所著《国富国穷》就是当代西方中心论的代表作品。他认为，纯粹的西方是靠自己与生俱来的优越禀赋和特性创造了现在的成就，近代世界被描述为西方的兴起和胜利。著名人类学家埃里克·沃尔夫（1923—1999）较准确地概括了欧洲中心论并直截了当地指出其误导世人的本质。他尖锐地批评了西方社会科学将"非西方人民"视为"没有历史的人民"的西方中心论思想。

---

① ［英］约翰·霍布森：《西方文明的东方起源》，孙建党译，山东画报社出版2009年版，第256页。
② 同上，第258页。
③ 同上，第258页。
④ 同上，第259页。

他说:"无论在课堂内外,都会有人教导我们说,存在着一个叫做'西方'的实体,我们可以把这个西方想象成一个社会,一个文明,它与其他的社会和文明之间既是独立的,也是对立的。在我们中间,许多人甚至越来越相信,这个西方拥有一部系谱,根据这部系谱的说法,古希腊产生了罗马,罗马产生了基督教的欧洲,基督教的欧洲产生了文艺复兴,文艺复兴产生了启蒙运动,启蒙运动产生了政治民主制和工业革命。工业革命又与民主制一道催生了美利坚合众国,而美利坚合众国则体现了生命、自由和追求幸福的权利。然而,这样一个发展图式却是误导。我们之所以说它是误导,首先是因为,它把历史转变成一个道德的成功故事,一场时间的接力赛,每个选手都把自由的火炬传递给后来的人。历史由此被改造成一个讲述道德如何改善的故事,一个道德高尚者(例如西方)如何战胜落后族群(也就是东方)的传说。"①

狭隘主义可能改变历史,仅仅大肆宣扬自己族群的历史学家,同样是狭隘的。然而,历史就是历史,历史并不能因为一些文人的舞文弄墨而改变。当代美国学者,康奈尔大学教授马丁·贝尔纳在他的著作《黑色雅典娜:古典文明的亚洲之根》一书中,对18世纪以来的欧美学术传统做了批判性反思,认为在作为西方文明之源的希腊文明形成期间,非洲文明是其重要的源头,言必称希腊的西方文明发展史,实际上是近代以来欧洲学者杜撰出来的"欧洲中心论"神话。贝尔纳较为详实地分析论证了古希腊文明渊源于埃及,埃及诸神从公元前5世纪起就在雅典得到崇拜,希腊几乎所有神的名字都来自埃及。"记载称埃及神庙或圣祠分布于雅典、科林斯以及阿尔戈斯地区、麦西尼亚、亚加亚和福基斯的许多地方。"②

贝尔纳经过多方面阐述,展示了古典时期的希腊人、希腊化时期的希腊人和后来的异教徒希腊人对他们远古历史的看法,追溯后来希腊人在埃及学习所产生的影响。他指出:"直到18世纪,无疑各方面都把埃及看成了包括希腊人的、所有'非犹太人的'哲学和学问的源泉。"③ 18世纪初,希腊人的情操和艺术得到理想的发展,随着同一时期殖民地的扩张,欧洲中心主义和种族主义

---

① [美]埃里克·沃尔夫:《欧洲与没有历史的人民》,赵丙祥等译,上海人民出版社2006年版,第9页。
② [美]马丁·贝尔纳:《黑色雅典娜:古典文明的亚洲之根》,郝田虎、程英译,吉林出版集团2011年版,第101页。
③ 同上,第398页。

不断增强，导致只有欧洲人才具有真正的思考能力的错误见解。18世纪之交，希腊人不仅被认为比埃及人更敏感、更艺术，而且被视为更优秀的哲学家和货真价实的哲学创始人。1815—1830年这一极端保守时期，发生了希腊独立战争，它团结了所有欧洲人，完善了希腊作为欧洲典型的强大形象。使古希腊人被视为完美无缺，超越了历史和语言的法则。这就导致了19世纪越崇拜希腊人，就越不尊重希腊人对自己历史的书写。贝尔纳总结说：“我认为古代模式的毁灭完全是所有这些社会力量和19世纪北欧人强加给古希腊人的要求共同作用的结果。”① 随着19世纪种族主义的加强，埃及人不再被看成希腊的文化鼻祖，而成了彻底的异族人。

这种思考问题的方式，使西方的学者特别是德国学者们完全不顾古人早期对希腊历史的描写，而重新编造了自己对古希腊的描写。到第二次世界大战时期，他们重塑了希腊的历史而构造欧洲人绝对优越的"种族"观念。被许多西方学者称为"20世纪民主理论的开拓者"的德国社会学家马克思·韦伯就是代表人物，他塑造的欧洲中心论模式影响到几乎所有关于西方崛起的欧洲中心论论述。本来不言而喻的是，东方与西方是早就存在着联系的，并且在18世纪之前东方无疑是世界经济发展的开拓者，但是到了19世纪，随着欧洲这种"种族"优越观念的增强，他们逐渐忽视或淡漠了东方对于西方崛起所做的贡献，甚至认为是他们的自创，将东西方人为地割裂开来。

正如当代埃及著名经济学家萨米尔·阿明指出的，这种想象的过程"创造了一个永恒（发展的）西方，从其（虚构的）创始之处就是独一无二的"②。这种思想，导致亚洲人缺乏思想或智慧，不能创造制度或历史，不能发明，从而产生了亚洲人是"没有历史的人"的观念。这种观念的产生可不是无缘无故的，或者说无意义的，它恰恰应使我们高度警惕，大概正是这种观念导致了帝国主义的产生。也就是说西方人通过帝国主义向东方传输文明的福祉就顺理成章地成了公理。约翰·霍布森在他的著作《西方文明的东方起源》一书中一针见血地指出："如果存在一种帝国主义本质的话，那么它就是对欧洲人作为'人类主人'的颂扬和欧洲人自我优越感的强化。因此，这就构成

---

① ［美］马丁·贝尔纳：《黑色雅典娜：古典文明的亚洲之根》，郝田虎、程英译，吉林出版集团2011年版，第399页。

② ［英］约翰·霍布森：《西方文明的东方起源》，孙建党译，山东画报出版社2009年版，第199页。

了此类传输媒介：资本家将传播西方资本主义的福祉；传教士将传播基督教拯救使命的福音；科学家将为全人类推动科学知识的进一步发展；教师将传播欧洲的知识；官吏们将普及理性的官僚政治；而政治家们则输送民主。"① 这就使我们明白了，是什么思想的指导导致了帝国文明化的使命和对东方的压迫和掠夺。

2. 等级划分与种族主义世界的建立

欧洲中心论的塑造，是欧洲人按照想象或者说迫使世界把西方和东方分裂成两个对立的阵营，这种想象的过程确定了西方一直是优越的观念，东方则被盖上了永久不变的低等烙印。

正如约翰·霍布森讲的："确切地说，西方被想象成天然具有独一无二的美德：理性、勤勉、高效、节俭、具有牺牲精神、自由、民主、诚实、成熟、先进、富有创造性、积极向上、独立自主、进步和充满活力。然后东方就成为与西方相对的'他者'：非理性、武断、懒惰、低效、放纵、糜乱、专制、腐败、不成熟、落后、缺乏独创性、消极、具有依赖性和停滞不变。也就是说，西方被赋予的一系列先进的特性，在东方则不存在。"② 他们把这个世界上所有的赞美词统统赋予了西方，把世界上最能贬低和肮脏的字眼都送给了东方。

割裂开来的世界意味着一种"智力上的种族隔离制度"。使得西方无须承认在过去几个世纪里东方所给予的积极影响，无需东方的帮助，西方从古希腊时代开始即创造了自身的发展。这种西方纯粹的神话让人们感觉到近代资本主义的巨大成功和重大发展是必然的，也就为西方帝国主义对东方的侵略和统治创造了巧妙的内在合法逻辑。因此，他们明确举例说："例如，中国是一种'陈腐的准文明……生活单调而乏味'。因此，中国获得发展、解放或拯救的唯一希望，在于鸦片战争和英国资本主义的侵入，这将'打开落后的'中国国门，为其注入资本主义世界贸易的活力。"③ 这就让我们明白了西方塑造"欧洲中心论"之目的所在，人家原来并不是无缘无故要这么做的。

在我们看来，人类聪明程度和勤劳与否应该和气候条件没什么关系。而在欧洲的启蒙思想，一个重要观点就是认为气候、气质与文明之间的关系具有重

---

① [英]约翰·霍布森：《西方文明的东方起源》，孙建党译，山东画报出版社2009年版，第200页。
② 同上，第7页。
③ 同上，第11页。

要意义。他们认为欧洲人的勤劳努力似乎与大自然相得益彰,因为他们生活在湿冷的气候条件下。"黄种人(尤其是中国人)在 18 世纪 80 年代被视为堕落的民族,因受气候恶化及东方专制主义的影响,而沦落到道德败坏和愚昧落后的地步。"① 约翰·霍布森认为:"这无疑是一种极不恰当的表述,该表述既无法说明欧洲以前曾仰慕过中国是先进文明的典范,也与中国北方地区和欧洲同样气候'温和'的事实毫不相符。"②

这种划分,似乎理所当然,他们把黑色皮肤的"野蛮人"想象成了与猿猴仅一步之差的"自然状态下的自然人"。一些西方学者从各个角度论述了这一点比如英国外科医生彼得·坎宁安(1789—1864)曾将澳大利亚土著人归到最低等的文明中,称他们某种程度上是人与猿猴之间的过渡人种。荷兰物理学家、解剖学家皮特·坎珀(1722—1789)测量人脑剖面结构,给欧洲人赋予最高智力水平和完美程度,而黑人等级最低,仅仅高于复杂的动物。德国物理学家、生理学家居维叶·布鲁门巴赫(1752—1840)和瑞典解剖学家、人类学家莱修斯(1796—1860)研究了人类颅骨形状和大小后,给出欧洲人最聪明,黑人最愚蠢的结论,"头骨薄是人种优越的标志"③。卡尔·林奈在《自然体系》(1735)一书中通过修订,逐渐建立了一个基本等级架构。"最初他用四种人划分等级结构:白人、黄种人、红种人和黑人(白种人处于最高层)。后来在 1758 年,他又把人属划分为两类,第二类包括猩猩和没有语言、没有感情的某些未开化的野人。"④

这种理论到 19 世纪 40 年代以后,特别是随着达尔文《物种起源》一书的出版,很快被运用到社会科学理论方面。西方一些学者把种族主义理论和生物进化论相结合,把永久性的人种特征假定为社会发展的基石,如英国保守党领袖、首相、小说家本杰明·迪斯雷利(1804—1881)告诉我们,英国的历史性成功是一件种族方面的大事,"一切皆归因于人种"。而法国的阿瑟、德·戈比诺爵士、英国的罗伯特·诺克斯和查尔斯·金斯利、美国的诺特和格里顿及德国的一些作家,如卡尔·福格特、德籍英人休斯顿·斯图尔特、张伯伦进

---

① [英]约翰·霍布森:《西方文明的东方起源》,孙建党译,山东画报出版社 2009 年版,第 207 页。
② 同上,第 207 页。
③ 同上,第 209 页。
④ 同上,第 208 页。

一步发展了这种理论。他们把肤色和基因特征作为决定人类文明程度高低的重要因素。诸如罗伯特·诺克斯的《人类的种族特征》、本杰明·基德的《社会的演进》和戈比诺伯爵的《种族的不平等》等书籍，"设计出基于肤色的三种种族分类法——白种人、黄种人和黑人。至此，该分类方法已被想象成为一种永久性的人种等级制度。……该方法可以证明'自我'（欧洲人）对'他者'（黄种人和黑人）的征服是正当合理的"①。

而英国政治哲学家、律师詹姆斯·洛里默（1818—1890）更加明确地"将人类分为三个地带：白种文明人、黄种野蛮人、黑色原始人"②。西方的这种思想理论的确立，似乎为他们侵略、掠夺东方找到了理论上的依据，这种种族主义理论如果与国际法相契合，岂不更加完美。如是，英国国际法学家约翰·韦斯特莱克（1828—1913）在《国际法要论》（1894）中指出："地球上的未开化地区，须由发达的西方国家吞并或占领。"约翰·霍布森就此告诉我们，"事实上，欧洲的国际法积极规定了对东方实行殖民地主义和帝国主义，使其成为合法行为。通过自行划分或从政治上设定世界各国的等级地位，欧洲国际法使帝国主义变为可能"③。

3. 欧洲中心论的另一种建立

今天我们对世界各国地理地貌、面积人口等要素应该都很熟悉或至少是知晓，然而在欧洲中心论的指导下，用地图暗寓欧洲中心论大概也算是一大发明，也可以说为了推广这一理论，他们在绞尽脑汁篡改事实。

荷兰地理学家和地图学家墨卡托（1512—1594）所绘地图应称作墨卡托世界地图。在这幅地图上，北半球的陆地面积占地图的2/3，南半球的陆地面积仅占1/3。而事实上南半球的实际面积，几乎是北半球陆地面积的两倍。现实中中国的面积几乎是格陵兰岛面积的4倍，在此地图上，格陵兰岛的面积却几乎是中国的两倍。这种隐含欧洲中心论的扭曲世界的地图却从世界地图集，到学校的墙壁上，再到航班售票处和各种会议室随处可见。我们从西方人坚持一种令他们如此自命不凡的世界地图，可窥视到他们内心的扭曲心态。

当1974年阿诺·彼得斯制作彼得斯投影（或称为彼得斯-高尔投影），按

---

① ［英］约翰·霍布森：《西方文明的东方起源》，孙建党译，山东画报出版社2009年版，第213页。
② 同上，第213页。
③ 同上，第213—214页。

照世界各国实际地表面积进行展示，南半球赫然显得更大，而将欧洲大大缩小时，欧洲掀起了一场政治风暴。仅从这样一幅地图上对欧洲中心论的修正尚且引起了政治风暴，倘若我们在理论上思想文化上给予修正又当如何呢？由此，我们想到何以北欧一个只有460万人口的小小挪威，仅有那么几个人掌管着的"诺贝尔和平奖"，也竟敢明目张胆地对13亿人的中国叫板，企图输出他们的思想，搅乱或颠覆中国，其根源似乎就在这里。这也让我们明白，无论我们做得多么好，仍然会遭遇西方的白眼、污蔑和诋毁。走自己的路，让别人说去吧，我们只有且必须全力办好自己的事。历史必将证明，我们会做得更好。

第二章
民主没有固定标准与模式

"在长达两千五百年的历史时期里……在有关民主的一些最基本的问题上似乎没有产生共识。"

——美国学者 罗伯特·达尔

对民主的解释纷繁多样，然而无论是现在的或是已经作古的，也不论古今中外多么伟大的政治思想理论家，都没有给出一个比较准确且为全世界都认同的概念。也就是说，今天的人们对民主内涵的理解并没有取得趋向一致的共识。

事实上因各个国家的情况迥异，看法不可能一致。因此，各种民主思想也会是五花八门，或者说是异彩纷呈。那么，对民主的过程要想给出一个为全世界普遍接受的衡量标准，恐怕也是不大可能的。但总还是要有一个基本的参照。

一、民主过程的标准

（一）民主过程的基础标准

美国学者罗伯特·达尔给出了建立在社团管理过程中的民主的衡量标准，他认为如果社团要做到所有成员都有同等的资格参与政策制定过程，必须达到"至少存在五项这样的标准：

- 有效的参与；
- 投票的平等；
- 充分的知情；
- 对议程的最终控制；
- 成年人的公民资格"①。

他对这五项标准进一步做了说明，我们简单归纳一下就是，社团所有成员具有同等有效机会表达对政策的看法；都有同等有效投票权并同等计票；都有了解备选政策和可能结果的知情权；唯有成员可决定议程和内容；全体或大多数常住成年居民充分享有公民权。他认为这是民主管理的社团必须满足的条件。这一标准显然对一个规模不是很大，人数不是很多，自发产生的社团应该行之有效。那么对一个国家的政府呢？达尔认为，"国家指的是一种特殊类型的社团，它的标志是，它对于它具有管辖权的全部个体，可以借助它所拥有的最高级的强制手段，确保它的统治在他们中间得到实行。人们说的'政府'，

---

① [美] 罗伯特·达尔：《论民主》，李柏光、林猛译，商务印书馆1999年版，第43页。

通常指的是他们生活在其管辖范围内的国家管理机构。"①

其实，我们在讨论民主时主要关注的是国家范围，民主化的过程主要对应的是国家政府。我们说因为国家就其规模、人数毕竟不能跟小的社团相比，俗话说，家有十五口，七嘴八舌头，更何况是国家呢。因此，这个世界上任何国家都不可能使其民主过程完全符合前述各项标准，而达尔给出这些标准时也认为，面对国家范围，"这些标准为我们提供了非常有用的尺度，我们可以用它来衡量民主政府的成就以及各种可能性"。② 这几项标准只是"更切中要害"，可以给我们做有益的指导。

（二）民主的参与衡量

民主就是人民当家做主。因此，在一个民主社会里，只有广大民众在一定的问题上，以政策要求的方式充分参与，自由地表达自己的意愿，就能充分体现出当家做主。这样说来，"民主决定于参与——受政策影响的社会成员参与决策"。③ 就是说如果参与最显著的标志是投票的话，那么参加者比率越高表明其民主程度越高，有百分之九十的公民参与投票的选举，其结果要比只有百分之六十的公民参加投票的选举来得更为民主。

但是在实际生活中，要求广大公民参与却是一个很复杂的问题。对于小型社团，要求全体参与是可能的，但在拥有万计或百万计，乃至整个国家的全社会，要求百分百的参与那是根本不可能的，只是一种理想。不能参与的情况或者说理由也有很多种，即使参与了，占到多大比率才算民主，我看谁也给不了一个准确的分界，只能是逐渐完善，争取绝大多数公民都能参与。说到民主的分界比率，是指确定国家民主政体参与投票人数与总人数的最低百分比。

1. 人民参与的重要性

意大利政治哲学家马西利乌斯（约1280—约1343）在他的著作《和平的保卫者》中，运用亚里士多德的原则，引申出一个世俗的国家概念。站在他当年的环境下，他认为必须用限制教会统治集团权力的办法保持国家的统一。国家的主要责任是维护法律、秩序和安宁。人民是政治权力和法律的源泉，在

---

① ［美］罗伯特·达尔：《论民主》，李柏光、林猛译，商务印书馆1999年版，第47页。
② 同上，第48页。
③ ［美］卡尔·科恩：《论民主》，聂崇信、朱秀贤译，商务印书馆1988年版，第12页。

人民的权力中就有选择其统治者的权利。这也就是说，不仅立法权属于人民，而且官吏也应该由人民选举产生，他们的职责和权限应该由人民确定。

他明确地说："制定法律的权力不能属于一个人，因为这个人会由于疏忽或者故意或者两者兼而有之而制定糟糕的法律，更多地寻求他自己的利益而不是共同体的利益，所以这个法律是专制的法律。出于同样的原因，制定法律的权力不能属于少数人；因为他们非常可能像以上所说的那样，错误地为某些少数人的利益而不是为公共利益制定法律，这种情况体现于寡头政治之中。因此，恰恰由于相反的原因，制定法律的权力属于全体公民，或其中主要的一部分人，因为，既然所有的公民都必须接受法律的公正衡量，没有人会故意伤害自己或故意希望自己获得不公正，那么，所有人或大多数人所希望的是一种按照公民的公共利益行使的法律。"① 从我们引述的这段话不难发现，马西利乌斯受其生活在欧洲中世纪的局限性所影响，他所表述的"全体公民或其中的一部分人"来制定法律，显然与我们今天所称公民权尚有很大差距，但他明确地表达出选举立法者和官吏、政治参与等民主制度运行过程的规则，使我们能清楚地认识到公民必须参与包括决策讨论国家的公共管理，这是实现公共利益的基本途径。

另一个意大利人马基雅维利（1469.2—1527.6），通常被认为是现代国家政治的第一理论家，他在两本至关重要的著作《君主论》、《论李维》中讨论了怎样才能实现国家权力与公民权利之间的匹配和平衡。他阐述了只有经民众同意建立的制度才会维持和平状态，即使制度变化也不会影响和平。华南师范大学政治与行政学院教授孙永芬，研究了马基雅维利的著作后说："马基雅维利认为，必须让人民通过参与国家政治而得到满足，如果一个国家能够让大多数公民都满足，才能维系政府的稳定，反之稳定是不可能的。"② 马基雅维利在其著作中，总是对人民的力量给予充分的肯定。在《君主论》中他说："一个人依靠贵族的帮助而获得君权，比依靠人民的帮助而获得君权更难于继续保持其地位。""如果一个人是由于人民的赞助而获得君权，他就发觉自己是巍然独立的人"，"一个君主如果公平处理事情而不损害他人，就不能够满足贵族的欲望，但是却能够使人民感到满足。因为人民的目的比贵族的目的来得公

---

① ［意］马西利乌斯：《和平的保卫者》，殷冬水、李安平译，吉林人民出版社2004年版，第48—49页。

② 孙永芬：《西方民主理论史纲》，人民出版社2008年版，第54页。

正。""如果人民心怀不满,君主是永远得不到安全的,因为人民为数众多。"①

他在《论李维》一书中,也有相同的论述,他说:"以民众为友而以大人物为敌的专制者更安全,因为较之那些以民众为敌而与贵族为友的人,他们拥有更强大的势力来维持自己的暴力。在前者的支持下,内部势力就足以保护一个人,例如斯巴达的专制者纳比斯在受到希腊和罗马人民的攻击时,就是如此。他为求自保而消灭了少数贵族后,使人民成为自己的朋友,获得了他们的保护,假如他以人民为敌,这是不能的。"② 马基雅维利看到了人民中蕴涵着庞大的力量,因此,他告诫统治者绝不能忽视人民的要求。

这一点,在我们民族悠久的文化中,同样有其深刻的认识,民心的向背决定政权的存亡。《后汉书·皇甫规传》:"夫君者舟也,人者水也。"李贤注:"《家语》孔子曰:'夫君者舟也,人者水也。水可载舟,亦可覆舟,君以此思危,则可知也'。"唐代欧阳询在《艺文类聚》第二十三卷引《孙卿子》:"孔子对鲁哀公曰:'君者,舟也;庶人者,水也。水则载舟,水则覆舟,君以此,思危,则不危焉'。"唐代陆贽《奉天论延访朝臣表》:"故喻君为舟,喻人为水,言水能载舟亦能覆舟也,舟即君道,水即人情,舟顺水之道乃浮,违则没,君得人之情乃固,失则危。"③ 其意是人民似水,君王似船,水可以使船航行,也能使船翻沉,君王明白其中的道理,以此为诫,则政权可以永保其稳定,否则君王会不得安宁,甚至使政权倾覆。

马基雅维利的论述和我国古代先贤的论述,使我们明白一个道理,一个国家能够让大多数公民满意,才能使国家政权得以稳定,反之,稳定是不可能的。换句话说就是让人民通过参与国家政治而得到满足,是国家政权得以稳定的重要必备条件或坚实的基础。

英国哲学家洛克(1632.8—1704.10)是一位知识面颇广的学者,因加入皇家学会了解科学的进展,和著名科学家牛顿等人是好朋友,也因其在理论上为已经上台的资产阶级辩护他们的新制度并扫除异说,而成为辉格党的思想领袖。1690年他发表两篇关于政府的论文,是多年来考虑真正的政治原则的成果,认为政府是一种信托,其目的是保证公民人身和财产的安全,当统治者失于职守时,国民有权撤销对他的信任。政府和政权是必要的,而公民的自由同

---

① [意]马基雅维利:《君主论》,潘汉典译,商务印书馆2011年版,第45—46页。
② [意]马基雅维利:《论李维》,冯克利译,上海人民出版社2012年版,第155页。
③ 刘万国、侯文富主编:《中华成语词海》,吉林大学出版社1999年版,第1019页。

样是必要的。洛克根据他的契约理论，也提出了政府的合法性问题。他认为，只有在人民共同协议的契约基础上建立的国家才是合法的。

洛克说："有人认为征服是政府的起源之一，但是征服并不等于建立任何政府。如果征服者的征服是合乎正义的，他就对一切实际参加和赞同向他作战的人民享有专制的权力。……对于不同意战争的其余人，征服者不享有任何权力，从而他不能基于征服具有统治他们的任何合法的权力根据。……篡夺是一个人把另一个人享有权利的东西占为己有。篡夺只是人事的变更，而不是政府形式和规章的变更。篡夺是一种国内的征服，如果不用国家法律所规定的方法取得行使统治权的任何部分的权力，即使国家的形式仍被保存，也并不享有使人服从的权利。只有人民自由地表示同意或承认，篡夺者才有权利的依据。"①

洛克还认为："国家只能有一个最高权力，即立法权，其余一切权力都是而且必须处于从属地位。但立法权只是一种受委托的权力，当立法与他们的委托相抵触时，人民仍享有最高的权力来罢免或更换立法机关。""人民有权行使最高权力，并由他们自己继续行使立法权，或建立一个新的政府形式，或在旧的政府形式下把立法权交给他们认为合适的人。"②

洛克这两段关于统治者通过征服或篡夺所获得权力和权力及人民的地位的论述，明确告诉我们，政府所获得的权力，无论是正义的征服，亦或是篡夺得来的权力，只有得到人民的赞成，才具有合法性。也就是，只有人民通过自由地表达，得到人民同意的权力，才是合法的。这里"同意"是衡量政府权威合法性的关键。对此，洛克设立了多数同意原则，因为全体一致在实际政治生活中是很难做到的。洛克指出这是从人人平等的原则而来，既然每个人都彼此平等，任何人都不具有比其他人更多的权利，因此，在进行政治决策的时候，少数服从多数的意见显然是最合理的"同意"。关于多数原则我们将在后面专门列题阐述。

18世纪欧洲最伟大的思想家，法国大革命的思想先驱者卢梭（1712.6—1778.7）于1762年发表了《社会契约论》，这一名著为18世纪末法国资产阶级民主革命和美国资产阶级民主革命提供了理论纲领。在这本著作中，他以"公意"学说表达了政府合法性的思想。卢梭认为，由社会契约构成的这种约

---

① 俞可平主编：《西方政治学名著提要》，江西人民出版社2000年版，第129页。
② 同上，第128—131页。

定就形成了公意,公意是政府所代表的主权合法性的唯一基础。政府从公意那里接受指导并使用它的权威,按照主权者的意图管理社会。他说:"只有公意才能按照国家成立的目的即共同的福祉来指导国家的各种力量,因为,虽说由于个人利益的冲突使社会的建立成为必需,但只有靠这些个人利益达成一致,才使社会的建立成为可能。正是由于这些不同的利益有共同的地方,所以社会联系才得以形成;如果不同的利益不在某一点上达成一致的话,任何社会都不可能存在。"① 他认为公意是永恒的,公意总是倾向于平等,政府是暂时的,政府是介于臣民和主权者之间使这两者互相沟通的中间体。"我们把行政权力的合法行使称为政府或最高行政;把负责这种行政的一个人或团体称为君主或行政官。"② 这两段话,我们可以理解为公意决定了政府在行使权力时是否具有合法性。

因此,为了把握卢梭的观点,我们必须了解什么是公意。卢梭说:"众意和公意之间往往是有很大差别的;公意只考虑共同的利益,而众意考虑的则是个人的利益;它是个别意志的总和。但是,从众意中除去互相抵消的最多数和最少数以后,则剩下的差数仍然是公意。"③ 公意和众意是不同的,众意着眼于私人利益,它代表个人或某一小集团的利益,而公意只着眼于公共利益,是永远正确的,它涵盖了众意。卢梭还认为,作为主权的参与者,则每个人都称为"公民",至于结合者,合起来就称为"人民"。他经过多方阐述,接受多数原则。他说:"当有人在人民的集会上提议一项法律时,他不问在场的人是同意还是否定这项法律,而是问这项法律是否符合公意,于是大家用投票的方法来表达他们对这项法律的意见,最后以票数计算的结果宣告公意。"④ 他认为只有全体人民都积极参与,并自由表达公意,人民才是真正的主权者,也才能真实反映政府存在是否合法。这里要特别指出的是,没有取得人民的同意就不可能有民主。人民同意是民主必不可少的条件,但不是唯一的条件。正如当

---

① [法] 卢梭:《社会契约论》,李平沤译,商务印书馆2011年版,第29页。
② 同上,第65页。
③ 同上,第33页。
作者卢梭注:达让松侯爵说:"每一种利益都有不同原则;两种个别利益的一致,是由于与第三种利益相对立而形成的。"达让松还说:大家的利益的一致,是由于与每个人的利益相对立而形成的。如果完全不存在不同利益的话,也就很难感觉到那种毫无任何障碍的共同的利益了。要是这样的话,一切都将自动进行,而政治也就不成其为一种艺术了。
④ [法] 卢梭:《社会契约论》,李平沤译,商务印书馆2011年版,第120页。

年的日本帝国主义和纳粹德国，虽然其本国人民在一定时期一定程度上满意但并不能说他们是民主的。

2. 参与的广度、深度和范围

看一个社会民主实现的程度，要依据这个社会多方面的情况来考虑，这些考虑离不开全社会公民参与的广度、深度和范围。参与的广度是个数量问题，实质是社会成员中参与决策的比例。美国学者科恩说："全社会成员中参与者占多大比例方可列为'民主广度不够'、'民主广度正常'、'民主广度极大'，这将永远难以准确地测定。"① 他认为影响这一测定的因素包括社会的规模、类别，所参与问题的性质，以及社会成员未能参与的复杂情况，比如法律禁止参与的、自己不愿参与的、受某种情况所阻不能参与的、蓄意不参与的。这些都可限制到民主的广度。当然，一个民主社会不断改进和完善民主程序，这是一个永无止境的渐进过程，为了民主的安全、稳定，归根结蒂要依靠公民们自己有参与的内在愿望，使人民参与的广度比例越高越好。

然而，在实际社会中，人民决定是否参与政治过程和制度制定，完全是他们自己的事情。英国伦敦经济与政治学院的政治学教授戴维·赫尔德说："有经验的民主理论家认为，无论公民参与的程度如何，多元主义民主都是一项重要的成就。实际上'民主'似乎并不要求所有公民高度积极参与；没有这种参与，它照样运行得很好。"② 但是，作为民主社会，对于那些少数人的偏好，领导人在进行政策选择时必须予以考虑。我们从上面的两段引述可以看出，对于人民的政治参与，西方学界亦有各自不同的看法，从中我们可以看出民主是一个多么复杂的问题，理解起来也并不简单，因此，要给出民主参与的分界比率，任谁也是不可能的。

对民主的评价，总是要先有一个广度，即要保证达到一定数量的民主的参与。虽说我们无法确定一个衡量的分界比率，但只有符合一定的广度，才能评价其深度。美国学者科恩认为，"民主的广度是由社会成员是否普遍参与来确定的，而民主的深度则是由参与者参与时是否充分，是由参与的性质来确定的。从某种意义上说，深度的衡量居于次要地位。"③

---

① ［美］卡尔·科恩：《论民主》，聂崇信、朱秀贤译，商务印书馆1988年版，第13页。
② ［英］戴维·赫尔德：《民主的模式》，燕继荣等译，中央编译出版社1998年版，第189页。
③ ［美］卡尔·科恩：《论民主》，聂崇信、朱秀贤译，商务印书馆1988年版，第21页。

对民主的深度做出评价是比较困难的，因为它不能用数字来表示，其表现形式往往是隐性的，并不太好衡量，比如在民主过程中参与社会的思考，在所涉问题范围内的识别，提出相关建议，阐明立场，参与辩论，深化思考。当然投票是思考或民主过程的最后一步。对于深度这一问题，当社会成员达到百万千万甚至更多时，让其普遍都能有深度地参与实际中是不可能的，公民要求随心所欲，那是不合理的。民主社会，不论其大小，"如果一个社会不仅准许普遍参与而且鼓励持续、有力、有效并了解情况的参与，而且事实上实现了这种参与并把决定权留给参与者，这种社会的民主就是既有广度又有深度的民主"。①

对于民主的范围，科恩认为是一个不易捉摸的问题。在特定的社会，民众参与决定共同有关的问题可能越广泛、有深度则更有效，而在另一些问题上，广泛的参与可能毫无作用。

然而范围的大小，却是全面评价该社会民主时的重大问题。但是，要确定人民的意见在哪些方面起决定作用，这又是一件非常困难的事，所以在人数众多的社会中，全体直接参与决定是不可能的，人数众多会造成困难，故而民主国家常常会想出一套办法满意地解决那些不宜全体成员共同处理的复杂的问题。科恩认为，"办法可能有两种。一是纯粹用代表制，由人民选举代表代理他们处理某些事务。""此外，也可能不采取代表制的决策方法，而通过民间途径以处理某些领域内的复杂事务。"② 对于人数众多的社会，民主的有效范围会有些局限性，这是因为有大量问题迫切需要间接地决策，使这种情况难以避免。对于各种民主来说，公众在决策过程中的权力范围始终是个中心问题。"总之，人数众多的民主国家确有实际需要，发展间接控制的体制以处理其管辖下的不同领域的决策。所选择的体制可能是多种多样的。只要是由社会自由决定的，而且该社会有法定的权力可以井然有序地加以修改或者废除，就可以正确地说这些事务的处理仍在民主最高权力范围以内。"③

（三）民主的多数原则

民主政治的运行过程中，多数原则应该是最基本的规则，它也是体现民主

---

① [美] 卡尔·科恩：《论民主》，聂崇信、朱秀贤译，商务印书馆1988年版，第22页。
② 同上，第26—27页。
③ 同上，第27页。

政治内在价值的核心原则,在任何民主社会都具有普遍适用性和合法性。世界上的任何政治思想家都没有对民主的多数原则提出过异议或有所质疑。在民主政治运行过程中,在管理国家时,人民由于人数众多,必然出现意见分歧,多数裁定规则,使得在困难问题上作出明智决定成为可能,也能防止因意见分歧而导致无序,因此,按多数人的意见来行事,这既是民主政治运行的基本规则,也是政府能有效运转的保障。

美国著名政治思想家萨托利认为:"在民主制度中,解决冲突的规则是多数原则。也就是说,除非多数'游戏规则'或原则得到普遍接受,民主制度便没有处理内部冲突的规则可言,因此也很难作为民主制度运行。所以程序的共识,尤其是对解决冲突的多数原则的共识,是民主制度不可或缺的条件。也可以十分恰当地说,程序的共识影响着对政体的共识。如果多数原则没有被接受,或至少是没有得到默许,那么作为一种政体、一种政治形态的民主也就没有被接受。"① 这里萨托利清楚地道出了多数规则在民主政治制度中的重要性,是必备条件。他认为事实也的确如此,即在民主运行过程中,对政策和政府必然会存在异见,而民主制度的基础和本质就是"受讨论的统治"。这也是产生各种异议、异见和反对派的原因、背景,是民主制度运行中无可辩解的特征要素。

在多数规则中,必须弄清楚"多数"的意义,以及是在什么性质的机构和情况下的多数。对这一问题,美国的哲学教授科恩认为:"一般而言,'多数'指在一定范围内'超过半数',但有时可以用'比较多数'的松散的同义语,指一群内最多的一部分,而不论是否超过半数。"② 显然这里所说的多数规则与比较多数规则是有区别的,多数规则所包括的范围较广,明显可保护更多成员的利益。多数规则有时被称为简单多数。在某些情况下,简单多数被认为所保护范围不足,而又派生出"限定多数的原则",比如要求制定获得三分之二或四分之三赞成票方可形成决议采取的规则。实际政治生活中,这种限定多数原则的使用还是比较普遍的。

至于多数的范围,科恩指出,"实际参加投票的多数;有权参加投票的多数,全体成员的多数"③。在具体行使过程中,一般是按投票数来计算多数的。

---

① [美] 萨托利:《民主新论》,冯克利、阎克文译,上海人民出版社2009年版,第106—107页。
② [美] 卡尔·科恩:《论民主》,聂崇信、朱秀贤译,商务印书馆1988年版,第68页。
③ 同上,第69页。

当然为了有较大范围的保护性,则要求合法投票者的多数。"所以,民主社会中最普遍采用的是实际投票者的多数。高于此限的要求,几乎肯定会耽误作出决议,或不必要地推迟。"① 民主社会应采用何种规则,考虑其广度、效率和实际情况,可以有各种各样的选择。

迄今所实行的民主制,其人民的简单多数独占代表权,不可避免地会出现完全剥夺少数人的选举权的现象。英国著名哲学家、经济学家与政治理论家,被称为19世纪欧洲思想巨擘的约翰·密尔(1806—1873)对此提出一个问题:少数必须服从多数,在民主政体中,多数理所当然地胜过少数,那么多数是否就应该获得全部票数,而少数则一票也不应该有或者根本就没必要听取少数的意见呢?

密尔给出了明确的回答。他说:"其实在一个真正的民主制国家里,每个群体或任何群体的人都应当有自己的代表,并且代表的名额是按比例分配的。……就人对人这点来说,少数和多数一样都能得到充分的代表权。如果不是这样,那就不是平等的政府,而是不平等的和特权的政府,也就是人民的一部分来统治其余的部分,这样就会有一部分人在代表制中公平而平等的一份影响被剥夺。这首先就违反了民主制原则,也违反了一切公正的政府,因为民主制是以平等作为公正政府的根基的。这种对原则的违反及不公正的罪恶,并不因为受害的是少数人而小一些,因为在社会上,如果每个人不能和其他人同等重要,那就不存在平等的选举权。但受害的却不仅仅是少数。由此构成的民主制甚至达不到在任何情况下都将统治权力交给多数人这一表面目的。"②

由此我们看出,一个真正的民主制国家,绝不能不尊重少数人的意见,更不能剥夺少数人的民主权利。这就是"少数服从多数"和"保护少数"的原则。我们对照号称西方民主制样板的美利坚合众国,在总统大选中将各州实行对选举人票胜者统吃的办法,完全剥夺少数选民的民主权利不说,竟然将少数人的选举人票也一并纳入胜者一方,按照密尔的说法,"这种对原则的违反及不公正的罪恶"完全不是一个民主政府所为,其民主的虚伪性可见一斑,对此,我们将在以后的章节中另有分析。

---

① [美]卡尔·科恩:《论民主》,聂崇信、朱秀贤译,商务印书馆1988年版,第71页。
② [英]密尔:《论自由代议制政府》,康慨译,湖南文艺出版社2011年版,第165页。

（四）民主的决议规则

在民主社会中，就某一议题，经过公民广泛的参与，持续热烈地讨论，最终必须作出决定。为了具体地实现成员的意愿，首要的是确定对具体问题做出决定时应遵循的规则，也就是决议的规则。根据社会的不同性质及其不同的问题，有许多适应民主的管理规则，无需采取同一规则来作所有的决定，对不同情况采取相同规则往往适得其反，这也就是针对不同类别的问题可以采取不同的规则。比如说制定条例、法规、细则时的规则就有可能与修改该社会的根本法、宪法时的规则大不相同，因此要恰当地选择行动规则。

当民主过程进行到最后阶段，即需要决议规则来做决定，这时按照美国密执安大学哲学教授科恩的意见，"于是提出建议并进行某种形式的投票。达成决议要求有一种明确的及可以公开核实的办法来衡量社会意见，所以必须采取可以计量的办法—投票、举手。我们希望这种规则是公正的、明智的，正确执行的"。[①] 当然，在执行这些决议规则时并不能直接反映出投票者参与的深度。科恩认为："合适的决议规则服务于民主过程，使之能顺利进行，产生效果，但它并不是该过程的全部。"[②]

从民主社会的实际情况看，决议的规则是民主运行过程至关重要的一个环节，你整个民主过程运行得再好，最后环节把握不好，将会前功尽弃，所以决议规则所定的范围，即对民主过程或公民利益的保护应该越广越好。但往往是当范围越广，其决议的效率往往较低，而范围较窄时，往往效率就越高。它构成了一对矛盾的统一体。因此，保护和效率这两大目标往往会发生冲突，想把二者都增加至最大限度，这种规则恐怕还没有。如果要增大效率，把决定权集中于一个人手中，可能避免争论不休和对事情处理的延误，但却难以使保护增加到最大限度。反之，如果规定全体一致方可采取行动，这样虽然可保护每个成员，使他们能反对有损他们利益的任何决议，但这样一来，恐怕任何社会都无法采取任何行动，势必造成混乱、延误，这样对全体成员来说将是不可忍受的负担。就此，科恩认为，"怎样才算是最恰当的妥协，这就要看该社会各方面的情况，如大小、成员性质的特征、待议问题的种类等，才可确定。民主要

[①] [美] 卡尔·科恩：《论民主》，聂崇信、朱秀贤译，商务印书馆1988年版，第67页。
[②] 同上，第67页。

有成效，必须为不同的社会、不同的情况、不同的问题制定不同的规则。没有一种规则对于一切都是最合适的。"①

科恩的这段话十分清楚地告诉我们，各个社会只有因地制宜，制定自己最适合的规则，才能最恰当地做出适合自己的决议，那种企图把全世界统一在一个框框里的所谓民主是不切实际的，是永远也办不到的。

科恩就决议规划来评价民主社会时说："评价一个社会民主时，不仅要问实行什么规则，而且要问在何处实行，是否始终一致。把这一切的民主性扩展至最大限度，不仅要求最大的参与范围，而且要求在这一范围内按照不同的参与情况，使用不同的规则。决议规则是民主的工具，其使用形式仅仅是表示任何民主健全情况的一项标志，不过是最重要的一项。"②

（五）民主不是一人一票的选举

摩西是古代犹太民族的英雄。圣经《旧约》中记载，他率领以色列人逃离受奴役地埃及，历经艰辛返回故地迦南。但民众们在路上遇到困难后，开始抱怨缺吃少喝，反悔退缩。作为坚定的回归者，摩西是少数派。他不得不借助上帝的权威乃至种种惩罚手段，迫使民众往前走。如果按照选票政治的做法，靠一人一票决定民族的去向，结果可想而知。世界历史将被改写：没有犹太文明，没有后来的基督教，更不会有今天的以色列国。③

我们从前面的章节已知道，民主就是人民当家做主。就国家的范围来讲，衡量一个政权是否属于民主的范畴，"以民执政（民有）、为民执政（民治）"是两大根本原则。前者是指执政机构内应有充分的社会各阶层代表，后者指执政行为应充分反映多数民意。当政权逐渐从君主、寡头向民众手中转移，执政行为逐渐从为个人、寡头利益到为民众服务转移，就是民主的进程。这一进程是动态的、渐进的，甚至是一个漫长的历史过程，而非静止的，标准化的。

在民主化的过程中，要保障人民的民主选举、民主决策、民主管理和民主监督的权利；要创造一种环境，让人民批评和监督政府；能让该社会的每一个人都能在平等、公正、自由的环境中全面成长，使全体人民的道德素养不断提高，民主化不断完善。选举仅仅是民主运作过程中的一个环节，将民主简化为

---

① ［美］卡尔·科恩：《论民主》，聂崇信、朱秀贤译，商务印书馆1988年版，第67页。
② 同上，第68页。
③ 许晓英：《选票政治常受制民意假象》，原载《环球时报》2013年9月11日14版。

一人一票的选举，进而将选举变幻成对民主的衡量标准甚至是唯一的道德尺度，显然是对民主概念的偷换，一个环节怎么能取代全过程呢，岂不是明显的荒谬。目前，在国际政治思想理论界，并不存在一个可以从道德上定义一个国家是否"民主"的统一标准。民主化的进程是漫长的，有时甚至是曲折的，并不是一人一票选举就确保是民主的。当然，我们并不否认选举是关键，其实"大多数人主要是通过选举对他们的领导者施加控制，但选举过后，大多数人就失去了对他们所选择的领导人的控制权；即使在选举期间，选民也难以对候选人加以控制"。[①]

旅法资深媒体人郑若麟曾在2012年7月31日《环球时报》发表的文章中举出法国的例子。法国从1789年大革命开始民主化进程，但在此后的150年内国家却处于动荡之中，不但经济发展受到约束，大众民主本身又反过来侵害着公民的基本权利。法国先后经历了三个王朝、两个帝制和五个共和。从第二共和国就有了选举。但直到第三共和国，法国才被历史学家们公认确立了民主体制。当时占人口半数的女性根本没有投票权，法国还是一个殖民帝国，也没有直接普选总统……直到20世纪40年代，法国才实现"一人一票"的选举制度，到1962年才开始直选总统。而法国总统两个任期的限制，则等到2008年才修宪确定。这一历史事实证明了民主化进程的漫长和曲折。

另一个例子更能说明问题。1920年，德国希特勒抛出纳粹党《二十五点纲领》，大肆鼓吹民族主义，建立大德意志帝国。1921年10月，希特勒组建了冲锋队。1925年又成立了党卫军。1928年，纳粹党成员还不足10万，在国会491个席位中仅占12个席位。1929年经济危机爆发，希特勒抓住时机，于1930年3月，纳粹党公布《农民纲领》，迎合农民群众的要求，同年5月又公布《迅速提供就业—战胜危机的纲领》，向广大失业工人作出许诺。到1933年，纳粹党成员从15万上升到100万。

1930年9月大选，纳粹党的议席，由12席增至107席。到1932年7月选举，纳粹党再次获胜，选票增至37.4%，议席也从107席增至230个，成为国会第一大党。到1933年1月，兴登堡授命希特勒组阁。就这样，通过一人一票选举国会，希特勒成为第一大党领袖，从而通过"合法"手段上了台，导致第二次世界大战的爆发，给世界人民带来了灾难。任谁也不会说纳粹的德意

[①] 孙永芬：《西方民主理论史纲》，人民出版社2008年版，第240页。

志第三帝国是民主政府。这里不难看出，一人一票的选举并不能确保选出的政府就是民主的。因此，把一人一票的选举幻化成评价是否民主的标准令人质疑其目的，其说法至少是片面的，不是无知，便是别有用心。

（六）多党制不一定是民主政府的保障

英国伦敦政治学教授戴维·赫尔德在其著作《民主的模式》一书中，就民主的诉求有过一段论述。"民主的思想是重要的，因为它不仅是体现了自由、平等和公正等诸多价值中的一种价值，而且它是可以联系和协调相互竞争的种种顾虑的一种价值。它是一种指导取向，有助于为详细说明不同的规范性问题之间的关系创立基础。民主并不以不同价值的一致为先决条件，毋宁说，它只是为把价值相互联系起来并把解决冲突放到公开参与公共过程之中提供一种方法，它只是被用来为这一过程本身的形式提供特定的保护。"①

为了使这种保护更好地实行，使人民在民主化进程中坚持参与、代表和责任的恰当原则、规划和机制，使政府行为得到人民的同意，逐渐使现代政党兴起和建立现代政党制度。换句话说，随着城市化和工业经济的发展，政治上随着普选权的扩大，越来越多的中产阶级和普通工薪阶层拥有了选举权，由此需要一种高度社会化的政治组织，代表各种不同的社会阶级和集团利益，同时也为了把公民组织起来在选举中动员支持者，于是顺应其发展便产生了政党。现代政党制度的兴起和建立，是根据各个国家其特定的经济、政治、思想文化和社会环境条件而产生的，政党是一个历史范畴。

虽然政党在西方国家的政治文化生活中早已占有十分重要的地位，但是"大多数西方国家没有专门的政党法，通常只是在相关的法律中规定政党活动的基本原则。政党也被作为一般性的社会政治团体进行管理"。"目前西方国家对政党成立不作事先限制，但对其超越法律允许范围内的活动实行事后追惩，即政府有权根据宪法和法律，对其予以解散或取缔。"②

民主化的进程中兴起和建立了政党制度，政党制度的建立同时又促进了民主化的进程，然而在这一进程中建立的多党制却并非民主政府的保障。西方把民主界定为多党制有失偏颇，并不能令人信服。因为历史让我们清楚地看到，

---

① ［英］戴维·赫尔德：《民主的模式》，燕继荣等译，中央编译出版社1998年版，第297页。
② 唐晓、王为、王春英：《当代西方政治制度导论》，中国人民大学出版社2011版，第118—119页。

多党制并不能保证选出的政府就一定是民主政府。

让我们先看看德国。第一次世界大战中德国是战败国。1918年11月9日德皇威廉二世退位，庞大的帝国在战争和革命的风暴中崩溃。1919年1月举行国民议会选举，社会民主党获得优势。由于社会民主党没有取得国民议会中的多数席位，不能单独组织政府，便同民主党和人民党联合组阁。1919年7月国民会议通过新宪法，规定了德国国会由年满20岁的男女公民选举产生，它负责立法和决定预算。1920年德国共产党与独立的社会民主党左翼合并。经过卡普暴动、鲁尔危机、汉堡工人武装起义、施特雷泽曼外交时期，在政府更迭频繁、社会动荡不安、危机重重的非常时刻，德国法西斯势力兴起。

德国的法西斯政党全称是德国民族社会主义工人党（又称德国国家社会主义工人党，简称国社党），简称纳粹党。到1930年9月大选，共产党议员的人数从54名增加到77名，纳粹党的议席由12席增至107席。到1932年7月举行新的选举，纳粹党再次获胜，议席增至230个，成为国会第一大党。社会民主党获133个议席，共产党获得89个议席。这确是清清楚楚的多党制。此后曾经被认为拥有欧洲最民主的宪法的魏玛共和国，在一夜之间被希特勒领导的纳粹党控制，而且采取的是合法的方式，得到了大部分德国人的支持，随后希特勒发动的战争又威胁到欧洲所有的民主国家，他祸害世界，是个彻头彻尾的魔鬼，这一系列血腥事实，对传统的民主理论是一种严峻的挑战。

再看意大利。第一次世界大战爆发后，参加德奥同盟的意大利宣布中立。1915年4月26日意大利同英、法、俄签订伦敦秘密条约，决定站在协约国一边参加战争。战争并没有使意大利享受应有的"荣誉"，得到的只是灾难和耻辱。死伤一百多万人，加剧了国内政治经济生活中的固有矛盾，债台高筑，物价飞涨，通货膨胀，金融混乱，财政崩溃，工人罢工运动猛增，农民发起抗租抗税斗争，社会党领导了这些斗争。

1921年1月共产党建立，力量弱小，在政治生活中未能发挥主要影响。而墨索里尼法西斯势力迅速崛起。1919年3月，墨索里尼在米兰组织法西斯战斗团，到1921年5月，战斗法西斯成员已近19万人，1921年11月，法西斯党正式成立，到1922年发展到30多万人。1922年10月29日国王维克多·伊曼纽尔三世任命墨索里尼为首相，31日墨索里尼组成第一届法西斯政府，法西斯党终于上台执政。此时法西斯党在议会中只有35个席位，社会党和人民党在议会中占据着43.2%的席位。在14名内阁成员中，法西斯分子仅占4

人。墨索里尼强迫议会通过新选举法,规定任何政党在选举中获得多数,只要票数超过总数的四分之一就可以得到三分之二的席位,剩下的三分之一席位按得票比例分配给其他政党。1924年4月举行议会选举,法西斯党获得了65%的选票,控制了议会。到1929年4月,作为政府首脑的墨索里尼一身兼任了内阁13个部中的内政、外交等8个部的大臣。墨索里尼还宣称总体国家是"超阶级的、不是维护某一阶级的利益,而是维护全体人民的利益"[①]。由此我们可以看出,即使在议会中社会党和人民党占有多数席位,也未能控制墨索里尼的所作所为。此后意大利和德意志第三帝国、日本三个法西斯国家,为重新瓜分世界,在侵略扩张的道路上逐步勾结起来结成联盟,形成"柏林—罗马—东京轴心",发动了第二次世界大战。德、意、日法西斯制造的这场战争,使从欧洲到北非,从大西洋到太平洋,先后有61个国家和地区,20亿以上人口被卷入战争,据不完全统计,战争中军民共伤亡9000余万人。他们给世界人民带来灾难,在人类历史上留下了肮脏的一笔。其罪恶罄竹难书,岂有民主可言。

我们再从另外一个角度来看这个问题。前苏联解体以后给社会带来巨大的痛苦。俄罗斯亦步亦趋学走西方民主的路子,他们也搞了"很标准的"一人一票选举,多党制已经成为现实。1990年3月,苏联第三次非常人民代表大会对1977年苏联宪法中有关政党的条款进行了修改,首次确立了苏联的多党制。1993年俄罗斯宪法,确立了俄罗斯的多党制。2001年7月颁布和实施了政党法,对政党的成立、地位、活动及其监督、改组和取缔等作了比较详细的规定。但20多年过去了,今天的俄罗斯仍被西方排除在"民主国家"之外。美国仍在竭力支持反对派,不惜花巨资想方设法给俄罗斯议会选举、总统选举制造障碍。

据2012年3月17日《参考消息》引用俄罗斯《观点报》3月16日文章,美国发表了有关支持俄罗斯民主开支情况的报告。在奥巴马执政后,美国为在俄罗斯发展民主拨款两亿美元。美国国务院负责欧洲和欧亚事务的助理国务卿菲利普·戈登3月15日对此做了汇报。他说:"维护人权和支持民主仍是我们的工作方向。2009年在奥巴马入主白宫之后我们为支持俄罗斯的民主将继续资助俄罗斯的非政府组织,为此在国会支持下政府投入5000万美元成立了一

---

① 徐天新、许平、王红生主编:《世界通史》现代卷,人民出版社1997年版,第201页。

个专项基金。"针对美国政府的行径,俄罗斯总统普京在2011年12月俄《新消息报》上发表文章称,西方花数亿美元在这些俄罗斯国内的帮凶身上,普京说:"俄罗斯有法律针对这样的情况,即有人资助俄罗斯国内的组织在外国的伴奏下表演节目。我们应该制止这种对俄罗斯内政的干涉行为,维护我们的主权。"俄罗斯外长拉夫罗夫也指责美国欲插手俄大选,据《参考消息》转载法新社莫斯科3月1日(2012)电指出,拉夫罗夫在接受采访时说:"教导或劝诫俄罗斯的日子已经过去。"他说:"我们的美国伙伴很了解这一点,但过去的做法给华盛顿遗留的情况和刻板印象仍很明显。"美国国务卿希拉里曾批评俄罗斯2011年国家杜马选举"既不自由也不公正"。受到普京"指名道姓"式的猛烈回击。俄《共青团真理报》称"西方开始在俄行动",在苏联解体20周年来临之际,西方国家公开支持亲西方的反对派,对再次分裂俄罗斯流露出浓厚兴趣。

从俄罗斯的问题上,我们看出美国及其西方社会,并不认可俄罗斯的民主政府,由此,我们不难发现,西方把一人一票的选举和多党制界定为民主的标准,其实是有其不可告人之目的。由以上例子看,我们可以得出结论,多党制并不一定就是民主政府的保障。有的国家搞了像模像样的多党制,同样得不到西方社会的承认。而有些国家并不实行政党制,仍为世袭制,同样可以成为美国等西方社会的盟友,这岂不发人深省。所谓把民主幻化为多党制其实是另有所图。

(七)国与国之间应严格遵循《联合国宪章》

笔者孤陋寡闻,在所翻阅的东西方关于民主理论的著作中,基本都是研究在一国范围内之民主理论的,尚未有涉及国与国之间民主理论的著作。然而,现代民主思想在世界范围历经百年的传播大体完成。这种思想会在不同程度上影响所有的国家,那结果是,未来的地球上大概不会有一个与民主自由毫不沾边的国家。民主已经不是搞不搞,而是如何搞的问题。它在一国是否成功,将主要取决于该国对民主精神的运用是否与本国实际相契合。主动探索与自己国情相适合的道路,是把握时代脉搏的自我松绑。当然也可以借鉴其他国家的经验教训,但是国与国之间以民主、自由、人权为"普世价值"作借口,从本国利益出发,干涉别国内政,并非民主政府所为。

美国密执安大学哲学教授卡尔·科恩说,"国家一般指的是享有主权的政治社会。人数众多的而且享有主权的政治社会，其成员广泛地而且长期地有着共同利害关系。对这种社会的正式承认就使这一星球分成若干民族国家。民族国家作为人类一种组织形式，有的赞成，有的反对，不论他们说法如何，这种社会的存在，过去和现在都是不可动摇的事实。……在所有人类社会中，政治社会占据了极为特殊的地位。亚里士多德说，它是所有社会中最高级的，又说'它包含了所有其他的社会'。即使有人不同意政治社会是最高级的，包含所有其他社会，他也不得不承认他享有成员资格的大多数社会都仰仗人类社会中这一较大的社会，才得以确保安全或存在。"科恩接着又说，"对每个国家公民来说，这个国家所宣称的目标，不论是愚昧的或崇高的，都是至关重要的。"① 这就是说国家是人类社会的最高社会形式，该国的每一个公民的存在和安全，都仰仗这个国家，而不论这个国家其前进的目标如何，即使是愚昧的，对这个国家的公民来说也是至关重要的。换句话说，这个国家的公民选择什么样的道路、前进方向、目标是什么，都是该国的自由。

这就提出一个重要的问题，在人类社会中，国与国之间相处时，要尊重别的国家的选择、利益与感受。这是因为每个国家的成员拥有本民族或本国的共同利益，也就是各个国家都有自己的本国民众的共同利害关系。当一个国家对另一个国家或地区进行干涉时，必然考虑的是本国的利益，而不会考虑另一国的利害关系，这就必然会给另一国带来利益的损失或灾难。因此，《联合国宪章》规定了"发展各国之间以各国人民拥有平等权利及自决权这一原则为根据的友好关系"。

美国的《独立宣言》有言："人人生而平等，造物者赋予他们若干不可剥夺的权利，其中包括生命权、自由权和追求幸福的权利，为了保障这些权利，人类才在他们之间建立政府，而政府之正当权力，是经被治理者的同意而产生的。"② 那么就是说美国内部人人平等，其他国家的人民也人人平等，国与国之间的人民也应该平等，世界上70亿人口都应该是生而平等的。而国与国之间，国国平等。既然是这样，就不允许一国去侵害另一国，去干涉另一国，不论你找多么冠冕堂皇的理由或多么"正当"的借口，干涉者无论打扮得如何道貌岸然，其背后都有直接或潜在的利益，不是谋求世界霸权就是想乱中取

---

① [美]卡尔·科恩：《论民主》，聂崇信、朱秀贤译，商务印书馆1988年版，第46页。
② 刘杰：《当代美国政治》，社会科学文献出版社2011年版，第317页。

利，因而不应被允许越俎代庖干涉别国内政；是违反"联合国宪章"和美国自己的《独立宣言》精神，各个国家的公民都有权追求他们自己的幸福。

对于国与国来说，相互之间的关系应以联合国宪章来规范。1945年6月26日签署，同年10月24日正式生效的《联合国宪章》宗旨是：维护国际和平与安全；发展各国之间以各国人民拥有平等权利及自决权这一原则为根据的友好关系，促成国际合作，以解决国际间经济、社会、文化和人道主义性质的问题；作为协调各国的中心，以达到上述共同目的。

宪章规定联合国的基本原则是：联合国基于所有会员国主权平等的原则，用和平的方法解决国际争端；各会员国担保不违背联合国宗旨使用武力或进行武力威胁；各会员国对联合国依照宪章采取的任何行动应给予一切协助；在维护国际和平与安全的必要范围内，要求非会员国遵守上述原则。还明文规定联合国除执行决议外，不得干涉任何国家的国内管辖事项。①

既然联合国宪章的宗旨和原则对国与国之间相处做出这么明确的规定，其所有会员国就应严格遵循，国与国之间是平等的。当今世界，任何一国都没有犯下大规模屠杀罪或实行种族灭绝罪。即使出现那样的国家，也需要联合国一致决议，所以除实行联合国决议外，如果哪个国家以自己是民主制国家自居，打着维护民主、人权、宗教信仰自由、"人道援助"和"保护的责任"等各种幌子，肆意挑战联合国宪章规定的不干涉内政原则，任意破坏他国主权，企图独霸世界，且杀戮无故平民，给别国人民带来灾难，那么这样的国家就不能被称作民主制国家。

（八）国家民主政体的衡量

国家政体是随着人类社会的不断发展而发展演变的，人类社会文明程度的提高，使国家政体也发生着根本的改变，同时民主化进程也在不断地完善。由于世界各个国家的国情迥异，注定这个世界是多姿多彩的世界，不会固定在一个模式里，对民主化进程及国家的民主政体仍然需人类不断继续探索。但是根据以上我们探讨的几条标准，结合世界民主化进程的实际，我们对国家民主政体大概能有一个衡量。

英国著名政治理论家约翰·密尔认为，一个国家的一切制度必须要有历史

---

① 《简明不列颠百科全书》第5卷，中国大百科全书出版社1986年版，第288页。

基础，制度必须同民族惯例与性格相协调，这样才能维护和付诸实施。按照上面探讨给出的民主过程的各项标准，结合世界民主化进程的实际，我们认为，对一个国家的民主政体衡量应从两方面来考量。

一方面，从该国国内情况看，把最好和适合本国的制度引进这个国家，人民选择适合本国国情的政治体制。经本国公民最广泛的参与并获得大多数公民的满意，无论采取直接选举或间接选举，遴选国家的实位元首，元首受法律限制其任期，可连选连任，当然没有终身制更没有世袭。其所组成的政府完全体现人民当家做主，有完善的法律监督体系以确保广大人民的利益和追求幸福的权利。

另一方面，随着全球经济一体化的发展和世界各国民主化的进程，任何国家大概都不会置身民主化之外，从而使国与国之间或国家与地区和全球间，对民主而言不仅是一个国家的事务，也会是一个跨国事务。因此，国家就要在地区和全球层面发展行政管理能力和其政治资源，作为国家政治的必要补充，这就要求国家在处理地区或全球范围内的事务上，应该遵循联合国宪章的宗旨和原则来处理国与国之间的关系；尊重各国主权和领土完整，切实做到国国平等；促进各国之间经济、文化、社会、环境保护等各方面的合作；尊重各国的历史文化、宗教信仰、风俗习惯、维护国际和平与安全；不论找何种借口，绝不能擅自干涉别国内政，各国人民都有权选择自己的幸福。如果做到以上这两方面，那我们就可以判定这样的国家属民主政体的国家。

二、民主与国家政体选择

从我国远在公元前11世纪左右使用"民主"一词至今已3000多年，古希腊希罗多德说出"民主"一词也已2500多年，民主的进程漫长而曲折。在这漫长的历史时期，民主经过探讨、辩论、实践、毁灭、重建，按理说应该有足够的时间和理由，可以为人类社会提供一套民主的理论，然而至今没有形成共识，对民主的概念并没有一个标准答案。

民主所具有的这一悠久漫长的历史导致了民主问题上的混乱和歧义，曾经有一段漫长的时光，还使民主的实践销声匿迹，仅有极少数人在头脑中留存下记忆。正如美国学者罗伯特·达尔所说，"与其说民主是一种有赖于人民去采纳和实行的现实政治制度，还不如说民主是一种有赖于哲学家们去理论化的主题。在实际中存在着'民主'或'共和国'的一些极为罕见的例子,绝大多数成年人并未享有参加政治生活的权利。"①

如果我们不较真的话,一般西方认为,希腊人发明了民主一词,罗马人则根据他们的母语——拉丁语的含义把他们的政府称做"共和国"(republic)。后来,意大利人称他们当中某些城邦国家的民选政府为共和国。对"民主"和"共和国"这两个词,美国宪法的主要起草人,也是美国第4届总统詹姆斯·麦迪逊(1751.3—1836.6)在其发表的文章《联邦党人文集:对美国宪法的评论》中对纯粹的民主与共和国作了区分:"一种纯粹的民主我认为是那种由少数公民组成的社会里,这些公民亲自集会议政并管理政府;而一个共和国,我认为是一个产生代议制体制的政府。"②

这里麦迪逊说的是民主的两种表现形式。从民主进程的漫长过程看,在某种意义上,民主的不同形式的发展历史正是一定政治观念和政治实践形成的历史。而在这一历史过程中,民主表现出许多不同模式。按照英国著名政治学教授戴维·赫尔德给出的说法,有古典民主、共和主义、自由的民主、直接民主、多元主义民主、参与制民主、协商民主等等,他说:"民主的不同模式可以被合理地划分为两大形式:直接的或参与的民主(一种公民可以直接参与公共事务决策的制度)和自由的或代议的民主(一种在'法治'的框架之下通过选任的'官员'来'代表'公民的利益和/或观点而实行统治的制度)。"③

模式一词,在汉语里是指事物的标准样式。就民主的模式而言,英国政治学教授戴维·赫尔德认为:"公共生活或整套制度的某一方面只有在与其他社会现象的关系中才能得到正确的解释。所以模式也就是有关政治领域及其确立的经济和社会等诸方面根本条件的概念和通则所组成的复杂的'网状结构'。"④ 由于我们已经知道,民主的发展是一个长期而充满斗争的历史,民主理论的领域充满着广泛的思索和争论,至今在全世界没有形成共识,因此,民主的模式也不可能存在标准样式。我们这里,所说的民主模式只是当今世界已经存在的国家政治制度的民主表现形式。

---

① [美]罗伯特·达尔:《论民主》,李柏光、林猛译,商务印书馆1999年版,第3页。
② 同上,第19页。
③ [英]戴维·赫尔德:《民主的模式》,燕继荣等译,中央编译出版社1998年版,第5页。
④ 同上,第7页。

国家政治制度的民主形式是各个国家在民主化进程中逐渐形成的，它与国家的历史基础、国家过程、社会制度、历史文化、意识形态、国家的风土人情、国家的政治国情、民族宗教、经济基础，甚至地域环境和全民素养等都有密不可分的关系。也就是说国情会影响到所采用的民主模式。

在民主化过程中，文化差异也不可小觑。笔者曾经在北欧挪威奥斯陆北部约多半天汽车行程的小镇金沙维克看到在教堂周围有一片墓地，紧挨墓地新建了一栋住宅楼，深感诧异，问随行向导，这样的住宅会有人购买吗？向导告诉我们，在西方人眼里，在教堂附近的墓地是距离天堂最近的地方，而教堂和墓地旁边的住宅自然是风水宝地。换成我们这里开发商把住宅楼盖到墓地旁边，那肯定不会有人购买。这种东西方思想文化差异太大了。

还有个例子，在埃及首都开罗城中有好大一片看上去全是清真寺，笔者当时请教接待我们的同胞，怎么这么多清真寺？他告诉我们并不是清真寺，而是墓地，同样让我们觉得惊奇。原来是穆斯林的长者去世后，墓葬旁都建有类似清真寺的尖顶塔，且有人居住，是为守墓人，久而久之，便形成了城中逝者之城，这可能与伊斯兰轻现世、重来生、轻物质、重精神的简朴价值观和注重信仰、看淡生死的民族精神有关。这两个例子明确告诉我们国与国之间的不同，说明了东西方文化和风俗习惯的差异，如果简单移植其做法显然行不通，它对民主政治也会产生影响。

由于国情各异，各个国家形成的民主政治制度就会有所区别。我们讲过，民主化的过程，在当今世界仍然是不断探索的过程。也就导致今日的世界是民主政治多样性的世界。比如，原来是君主制的国家，当其国家政治制度转化为民主政治时，往往采用君主立宪制的政体。而一些邦联制的国家，在迈向民主政治时，又往往采取代议制政府的政体。有的又采用总统—议会制的政体，而在一些资本主义欠发达，经济相对滞后的国家，在迈向民主化进程时，从其国家的实际情况出发，往往又采用一党执政、多党协商的民主共和政体。这也就是说，国家选择制度应与本国的历史基础、民族惯例与性格相协调，这样才有利于所选择制度的实施且有效。

三、国家政体模式的选择

（一）君主立宪制的政体模式

1. 什么是君主立宪制

君主立宪制又称立宪君主制，或称虚君共和，是相对于君主独裁制的一种国家体制。是在保留一个世袭或选出的君主的前提下，通过立宪，树立人民主权，限制君主权力，实现事实上的共和政体。实则是资本主义国家君主权力受宪法限制的政权组织形式。

君主立宪制的特点是国家元首是一位君主（国王、女王、皇帝、大公等），一般君主是终身制的。君主往往属于一个特别的阶层（贵族），通常系世袭制。也就是国家元首职务不经民主选举，而是按照血统亲属原则，依法世代相传。君主的产生方式与权力，会依各个国家的制度而不同，纵使是同一个国家，在不同时期其产生方式与权力范围往往也不相同。比如有嫡长子继承制、王储选择制、顺序继承制等。

君主立宪制可分为二元制君主立宪制和议会制君主立宪制，现在世界上大都为后者。二元制君主立宪制从政府结构来讲，君主交出了立法权但保留部分行政权，首相只是辅助君主治理国家，宪法和其他法律由议会制订，从体制上看就是议会制订宪法和法律限制君主，君主在议会制订的宪法和法律范围内治理国家。二元制君主立宪制，其实就是君主和议会分掌政权，君主任命内阁，内阁对君主负责，君主直接掌握行政权，而议会则行使立法权，但君主权有否决权。在现代，二元制的君主立宪制只有个别国家实行。

议会制君主立宪制的君主交出所有权力，首相是国家的主要行政首脑，从体制上来看宪法和法律不是限制君主的而是用来限制首相的，首相只能在宪法和法律框架内治理国家。议会制的君主立宪制，仍为现代不少资本主义国家所采用，是当代主要的政体形式。

2. 以英国为例说明君主立宪制的形成和建立

君主立宪制政体的国家向民主化政体的转变，是与其国家过程、历史基础、社会制度经济基础等国情分不开的，甚至于其地理环境亦会对其产生影响。我们以近代资本主义政治制度开拓者英国为例，因为它是君主立宪制政体较早的实行者。

河南大学历史文化学院教授阎照祥对英国的政治制度有较深入的研究。英国实行君主制和议会制相对比较早。其发展呈现出原创性和连续性及渐进性的特点，这是有其深层原因的。阎照祥教授认为，原因不止一端，"从地理环境来看，不列颠是个岛国，它偏离欧洲大陆，主要居民区地势较平缓，气候温和湿润，宜于发展农牧业。相对独立舒适的自然条件有助于该国居民形成稳健、审慎的岛国心态。一方面，他们在政治上容易安于现状，重视传统经验，不易受极端观念、理想主义和个人感情的支配，乐于遵循，服从某些古板陈旧的、约定俗成的习惯法和规定，久而久之，逐渐形成了比较保守的群体心态；另一方面，相对独立安定的社会人文环境还促使他们在政治上保持自身的特色，善辟蹊径，自成体系，在政治制度的建设中造就自己的风格特点"①。

这里比较恰当地总结出英国人因其所处地理环境而造就的约定俗成的习惯法对其国家政治制度的确立所起的巨大作用。从其阶层分析来看，阎照祥教授也认为，英国上层阶级一向奉保守主义为圭臬，善于用似显古板而又颇有道理的原则实现强有力的统治，又不失灵活主动。为维护本阶级的统治和等级制度，他们宁肯保留君主和贵族，一本正经地遵循君臣礼仪。而英国中产阶级是长期政府政策的受惠者，他们既对身后的下层阶级保持警惕，又能在扩充行使政治权力时兼顾各阶级的利益，善于采取温和的方式调和阶级矛盾，解决社会问题。中小资产阶级对利益的追求比较现实，这是保持英国社会平稳进化和改良的土壤。正是这样的阶级背景，使英国政治制度的连续性和渐进性特征得以长期保持。

在漫长的封建时代，英国的王权始终居于主导地位；而在民主化进程中，逐渐发展了议会与君主王权的分立；17世纪资产阶级革命以来，议会则成为国家的权力中心。让议会高于王权，英国其近代史就是议会逐渐取代国王统治国家的历史，是内阁对议会负责的原则产生、发展至确立的历史，是政党起源、成长的历史。离开议会制度谈不上君主立宪制。

随着殖民主义的扩张、"日不落"帝国的形成、英联邦的建立和英国政治文化的传播，英国这种以议会内阁制为核心，以两党制为国家权力运转机制的

---

① 阎照祥：《英国政治制度史》，人民出版社2012年版，第2页。

政治制度被不少国家效仿和借用，在世界上有很大的影响。我们也从中看出，一个国家政治制度的确立，是与该国的国情紧密相连的，大概任何国家也不能照搬另一个国家的制度，无论其在本国有多么好，恐怕到了另一国也会水土不服，仅能参考而已。

3. 日本不能被列入民主政体国家行列，因其罪恶的土壤还在

君主立宪制的国家是否完成对民主政治的转换而被列入民主政治国家的行列，要做具体分析，对照我们所列民主化进程中的衡量标准做出判断。

以日本为例。日本早在1870年即开始争夺殖民地的战争，其对外扩张的欲望急剧膨胀，竭力推行"大陆政策"，即以侵略中国东北和朝鲜为基本国策。1875年，日本侵入朝鲜的江华岛，逼迫朝鲜签订《江华条约》，取得治外法权和领事裁判权，日本势力进入朝鲜。1894年，中日甲午战争爆发，日本将战火直接烧到中国东北。在第二年签订的《马关条约》中，中国承认朝鲜独立，日本割去了中国的台湾、澎湖列岛和辽东半岛。虽然受到俄、德、法三国的武力干涉，但却因此从清政府得到3000万两白银的补偿。1904年至1905年爆发了日俄战争。这一战争却发生在我国的旅顺口，使我国无辜居民死伤数万人。战争结束，双方在美国缅因州基特里签订了《朴茨茅斯和约》。根据这一和约，日本取得了中国辽东半岛、俄国库页岛南部，以及对朝鲜的独占权。至此，日本夺取了相当其本国面积26%的殖民地，并将中国东北纳入其势力范围，初步形成一个殖民帝国。

1910年8月，驻扎在汉城（今首尔）的日军包围了朝鲜宫廷，用刺刀威胁韩国群臣签订了《日韩合邦条约》。从此，朝鲜完全沦为日本的殖民地。日本殖民者对朝鲜实行残酷的掠夺和镇压，不仅没收了朝鲜民间的武器，还强迫朝鲜人几家合用一把菜刀，甚至要用铁链子拴在案板上。继续对朝鲜保留了中世纪残酷鞭挞的笞刑制度。正如列宁指出的，日本把沙皇政府的一切办法，"一切最新的技术发明和纯粹亚洲式的酷刑结合在一起，空前残暴地对朝鲜进行掠夺"①。

日本殖民者残酷镇压朝鲜人民的反抗，在1919年3月朝鲜全国217个府、郡爆发的示威和起义中，殖民者在汉城把示威群众抓起来钉在十字架上，用大刀砍死。在水原，他们把群众关在礼拜堂内，浇上煤油活活烧死。日本殖民军

---

① 徐天新等主编：《世界通史》现代卷，人民出版社1997年版，第321页。

警,仅仅在 3 月至 5 月间就屠杀了 2500 多人,打伤 1.59 万人,逮捕 4.69 万余人,破坏和焚毁了 49 所学校、教堂。烧毁 715 户民房,犯下了骇人听闻的暴行。

20 世纪初,日本军国主义者竭力宣扬夺取南洋的富饶资源,以确保将来向中国大陆的扩张。从 1941 年 12 月至 1942 年 5 月,在仅仅半年的时间内,日本便迅速侵占了东南亚诸国。日军向西越过泰国,占领了英属缅甸,直取印度大门;向南占领马来亚、新加坡和荷属东印度,并在菲律宾打败了美军,控制了东南亚海岛地区,逼近澳大利亚、新西兰。日本在征服东南亚和西南太平洋后,控制了这个区域 1.5 亿人和 386 万平方公里的土地,连同以前侵占的朝鲜、中国沦陷区和印度支那,总面积达 700 万平方公里,人口约 5 亿,形成了一个北起阿留申群岛,南临澳大利亚,西迄印度洋的庞大殖民帝国,依靠军刀建立起殖民体制,基本上实现了"大东亚共荣圈"的计划。

1942 年 2 月,新加坡沦陷后,日军实行"大验证",集合当地华侨逐个检查,进行大规模逮捕和集体屠杀。据新加坡华侨估计,死于这次大验证的华侨约为 2.5 万—5 万人。日本在新加坡、马来亚地区屠杀的华侨总人数约 15 万人。

日本对东南亚的人力、物力资源实行掠夺性的榨取。还强征粮食,强迫改种军需作物,造成生产萎缩,引起歉收和饥荒。在越南,日本每年掠夺大量的大米。1940 年有 46.8 万吨,1941 年 58.5 万吨,1942 年 97.4 万吨,1943 年 102.3 万吨。1944 年后由于日本强迫越南农民改种军需作物以及天灾,在日本掠夺走大米 49.9 万吨后,致使越南在 1944—1945 年冬春发生严重饥荒,饿死 200 万人,相当于当时越南人口的十分之一。①

日军还置《日内瓦公约》于不顾,肆意践踏国际战争法的人道主义原则,虐杀战俘和占领区的平民。据曾于"二战"时期参加菲律宾巴丹和克雷吉多战斗被日军俘虏的美军士兵斯特·坦尼在他的著作《活着回家:巴丹死亡行军亲历记》一书中记述,沦为日军的战俘是世界上最不幸的战俘,被俘数万兄弟,只有八分之一活着回到美国。"巴丹陷落后 80000 名美国和菲律宾人被迫排成纵队,拖着疲惫的筋疲力尽的还有一些是受伤的身体,蹒跚地走向战俘营。这被称为巴丹死亡行军。……在长达 67 英里的行军中,俘虏们遭到骇人

---

① 徐天新等主编:《世界通史》现代卷,人民出版社 1997 年版,第 372 页。

听闻的暴行。如果他们累倒或落到大队后,便会被步枪枪托殴打,刺刀捅戳和枪杀,到达强迫行军终点时,已有 10000 俘虏被屠杀。"①

1937 年 7 月 7 日,"卢沟桥事变"大爆发,日本挑起了对中国的全面战争。同年 11 月 8 日,日军兵分两路直逼南京。12 月 4 日,日军包围了南京东面。12 月 13 日日军侵占南京,开始了对中国无辜百姓和徒手官兵为期数个月的灭绝人性的残酷杀戮。最初 6 周屠杀尤其残酷;据专家统计,被害者达 35 万人之多,造成了震惊中外的南京大屠杀。

南京大屠杀是一次有组织、有预谋的大屠杀。日本华中方面军司令官松井石根在日军抵达南京近郊时,曾下达训令,大意是:"南京是中国的首都,占领南京是一个国际上的事件。所以,必须做周详的研究,以便发扬日本的武威而使中国畏服。"日军第 10 军司令官柳川平助刚踏上中国的土地就扬言:"这里的山川草木都是敌人。"日军第 16 师团 33 联队第 3 大队的町田说,部队早就下达过命令:"无论男女,凡是活着的,一律杀掉,即使一只猫也不要放过!"这个师团的中队长天野乡三更是公开号召士兵:"抢劫、强奸、放火、杀人,什么都可以干!"第 16 师团是围攻南京的日军主力部队之一。

时任南满铁路公司南京事务所所长的西义显在《悲剧的证人》一书中指出:"以皇军司令官松井石根大将为首举行了入城式。在这 5 天里,穿上了军服的日本民族成了一大群恶鬼罗刹和妖魔鬼怪,穷凶极恶,惨无人道,凶暴到了极点。其残酷的发疯程度,在历史上是空前的……"

向井敏明和野田毅是日军第 16 师团中岛今朝吾部队的两个少尉军官,他们在长官的鼓励下,彼此相约杀人比赛。他们约定在占领南京时,谁先杀满 100 人谁为胜者。他们从句容杀到汤山,向井敏明一共杀了 89 人,野田毅一共杀了 78 人,但却未满 100,比赛继续进行。1937 年 12 月 10 日中午,两人又在紫金山下相遇,这时他们的军刀已砍缺了口。野田毅说自己杀了 105 人,向井敏明说自己杀了 106 人。因不能确定谁先杀到 100 人,他们决定这次比赛不分胜负,比赛重新开始,目标是杀满 150 名中国人。这些暴行一直在当时日本国内的报纸上图文并茂地连载,他们甚至被称为:"皇军的英雄。"

日军占领南京后,对手无寸铁的无辜中国同胞进行了长达 6 周惨绝人寰的

---

① [美]列斯特·坦尼:《活着回家·巴丹死亡行军亲历记》,范国平译,世界知识出版社 2009 年版,第 243 页。

大规模屠杀，指挥官就是日军华中方面军司令松井石根和第16师团师团长谷寿夫等法西斯分子。

从1937年12月13日起，日军每天都在疯狂地杀人。这里仅以12月18日为例，幕府山下囚禁有57000余名难民和被俘军人，他们都是从南京逃出来的。日军用铅丝捆绑他们，把他们驱赶至下关草鞋峡。日军先用机枪扫射一番，再用刺刀乱戳，最后在尸体堆上浇上煤油，纵火焚烧，随后将残骸投入长江，手段极为残忍。

日军灭绝人性，滥杀无辜，手段令人发指。有的难民身上被浇上汽油，后被用枪扫射。日军枪弹一着身，汽油就被点燃，火光随之燃起，被弹击、火烧的难民，极力挣扎，痛苦至极，日军则野兽一般鼓掌狂笑。有的难民头被砍下，日军将头挑在枪上，在街头漫步，嬉笑取乐。

日军在南京城内四处焚烧房屋，从中华门到内桥，从太平路到新街口，还有夫子庙一带的繁华区域，大火烧了几天几夜。全市约有1/3的建筑物和财产被烧毁。无数住宅、商店、机关、仓库被抢劫一空。原本繁华的南京，劫后满目荒凉。

《远东国际法庭判决书》写道："日本兵简直像一群被放纵的野蛮人似的来侮辱这座城市"，他们"单独或者二三人为一小分队在全市游荡，实行杀人、强奸、抢劫、放火"，受害者的尸体横陈大街小巷。"江边流水尽为之赤，城内外所有河渠、沟壑无不填满尸体。"据1946年2月中国南京军事法庭查证：日军集体大屠杀28案，屠杀19万人；零散屠杀858案，屠杀15万人。日军在南京进行长达6个星期的血腥大屠杀，30多万中国军民被枪杀或者被活埋。

日军这群野兽无恶不作，进南京后仅1个月，全城发生2万起轮奸、强奸事件。许多妇女还遭枪杀、毁尸，惨不忍睹。可以肯定，这是世界上最大规模的集体强奸之一。无法确定准确数字，估计最低为2万，最高达8万。

各个阶层的妇女都有被强奸的，有学生、教师、农夫、白领、蓝领工人、大学教授、基督教青年会雇员的妻子，甚至出家的尼姑。有些妇女被轮奸至死。对日本人来说，妇女的年龄无关紧要。日本人强奸了许多临产妇女，正在分娩的妇女，或刚生产几天的妇女。一名怀孕9个多月的妇女遭到强奸后不仅流了产，而且精神也完全崩溃。在轮奸后，这些禽兽割开孕妇的肚子，挑出胎儿来取乐。在这场集体暴行中，他们还杀了许多婴儿和儿童。在南京，日本人的性变态和人性泯灭已经到了无以复加的程度。①

日军在我国所有侵占的地方，疯狂实行烧光、杀光、抢光的"三光"政策，无所不用其极，侵华日军第七三一部队更惨无人道。以我同胞人体作细菌试验，开展细菌战屠杀中国人民，在整个抗日战争期间，我国军民伤亡超过3000万人。日军灭绝人性，世所罕见，恶行累累，罄竹难书，笔笔血债，记下中国人民的血海深仇。

中国人以广阔的胸怀，为了子孙后代免遭战争涂炭，我们以史为鉴，欲实行中日世代友好。然而，日本人并不领情，他们欲修改和平宪法，提升自卫队，首相和议员仍在为"二战"时的战犯拜鬼招魂，岸信介、中曾根康弘、小泉纯一郎、麻生太郎、前原诚司、安倍晋三等人顽固不化、拒绝为"二战"所犯罪行道歉，毫无悔改之意。他们"集体无意识"。

野田佳彦配合右翼小丑石原慎太郎欲购我国固有领土钓鱼岛，将其"国有化"，甚至叫嚣出动自卫队夺岛。2012年9月2日，日本右翼人士选择1945年9月2日在密苏里战舰上签署投降书这个日子，到钓鱼岛搞非法调查，其不甘完败欲抹杀历史企图明显。日本驻华大使丹羽宇一郎在2012年6月11日仅就"购岛"发出理性的声音，认为此举将会令几十年改善日中关系的努力化为泡影。此言一出即遭到日本从官方到民间的围攻，要丹羽宇一郎道歉。据《环球时报》2012年9月4日报道，近来日本一些政客公然提出要否定或取消"'反省历史的三大谈话'——宫则谈话、村山谈话、河野谈话"。发表否认三大谈话言论的日本政客中，除了一些右翼政客外，还包括日本现任首相在内的许多政客，他们竞相发表否认日本殖民侵略历史罪责的言论，这种"集体对本国可耻过去视而不见"的做法，应该引起亚洲各国人民的警觉。

日本国内朝野上下出现一股想否定或取消"三大谈话"的浪潮。日本《产经新闻》2012年8月28日称，日本前首相安倍晋三接受该报采访时说："假如自民党重新执政，将会重新考虑反省历史上的三大谈话。"我们都知道，三大谈话均涉及日本反省侵略历史的内容：1982年的"宫泽（时任官房长官）谈话"提出在日本教科书内容审定时不应有刺激亚洲的"邻国条款"；1993年的"河野（时任官房长官）谈话"就日本"二战"时强征"慰安妇"进行了

---

① 传奇翰墨编委会编：《毁灭启示录：战争与屠杀》，北京理工大学出版社2011年版，第132—143页。

道歉；1995年"村山（时任首相）谈话"则就日本侵略和殖民亚洲其他国家进行了道歉。就是这仅有的一点点歉意，日本朝野上下也要否认，纷纷发表说法。时任首相野田佳彦在参议院的答辩中"特意"解释称，"强征慰安妇的记载没有看到，也没有日本方面的证人，所以采用了自称是慰安妇的证言"。日本外相玄叶光一郎在谈及领土争端时曾称，日本在领土问题上"对下一代教育过于克制"。另据韩国《朝鲜日报》2012年9月3日报道，"日本极右势力专属品日本军旗全社会扩散"再次引发外界对日本"二战"历史观的强烈关注①。

由此，我们可以看出日本欲复辟军国主义意图明显，这是其罪恶秉性所决定的，是其侵略成性使然，妄图与中、俄、韩夺岛的行为是对世界反法西斯战争胜利成果的公然否定，是对战后国际秩序的严重挑战。所有爱好和平、主持正义的国家和人民都不会答应。就此俄罗斯《独立报》发文称，如果日本时任领导人继续否定历史，并对日本右翼分子不加管束，那么日本很快就会成为威胁地区和平的新源头。

那么，我们从衡量民主国家的标准看，由于日本战败后，在美国的包庇下，其头号战犯裕仁天皇没有受到国际法庭的审判，军国主义罪行没有得到彻底清算；近几年日本政坛及右翼显示了复活军国主义的动向，而日本的制造工业雪藏了在短时间内可制造出目前世界最先进武器的能力，因此即使实行所谓的君主立宪制，其罪恶的土壤仍在。它使我们记起80多年前、1933年1月30日，魏玛共和国总统兴登堡任命希特勒为总理，标志着魏玛共和国的终结与希特勒独裁统治的开始。希特勒上台后立即废止《凡尔赛合约》，重整军备，收复失土，建立一个德意志民族的日耳曼大帝国即第三帝国。而同是80年后的这一天，日本现任首相安倍晋三上台伊始即在国会宣布，将修改宪法第九条。经过两年多的阴谋运筹，日本参议院于2015年9月19日凌晨最后通过了安保法案，使这一广受争议的提案走完程序，成为日本法律。日本目前的状况与希特勒上台前的历史十分相似。

希特勒上台伊始就开始大肆扩军备战，在外交上公开撕毁《凡尔赛条约》，实行普遍义务兵役制，并于1936年开进莱茵非军事区。希特勒的狂热与德国人找回昔日辉煌的情怀交汇，"摩擦出复仇的火焰"，数以万计的失业青年受诱于纳粹的种种蛊惑和优惠条件，纷纷加入冲锋队，并在纳粹党魁的毒化

---

① 蒋丰、莽九晨：《环球时报》，2012年9月5日第3版。

下，自感获得了挽救民族、拯救国家的热情和责任。

如今的日本与"二战"前的德国十分类似。经济长期萎靡，民生问题丛生，政党恶斗不休，民众为国势衰颓焦虑，造成民粹情结增长。日本与当年希特勒一样，不忏悔发动侵略战争，更懊恼战败；不承认日本曾对邻国发动天良沦丧的侵略战争，却埋怨别人现在对自己不公。特别是右翼当政后，这种情绪愈来愈公开化，普遍化。日本政要纷纷以个人或官方身份频繁参拜供奉着甲级战犯的靖国神社，不断宣扬皇国史观美化侵略战争，否定战争责任，修改历史教科书，通过了安保法案，解禁自卫权，谋求成为军事和政治大国。

日本通过安保法案为地区格局注入了新元素，代表了"改变现状"的某种动向。日本自卫队因为新法而松了绑，它的活动区域理论上扩大到了全世界，在外动武，只要能自圆其说，就可向国会交代。战后 70 年，日本夹着尾巴做了和平国家，安倍执政团队感到憋屈，总想重振日本"国威"。而 2015 年 9 月 19 日无疑是日本战后重要的一天，假如东北区未来重燃有日本参与的战火，通过安保法案的这一天将被视为那场未来战祸倒计时的开始。

我们应清醒些，要记取当年希特勒和日本军国主义分子上台的惨痛教训。由此，绝不能将日本列入民主国家的行列。我们不把日本列入民主政治国家的行列，有利于世界和平，符合世界人民特别是亚洲各国人民的利益，有利于保卫二次世界大战的成果，防止法西斯主义再次横行世界，防止世界各国人民特别是亚洲各国人民遭受军国主义的侵略践踏。

（二）代议制的政体模式

理论是实践的指导，民主理论的建立促进国家民主政体的确立，而在民主化进程当中，代议制政府的理论具有重要的意义。一般认为，以代议制为核心的经典民主理论，将民主视为人民的统治或人民的权力，为近现代西方民主制度的形成和发展奠定了坚实的基础。

1. 代议制理论的确立

一般认为生于英国，后移居北美，资产阶级革命时期启蒙思想家、美国争取独立时期资产阶级民主派代表人物托马斯·潘恩（1737—1809）是代议制政府理论的开创者。尽管他还没有论述代议制的各种细节问题，重要的是他已经发现了，因此说潘恩是代议制理论的奠基者。

进入 19 世纪后，西方政治思想家对民主理论的研究由抽象转变为务实，对国家政治制度的建立提出建设性的意见，英国著名政治理论家约翰·密尔是主要代表人物。密尔分析了当时政治制度的两种思想后认为，政治机器并不能自行运转，需要由人去操作，需要人们积极参加，需要三个条件适应现有人们的能力以及特点："人民必须乐意接受这种为人民而设的政府形式，或者说至少他们不是不乐意到要阻碍这种政体的建立；他们必须愿意并且有能力去做那些可以使它持续下去的必要的事情；以及他们必须愿意并且能够做那些为了使它能实现自己的目的而需要他们做的事情。"① 对于人们必须能够满足行为的条件及自我克制的条件，不论是对保持既定的政体存在，还是对使它能达到目的来说，这些条件都是必要的。

密尔认为，一切有关制度必须要有历史基础，制度必须同民族惯例与性格协调。当民族的舆论、爱好和习惯为一项或是一套制度铺平道路时，它不仅能使人民更易于接受它，更容易学会它，并且从一开始就更倾向于去做需要他们所做之事，以便维护该制度并把它付诸实施，使之能产生最好的结果。所以当制度和政府形式满足上面三个条件时，就是个选择问题。而人们实际努力致力于实现的最合理的目标之一，就是把最好的制度引进一个国家，在该国家的现有状况下，只有该制度可以在相当程度上满足这些条件。②

从密尔的分析中，亦或密尔也认为，适用于特定国家的政府形式，在一定的条件下是能够服从选择的。而组成统治对象的社会的人的品质是其中最主要的，超越其他一切的条件。这里密尔举出两个例子，倘若公民的道德水平差到了证人普遍说谎、法官及其下属普遍受贿的地步，那么程序规则在保证审判目的上又有什么效用呢？如果公民对城市行政毫不关心，不能诱使忠诚且有才志的人来进行管理，而把职务交给那些谋求私利的人，让他们去担任，制度又怎么能提供一个好的城市行政呢？倘若选民对选择最好的议员并不关心，而是给为了当选而愿意出最多钱的人投票，那么最广泛普及的代议制度又有什么用呢？由此，密尔以为"当人民的普遍倾向转向只注意个人私利，而不考虑或关心他在总体利益中的一部分时，好政府是不可能在这样的情势下产生的。公民素质的缺乏对好政府所有要素方面的不利影响是毋庸置疑的。政府管理是基于人们的行为而形成的，倘若行为者，或选择某种行为的人们，或行为者要为

---

① ［英］密尔：《论自由代议制政府》，康慨译，湖南文艺出版社2011年版，第98页。
② 同上，第101页。

其负责的人们，或其观念应该影响和制约所有这些人的旁观者们，都只是愚蠢的、无知的和持有可悲的偏见的民众，那么任何政府管理都将没有效果"①。由此，一个好政府的第一要素是构成社会的人们的素质和才智，也就是说任何政府所应具有的最重要的优点，就是增进人民本身的素质和才智。

我们考虑到，或者说因为被统治者除了其福利是政府唯一的目的之外，他们的好品质也能为政府机器的开动提供动力，这样一来，政府机器本身的性质好坏，就成了政府优点的另一个构成要素。所谓"政府机器本身的性质是指它能够利用任何时候都存在的全部优点，去促进正当目的的实现程度"②。密尔仍以司法制度来说明这个问题。司法制度一旦确定，执法上的优点，就和组成法庭的人员价值，以及影响或控制他们的舆论的价值成正比。好的司法制度，必然能够使社会中的全部道德的和智力的价值对执法施加影响，并使它对执法的结果充分起作用而采用各种办法。这就是说，良好的司法制度，除完备的法规、健全的司法机构外，还要有优秀的执法人员和具有公共精神的公众。政府的行政部分，情况也是这样。如果进行控制的官员和他们所要控制的官员一样腐败或玩忽职守，如果作为控制整个政府的主体的公众太无知，太消极，无理搅三分，那么，即使有最好的行政机构，也不会收到多好的效果。密尔认为，评价政府的好坏，要立足于现有的人民的实际水平，有利于进一步提高和改善人民的品质。

密尔通过多方面论述后认为："显然全体人民参加的政府才是能够充分满足社会所有需求的唯一政府。任何参与公共职务——即使是参与最小的也是有益的，这种参与范围的大小，在各种场合都应该和社会的一般进步程度所允许的范围一样。只有容许所有人在国家主权中都有一份权利，这些才是终究可以期望的。但是在面积和人口超过一个小镇的社会里，除了公共事务的某些极次要的部分外，想让所有人亲自参加公共事务是不可能的。因而就可以得出结论说，最完善的理想政府形式一定是代议制政府了。"③

2. 代议制政府的建设

密尔指出："代议制政体就是指全体人民或者一大部分人民通过定期选举

---

① ［英］密尔：《论自由代议制政府》，康慨译，湖南文艺出版社2011年版，第111页。
② 同上，第112页。
③ 同上，第132页。

出代表，并由这些代表来行使最后的控制权——这种权力必定存在于任何一种政体的某个地方。人们必须完全掌握这个最后的权力。不论任何时候，只要他们高兴，他们就是支配政府所有行动的主人，而不需要由宪法给予这种控制权。"① 这就提出一个问题，尽管在代议制政府中国家的实际最高权力应属于人民，但代议团体应直接并亲自承担哪些实际职能、在政府机器中起到怎样的明确作用，这些问题必须得到解决。

(1) 代议制团体应有的职能

密尔认为，在视代议制为理所当然的所有国家里，承认人数众多的代议团体不应当管理国家事务。这个原理不但是以政府利益的最根本原则为基础，也是以将各种事务进行良好管理的原则为基础形成的。由此，密尔指出："代议制议会的适当职能并不是管理（这对它根本不合适），而是控制和监督政府：公开政府的行为，迫使它对人们觉得有问题的所有行为，作出充分的辩解和说明；谴责那些该受责备的行为，而且倘若组成政府的人滥用职权，或者履行责任的方式明显同国民的舆论相冲突，就将他们撤职，并事实上或明白地任命其后继人。"② 这是因为一个人或一个团体可以控制一切事情，却不可能做一切事情。如军队指挥官如果亲自参加战斗或率领队伍去搞袭击，就不能有效地指挥军队。而政府的行政因其是一种技术性业务，有许多重要原则和管理方式，要经过专门知识的训练才会适宜去做。如果以议会和它的代表享有国家的最高权力，因而企图干涉行政事务，这就是滥用了议会的权力，是代议制政府面临的实际危险之一。

通常认为，立法和修订法律是议会的基本职责。密尔认为："代议制议会在立法事务上能够胜任的唯一任务、不是做工作而是让别人把工作做好，决定应委派谁或怎样的人去做，以及在工作完成时是否给予国民的认可。"③ 就是说人数众多的议会既不适合负责直接的行政事务，也不适合负责直接的立法事务。而立法事务和政府事务一样，需要既有经验和受过训练，又通过长期辛勤的研究从而训练有素的人去做。这是因为，每个法律条款，都必须在准确而富有远见地，了解它对其他所有条款的效果的情况下制定，所有制定的法律必须

---

① [英]密尔：《论自由代议制政府》，康慨译，湖南文艺出版社 2011 年版，第 141 页。
② 同上，第 149 页。
③ 同上，第 148 页。

可以与之前存在的法律，形成首尾呼应的政体。也就是法律条款的措辞、理由要恰如其分，条款之间的联系、衔接要与根本法的原则一致等。故此需专门委员会去做，议会只是决定派谁去做并决定法案的认可或否定。总之，议会不具体介入立法工作，但它统率立法工作。

议会还有一项职能，"其重要性不低于上述职能：它既是国民的诉苦委员会，又是他们表达自己意见的大会。它是这样一个舞台，不但国民的一般意见，并且每一部分国民的意见，以及尽力做到国民中每个杰出个人的意见，都可以在这里充分表达出来，与他自己说的同样好或者比他自己说的更好——不是专门对着朋友和同党的人说，而是在反对者的面前经受相反两方面争论的考验"①。在议会团体这个场所，这个国家的任何一种意见和任何一种利益都能在政府面前，在各种意见和所有利益面前，对自身的理由进行相当激烈的辩护，能迫使它们听取，或表达同意亦或不同意的理由，"倘若这样一个场合不符合其他目的的话，在本质上是任何地方所能有的最重要的一种政治制度以及自由政府的头等好处之一"②。总之，议会的作用就是表明各种需要，是反映人民意愿要求的场所和对大小公共事务所有意见进行争论的地方，通过批评对政府高级官员进行制约。

（2）关于选举权问题

议会团体的组成人员一般都是由公民选举出来的，因此，关于选举权是个重要的问题。密尔认为："代议制民主容易产生两种危险：一种是代议团体以及控制该团体的民意智力偏低的危险；另一种是由同一阶级的人构成的多数实行阶级立法的危险。"③ 为了防止这两种危险，密尔提出了关于比例选举法和复票权两种主张。

密尔总结了英国议员选举法剥夺少数代表权，使议会只是代表多数而不代表全体的做法，而提出应让少数同多数一样享有充分代表权的主张。这缘于他认为"民主制的一个不可缺少的部分是少数应有适当的代表。如果没有它，就不可能是真正的民主制"④ 的思想。为此，他赞成黑尔先生在《论代表的选举》（发表于1859年的一个小册子）中提出的比例选举法的方案，以保证少

---

① ［英］密尔：《论自由代议制政府》，康慨译，湖南文艺出版社2011年版，第149页。
② 同上，第150页。
③ 同上，第164页。
④ 同上，第168页。

数人在议会里有自己的代表，使少数人的意见在议会里得到表达。当然密尔认为黑尔先生的方案是迄今为止对政府理论和实践方面所作出的最伟大的改进之一。

密尔主张扩大选举权。他认为"代表权的范围应与纳税的范围一致"，就是说只要纳税，守法的公民都应享有选举权，否则是不公平的，是同民主制的平等原则相悖的，而且会导致统治者忽视这些人的利益。但是密尔认为长期不交税的人，在继续不交税期间的选举资格应被取消，那些领取救济金的人和破产者也都应取消选举资格。他提倡妇女应有选举权。然而，他又认为，随着选举权的扩大、普及，大多数选民是劳动者，就会使代议制政府面临知识水平下降和阶级立法的双重危险。为了防止这种危险，他主张把选举权只给那些受过教育的人。从中我们看出，政治服务于、服从于经济，这是不争的事实。因此，西方国家的民主政治是以保护私有制为前提的，不可能从根本上触动垄断资本的利益。

密尔在选举上还有一个主张，就是提出复票权的原则。所谓复票权是指应当给道德、才智较高的人享有两票或两票以上的选举权。复票权的标准只能由个人智力上的优越性来确定。密尔认为，复票权的方向是代议制政府的真正理想，按这一方向去做，是真正的进步。

（3）关于代议制政府的行政

密尔把代议制的议会与担负行政的政府正确地加以区别，两者职责是完全不同的，因而工作原则也有明显区别。密尔对代议制政府的行政工作提出了重要原则。

一是个人负责制。密尔认为："一般来说，不管高低，每一种行政职务都应该是委任给特定的某个人的职责。……在所有人都不知道谁应当负责时，责任就相当于零。……如果要求两个以上的负责官员都对同一种行为表示同意，那么责任就会削弱。"①

二是行政官员不应该由选举产生。密尔认为："人民政体中的好政府的一个最重要的原则，就是所有行政官员都不应当按照人民的选举来任命。"② 原因是政府的全部工作都需要有专门的技术，因而必须具备特殊的知识和技术，

---

① ［英］密尔：《论民主代议制政府》，康慨译，湖南文艺出版社2011年版，第227页。
② 同上，第228页。

或具备这方面的经验才能承担这项繁重的工作。凡是无须某种竞争方式的下级公务人员，由各大臣直接负责选任并有权免职。在所有政府官员中，最不应该由人民选举产生的是司法官员。

三是构成公共服务常备力量的重要人员，不能随政治变动而变动。在各部门他们以其丰富的经验和传统协助每一部门的部长，向他们提供业务知识，并在部长的监督下从事具体业务。这些人随着年龄增长和业务能力增强而升级，除非行为不端被免职。对这部分人，是通过考试等方式的竞争、择优录用、任命，按资历选拔及提升。

密尔提出的代议制政府的行政管理原则，对西方国家行政制度产生了很大影响，先后被世界各国所借鉴。这种以全体人民或大部分人民定期选举出的代表产生的议会团体，来体现人民的权力或人民的统治，往往就是在议会团体中的多数党或几个政党联合为多数组成的政府，来行使政府的职能，而这个组阁多数党的领袖，往往即为该国政府的实际国家元首，这种模式还是比较普遍。

（三）总统—议会制共和国的政体模式

民主化的进程中产生了政党，政党的目标就在于实现其理想的政治原则和纲领，英国戴维·赫尔德认为："如果它们的活动不以实现选举成功的一整套战略为依据，那么，它们就注定是徒劳的。因此，政党越来越变为从事和赢得选举的首要工具。竞争性政党的发展不可逆转地改变了议会政治的本质。政党机器扫除了传统的关系，把自己确立为政治忠诚的中心，由此取代了其他的结构而成为国家政治的关键性基础。"① 而政党的权力取决于那些长期在政党中工作的人们，而且由于专业政治家的出现得到了进一步的加强。而政党往往具有"统一的方向"和"严格的纪律"，这就导致它变成了官僚组织，而官僚化不仅是一个高度复杂的过程，也是政治民主化的程度，它与有才能的领袖人物的产生是一致的。而现代政党强化了领袖的重要性。领袖必须被理解为大规模组织的必然伴生物，这些大规模的组织要求确定的政治方向。

德国著名社会学家，公认的社会学三大"奠基人"之一马克斯·韦伯（1864—1920年），对西方社会的影响是巨大的，他认为大多数选民没有很高的政治水平。在他的著名论文《作为一种职业的政治》中，他认为群众的

---

① ［英］戴维·赫尔德：《民主的模式》，燕继荣等译，中央编译出版社1998年版，第157页。

"情感"并不是理解或判断公共事务的合适基础。他似乎认为,选民不能一般地区分政策,而只能对可能的领袖作一些选择。因此,他把民主描述为可能的领袖人物的检验场所。民主有如"市场",有如制度化的一种机制,它淘汰竞争选票和权力斗争中的最弱者,确认最强者。他写道,就当前来看,"人们只有在具有(政党)'机器'的领袖民主与没有领袖的民主,即没有使命感的职业政客的统治之间进行选择"①。

韦伯认为,现代代议制民主是"公民投票的领袖民主":之所以是"公民投票的",是因为西方国家(英、德、美)例行的选举越来越难以与偶然的对于政府的直接信任(或不信任)投票区别开来;之所以是"领袖的",是因为在这样的选举中,至关重要的是特定的领袖集团,即政治精英的声望和信誉。韦伯甚至把当代民主描述为"恺撒主义"。民主并不是那种作为全体公民进一步发展基础的民主,它至多只能被看作确保政治和国家领袖富有效率的关键机制。就承担选择功能和(通过选举)使被选择者合法化来说,民主是绝对必要的。

赫尔德引用一位评论家的话,"韦伯之所以倡导民主,是因为在现代官僚社会的社会和政治条件下,民主最大限度地提供了动力和领袖"。另一位评论家则指出:"韦伯之所以对代议制抱有热情,并不是因为他关心民主价值,很大程度上是因为他相信,国家的伟大在于它能够发现能干的领袖。韦伯主要考虑的是,确立能够并愿意保持权力和声望的卓越领袖。"②

约瑟夫·阿洛伊斯·熊彼特(1883—1950)是著名的美籍奥地利经济学家、社会学家、政治思想家。1883年出生于奥匈帝国摩利维亚省(今捷克境内)特利希镇。其一生大部分在大学度过,曾先后受聘于切尔诺维兹大学、波恩大学,1932年移居美国,任哈佛大学教授,直到1950年去世。熊彼特关于政治尤其是民主的思想集中体现在1942年出版的名著《资本主义、社会主义与民主》一书,在这本书中,他回答了资本主义、社会主义的未来走向并提出了"竞争性精英民主"理论,为精英思想同民主理论的结合找到了一个生长点。

熊彼特主张"领袖的民主"或者"竞争性精英主义"。他就此解释说,这

---

① [英] 戴维·赫尔德:《民主的模式》,燕继荣等译,中央编译出版社1998年版,第159页。
② 同上,第159页。

是一种达成实现共同利益的政治决策的制度安排，其方式是通过选举，选出一些为了实现人民的意志而集合到一起的个人，因此是人民自己决定问题。

熊彼特还认为，政党和核心政治家之所以产生，是因为事实上选民们除了画圈打钩之外，并不能从事任何其他活动。他说："政党和制定政策的政治家是因选民群众除一蜂窝而外不能有所作为这一事实而应运产生的。政治家乃是一种规划政治竞争的力量，恰如同业公会是一种规划商业竞争的力量一样。政党经营和政党广告的心理技术，口号和进行曲之类并不是附件。它们是政治的精义所在。（操纵选区的）政治老板也是如此。"① 熊彼特还认为："民主程序的过程就是政治家为争取选民的选票而进行自由竞争的过程，民主程序的结果就是通过投票产生出政治领袖。"②

1. 总统为国家元首的行政制度

现代西方国家中，国家元首对外作为国家的最高代表，是国家的象征，是国家机构的重要组成部分。正如熊彼特所言，民主程序的结果就是通过投票产生出政治领袖。因此，以总统为元首的西方共和制政体的国家，其总统普遍经选举产生。选举的方法多种多样，概括起来有三种类型：一是由公民投票直接选举产生，如法国1962年修改宪法，规定法国总统通过两轮多数制由公民直选产生。俄罗斯、奥地利、冰岛、爱尔兰、葡萄牙、墨西哥等国的总统都由公民投票直接选举产生。二是由公民投票间接选举产生，即由公民投票选出选举人，再由选举人投票产生，如美国、芬兰等国的总统由选民选出的选举人团选举产生。三是由议会或特定的选举团体选举产生，如瑞士联邦委员会（集体元首）由联邦议会选举产生；联邦德国总统由数量相等的联邦议院议员和按比例代表制选出的各州外代表组成的选举团选举产生；意大利总统由议会两院议员和各区（外）议会选出的代表制联合选出；希腊、印度、以色列等国的总统也是由此方式产生。③

共和制国家的总统的任职一般有一定的期限，不能终身任职。这种期限往往由本国的宪法明文规定，其任期各有长短。如任期四年的国家有美国、俄罗斯、哥伦比亚等国；任期五年的国家有德国、法国（2000年9月，法国通过

---

① ［英］戴维·赫尔德：《民主的模式》，燕继荣等译，中央编译出版社1998年版，第174页。
② 孙永芬：《西方民主理论史纲》，人民出版社2008年版，第195页。
③ 唐晓、王为、王春英：《当代西方政治制度导论》，中国人民大学出版社2011年版，第247页。

公民投票修改宪法,将总统任期由七年缩短为五年)等国;任期六年的有奥地利、芬兰、埃及、委内瑞拉等国;任期七年的国家有意大利、爱尔兰等国。有些国家规定,总统可连选连任,但连任以一次为限,如美国、德国、俄罗斯等(俄罗斯宪法规定连任后隔界尚可再任)。还有些国家规定,总统不得连选连任,如哥伦比亚、墨西哥。

在不同政体的国家,总统对内的地位不尽相同。可能是最高国家行政权力的一部分(如美国总统),也可能握有实权(如美国、法国、俄罗斯、委内瑞拉等国的总统)。

各国总统的职权大都在宪法上有规定。一般而言,根据各国元首行使职权的实际情况,将其共同之处概括为以下八类职权:(1)公布法律权。批准和公布法律之权。(2)发布命令权。采取发布命令、敕令或规则等方式来补充立法权的权力。(3)召集会议权。有的国家总统拥有召集、停止及解散议会的权力。(4)外交权。又称最高代表权,包括接受并派遣外交代表的使节权、缔结国际条约的缔约权以及宣战与媾和等权力。(5)统帅军队权。又叫军事权,即对本国海陆空军及其他武装力量的最高指挥权。(6)任免权。依宪法规定,在一定范围内享有任免政府高级官员的权力。(7)赦免权。以命令方式赦免犯罪,赦免已被定罪的罪犯或减轻其刑罚的权力。(8)荣典权。即总统规定或颁赐荣誉、荣典、授予荣誉职衔和荣誉称号的权力。①

俄罗斯总统 俄罗斯1993年宪法规定,俄罗斯联邦总统是国家元首。总统是联邦宪法、人和公民权利与自由的保障。总统依宪法程序捍卫联邦的主权、独立与国家完整,保障国家权力机关协调地行使职能并相互协作。根据宪法规定,总统享有十分广泛的权力,主要表现在:

(1)组阁权和人事任免权。总统经国家杜马同意后任命联邦政府总理;根据总理的提议,任免联邦政府副总理和联邦部长;主持联邦政府会议;作出联邦政府辞职的决定;向国家杜马提出联邦中央银行行长人选供任命,提出解除中央银行行长职务的问题;向联邦委员提出联邦宪法法院、联邦最高仲裁法院法官的人选以及联邦总检察长的人选供任命,提出解除联邦总检察长职务的建议;任命其他联邦法院的法官。(2)立法方面的权力。总统依宪法和联邦法律确定国家杜马的选举;依联邦宪法的有关规定和程序解散国家杜马;向

---

① 唐晓、王为、王春英:《当代西方政治制度导论》,中国人民大学出版社2011年版,第249页。

国家杜马提出法律草案；签署并颁布联邦法律；每年向联邦议会提交一份论述国内形势、国家内外政策主要方针的咨文；提出修改和重新审议联邦宪法条款的建议。(3) 总统有权发布命令和指示，作为对联邦法律的补充。(4) 军事权。总统是联邦武装力量的最高统帅，拥有批准军事理论，任命武装力量最高指挥官、领导联邦安全会议的权力；有权宣布全国或某些地区实行紧急状态并立即将此决定通报联邦委员会和国家杜马。(5) 外交权。总统在国内外代表国家；在同联邦议会两院有关委员会协商后，任免驻外国和国际组织的外交代表；接受外交使节的国书；主持谈判并签署国际条约，并签署国际条约的批准证书；领导俄罗斯的对外政策。(6) 依宪法规定的程序决定全民公决。

俄罗斯总统制是欧美总统制与俄罗斯历史传统和现实政治需要相结合的产物。1991年苏联解体，俄罗斯联邦成为一个独立的主权国家。在制定俄罗斯联邦新宪法过程中，以叶利钦总统为首的联邦制宪委员会主张建立美国式的总统制，进一步扩大总统的权力；以哈斯布拉托夫为首的联邦最高苏维埃反对实行有绝对权力的总统制，坚持总统与议会有平等的权限。双方为此展开了一系列的对抗和斗争。最终叶利钦总统于1993年10月3日动用武力解散了议会，结束了一年多的总统与议会并存的"双重政权"局面。11月，俄罗斯公布了新宪法。新宪法确立的俄罗斯总统制，当选总统的年龄为35岁以上；总统任期四年，2008年俄国家杜马通过宪法修正案，将总统任期由原来任期四年延长至六年，从2012年新当选总统开始适用。俄总统梅德韦杰夫于同年12月30签署宪法修正案延长总统任期与国家杜马任期。总统可连选连任，但连任以一任为限；总统每年以国情咨文形式向国会提出立法建议等，总统经公民直选和两轮多数制产生；总统是宪法和公民权利的保证人，是国家独立、领土完整的保证人，是公共权力机构协调运转的保证人；总统拥有超越于立法、行政、司法三权之上的政治地位；总统拥有解散议会的权力；拥有举行公民投票的权力等等。这种集权式的总统制，既包含有俄罗斯强化中央行政权力的历史传统因素，也体现了当时叶利钦总统为了俄罗斯联邦过渡时期确立西方式的政治制度而需要削弱议会权力以强化总统权力的客观现实需要。[①]

法国总统 佐证了民主需不断完善的过程。在法国第五共和国半议会半总

---

① 唐晓、王为、王春英：《当代西方政治制度导论》，中国人民大学出版社2011年版，第256—257页。

统制政体下，总统不仅是集大权于一身的国家元首，而且掌握着行政实权和其他重要权力，其地位高于立法、行政和司法三权之上，成为国家权力的中心。1958年宪法第五条规定：共和国总统监督遵守宪法，他通过自己的仲裁，保证公共权力机构的正常活动和国家的连续性；共和国总统是国家独立、领土完整和遵守共同体协定与条约的保证人。由此确立了总统行使国家权力的"仲裁"和"保证人"的地位。

法国宪法赋予总统的重要权力主要有：（1）任免总理及其他政府成员，组织政府。任命国家文职人员和军职人员。任命宪法委员会九名委员中的三名（其中包括宪法委员会主席）。（2）主持部长会议和签署法令。总统虽不是政府组成人员，但可以参加政府活动并主持和讨论政府的方针政策，签署部长会议通过的法令和命令，但对部长会议的决定不负责任。若国民议会通过对政府的不信任案，总理应向总统提出政府辞职。（3）颁布法律，有权要求议会对法律重新审议。总统有权在议会通过的法律送交政府的15天内，要求议会对该项法律或其中某些条文重新审议，议会不得拒绝。（4）担任军队的最高统帅并主持最高国防会议和国防委员会的会议。（5）直接掌管外交事务，委派驻外大使及特使，接受外国大使及特使；进行谈判并批准条约。（6）作为"司法独立的保证人"，担任最高司法会议主席并拥有赦免权。（7）解散国民议会的权力。（8）要求举行公民投票的权力。（9）"根据形势采取必要措施"的非常权力。

与法国第四共和国议会政体下的总统相比，第五共和国总统的地位得到了极大的加强，这突出地反映在他拥有任免总理和组织政府、解散国民议会、要求举行公民投票和"根据形势采取必要措施"的非常权力等四大权力方面。

1958年宪法改变了第四共和国关于议会决定政府的体制，把组织政府的权力交给了总统。宪法第八条规定：总统任命总理。总统根据总理提出的政府辞职要求解除总理职务。总统根据总理的提议任免政府其他成员。因此，总统无须通过议会就可以任命总理和政府其他成员。另外，总统主持部长会议和签署法令，但对政府的行为不负责任，总理代表政府的行为向国民议会负责，由此确立了总统与总理的双头行政体制，总统拥有很大的行政权力。

解散国民议会是总统在正常时期特有的用来对付议会的重要权力。宪法第12条规定：总统可以在征询总理和议会两院议长意见后，宣布解散国民议会。唯一限制就是大选后一年内不得再次解散国民议会。第五共和国以来，总统已四次解散国民议会：1962年，国民议会通过对蓬皮杜政府的不信任案，迫使政府辞职，戴高乐却宣布解散国民议会。1968年"五月学生风暴"后，戴高乐再次解散议会以重新选举。1981年密特朗在总统选举获胜后，为获得议会多数以推行其政策，宣布解散议会，重新选举。这三次解散议会，选民都支持了总统。1988年，密特朗竞选总统获得连任后，为了在议会拥有一个开放的多数派而解散议会，重新进行了选举，但社会党席位未获议会的绝对多数。由此可见，虽然宪法规定国民议会有权推翻政府，但同时也面临自身被总统解散的危险，而总统在解散议会时几乎不受任何约束。

要求举行公民投票的权力，指总统有权"根据政府在议会会议期间所提出的建议或议会两院提出的联合建议，将含有认可共同体协定或旨在授权批准虽不违反宪法但可能影响现行体制运行的条约的一切有关公共权力机构组织的法律草案提交公民投票"（1958年宪法第11条）。这意味着总统可通过政府建议的途径将某些重大法律草案越过议会，直接交付公民投票决定。总统掌握和行使这项权力，既可以削弱议会的作用，又可以加强自己的地位。1958—1969年，戴高乐总统共举行了五次公民投票，其中前四次得到大多数公民支持。1969年4月，公民投票未通过地区改革和改组参议院的宪法修正案，戴高乐辞职引退。

"根据形势采取必要措施"的非常权力，是法国总统地位得到加强的突出表现。根据宪法第16条，当总统认为"共和国体制、国家独立、领土完整或国际义务的履行受到严重和直接的威胁"，"依据宪法产生的公共权力机构正常行使职权受到中断"，在同总理、议会两院议长和宪法委员会主席"正式磋商"后，可根据形势采取必要措施。虽然宪法规定总统行使此项权力时必须以咨文形式通告全国、须在最短时间内结束、国民议会不得解散等，但措词十分含糊，使总统享有很大的自由裁量权。1961年4月23日至9月30日，为镇压法国驻阿尔及利亚的殖民将领和极端殖民主义分子发动的军事叛乱，戴高乐总统依宪法行使了这项非常权力，采取一系列措施平定了叛乱，维护了国家安全和国家政治体制的稳定。

与美国总统制相比，法国总统制的特点主要表现在：（1）法国总统是法国政治制度的"拱心石"，实际上拥有超越于立法、行政、司法三权之上的政治地位而非仅仅掌握着国家的行政权。（2）法国总统自1962年以来经公民直选和两轮多数制产生、任职七年（2002年后改为五年），与美国总统间接选举和相对多数制产生、任职四年相比，拥有更大的政治合法性和权威性。（3）由于其特殊的宪政地位，法国总统拥有解散国民议会、要求举行公民投票和"根据形势采取必要措施"的非常权力。（4）1958—1986年近30年中，法国政坛形成了总统、总理和议会多数党同属于一个政党的"总统的多数派"而言，有利于总统将一个温顺的议会多数和总理牢牢地控制在自己的手中，从而在实际政治过程中大大加强了总统的权力。①

2. 共和制国家的议会制度

共和制国家的议会是共和制国家公民通过选举、委托自己的政治代表参与国家政治决策的重要场所。公民通过选举授权、委托代表行使国家权力，是当代共和制国家实现主权在民原则的现实途径和主要表现形式，也是民主政体的主要标志。因其广泛的代表性并在国家政治生活中处于中心位置，而使议会成为主权在民或者说以民执政（民有）原则的表现形式，是反映和体现国家公民、集团、政党等各种政治主体利益和要求的重要政治机构和公共论坛；议会作为立法机构，制定规范国家政治生活的各种法律，体现了民主制的法制精神；议会拥有对行政和司法的多种监督和制约权，体现了民主制的分权与制衡原则；民主制中的选举制度、政党制度、行政制度、司法制度等其他民主制度都是围绕议会制度建立和发展起来的。因此，议会制度是民主制的核心和主要标志。议员是议会活动中的主要政治主体，享有作为国民政治代表所具有的特殊权利和义务。一般而言，议会是国家的最高立法机构，其主要职能是立法和监督。议会的职权和地位因国家政体不同而各有差异，议会在国家政体中发挥着主要的、不可替代的作用。

（1）议员的资格、产生、任期、权利和义务

议员作为选民的政治代表，是议会的主要组成人员和议会活动的政治主体。为保证议员的政治代表能力和政治代表行为的规范性，各国都通过宪法或有关法律对议员的当选资格、任期、产生、权利和义务作了比较明确的严格的规定。

因议员是代表选民来实现以民执政的，是议会中的主体，因此，对议员的资格有较高的要求，一般会对议员的国籍、年龄、职业身份、健康状况甚至智

---

① 唐晓、王为、王春英：《当代西方政治制度导论》，中国人民大学出版社2011年版，第254—256页。

力等条件进行限制。

大部分国家对选民和议员候选人的年龄限制在 18 岁以上,也有一些国家对议员候选人提出较高要求,这是基于其参政议事能力的考虑。为保证议员忠于自己的国家和民族,议员候选人必须是本国公民。对议员职业的要求,有些国家规定了职业不相容,其资格要求在选举前必须满足,否则当选无效。大部分国家还规定精神病患者、无行为能力者、严重刑事犯罪者、被剥夺政治权利者等不得成为议员候选人。

议员主要由选举、任命以及特殊身份成为议员三种方式产生。议员的任期指议员担任职务的法定期限,而非指当任议员的时间总长度。大多数国家对议员的连选连任没有限制,也无年龄限制。其任期不尽相同,有按届期算,也有实行届期内部分改选的办法。

议员的权利主要包括议员的职权和特权两大部分。议员的职权指议员享有的与其职务活动有关的权利,一般由宪法或单行法律具体规定。概括主要有:提案权。即议员向议会提出议案或建议并交议会审议的权利。讨论和表决权。只有议员才可以参加立法讨论和表决,在总统制国家,行政机构人员可以应议会要求对某些议案或法律草案作一些说明或提供咨询意见,但并不能参与法案的讨论和表决。质询权。即议员以口头或书面形式在议会大会上向政府及其组成人员提出询问和质问、要求后者在规定期限内予以答复的权利。

议员的特权是指为保障议员履行职务时能排除干扰和清楚顾虑而设置的议员享有的一些特殊权利。主要包括:言论免责权。一些国家规定议员在履行职务时不得因其言论或投票行为而受到法律追诉、搜查、拘禁或审判;人身保护权。即议员非经议会批准不受逮捕或审判的司法豁免权利;生活保障权。即议员享有各种生活优惠待遇的权利,旨在使议员免于各种利诱、保持政治独立和清廉。

议员的义务:指法律规定的或依宪法惯例,议员必须履行的责任或行为规范,是一种强制性的要求。议员不履行则失职,重者要受到惩戒。议员的义务与权利相辅相成。概括起来,议员的义务包括以下几方面:

其一,代表选民,向选民负责。大多数实行议会制的国家,在理论上其国家的宪法和相关法律都声称议员代表全体国民的意志行事,不接受选民的强制性委托,代表国家和议会的整体利益。所以他们不必事事听命于选民,议员凭自己的良心和判断力参政议政。

在实际生活中，在一些总统制国家，议员的代表性更多地表现为议员经常将选区选民的利益置于首位，将自己视为本选区选民的代表而非全体国民的代表。议员每年往返于国会与选区之间，接触选民，听取意见，反映民情，督促政府有关部门解决问题。还有一些国家，当议员所代表的选区选民利益与本党利益相冲突时，议员常常被允许投弃权票，但很少投反对票。而选民选举时是按照政党的名单投票而非议员个人名单投票，政党的政策纲领和政策主张成为选民投票时的首选，因此，议员是凭借政党的标签而当选的，当选后自然是更多地将政党利益与国家利益结合起来。也就是议员面临多重角色的冲突，需要对国家利益、政党利益、选民利益与自己的个人利益进行平衡并作出判断抉择。

其二，勤奋工作，遵守纪律。首先必须出席议会会议，参加投票表决。由于议会只有达到法定人数时才能召开并作出具有法律效力的决定，因此各国普遍规定议员必须出席议会会议，无故缺席者将受到惩处。对惩处一般都有较具体的规定。

其三，不得兼任司法、行政及其他法律规定的职务。一般在总统制国家，实行比较严格的不相容原则，国会议员不得兼任政府职务；国会议员若担任政府部长，须辞去议员职务；法官和现役军人不得担任议员。在法国，凡接受政府任职的议员必须在任命 30 天内放弃议员职务。俄罗斯 1993 年宪法第 97 条规定，国家杜马代表不能担任国家公职，不得从事其他有报酬的活动，教学、科研及其他创造性活动除外。

（2）议会的结构

国家议会的组成，大致分为两院制和一院制两种主要类型。从世界范围来看，采用一院制的国家居多。据《世界知识年鉴 2008/2009》（世界知识出版社 2009 年版）统计，约 3/5 的亚洲国家和非洲国家、1/2 多的欧洲国家、1/3 多的美洲国家、2/3 的大洋洲国家采用一院制。在资本主义发展较早、资产阶级民主发展较充分的西方国家，以及联邦制国家中采用两院制的居多。其具体称呼不尽相同，法国称参议院和国民议会，德国称联邦参议院与联邦议院，美国称参议院与众议院，俄罗斯称联邦委员会与国家杜马。

采用两院制是适应国家结构的需要，它既可以反映选区选民的政治利益，又可保护各个地区的利益。两院议员的资格和任期不尽相同。两院立法机关内部的立法权起到分立和制衡作用，同时可保持中央政府的稳定和内外政策的连续性。

(3) 议会的组织机构

议会的组织机构主要包括议会的领导机构、各种委员会、秘书长，以及为议会提供各类咨询服务的辅助机构。

议会领导机构分为个人性质的议长和集体性质的议会领导机构。

议长是议会的主持人和对外代表。其产生一般是由多数党决定而走个选举形式。也有由政府高级官员兼任的，或国家元首任命等。议长的职权，一般是召集和主持会议；主持会议辩论；主持议会表决，有权决定表决方式方法，确定并宣布表决结果；当赞成和反对票相等时，议长有权投出决定性的一票。在某些特定情况下代行总统职务等。

集体性质的领导结构主要有议院主席团、议长会议等，一般由议长、副议长或议会秘书组成，主要负责审议议会的工作，安排议事日程或辅助议长工作。

议会的委员会，主要有常设委员会或常务委员会，其主要任务是审议议案，对政府行政部门的领导进行监督，以及对议院本身的事务进行管理。常设委员会是议会的核心，它们在立法提案、审查议案和监督政府三大领域发挥着重要作用。

临时委员会或特别委员会是议会为处理某一具体问题或突发事件而特别成立的委员会，它的作用仅限于在会议期间按照议院决议，就某一专门议题或案件进行审理和调查，在完成任务后随即解散。

两院联合委员会是在两院制的国家中，当议会须作出与两院有关的决定或审议与两院意见不一致的议案时，往往成立特别的两院联合委员会，对两院有争议的法案进行斟酌，并制定妥协方案。

全院委员会是指由议会某一院全体会议组成的委员会，是议院多数党利用其政治优势加快通过或否决某一议案的一种会议组成形式。

议会的咨询及服务机构主要有办公厅、元老委员会和顾问委员会及其他咨询机构。

(4) 议会的职权

议会的职权大小因各国政体的不同、议会的法律地位不同而有差别，一般各国的议会都拥有立法权、财政权、监督权和其他一些重要职权。

立法权一般指立法机关制定、修改、通过或废止法律的权力，是统治集团将其意志升华为国家意志即法律的权力，也是立法机关首要而传统的权力。

一般议员、议会中的委员会、国家元首、政府行政部门、一定数量的公民这5类主体有权提出法案。而俄罗斯宪法第104条规定，联邦宪法法院、联邦最高法院和最高仲裁法院在由其管辖的问题上也有立法提案权。

审议（讨论）法案时，有些国家规定，议案或法律草案在列入议会议事日程前，必须经过有关机构的审查，在审议（讨论）法案中，常委会不能在审议时提出对议案的修正案，只能在呈送议院的报告中表明支持哪些修正案。

多数国家规定，一般法律以普通（简单）多数票通过即可，宪法性法律和宪法修正案则要求以2/3以上的多数票通过。

在某些国家，议会通过的重要立法（特别是宪法草案或宪法修正案）必须提交公民复决，即由公民（或国内某些地区的公民）通过投票直接对其表态并作出决定。公民复决在立法机关之外进行。

大多数国家一般都在宪法或专门有关法律中规定了公布法律的程序。其程序繁简不一。大多数国家公布在政府公报或法律公报上。

财政权（也称财政议决权或财政监督权）一般主要指议会审议和批准政府的财政预算和财政决算的权力，常常被形象地称为议会的"钱袋权"或"管理国库的权力"。各国对议会财政权的内容规定不尽一致，但主要是批准政府的预算和决算。期限一般为一年，称之为财政年度或会计年度。

监督权一般指立法机关（议会）行使的除财政权以外的监督政府的权力，它主要包括质询权、倒阁权、调查权、弹劾权。议会行使监督权的目的在于了解政府的信息，发现、暴露和纠正政府的过失，督促政府有所为或有所不为，使政府承担忠实贯彻和执行宪法和法律的责任。

（5）议会的其他职权

国家议会除拥有立法权、财政权、监督权外，还拥有批准条约权、批准人事任命权等其他重要职权。

国家议会的批准条约权主要有两种情况：一是对外缔结一切条约必须经议会同意和批准方能生效。二是对外缔结条约时，只有其中某些重要的条约或法律规定的某些方面的条约和协定才须经议会同意。

国家议会批准人事任命权主要有两种方式：一是议会推荐某些官职候选人提交国家元首任命。二是议会直接批准或赞同政府对某些高级官员的任命。一一般说来，凡需议会批准任命的官员，其免职也需议会的批准。

（6）议会的会议和议事规则

议会议事和决策是有时间范围的，一般把议会开会和议事的期限称作议会的会期。议会通常在会期内召开各种会议并行使其各项职权。议会的会议一般可分为常会（或称例行会议）和非常会议两种。议会在会期中可以中途休会，会期届满或完成任务后可闭会。

常会即定期召开的议会会议，是议会会议的主要形式和工作程序的基础。各国对常会日期和次数的规定详简不一。常会期间大部分议员经常被召集在一起举行会议，商讨重大事项；议员未经会议准假，不得擅自离开举行会议的城市，不得出访或进行其他与开会内容无直接关系的公众活动。

非常会议（包括临时会议、特别会议和紧急会议）是指议会在常会会期之外，遇有特殊或紧急情况（如战争、自然灾害、国内动乱以及出现重大经济、社会问题等）而召开的会议。大多数国家的宪法或议会议事规则对非常会议的召开有明确的规定，有权要求召开非常会议的人员一般是国家元首、议长、议会主席团、政府（行政部门）和一定数量的议员，各国对此规定有别。

议会的休会是指议会的任何一院可以通过决议在会期中中止活动。其有两种类型：一是自行休会，即因例行假日或某种需要可自行通过决议案宣布中止开会若干天，期满应自动复会；二是被动休会，通常由国家元首提出或决定，但在程序上有一定限制。体会期间授予议长、常设委员会行使处理紧急事务方面的权力。

议会的闭会指议会因会期届满或会期未满但任务已完成而闭会。主要有三种：一是自动闭会即会期结束工作结束而闭会；二是被动闭会，一般由国家元首宣布闭会，也有少数国家因两院中的一院（通常为下院或众议院）被解散，另一院（上院或参议院）被迫解散。三是特别闭会，由国家元首或议会召集的特别会议。谁召集谁宣布闭会。

议会的解散属于议会闭会制度中被动闭会的一种方式。当政府在议会中丧失多数支持，或反对政府不信任案获得通过时，政府首脑要么主动辞职，要么提请国家元首宣布解散议会，择日重新选举。若原执政党在重新大选后仍居多数，则继续执政；否则，由新一届议会多数席位政党或联盟组阁执政。

议会的议事规则是指议会必须有规则可循。各国议会议事规则所涵盖的范围和具体内容不尽一致。综合起来主要有：

一是法定人数规则，指议会需要有一定数量的议员出席，才能使议会作出决议和通过的法案有效。出席者的一定数量即为法定人数。而法定人数一般还分为举行会议的法定人数和通过法案的法定人数。

二是会议公开规则，即在国民监视和批评下进行，公开举行，可允许外人旁听。

三是一事不再议规则，指否决的法案不得在同一会期内再行提出。

四是议员在会议发言中不得追究规则，指议员在议会发言中，只要不使用诽谤、侮辱性语言，不泄漏国家机密和揭露别人隐私，发言均受法律保护。

五是两院一致通过规则，指只有经两院一致通过，才能成为法律。①

（四）中国选举民主与协商民主相结合的政体模式

19世纪英国著名哲学家、政治理论家约翰·密尔在他的名著《论自由代议制政府》中曾认为，人们的实际努力致力于实现的最合理的目标之一，就是把最好的制度引进一个国家。而一切有关制度必须要有历史的基础，制度必须同民族惯例与性格协调。他说："毫无疑问，理想上最好的政府形式，并非指在一切文明状态下都实际可行或适当的政府形式，而是指这样一种政府形式：在它是实际可行和适当的情况下，它能够带来最大数量的直接的和将来的有益后果。而完全的平民政府是唯一能够主张具有这种性质的政体。它在政体上表现出其优越性的两个部分都非常卓越。它不但在任何其他政体更有利于提供良好的管理，而且更能促进民族性格得到较好的和较高形式的发展。"②

而18世纪欧洲最伟大的思想家，法国大革命思想先驱卢梭主张人民的主权，反对三权分立。他在其最著名的《社会契约论》一书中明确写道："人民所能有的最好的体制，莫过于能把行政权与立法权结合在一起的体制，即民主制。"③ 这种把行政权与立法权结合在一起的体制，就是我们国家现在实行的"议行合一"的体制，即人民代表大会制度的议行合一。

我们知道，民主的本质是人民当家做主，怎么使人民能当家做主，需要一

---

① 唐晓、王为、王春英等：《当代西方政治制度导论》，中国人民大学出版社2011年版，第171页—232页。
② [英]约翰·密尔：《论自由代议制政府》，康慨译，湖南文艺出版社2011年版，第124页。
③ 俞可平：《西方政治学名著提要》，江西人民出版社2000年版，第156页。

定形式来保障。也就是要使人民能够充分表达自己的意愿并保障其利益。选举民主、协商民主都是民主的实现形式。选举民主遵循的是少数服从多数原则,也就是人民通过投票,当然可以是无记名或记名的投票,让每个人都有机会公开公平地表达自己的利益诉求,使民主权利得以实现。而协商民主遵循的是共识原则,即人民中具有不同利益诉求的人通过平等对话、讨论、协商,形成共识,而后所有人按共识行事。中国将选举民主和协商民主这两种民主形式相结合,扩大公民有序的政治参与,以此保障人民当家作主。

中国共产党在整个中国革命和建设的过程中即注重民主化的进程。在中国新民主主义革命中,与各民主党派风雨同舟,团结合作。在新中国成立之初,毛泽东那代领导人一方面召开人民代表大会,另一方面考虑到有很多民主党派和无党派民主人士选不上人大代表,就把他们保留在人民政治协商会议内,让他们参政议政,决策之前参与协商,这就体现出了我们国家把选举民主和协商民主相结合的民主化进程。

民主是成长的、多样的、具体的、现实的、历史的。在未来的政治选择与国家发展中要善于驾驭民主化,实现综合、全面、协调的政治发展观。中国实行选举民主和协商民主过程的保障就是中国共产党领导的多党合作、政治协商制度和全国人民代表大会制度。

西方竞争式民主并非放之四海而皆准,竞争式选举也并非政治纠错的最佳途径。尽管有人力图用科学性的方式去证明西方民主制度具有普世性,但是马基雅维利曾经认为,不可能在那不勒斯建立和佛罗伦萨一样的政体,这是政治制度本身所处的社会经济环境不同所决定的。熊彼特也认为他所主张的竞争式民主并不是放之四海而皆准的政治路径,这种竞争式民主的非普世性与价值观或文化无关,而是取决于特定社会的历史传统和政治环境。世界知名学者纽约大学法律—政治学教授帕斯夸里·帕斯奎诺认为,事实上,竞争式西方民主政治并非当今世界唯一最好的政治模式,中国也无须对此进行复制。

1. 国情和历史选择了中国特色的政党制度

民主化的进程中诞生了政党。一个国家产生了政党,便会产生相应的政党制度。政党制度是现代国家普遍采用的政治制度。政党制度是由其国家法律规定或实际政治生活中形成的关于政党的社会政治地位、作用及执掌政权或参与政治的方式、方法和程序的制度之规定。在当今世界,社会主义国家实行的主要是一党执政或无产阶级政党领导的多党合作制。中国实行的就是共产党领导的多党合作和政治协商制度，这是一种新型的政党制度。有别于资本主义国家的政党制度。

中国创新性地选择中国共产党领导的多党合作和政治协商制度，这是历史的选择，国情的选择。1840年鸦片战争爆发，大英帝国凭借16艘军舰、4000名陆军就迫使清政府签订了丧权辱国的《南京条约》。1860年第二次鸦片战争期间，18000名英军、7200名法军就可以长驱直入中国首都，杀人放火，将圆明园付之一炬。1894年甲午战争中清军失败，一纸《马关条约》首开空前的割地赔款之屈辱先例，甲午战争结束，国土已经实际被划分为多个帝国主义国家的势力范围，中国彻底沦落为一个半殖民地半封建的国家。伟大的中华民族在帝国主义列强的残暴侵略下陷入了血泪斑斑的苦难深渊。

从19世纪中叶开始，中华民族就面临着两大紧迫的课题：救亡图存，谋求发展。那个一而再、再而三丧权辱国腐败无能的大清王朝，只能加速其覆灭的命运，因此，文弱的孙中山领导的辛亥革命，令延续两千余年的封建制度在中国轰然倒塌。

虽然清王朝覆灭，建立了民国，但旧中国那种随意被踢开国门，东西方列强随时可进来烧杀抢掠的现象，并没有因清王朝的崩溃而结束。北洋军阀主政下的中国，曾经作为第一次世界大战的战胜国而出席巴黎和会。那个赢弱的国家并没能因其战胜国的身份而获得丝毫尊重，反而在英、美、法、意、日"五强"操纵下，巴黎和会将战败国德国在中国山东的权益全盘转让给了日本，为此而爆发了五四运动，后来北洋政府在轰轰烈烈的北伐战争中倒台了。国民党在1931年的"九·一八事变"中丢掉了东北，在1937年的"七·七事变"中又丢掉了华北。日本关东军仅以19000兵力竟敢面对19万东北军发动"九·一八事变"，以8400兵力的华北驻屯军敢对10余万中国驻军发动"七·七事变"，究其原因，即是国民党置国家安全、民族利益于不顾，实行了"攘外必先安内"的政策。

国防大学战略研究所所长金一南少将研究这段历史后，在他的《走向辉煌》一书中讲到："百年中国的政治舞台，各种力量熙熙攘攘，来来往往都不乏机会走到台前表演一番，但有谁能够救中国于水火？在守护民族利益和捍卫国家安全面前，这些政治力量是多么的衰落和多么的软弱，而这种衰落与软弱又在招致多么巨大的灾难。100多年来的这些教训，一个比一个惨痛，一个比一个沉重。"①

无穷无尽的灾难中走出来了中国共产党人，以其震惊中外、艰苦卓绝的奋斗向世界证明：只有中国共产党能够救中国，没有共产党就没有新中国。在新中国诞生之际，毛泽东那高亢洪亮而有力的"中国人民从此站立起来了"，标志着东西方列强凭借坚船利炮就可轰破中国国门肆意掠夺的时代，一去不复返，同时也揭开了中国人觉醒的时代。

1950年6月25日朝鲜战争在北南双方之间爆发，两天后美国却出兵干涉这一内战，同时还出兵控制中国领土台湾，使战争性质变成了一场侵略中朝的战争。杜鲁门为推进其在亚洲遏制共产党的战略计划，随即调兵遣将，以联合国安理会的名义，18国集团为核心，总计出兵51万3千人，坦克2400辆，战机4000架，各型火炮5万门，同时动用了原美国海军第1、2、3、7四组舰队，排山倒海地杀向朝鲜。新中国发出警告，那个傲气十足的美军远东总司令麦克阿瑟何曾将新中国放在眼里？在美国看来，这样庞大的战斗集群，任何一个国家也不敢与之交手。仁川登陆之后，杜鲁门美军越过三八线，直扑平壤。毛泽东以伟大的军事战略胆量，在前苏联犹豫迟疑下，即下令：着中国人民志愿军迅即向朝鲜境内出动。同年10月25日，一场惊人的抗美援朝战争就此爆发了。

新中国刚刚成立，便敢于直面世界头号帝国，这是因为，中国共产党的领导，"促进民族性格得到较好的和较高形式的发展"，将备受列强欺凌的"东亚病夫"塑造成一个个、一群群英武战士。这是战争，又不仅仅是战争。这是整个民族的热血凝聚和精神迸发。100万中国士兵，在没有远程炮火支援，没有空中火力掩护，没有地面装甲集群突击的情况下，依靠最原始的卡宾枪（冲锋枪）、手雷，打败了强大的美国联军，美国就这样丢下了113000名阵亡士兵，带着84000名伤员以及换回来的45000名被俘人员，迈着沉重的脚步蹒跚地回到了自己的老家。这也在人类历史上，首次开创了一个国家单独击败多国武装力量的先例。一个几年前还被日本军队肆意侵略蹂躏的国家，在短短几年后，突然间打败了当时世界上的最强军事同盟，除了毛泽东领导中国共产党创造的奇迹，任何人难以做到。前美国国务卿艾奇逊的朋友艾佛瑞·哈里曼认

---

① 金一南：《走向辉煌》，中华书局2012年版，第7页。

为"这是一场有苦难言的战争"①。周恩来总理为抗美援朝战争的胜利而喝得酩酊大醉。20年后，美国总统来到北京向中国领导人致敬。

新中国这场惊天动地的抗美援朝战争的胜利，提高了中国在当时社会主义阵营的地位，也彻底扭转了国家的安全态势，进而拉开现代化建设的序幕。又以"两弹一星"威慑强敌的能力，为国家赢得发展的保障。正是从这个角度使我们更加深刻地感受到了中国共产党人不但敢于向国内一切腐朽的旧势力宣战，而且敢于挥师入朝作战的气魄和壮举。100多年来，在国家安全面临重大威胁面前，中华民族首次不再妥协，选择了坚决抗争。

是毛泽东，是中国共产党人，把一盘散沙的中国人重新凝结为一个整体。也让世界认识到，在涉及国家安全的问题上，新中国不会退让。

新中国建立60多年来，包括历次边境自卫还击作战，取得全胜战绩。1962年印度越过麦克马洪线，意欲强行占领那块土地，中国被迫自卫还击，短短30天，印度军队全军溃败。当时在第2师做战术指挥教导的洛克·弗菲希尔准将说："你见过非洲的斑马群奔跑吗？但是不如印度军队溃逃更加壮观。"中国拿回了土地，消灭了印度联军，打退了美国与苏联的再一次恐吓。

中苏珍宝岛战役，苏联丢下了约一个团的装备以及成批尸体气恼地回去了。赫鲁晓夫接到失败的电报后，召开紧急军事会议，先后撤职了隶属苏联远东集团军1位元帅（坦克装甲诸兵种）、3名大将、4名上将、24名中将少将。这一次次的胜利，保卫了祖国的领土完整，捍卫了祖国的尊严与安全。

改革开放以来，又用"一国两制"方式完成香港、澳门的和平回归并继续保持两地的繁荣。而2013年3月1日，中国政府将制造湄公河惨案杀害13名中国船员的长期盘踞在"金三角"地区贩毒团伙头目糯康等四人引渡中国后，经审判执行死刑，是中国保护海外公民权益和打击犯罪的一次决心和能力展示。这在旧中国大概是不可想象的。利比亚动乱时的撤侨行动更是我国外交史上的壮举。这一切都证明了一个道理：100多年来在中国出现的所有政治力量当中，只有中国共产党最坚决、最有效地捍卫了国家利益和民族利益。正是在这个意义上，我们说中华民族对今天政治制度的选择，是对自己根本利益的选择。也就是说，国家的历史和国情选择了中国共产党的政党制度。

---

① ［美］大卫·哈伯斯塔姆：《美国人眼中的朝鲜战争》，王祖宁、刘寅龙译，重庆出版社2011年版，第13页。

历史对中国是严峻的，也是宽厚的，在付出巨大代价之后，中国终于找到了自己的救亡与发展之路。道路决定命运，历史的选择就是人民的选择。

2. 中国共产党领导的协商民主不断发展和完善

（1）中国、政治协商制度具有历史和现实基础

邓小平曾经说过，在中国这样的大国，要把几亿人口的思想和力量统一起来建设社会主义，没有一个由具有高度觉悟性、纪律性和自我牺牲精神的党员组成的能够真正代表和团结人民群众的党的统一领导，是不能设想的，那就只会四分五裂，一事无成。这是全国各族人民在长期的奋斗实践中深刻认识到的真理。中国共产党团结各种力量取得一个又一个的胜利。

在中国历史上，辛亥革命以后曾经搞过一段多党议会政治，在国民党统治时期也曾经搞过一党独裁，但是事实证明都失败了。在中国新民主主义革命中，作为阶级联盟的中国各民主党派与中国共产党有着共同的阶段性的政治目标，有着亲密的合作关系，风雨同舟，团结合作，共同推翻了帝国主义、封建主义和官僚资本主义三座大山，建立了新中国。这就奠定了中国共产党领导的多党合作和政治协商制度的历史基础。在社会主义改革过程中，各民主党派积极支持和参与并且做出了重要贡献。在社会主义建设和改革开放的实践中，各民主党派"都已经成为各自所联系的一部分社会主义劳动者和一部分拥护社会主义的爱国者的政治联盟，都是在中国共产党领导下为社会主义服务的政治力量"。各民主党派是接受中国共产党领导的、与中国共产党通力合作的、共同致力于社会主义事业的参政党，正是共同的目标和利益使中国共产党与各民主党派"肝胆相照、荣辱与共"，一荣俱荣，一损俱损。这就奠定了中国共产党领导的多党合作和政治协商制度的现实基础。在这样的历史与现实基础上，中国的多党合作和政治协商制度不断得到完善、丰富和发展。

中国实行的政党制度和多党合作的协商民主是最适合中国国情的制度。从世界范围看，20世纪60年代和90年代，在拉丁美洲、非洲和亚洲曾有一些国家盲目照搬西方的政治模式，结果都不同程度地造成了社会动乱和经济动荡。正如阿根廷南南网站载西方独立记者托马斯·芒廷的文章《以西方"民主"摧毁非洲》中写的那样，"除一个国家之外，所有的非洲国家都掉进了西方式选举的陷阱；除一个国家外，所有的非洲国家都在流血。""无论你身在非洲的何处，所看到的似乎都是冲突和战争，随处可见的也是西方式的'民

主'选举。"① 而东欧"颜色革命"和"阿拉伯之春"也并没有给相关国家带来什么好处，同样导致这些国家严重的社会政治后果，经济动荡不已。我们看到"阿拉伯之春"蔓延，席卷一个又一个的国家，尽管推翻了世俗的专制政权却没有走向西方式的民主。这方面的教训我们必须引以为警。

灾难深重的中国人民经不起折腾，太需要和平安宁的环境了。中国革命的过程漫长而残酷，中国的实践已证明多党议会制并不适合中国。从全世界范围看，在经济低水平下搞政治突破，能够避免社会痛苦代价的概率非常低。何况我国并没有搞政党轮替的社会基础和文化。政党轮替在中国之所以根本不可能，是因为西方的政党轮替只是权力轮替，而中国一旦发生"轮替"，触动的决不仅仅是权力，而是整个社会翻天覆地的重新洗牌和大动荡，那样将国无宁日。中国很大，人口众多，我们不能冒着几代人动荡不宁的风险去搞什么"轮替"试验，在当今中国最接近民族复兴的时候，如果它因某个原因半途而废，无论它的名义是多么正义和伟大，我们都不可原谅。我们这一代人将成为中国历史的罪人。

更何况目前中国的道路已为铁的事实所证明。这就是说中国人民已经找到了最适合自己的道路。正如英国《金融时报》刊文说："中国找到了挑选领导者的恰当模式，符合中国的文化和历史，也切合现代环境的需要。"② 而法国地缘政治家、博士、中国问题专家皮埃尔·皮卡尔在他的新著《二十年后的中国和世界》中指出，未来的十年将是中国怎样确立在全球地位的十年。中国不应该照抄欧洲和美国的经验，而应该展现出自己独特的发展模式。他认为，如果中国成为全球的领袖，将给世界带来一种全新的发展模式——更加和谐，更加和平。

他在回答《参考消息》记者提问时说："关于中国的发展模式，我认为这是一个非常重要的问题，中国有着五千年的文化传统，与欧洲和美国相比要长得多，同时我们有着共同的利益，也有不同利益。中国照抄欧洲的经验我并不认同，美国也有着自己的模式，中国应该展现出自己独特的发展模式。因为中国的文化传统与众不同。中国能够从自己的文化传统中受到启发，中国封闭的时间太久，现在的发展模式既有美国自由资本主义系统，也有借鉴欧洲的社会

---

① 参见《参考消息》"非洲掉进西方式陷阱"一文2012年11月2日10版。
② 参见《光明日报》欧阳实文章《从大国选举年想到的》2012年12月1日8版。

保障体系。我认为中国应该建立自己的发展模式。未来的世界为了保持均势，需要有着不同的观点，不同的政治，中国将为未来世界提供自己的模式，对国际关系提出新的解决办法，制定规则，寻求共识。"[1]

杰弗里·贝德是世界知名智库布鲁金斯学会的高级研究员，曾经是布鲁金斯学会约翰·桑顿中国中心首位主任，他曾任美国副助理国务卿，美国国家安全委员会亚洲事务主任。他在回答《环球时报》记者提出的问题"对于中国政治上实施自己特色的民主，您怎么看"时，贝德说："亚洲国家，不都属于美国政治体系。我认为每一个奋进的国家都应建立自身发展的方式。这种发展相互之间都不相同。美国有很多地方也并不民主。比如依据选举人团选举总统，而不是进行一人一票的选举，这点就很有争议。"[2] 而英国广播公司网站说得更明确，"你绝不能将中国的模式移植到西方国家，反过来也一样"[3]。任何一种文化都是长期历史演进的产物，它可以变化但不可以被取代。那就是说，中国不能移植西方式的民主。

我们还可以从另一个角度来看这个问题。我们知道，前苏联解体后，俄罗斯已经做了"深刻的民主改革"，它引入了西方式竞争式选举，越选越激烈。普京2012年重新当选总统时，曾因为胜利不易而当众流下眼泪。俄反对派的力量不断增长，声音越来越高，国家如此走下去，从长远看，"政党轮替"是早晚的事。但普京执政的俄罗斯很难得到西方的掌声。相反，西方舆论现在差不多仍把俄罗斯当成当年的苏联骂，通过选举上台的普京被说成了"独裁者"，俄罗斯如此大跨度的民主改革被西方舆论一笔勾销。普京有句名言：苏联解体是20世纪"最大的地缘政治灾难"[4]。俄罗斯在20世纪90年代拼命想融入西方，直到今天仍让西方当"独裁国家"骂，这真是对中国活生生的一课，更何况今天的中国同西方的竞争关系已非常突出，除非我们在国家利益的核心层面甘愿做西方的附庸，否则我们就无论如何都带不来西方对中国的亲近。

世界是多姿多彩的，正如一棵大树上没有完全一样的两片树叶一样，天下没有放之四海而皆准的经验，也没有一成不变的发展模式。习近平在莫斯科国

---

[1] 参见《参考消息》2012年10月19日9版。
[2] 参见《环球时报》2012年12月19日7版。
[3] 参见《参考消息》2012年11月5日1版。
[4] 参见《参考消息》2013年3月4日3版。

际关系学院的演讲中，形象地引用俄罗斯车尔尼雪夫斯基说的话："历史的道路不是涅瓦大街上的人行道，它完全是在田野中前进的，有时穿过尘埃，有时穿过泥泞，有时横渡沼泽，有时行经丛林。"人类社会发展的历史证明，无论会遇到什么样的曲折，历史都总是按照自己的规律向前发展，没有任何力量能够阻挡历史前进的车轮。"鞋子合不合脚，自己穿了才知道。"一个国家的发展道路合不合适，只有这个国家的人民才最有发言权。中国已经找到了适合自己的正确道路，而且正在取得成功，我们没有理由不坚持下去。

其实，对于民主而言，无论是一党执政也好，还是轮替执政也罢，都只是表现形式而已，并非民主的实质问题。美国密执安大学哲学教授和《民族》周刊、《耶鲁评论》的定期撰稿人卡尔·科恩，1984年4月曾应邀来我国讲学。他的著名论著《论民主》亦在我国早有出版。他认为："我们往往愿意着眼于正在进行的决策过程的性质，而不是着眼于这些过程所用手段的形式。真正的参与可以通过各式各样的制度来实现；民主有不同的大小和类别，议会制、总统制、正式的和非正式的。但任何一种或一套政治设施的存在并不能保证拥有这种设施的社会享有真正的民主。""选举、法院和宪法作为民主的手段可以起无法估量的作用，但它们还不是民主。如果把它们当作民主，就是太注重形式，而忽略了它们为之服务的那一过程的实质。"接着他又明确地告诉人们，"我们必须牢记民主的存在与否，不取决于任何形式的制度，而取决于实际决策过程的性质。"他还说，"民主的实质比它的形式更重要得多。当民主在活动时，形式只提供一个框架，政治活动可以在这个框架内持续进行。但这些活动可能越过或超出形式的界限。如果社会中民主精神洋溢，任何一套形式恐怕也不能完全容纳。所以，健全民主的标志之一就是不断改进形式，为促进更广泛、更充分地参与创造出新的手段。"[①]

由科恩的论述，我们可以肯定地说，民主化的关键是，我们应该不断发展完善我国的选举民主和协商民主相结合的动态化民主进程。

（2）中国共产党一直致力于协商民主的不断发展

中国共产党历来不主张抽象的民主，不追求单纯的竞争式民主，而是坚持不懈地探索中国特色的社会主义发展道路。新中国从建立之初，即通过人民政协具体实践协商民主，具有丰富的经验。协商民主其实质，就是要实现公民有

---

① ［美］卡尔·科恩：《民主论》，聂崇信、朱秀贤译，商务印书馆1988年版，第40—41页。

序的政治参与，它把"政治参与"和"有序"两个方面有机统一起来，人民政协作为中国人民在为人民民主奋斗的过程中创造的民主形式，其优势就在于它能够在很高的制度层次上实现公民有序的政治参与。

什么是协商民主？中国社科院法学研究所所长李林给出了解释：协商民主（Deliberative Democracy，有时也译为"审议民主"）是20世纪后期，国际学术界开始关注的新领域，它强调在多元社会背景下，以公共利益为目标，通过公民的普遍参与，就决策和立法等公共事务达成共识。

我国学术界普遍认为，西方协商民主理论与中国特色社会主义协商民主理论，在经济基础、社会制度、政党体系、文化背景、阶级基础、政治制度等方面，存在本质的不同和重大的差别，我们不照搬照抄西方的协商民主理论。事实也的确如此，西方只是做理论探讨，而中国已经经过实践，取得骄人成绩。从"协商民主"在我国产生发展的历史以及中央文件的规定等方面来看，这个概念主要还是指一种民主形式，一种民主方法，它与"选举民主"在许多方面都不可同日而语。

中国的政治协商制度即协商民主是不断发展完善的。中国共产党从诞生之日起，就把实现中华民族复兴的历史使命压在了自己肩上使中国富强起来，是任何一个想要执政的政党必须面对的课题。因此，要想实现这一宏伟目标，必须团结一切进步力量。中国共产党在二大召开前夕，认识到必须联合其他的革命力量，建立起最广泛的统一战线。1922年6月中共中央发表对时局的主张，明确提出，今后要用"民主政治"代替军阀政治，"宗旨相近的数个党派之联合"，"来掌握政权"，这也是多党合作最初的表述。中共二大上通过的《关于民主的联合战线的决议案》明确提出了建立革命统一战线的具体步骤，在大会宣言中，则提出了要建立"真正民主共和国"的政权。

1931年9月18日，日本侵略者进攻沈阳，随即东北三省全部沦陷。蒋介石却抛出"攘外必先安内"的政策。面对"九·一八"事变的一万余名日本关东军，蒋介石电告拥有19万武装的东北军"决不抵抗"，却枪口对内。当全国各界宣传团结抗日的政治主张时，国民党政府却下令逮捕了沈钧儒、章乃器、王造时、邹韬奋、李公朴、沙千里、史良等七位全国各界救国联合会的领袖，激起公愤，在此大背景下产生了中国的民主党派。

抗日战争中，中国共产党在抗日根据地创建了"三三制"民主政权，即"根据抗日民族统一战线的原则，在人员分配上，应规定为共产党员占三分之一,非党的左派进步分子占三分之一,不左不右的中间派占三分之一",而进行了多党合作的最初实践。1941年3月,中国民主政团同盟以"三党三派"为基础正式成立,成为了中国政治舞台上的一支有生力量,开展了民主宪政运动等一系列进步活动。在1946年1月召开的政协会议上,通过了"和平建国纲领",民主党派与共产党为建立联合政府进行了不懈的奋斗。在中共中央由西柏坡到北京的途中,毛泽东嘱咐周恩来,对于民主党派领导人要在政府部门安排职务。

1949年9月21日,中国人民政治协商会议第一届全体会议召开。会议通过了临时宪法《中国人民政治协商会议共同纲领》,选出了政协全国委员和中央人民政府委员会,毛泽东当选为中央人民政府主席。中国共产党就有关新政协的性质、任务、参加单位、召开时间和地点,以及建国的指导原则和成立联合政府等重大政治问题,与民主党派进行了广泛的政治协商。各民主党派的代表人物参加了《中国人民政治协商会议共同纲领》和《中央人民政府组织法》等文件的起草、整理、讨论和通过等全部制定程序。在通过《共同纲领》的过程中,民主党派代表占30%左右。

事实证明,在整个筹建新中国的过程中,中国共产党始终把国事作为国家的公事,而不是看做一党一派的私事,这就促成各民主党派和共产党一起,共同担负起了管理国家和建设国家的历史重任,这也促使中国共产党仅用短短几年时间,就完成了建立人民民主政权的任务。1954年,在第一届全国人民代表大会上通过了《中华人民共和国宪法》,会议还同时确立了人民代表大会制度,共产党领导的多党合作政治协商制度、民族区域自治制度等。①

改革开放后,党和国家的政治生活走上了健康发展的轨道。1976年6月,邓小平代表中共中央在五届全国政协二次会议上致开幕词时,赋予多党合作与人民政协以新的历史任务,"就有关国家的大政方针、政治生活和四个现代化建设中的各项社会经济问题,进行协商、讨论、实行互相监督,发挥对宪法和法律实施的监督作用"②。同年10月9日,邓小平在接见出席各民主党派和工商联代表大会的全体代表时,又首次把中国的多党合作从方针政策提到了政治制度的高度。

---

① 韩玉芳、林泉等:《民主执政与民主发展》,知识产权出版社2012年版,第184页。
② 《邓小平文选》第2卷,人民出版社1994年版,第186页。

1989年，按照邓小平的有关批示精神，各民主党派领导人和全国人大常委会、国务院、全国政协、中共中央组织部、中共中央宣传部以及中央统战部等有关部门负责人组成专门小组，经过长时间的深入研讨和修改，由中央统战部代中共中央起草的《中共中央关于坚持和完善中国共产党领导的多党合作和政治协商制度的意见》初稿完成。中共十三届四中全会以后，根据中央对统战工作的指示，又组织专人对该意见进行了八次重要修改，正式征求各民主党派以及全国工商联负责人和无党派人士的意见后，1990年2月开始实行。这一文件第一次以中央文件形式明确规定"我国实行的共产党领导、多党合作的政党体制"，"是符合中国国情的社会主义政党制度"，第一次明确规定了我国各民主党派在国家政治生活中的地位和作用，是参政党。这标志着中国共产党领导的多党合作和政治协商制度的重大发展和中国特色政党制度的进一步成熟和完善。

1992年10月，党的"十四大"召开，中共中央指出："政治体制改革的目标，是以完善人民代表大会制度、共产党领导的多党合作和政治协商制度为主要内容，发展社会主义民主政治。"这次会议通过的《中国共产党章程》，第一次在总纲中载入了"坚持共产党领导的多党合作和政治协商制度"的内容，使其成为中国共产党全党的意志。1993年3月，根据中共中央建议，全国人大八届一次会议把"中国共产党领导的多党合作和政治协商制度将长期存在和发展"庄严地载入了宪法。从此，中国现行的政党制度上升到人民意志和国家意志的高度，这就为坚持、完善、发展中国共产党领导的多党合作和政治协商制度提供了法律依据。

在2012年11月党的"十八大"上，胡锦涛总书记在报告中提出"健全社会主义协商民主制度"，这在中共历史上是第一次，也是中共在民主政治理论和制度创新中取得的最新成果。中国的协商民主已通过人民政协的实践，得到不断发展和完善。

(3) 中国共产党领导的协商民主取得了骄人政绩

中国的政党制度和这种协商民主与选举民主相结合的模式获得巨大成功，取得了骄人的政绩。1949年，中国结束了百年屈辱的历史。而改革开放30年来，中国上演了一出梦幻般的强国大剧。英国《金融时报》文章称，1980年—2012年中国人均GDP增长了36倍，其经济占全球的比重从2.2%上升到了15%。同期美国、日本、德国的人均GDP增长倍数分别为4.1倍、4倍和

3.9倍，而这三国加起来占全球经济的比重跌落近一半，从40%降到了23%。2013年中国经济增速是全球主要对手的好几倍，同时也是全球最大的资本和商品输出国。① 2012年11月29日在德国汉堡举行的中欧论坛汉堡峰会上，93岁的前西德总理赫尔穆特·施密特在回答记者提问时说："对我来说，一个最大的奇迹是人类历史上很多古老文明如今都不同程度地消亡了，而中国悠久的文明在经历了三个世纪或更长一点时间的衰落后突然在1978年之后又爆发了活力、智力和想象力，而且令人惊异地有效。"②

中欧国际工商学院教授戴维·戈赛特在美国《赫芬顿邮报》网站撰写的题为《中国复兴与新世界形成》的文章中说："1980年，中国经济产值仅为美国的7%，现在却是美国的一半，2025年将超越美国。2045年，中国经济将是美国的两倍。这显然与美国19世纪跻身世界舞台相似；1820年美国经济仅为英国的三分之一，1870年两国并驾齐驱，1913年美国经济已是英国的两倍。"③ 而德国《南德意志报》2012年11月29日以《上升和下降的两个世界大国》为题称："20年前，还没有中国和美国的比较。在邓小平的改革政策下，20年后的中国已经是与美国并行的世界大国。高速列车奔驰在广阔大地，高楼大厦拔地而起，数以百万计的人摆脱贫困，中国正在经历繁荣时代。"④

中国走出了一条符合国情的道路，国际社会积极评价中国共产党与中国道路。智利激进党副总秘书长佩德罗·内拉称，中国共产党是一个组织结构完善有序的政党，在领导13亿人口大国方面拥有令人钦佩的能力。中国共产党实施的是市场经济原则，这一点非常令人敬佩，这是世界其他国家的共产党不曾尝试过的，可以说是世界上独一无二的经验。哥伦比亚民族团结社会党的加夫列尔·戈麦斯认为，中国共产党创建了一个有能力管理13亿人口大国的组织结构，其执政能力是为人民谋福利的保证。美国著名未来学家约翰·奈特比特提出，中国在创造一个崭新的社会经济和政治体制，它的新型经济模式已经把中国提升到了世界经济的领导地位，而其政治模式也许可以证明资本主义所谓的"历史的终结"只不过是人类历史道路的一个阶段而已。中国式民主，那种从上而下的管理和从下而上的活力，最终能够使得政府信任人民，人民也信

---

① 参见《环球时报》2013年3月26日6版。
② 参见《参考消息》2012年12月4日11版。
③ 参见《环球时报》2012年11月30日1版。
④ 同上。

任政府。中国没有使自己陷入政党争斗局面，而是以一党体制实现现代化，发展出一种独特的纵向民主。在未来几十年中，中国不仅将改变全球经济，也将以其自身模式挑战西方的民主政治。①

而世界银行中国局局长罗兰德在2012年10月接受《今日中国》采访时表示："中国在减贫方面所取得的成就超过了其他任何国家，从1981年到2012年，中国总共有6亿人口摆脱了贫困。从历史的角度来讲，这是史无前例的成就。"② 实际上这期间全世界80%的减贫任务是由中国完成的。也就是说如果没有中国的成绩，全世界减贫成就不值一提。而取得这些成绩的中国，没有实行西方的选举，也没有实行多党制。在落实联合国千年发展目标方面，中国交出漂亮的成绩单。南非总统祖马在与习近平主席会谈后说："中国的发展为南非提供了榜样和希望，鼓舞我们把国家建设得更好。"他说："中国的崛起为我们所有人提供了经验，我们会争取效仿他们。"③

中国的神奇发展，在欧洲、美国和拉美，有许多人不理解，然而许多国际机构近些年的调查都显示，中国人几乎一直对政府现状和国家发展方向感到满意。西班牙中国政策网站2012年10月28日发表丹尼尔·门德斯的文章，他引用美国哥伦比亚大学政治学教授安德鲁·内森的文章，来说明中国人民支持中国共产党的原因。

一是对大多数民众来说，过去20年生活条件得到了改善。2012年的调查显示，70%的中国人认为过去5年他们的经济状况有所改善。如果经济运行良好，民众生活水平不断提高，人们就会支持他们的政府。

二是中国共产党善于争取和吸引新的经济精英。中共通过允许他们入党，维护他们的经济利益，保护他们的财富和资产，使新的阶层和所有具有一定影响力的人加入其行列。

三是中国民众希望稳定，害怕政治动乱。这种想法可以追溯到帝国王朝时期，并在苏联解体后得到延续。中共使许多人（包括知识分子）相信，政权更迭只会造成国家的领土分裂和经济崩溃。

四是许多人相信，什么人都不能把中共赶下台去。

五是中国不存在任何被认为能够替代中共的政治组织。

---

① 参见《参考消息》2012年6月25日12版。
② 参见《光明日报》2012年11月23日08版。
③ 参见《参考消息》2013年3月27日1版。

六是近年来中共发展出一系列能使民众表达不满并以某种形式影响政治决策的机制。凭借媒体商业化、出台新的劳动法规、创建电子政务网站、在法治国家道路上取得进步等措施，中共确保可以通过官方机制疏导民众的不满和诉求。①

由此，我们可以看出，人民对中国共产党领导的多党合作的人民代表大会制度政治协商制度和也即选举民主协商民主和相结合的政体模式是满意的。正如《当中国主宰世界》一书的作者马丁·雅克认为的那样，民主不是一切，"我要提出一个惊人的看法：中国政府比西方政府享有更大合法性"②。

此外，我们在本书"民主过程的标准"一节曾经讨论过，民主的衡量有一个多数原则，这也是西方所推崇的政治理念。我们从世界上其他国家角度看，《参考消息》转载委内瑞拉《分析报》在2012年11月20日曾刊出海梅·理查特文章，他说"中国及其社会发展观念值得世界其他国家学习。这不仅是因为中国取得了令人震惊的经济发展，还因为大部分的中国人的生活水平得到了显著改善，贫困在中国真正减少以及令人想起福利国家模式的社会保障网络。如果按照西方推崇的政治理念，即多数决定论来判断，参考中国人口（将近14亿）和欧洲人口总和（7亿），那么有道理和正确的应该是中国和中国体制。"他接着说："政治是人类的需求这种说法是权力部门的误导。生活的内容远远超过政治。生活不是无休止的竞赛，也不是空洞无聊的唇枪舌剑。今天的政治更是建立在经济基础之上并依赖经济实力的纯粹的上层建筑。资产阶级民主所理解和实践的政治，不过是制造不满的来源，更是上层阶级议员操纵选举法律的工具。"③

中国的发展很好地诠释了这一点，在中共领导下建立新中国，确立社会主义制度，改革开放使综合国力和人民生活水平发生了根本变化，经济总量已占世界6%，跃居第二位，人民生活水平实现总体小康，与世界发达国家的差距在拉近，取得举世公认的业绩。我们党有八千多万党员，整体优势在当代中国无法取代，人心求富，人心思稳，人心向党是中国的主流民意，它完全符合民主的多数原则，这就是中国共产党执政的民意合法性，也就是中国政府享有的合法性。换言之"舍我其谁的执政能力"这就是合法性。根据皮尤研究中心

---

① 参见《参考消息》2012年10月30日15版。
② 参见《环球时报》2012年11月29日6版。
③ 参见《参考消息》2012年11月22日15版。

在中国的民意调查报告,高达85%的中国民众对国家未来发展方向表示满意;70%的民众认为在过去的五年生活得到改善;82%的民众对未来五年颇感乐观。① 如果这不是合法性那到底什么才是合法性呢?30多年以来中国的顺利发展是世界历史进程中的重要现象。在当今世界东西方的比较框架下,中国道路愈发彰显出其独特的价值。在金融危机大爆发后,中国的应对和表现更表现出了独特的制度优势和治理能力。

(4)协商民主是我国民主政体对世界民主政治的创新贡献

20世纪六七十年代,在西方政治领域兴起一种新的民主理论,这就是协商民主论。"协商民主"这个概念的提出,缘于一些西方学者意识到选举民主存在不足,好多问题解决不了,他们认为代议民主的基本要素已经与现代公民的要求及社会的发展不相适应,公民与官员之间就共同相关的政策问题直接进行面对面的对话与讨论,是政治民主最重要的因素之一,也是任何其他方式所不可取代的。他们积极倡导公民的直接政治参与,并相信协商民主是民主政治的发展方向,是当代民主的核心所在。

1980年美国克莱蒙特大学的约瑟夫·毕赛特教授在《协商民主:共和国的多数原则》一文中首先阐述了协商民主,他认为协商是民主政治最核心的内容,即对公共政策的优点和价值进行讨论,这个过程有助于解决社会争端。此后,协商民主理论在西方学术界广泛流行起来。现在越来越多的民主理论家都在以不同形式认可协商民主,用不同的论据支持协商民主,从不同的维度界定协商民主,从不同的层面分析协商民主。目前的研究状况表明,西方协商民主已经从理论陈述阶段跨越到理论运作阶段,呈现出规范讨论与实践研究相互交错的场景。②

对于西方学者提出的协商民主其目标,古特曼和汤普森教授2004年出版了《为何要协商民主?》一书(美国普林斯顿大学出版社),书中回答了协商民主的四个基本目标,这四个基本目标是相互关联的:首先,协商民主力图促进集体决策的合法性,集体决策应该把每个人的诉求按照其应得而不是其讨价还价能力来考量,应该仔细权衡各种相关的相互冲突的道德诉求,而不是仅仅根据相互竞争的政治利益力量大小来考量,这两种决策是有天壤之别的。第二

---

① 李世默:《中国崛起与西方一元论的终结》,《环球时报》,2013年6月28日14版。
② 戴激涛:《协商民主研究:宪政主义视角》,法律出版社2012年7月版,第29页。

个目标是鼓励公民本着公共精神来考虑公共问题。第三个目标是促进决策过程中的相互尊重。第四个目标就是纠正决策失误。①

而英国伦敦政治学教授戴维·赫尔德在他的论著《民主的模式》一书中指出,"协商民主,广义言之,是一系列观点中的一种,根据此观点,自由和平等的公民进行协商是合法的政治决定和自我管理的核心。政治合法性不是以投票箱或多数人的统治为主要议题,而是以有可辩性的理由,解释和说明的公共政策为主要议题。关键目标是通过协商过程把个人偏好转化为支持公共审议和检验的立场"。②

协商民主论在20世纪90年代被引入中国后,立即为学术界所关注,有的研究者根据西方协商民主的概念模式的分析,对协商民主其特征有所总结。中国社科院辛向阳研究员认为至少有以下特征:

其一,协商民主是一种合法性民主。这里的合法性主要是指民主过程更讲理性、平等、自由的公民以公共利益为价值导向,在对话、辩论及商谈中达成共识,由此制定公共政策。理性观念是协商民主的核心观念。

其二,协商民主是一种多元性民主。多元性意味着协商更承认不同的利益主体多元化带来的社会差异是客观存在的,协商就是在差异的基础上寻求最大的共识。

其三,协商民主是一种公共性民主。协商民主协商的内容主要涉及公共利益和公共生活,具有比较强的公共性色彩。

其四,协商民主是一种公开性民主。协商民主的公开性意味着是在公共空间公开进行的,其程序是完全透明的,是为所有人所熟知和掌握的;每一个协商者所提出的理由必须是清晰和可理解的,反对含含糊糊的观点和潜规则式的论点;协商的结果应当满足公开性的基本条件,即必须让所有参与者都能够信服。

其五,协商民主是一种程序性民主。协商民主赖以生存的基点之一就是程序性。协商民主把程序看做决策获得合法性的规范性保障,有了程序的保障,协商的结果才是可靠的。

其六,协商民主是一种制度性民主。程序需要制度的规范。协商民主理论

---

① 辛向阳:《20世纪西方民主理论分析》,山东人民出版社2011年版,第354页。
② [英]戴维·赫尔德:《民主的模式》,燕继荣等译,中央编译出版社2008年版,第272页。

提出要建立协商民主制度，目的就是提供使规范协商过程能够有序顺利进行并达成共识的制度框架。

其七，协商民主是一种包容性民主。这里的包容指具有最大涵盖面的包容，即宣称唯有所有受到政策影响的那些人都被包括进了讨论和决策的过程，决策才具有合法性，包容性是协商民主的本质要求。正如格雷厄姆·史密斯和科琳娜·威尔斯所说："那么为什么我们看重协商民主呢？因为协商民主让我们看到更多值得信任和更具合法性的政治权威形式、更明智的决策和对公民权更积极的看法。合法的权威和决策形式依赖于协商民主理论的两个方面——包容性和民主对话的性质。包容性包括出席和发言：原则上所有公民有权参与政治对话进程，并有同等权力提出或质疑某个主张、陈述理由、表达和挑战各种需求、价值观和利益。"①

其八，协商民主是一种共识性民主。实现一定程度的共识是协商民主存在的基础，没有了共识也就没有了协商的必要。协商民主的过程就是共识形成的过程。

其九，协商民主是一种平等性民主。协商民主需要一种具体的、相对复杂的平等。参与协商过程需要机会平等，即平等获得政治影响力的机会；参与协商过程需要资源平等，即确保个人同意其他人的观点确实不是强制性的，防止物质资源分配处于优势的公民通过物质优势赋予他们权力来影响民主程序和结果；参与协商过程需要能力平等，即个体参与者在协商过程中相互说服的能力均等。②

总体来说，协商民主应具有协商性、平等性、合法性等重要特征，具有对话、磋商、交流、听证、沟通等多种形式。协商民主体现了民主理论在当代的新发展，具有许多代议制民主无法取代的价值。它为政党和政府提供决策时的广泛民意基础，有利于决策的科学制定；为政党和政府与民众的沟通搭建平台，有利于树立政党和政府的公信力；可拓宽民主形式，有利于人民参政议政；有利于培养公民意识和理性精神，促进理性协商机制和民族精神较高形式的发展。

协商民主理论一经提出，即在世界范围内产生巨大影响，有的学者讲：

---

① [南非]毛里西奥·帕瑟林·登特里维斯主编：《作为公共协商的民主：新的视角》，王英津译，中央编译出版社2006年版，第103页。

② 辛向阳：《20世纪西方民主理论论析》，山东人民出版社2011年版，第355—359页。

"无论是作为一种政治理论,还是作为一种政治实践,协商民主在当代西方世界都极有影响。许多西方学者说,在过去20—30年中,协商民主是西方政治思想最重要的成果之一。我甚至认为,即使从现实政治的角度看,协商民主也是当代西方国家最重要的政治发展之一。"① 很多中国学者对此也给予了高度评价。有的学者讲:"协商民主是20世纪后期在西方兴起的一种新的民主理论范式,是西方民主思想发展的最新成果,标志着西方民主政治发展的新阶段。"② 有的研究者认为:"协商民主理论是20世纪晚期出现的一种新的民主理论模式。它强调民主的协商性、决策的合法性、协商的平等性、公开性和责任性,是对西方竞争性民主模式的反思和替代。"③

正是基于这种对西方协商民主理论的认识,政治学界掀起了研究协商民主的热潮。西方协商民主理论是对当代西方民主制度特别是对代议制在发展过程中出现的问题进行反思的结果。然而西方的协商民主仅停留在理论讨论的范畴,比如毛里西奥·帕瑟林·登特里维斯在2002年编辑出版了《作为公共协商的民主:新的视角》一书(英国曼彻斯特大学出版社出版)。登特里维斯在书中试图回答的问题是:在现今社会高度复杂和高度多元化的情况下,协商民主的观念是否可行和值得尝试?他引用博曼和雷吉的话说:"考虑到当今社会面临的复杂问题,明智且广泛的参与是否可行?在像我们那样有多元文化的社会中,期望协商的公民在寻求理性政治问题的方法上意见趋同是否合理?协商是否真能克服或者只是加剧了多数人统治的弊端?"④

约翰·德雷泽克教授2006年出版了《全球协商政治》(牛津大学出版社)。这本书的主要内容是从世界范围内来探讨协商民主的可行性及路径。德雷泽克教授对民主始终抱着乐观主义的态度,对世界范围内协商民主的发展也是如此,他认为,民主一直是一个过程,它总是要面对新的挑战和机会,但是它从来没有放弃其信仰,即人民大众有参与讨论其共同未来的权利和能力。英国戴维·赫尔德教授认为,协商既非无所不能,也非一无用处。对于如何为现代民主增加协商成分,"为此所提出的建议包括,导入协商性民意测验制度、

---

① [美]詹姆斯·博曼:《公共协商:多元主义、复杂性与民主》,黄相怀译,中央编译出版社2006年版,第1页。
② 陈家刚:《协商民主与当代中国民主政治的发展》,《中国政府创新网》,2006年11月31日。
③ 刘务勇:《协商民主:一种新的民主观》,载《甘肃理论学刊》2006年第2期。
④ [南非]毛里西奥·帕瑟林·登特里维斯主编:《作为公共协商的民主:新的视角》,王英津译,中央编译出版社2006年版,第103页。

协商日制度和公民评议会制度，扩大投票反馈和公民沟通机制，改革公民教育以提高公民审慎选择的能力，建立公民团体和组织的公共基金以支持其参与协商政治"①。这里已经不难看出，西方对协商民主仅仅停留在讨论的范畴，至于如何实施尚无定论，仅此而已。

然而，中国对于协商民主在提出自己的理论时，只是借鉴了西方知识理论界的研究成果，包括借用了协商民主的这一概念，但主体内容却是我们自己的经验。中国的协商民主在本质上也是对话和协商，但具有中国特色。中国的协商民主，通过人民政协的长期实践，已经获得非常丰富的经验。这也是中共在民主理论创新和制度创新上对世界民主化进程的创新贡献，因为中国找到了协商民主的实施路径。

为保障人民当家做主（中共做出了创新贡献当然这也是民主的根本所在），就是要有一定的形式和制度来实施，中国采用选举民主和协商民主相结合、相辅相成的形式来让每个人有机会公平表达自己的利益诉求，使民主权利得以实现。

就协商民主来说，中国共产党在长期的革命实践中，探索出以人民政协来发扬社会主义的民主的重要形式。同西方竞争式的民主相比，协商民主具有许多优越性。协商民主既关注决策的结果，又关注决策的过程，从而拓宽了民主的深度；协商民主既关注多数人的意见，又关注少数人的意见，从而拓宽了民主的广度。这是因为，在竞争性的选举民主过程中，主要遵循少数服从多数的原则，这里少数人的利益就容易被忽视，而经过协商民主的协商过程，就能充分倾听兼顾到这部分人的利益诉求，从而使其决策的结果获得更广泛的认同，使少数人的满意度增加，也扩大了公民有序的政治参与。从而使我们社会的民主成为既有广度又有深度的民主。

中国人民政治协商会议的特点有利于推进协商民主。人民政协各路人才荟萃，有智力优势；人民政协按界别组成，有组织优势；人民政协作为协商民主制度的重要载体和平台，有制度优势。具体地说：

一是界别构成好。中国的政协委员由各政党、各民族、各阶层以及台、港、澳特邀代表等34个界别组成。共产党是国家的领导核心，但在政协里只是34个界别之一，且总人数不超过40%，这一结构设计保证了人民政协的广

---

① ［英］戴维·赫尔德：《民主的模式》，燕继荣等译，中央编译出版社1998年版，第282页。

泛性和代表性。

二是组织形式好。政协按界别开会，政协委员没有上下级之分，这就打破了区域性和行政性的壁垒，有利于充分发扬民主。

三是工作机制好。政协委员通过各种形式的会议以及视察、调研等活动，了解社情民意，并通过提案等形式表达意愿、意见。尤其是大会发言制度，是其他代表大会都没有的形式。近年来每次政协大会都有三场大会发言，近50人各界别的典型代表发言，有很多旗帜鲜明切中时弊的内容。

中国共产党历来十分重视人民政协的工作，特别是改革开放以来，健全社会主义协商民主制度，已经成为我国深化政治体制改革的重要任务。政治体制改革的根本要求就是要探索中国特色的社会主义民主政治。经过多年的实践，中国多党合作制度中的政治协商形成了两种基本方式：一种是中国共产党同各民主党派的协商；一种是中国共产党在人民政协同各民主党派和各界代表人士的协商。人民政协的民主监督是中国社会主义监督体系中的一个重要组成部分，它贯穿于民主政治建设的整个过程，由于从中央到省、地、县各级都有人民政协，因此，它是实现人民当家做主的重要形式，是实现依法治国的有力保证。

"把政治协商纳入决策程序"是协商民主的一种制度创新，对于事关重大的国家和地方事务问题在决策前和决策执行过程中进行协商，是政治协商的一个重要原则。近几年我们把选举民主和协商民主结合起来，一方面，人民代表的选举、领导干部的选任，都运用选举这种形式进行，从基层的海选一直到中央委员的差额选举，选举民主不断完善；另一方面，中国特色的协商民主在广泛应用，这种民主比选举民主有更多包容性，适合东方人求同存异的文化传统。西方竞争式选举虽然老百姓都能参与，但选出来的人物不能保证真正实现他竞选时的承诺，有时甚至相去甚远，也就是说并不能保证老百姓的权利都能实现。西方批判主义学者提出，选举民主有缺陷，要用协商民主弥补选举民主。而我们多党合作人民政协的工作制度就是对协商民主理论的实践和应用，是世界民主化进程的有效实践。

近十年来，人民政协工作不断有所创新，现在很多地方有听证会制度，民主恳谈会制度等很有成效。

这些制度以规章制度作保障，民主程序公开透明，对一些社会热点问题，关系老百姓利益的社会问题以民主协商为基础，以坚持人民当家作主的本质，从议题的提出、中间的讨论，到结论的形成、事后的监督都有章可循，使人民满意，较好发挥了协商民主的重要作用，当然还要不断改进完善，使之发挥更重要的作用，决不能变成糊弄群众的手段。

近年来，人民政协具有开创意义的工作就是创立专题协商这一协商民主的新形式。专题协商这种形式生动地体现了重要问题在决策之前和决策执行过程中在政协进行协商的精神，较好发挥了人民政协在国家政治生活和政治体制中的重要作用，充分展示了中国特色社会主义民主政治的优势和魅力，已经成为人民政协立足自身特点和优势，履行职能、发挥作用的重要形式。

专题协商以会议为主要形式，其特点是：抓战略性问题；党政高层领导出席；形成对话和互动的机制；提出比较成熟的意见建议。这些专题协商会选题得当，时机适宜，筹备充分，组织周密，集探讨、交流、协商、议政于一体，既坚持原则、顾全大局，又畅所欲言、集思广益，体现了求同存异、体谅包容、平等议事的协商要旨，产生了良好的效果。专题协商会现在已经成为人民政协立足自身特点和优势，履行职能、发挥作用的重要形式。第十届、十一届全国政协先后召开11次专题协商会。十一届全国政协经济委员会由92名委员组成，有工交、农村、财经、商贸、金融领域资深专业人士，有来自国企和民营企业的企业家，还有经验丰富的领导干部和学识渊博的经济学家。他们为中共中央决策、有效应对经济困难和挑战，提供了重要参考。

创建界别协商机制，是政协政治协商的又一大创新，也是健全社会主义协商民主制度的一大探索。界别协商，正是人民政协的智力优势、组织优势与制度优势的结合点和交汇点，能够形成新的叠加优势，这是对政治协商实现形式的又一次丰富和拓展。通过界别协商，汇集各界别的智力资源，对一些领域当中最基本、宏观和长远的问题进行协商，有利于形成一些重大的决策参考意见，破解长期困扰发挥界别优势和开展界别活动的难题，也有利于专委会建设朝着更加专业化的方向发展。

中国人民政协的工作已对协商民主做了非常有益的探索，专题协商是议题在先，求贤问政；界别的协商则是聚贤在先，咨政建言。通过两者的相互配合，相辅相成，有可能打造一个永不闭幕，全方位、多层次、有序、民主的协商平台。

协商于重大决策之前，是协商民主的一项重要原则。把政治协商纳入决策程序，坚持协商于决策之前和决策之中，能增强民主协商的实效性。这几年，许多省和地方党委都通过文件对协商民主的程序作了明确规定，不仅规定决策前必须协商，还对协商的程序做了详细规定。有些省委在重大决策前先请政协进行协商。而政协作为扩大公民有序政治参与的重要平台，从全国政协到地方政协都做了很多探索，对重大问题进行协商时不仅政协委员积极参与协商，不是政协委员的专家学者和一些普通民众也被吸纳进来，甚至也有网民的影子。① 由此我们看出，当代中国实行中国共产党领导下的多党合作政治协商制度，作出决策的意见整合过程，其实远比美国的两党制要复杂精巧。我国各社会利益群体的意见表达，以各民主党派和人民团体为主要构成部分，反映各自代表的一部分人民群众的要求和意见。它充分表明中国的协商民主化进程实践运作的不断发展和对世界民主政治特别是协商民主的创新贡献。

政协《章程》规定：政治协商是对国家和地方的大政方针以及政治、经济、文化和社会生活中的重要问题在决策之前进行协商和就决策过程中的重要问题进行协商；民主监督是对国家宪法、法律和法规的实施，重大方针政策的贯彻执行，国家机关及其工作人员的工作，通过建议和批评进行监督。这意味着人民政协协商监督的内涵和外延都没有限制。

这些规定可以明确，人民政协协商监督的对象涵盖了所有国家机关，包括党委、人大、政府和司法机关等。政协章程对人民政协的性质、任务、工作方针、工作总则、组织总则、全国委员会、地方委员会等等一一做出了全面规定，是几十年来人民政协开展各项工作的基本依据。

2006年6月中宣部理论局组织编写的《科学发展观学习读本》一书中，进一步论述了协商民主是我国社会主义民主的重要形式的思想。书中讲：人民通过选举、投票行使权利和人民内部各方面在重大决策之前进行充分协商，尽可能就共同性问题取得一致意见，是我国社会主义民主的两种重要形式。中国的协商民主制度已是实实在在地实施着。在中国，无论是共产党执政还是民主党派参政，都不是为了各自政党的私利，而是代表广大民众去行使当家做主的权利。

当年在陕甘宁边区参议会上毛泽东就指出："国事是国家的公事，不是一党一派的私事。因此共产党员只有对党外人士实行民主合作的义务，而无排斥

---

① 参见《光明日报》2012年11月30日12版。

别人、垄断一切的权利。"① 民主党派要参加国家政权的建设，参与国家大政方针和国家领导人选的协商，参与国家和社会事务的管理，参与国家方针、政策、法律、法规的制定与执行。民主党派参加国家政权建设，就是各民主党派的成员、无党派人士的代表参加人民代表大会，参加政府机关和司法机关的工作。民主党派参政要在政权机构中提任领导职务有职有权。其中一个重要表现就是历届中国全国人大和全国政协都有各民主党派人士和一些少数民族的干部担任副委员长和副主席，也有民主人士和少数民族干部出任国务院部委的主要职务，他们都为国家和人民而积极工作，奉献自己的才华智慧。

其实，在新中国诞生之时，在组织新政府的过程中，毛泽东、周恩来等中共领导人对民主人士的职务安排就考虑得十分周到，按照他们的身份、威望、专长、对国家的贡献等给予恰当的安排，从而组成了一个联合政府。民主党派对中共的安排非常满意，进一步激发了他们建设新中国的热情，加强了中国共产党领导的多党合作制度。

下表是新中国成立初期在中央人民政府和司法机关担任重要领导职务的民主党派、无党派人士人员名单：

部门名称	职务（占总数比例）	姓　　名
中央人民政府	副主席（3/6）	宋庆龄（女）、张澜（民盟）、李济深（民革）
中央人民政府	委员（27/56）	何香凝（女）（民革）、陈嘉庚、马寅初、马叙伦（民进）、郭沫若、高崇民（民盟）、沈钧儒（民盟）、沈雁冰、陈叔通（工商联）、司徒美堂（致公党）、李锡九（民革）、黄炎培（民建）、蔡廷锴（民革）、彭泽民（农工党）、张治中（民革）、傅作义、李烛尘（民建）、李章达（民革）、章伯钧（农工党）、程潜（民革）、张奚若、陈铭枢（民革）、谭平山（民革）、张难先、柳亚子（民革）、张东荪（民盟）、龙云（民革）
政务院	副总理（2/4）	郭沫若　黄炎培（民建）
政务院	政务委员（9/15）	谭平山（民革）章伯钧（农工党）马叙伦（民进）陈劭先（民革）王昆仑（民革）罗隆基（民盟）章乃器（民建）邵力子（民革）黄绍竑（民革）
最高人民法院	院长（1/1）	沈钧儒（民盟）

---

① 《毛泽东选集》第三卷，人民出版社1991年版，第809页。

从表中可以看出，新中国成立初期，民主党派领导人和无党派代表人士担任了中央人民政府副主席、委员、政务院副总理、政务院委员等重要职务。在中央人民政府的6名副主席中，民主党派和无党派人士占3人；在中央人民政府政务院4位副总理中，民主党派和无党派人士占2人；在中央人民政府委员会的56位委员中，民主党派和无党派人士占27人；在15名政务委员中，民主党派和无党派人士占9人。

在这届政府的政务院中，有14名民主党派和无党派人士担任了15个部门的正职部长、主任职务，他们是：轻工业部部长黄炎培，邮电部部长朱学范，交通部部长章伯钧，农业部部长李书城，水利部部长傅作义，林垦部部长梁希，粮食部部长章乃器，司法部部长史良，教育部部长马叙伦，卫生部部长李德全，文化部部长沈雁冰，文化教育委员会主任、中国科学院院长郭沫若，人民检察委员会主任谭平山，华侨事务委员会主任何香凝，出版总署署长胡愈之。另外在地方政府中，高崇民、马寅初、程潜、张难先、张治中、龙云、刘文辉、傅作义、董其武等民主人士和无党派民主人士分别被任命为东北人民政府委员会和华东、中南、西北、西南、绥远五个军政委员会的主席或副主席；董其武、邓宝珊、吴晗等被任命为省政府主席、副主席或副市长。

历史记录显示，民主党派领导人不仅得到很好的安排，中共也尊重党外人士的职权。周恩来主动请水利部部长傅作义推荐副部长人选，傅作义推荐原国民党黄河治理委员会专家张含英，周恩来欣然安排张出任水利部副部长。

黄炎培曾在旧中国拒绝做官，北洋政府请他当教育总长，他拒绝了。1946年国民党几次请黄炎培参加"国大"，然后到政府中任高官，他"笑而谢之"。可在新中国却担任了政务院副总理兼轻工业部部长。他后来写了篇文章《永远念着的1949》，文章中说："我生已七十二岁，已过七十二个年节，何以独要纪念1949呢？因自2月15日从上海脱离国民党的监视来到北京，筹备政协，参加政府以来，无一不新颖，无一不感动。其尤为突出的感受，'人'的地位被发现了，'群众'的力量被认识了。"由此，我们不难看出，中国共产党领导的多党合作制度是实实在在落到实处的。①

当然，我们还知道全国工商联主席荣毅仁也曾出任国家副主席。目前，各省、市、自治区地方政府中都有民主党派人士出任要职。近年来，中共中央对

---

① 林良旗主编：《民主的力量》，五洲传播出版社2012年版，第67—69页。

非中共干部提供了越来越宽广的舞台，更增添了民主党派人士履职的责任感和积极性。我们从一串串数字看，就是最有力的证明：

九三学社社员中在各级政府和司法机关任省级职务的有5人，任厅局级职务的有158人，有728人任县处级职务。

民盟盟员担任政府和司法部门县处级以上职务的共有861人，担任大学校（院）长职务的共有165人。

农工党现有1899名党员当选为各级人大代表，1万余名党员担任各级政协委员，699名党员在政府和司法机关担任处级以上领导职务。[①]

日益推进的中国民主化进程，使中国民主党派队伍不断发展壮大。2007年11月，国务院新闻办公室发表了《中国的政党制度》白皮书。新中国成立初，各民主党派共有成员1.1万人，1956年达到10万余人；1978年全面恢复活动时有6.5万人左右；截至《中国的政党制度》白皮书发表时，各民主党派总数已达70.7万余人，各级地方政协组织共3160个，各级政协委员总数已达61.5万人。在人民政协34个界别中除了中国共产党、八个民主党派和无党派人士外，还包括共青团、工会、妇联、青联、工商联、科协、台联、侨联等八个主要人民团体，中国56个民族和五大宗教团体的代表人物，港、澳特邀人士和台湾同胞，其他各个界别的代表人士。使人民政协具有广泛的代表性和巨大的包容性。[②]

按照中国的政治协商制度的发展趋势，今后必定还会有更多民主党派人士担任政府部长、各级政协委员或相关职务。这充分说明中国的协商民主在不断发展完善。

3. 人民代表大会制度是中国民主政治的根本政治制度

人民代表大会制度是中国民主政治发展制度化、法制化的集中体现，是人民当家做主最大的制度平台，是中国民主政治的根本政治制度，是中国民主化进程的必由之路。

人民代表大会制度是指国家权力机关特别是最高国家权力机关的组织、职能和运作的原则和机制，同时也包括国家权力机关同国家行政机关、审判机关、检察机关相互关系的原则和机制。它包含四个方面的内容：

---

① 参见《光明日报》2012年12月22日03版。
② 林良旗主编：《民主的力量》，五洲传播出版社2012年版，第103—104页。

第一，人民代表大会制度的根本原则和核心内容是权力属民制度。这就是宪法规定的"中华人民共和国的一切权力属于人民。人民行使国家权力的机关是全国人民代表大会和地方各级人民代表大会"。

第二，人民代表大会制度的前提和基础是国家的选举制度，它是人民选举国家权力机关组成人员及公职人员的原则、方法、组织和程序的总和，是人民实现宪法规定的选举权、被选举权的制度保障。

第三，人民代表大会制度的根本运作原则是我国独特采用的民主集中制度。它的运作原则就是我国国家机构实行民主集中相结合，集体行使职权的原则；它的组织原则包括了三个方面，一是人大和人民的关系，即全国人民代表大会和地方各级人民代表大会都由民主选举产生，对人民负责、受人民监督。二是"一府两院"和人大的关系，即国家行政机关、审判机关、检察机关都由人民代表大会产生，对它负责、受它监督。三是中央国家机关和地方国家机关的关系，即中央和地方国家机构职权的划分，遵循在中央的统一领导下，充分发挥地方的主动性、积极性的原则。

第四就是我国人民代表大会的工作制度。它包括了人大及其常委会依法履行职能的立法制度、监督制度、代表制度、会议制度、表决制度等。以上四个方面互相贯通、结合，构成了我国人民代表大会制度的基本内容。人民代表大会制度是与我国国体相一致的政体，是我国的根本政治制度。

（1）人民代表大会制度保障人民当家做主

在现代国家，民主本质上是宪法问题。选举民主是现代民主国家及其宪法具有合法性、正当性的前提性、根本性问题。中国社科院法学研究所所长李林如此阐释选举民主：选举民主作为"国家形态"纵向民主的起点，是指人民享有和行使国家的主权权力，通过全民公决、直接选举、间接选举等选举方式，产生民意代表、国家机构领导人、执政党等主体。建立或延续国家政权及其机构、维护国体和政体，保证国家机器有序运行的一种重要国家制度和运行机制。选举民主的本质是代议制政体下的人民当家作主。人民享有最广泛真实的公民权利和国家权力，依照宪法和法律管理国家和社会事务，管理经济和文化事业。没有选举民主，就没有民主政治。选举民主是民主政治的基础，是政治参与的渠道，是社会多元利益的调节器。

在我国现行宪法框架的法律体系下，选举民主是国家宪法民主制度的重要内容。选举民主的核心要义是一种国家形态、一种国家政治制度，是我国人民代表大会制度的重要内容和民主基础，是我国公民的一项基本权利。这就在选举民主的基础上，通过宪法设计的人民代表大会制度，把人民当家作主的民主权利与国家主权权力紧密结合起来，把人民的主体、地位与国家政权、国家政治制度紧密结合起来，把主权在民的原则具体落实到国家根本的和基本的政治制度之中。

没有选举民主，就没有真正的代议制民主，人民掌握国家政权后创造国家制度的主要方式，就是选举民主。可以说选举民主是代议民主制的根本要求，是我国的立国之本、制度之基，是我国人民代表大会制度的一项基础性、前提性的制度。

人民代表大会制度的初创、建立和发展，与中国革命、建设和改革事业风雨同舟，相伴而行，其发展历程，依中国人民代表大会制度理论研究会理事长胡康生的划分，大体经历了三个阶段。

革命时期对建立人民代表大会制度就进行了大胆探索。中国共产党在1921年建党之初，在领导农民运动和工人运动时，创造性地建立了农民协会和罢工工人代表大会，可以说这是人民代表大会制度的早期萌芽。

大革命时期，我党在苏区建立的苏维埃代表大会制度，可以说是人民代表大会制度的雏形。

抗日战争时期，在政权形式上实行参议会制度，所有抗日爱国的阶层和人士，不分阶级、种族、经济地位、出身成分等，都有选举权和被选举权；在参议会的人员构成上，实行共产党员、进步分子、中间分子各占三分之一的"三三制"原则建立各级参议会。

1940年1月，毛泽东在《新民主主义论》中明确提出，中国"可以采取全国人民代表大会、省人民代表大会、县人民代表大会、区人民代表大会直到乡人民代表大会的系统，并由各级代表大会选举政府"。1945年他在《论联合政府》中进一步指出："新民主主义的政权组织，应该采取民主集中制，由各级人民代表大会决定大政方针，选举政府。"这就为新中国建立后我国实行人民代表大会制度奠定了理论基础。

1949年后，东北、内蒙古、华北、晋绥等相继解放，陆续召开了各级人民代表会议。北平和平解放后，1949年8月9日，在中山公园中山堂隆重举行了北平市第一届人民代表会议。各界人民代表会议的召开，有力地巩固了新生的人民民主政府。

我国的选举民主是在 1949 年以起临时宪法作用的《共同纲领》为依据，由中国人民政治协商会议暂时行使人民代表大会职权，通过选举民主而建立起来的。新中国成立后，在中共中央决定召开第一届全国人民代表大会会议和制定 1954 年宪法基础上确立的。

"文化大革命"中，全国人大及其常委会名义上保留，实际上再也没有开过会、议过事，完全丧失了最高国家权力机关的作用。

新时期人民代表大会制度得到了恢复、发展和完善。1976 年 10 月，党中央一举粉碎"四人帮"，结束了"文化大革命"，国家和人民从"文革"灾难中走出来。1978 年 2 月 8 日第五届全国人大一次会议在北京举行，会议修改了宪法，选举和决定了国家机关领导人。随后，地方各级人大也陆续召开，人民代表大会制度开始全面恢复。

按照马克思列宁主义经典作家的说法，"民主是作为类概念的国家制度"。(《马克思恩格斯全集》第 1 卷第 280 页)"民主是国家形式，是国家形态的一种"。(《列宁选集》第 3 卷第 201 页) 这显然同一般理解的民主是"让人讲话""不专断"之类的不同。

在我国，人民代表大会制度是第一位的民主制度，是民主制度化、法律化的集中体现，坚持和完善这一制度是建设社会主义民主制度的根本。

中国人大制度理论研究会理事程湘清对我国人大制度有较深入的研究，他认为民主是内容和形式的统一。就内容而言民主的确有姓社姓资的问题，因为世界上不存在抽象的"纯粹民主"。但民主的形式比如多数原则、讲究程序、制约权力等却具有共性。对外国民主形式方面成功的东西，我们是可以学习和借鉴的。但是，在共和国历史上有相当长的时期，我们往往重视民主的内容和实质，忽视民主的形式和程序。例如强调国体，不重视政体；强调各个国家机关具有目标一致、相互支持、相互合作关系，不注意还有分工机制的关系。民主程序是民主的具体化、动态化，是民主实质得以实现的保证。

我们要建设的是人民需要的社会主义民主。毫无疑问，我们必须坚持人民代表大会制度的根本原则，那就是作为人民代表大会制度核心内容和根本准则的一切权力属于人民的制度。

人民代表大会制度最根本的原则是"一切权力属于人民"。这是宪法的一项基本原则，简称人民主权原则。国家的一切权力属于人民，是指所有的国家权力包括立法权、行政权、审判权等都掌握在人民手中，主要体现在人民代表大会制度上。人民通过"授权"来管理国家。我国是一个拥有13亿人口的大国，人民代表大会就是13亿人民行使管理国家事务权力的主要途径。

现行宪法规定，全国人民代表大会是国家最高权力机关，地方各级人民代表大会是地方国家权力机关，人民通过全国人民代表大会和地方各级人民代表大会行使国家权力。人民授权的主要形式是选举，这也是我们称之为选举民主的缘由。具体来说，选民通过直接或者间接的选举选出人大代表，人大代表组成全国人民代表大会和地方各级人民代表大会，由人民代表大会代表人民行使决定国家事务的权力。选民选举人大代表的过程就是人民授予人大代表和人民代表大会权力的过程。人大代表来自人民，包括了各阶层、各地区、各民族、各方面的人士，具有广泛的代表性，能够反映人民的要求和呼声，代表人民决定国家和地方的大事。人大代表受人民监督，向人民负责。人民代表大会产生行政机关、审判机关、检察机关，行使人民授予的权力。这里的"人民"是整体概念，并不是指某个人，而是全体人民。"人民"与"公民"也是不同的，公民是法律概念，人民是政治概念，凡是具有中华人民共和国国籍的人都是中国公民，但不是所有中国公民都属于人民，因犯罪被剥夺了政治权利的人就不属于人民范畴。①

人民代表大会制度既有利于集中人民内部不同阶层的共同利益，又有利于反映和协调各方面的特殊利益，从而广泛调动人民群众的建设国家美丽家园的积极性、主动性、创造性。同时，人民通过"监督"来管理国家。它有利于提供良好的管理，而且能促进民族性格得到较好的和较高形式的发展。②

人民通过人民代表大会及其常务委员会对国家行政机关、审判机关和检察机关进行监督，保证行政机关执行国家权力机关制定的法律和作出的决定，保证司法机关公正司法。国家行政机关、审判机关和检察机关是从人民代表大会中产生的，它们的执法活动、管理活动和司法活动直接关系着人民的切身利益，它们在行使权力时理应受到人民的直接监督。在我国，人民对国家行政机关、审判机关和检察机关的监督主要是通过人民代表大会制度来进行的，因此，这种监督实际上代表了人民的意愿，是人民当家做主在国家权力机关与国家行政机关、司法机关关系层面上的体现。③

---

① 许安标主编：《宪法学习读本》，中国法制出版社2011年版，第42页。
② [英]约翰·密尔：《论自由代议制政府》，康慨译，湖南文艺出版社2011年版，第124页。
③ 韩玉芳、林泉等：《民主执政与民主发展》，知识产权出版社2012年版，第152页。

(2) 不断完善的选举制度体现了人民代表大会制度是人民当家做主的基础

诞生在民主大潮中的中国共产党,其革命的一个重要目的是让人民当家做主。中国共产党从成立之日起,就开始了对建立新型人民民主政权及其组织形式的探索和实践。

在理论上,1940年1月,毛泽东在《新民主主义论》一文中首次明确提出了"人民代表大会"概念,指出:"中国现在可以采取全国人民代表大会、省人民代表大会、县人民代表大会、区人民代表大会直到乡人民代表大会的系统,并由各级代表大会选举政府。但必须实行无男女、信仰、财产、教育等差别的真正普遍平等的选举制。"① 1945年4月,毛泽东又在《论联合国政府》中进一步指出:"新民主主义的政权组织,应该采取民主集中制,由各级人民代表大会决定大政方针,选举政府。""只有这个制度,才既能表现广泛的民主,使各级人民代表大会有高度的权力;又能集中处理国事,使各级政府能集中的处理被各级人民代表大会所委托的一切事务,并保证人民的一切必要的民主活动。"②

1945年夏,中国著名民主人士黄炎培来到中国革命根据地延安。他在一个窑洞里与中共领导人毛泽东进行了一次意味深长的对话。他说,我出生60多年,耳闻的不说,所亲眼看到的,真所谓"其兴也勃焉,其亡也忽焉",一人,一家,一团体,一地方,乃至一国,都没能跳出这周期率的支配。一部历史,"政怠宦成"的也有,"人亡政息"的也有。中共诸君从过去到现在,他略略了解了,就是希望找出一条新路,来跳出这周期率的支配。面对黄炎培的疑问,毛泽东回答说:"我们已经找到新路,我们能跳出这周期率,这条新路,就是民主。只有让人民来监督政府,政府才不敢松懈,只有人民起来负责,才不会人亡政息。"这是中国历史上著名的"窑洞对"。③ 此后,中共逐鹿中原取得胜利。胜利后,中共不仅口说而且实做,兑现诺言,建立人民当家做主的国家,充分保障人民的权利,建立起完全符合中国国情的人民代表大会制度,实行议行合一,由人民代表大会行使民主权利实现人民当家做主。

在实践方面,建国之初,在中国履行宪法职能的是1949年通过的《共同

---

① 《毛泽东选集》第2卷,人民出版社1991年版,第677页。
② 《毛泽东选集》第3卷,人民出版社1991年版,1057页。
③ 林良旗主编:《民主的力量》,五洲传播出版社2012年版,第74页。

纲领》，规定中国政治制度是人民代表大会制度。但考虑到当时中国统一尚未完成等实际情况，由人民政协全体会议代替人民代表大会行使职权。到1953年1月，中央人民政府委员会召开第20次会议，会议决定于1953年召开由人民用普选方法产生的乡、县、省（市）各级人民代表大会，并在此基础上召开全国人民代表大会。为此，成立了选举法起草委员会。1953年3月，《选举法》颁布实施。《选举法》规定，年满18岁的中国公民，不分民族、种族、性别、职业、家庭出身、宗教信仰、教育程度、财产状况、居住期限，都有选举和被选举权。《选举法》还规定各省应选全国人民代表大会代表的名额，按人口每80万人选代表1人；中央直辖市和人口在50万以上的省辖工业市，按人口每10万人选代表1人。全国少数民族应选全国人大代表150人，相当于全国人大代表总数的八分之一。这些规定使得人民的选举权具有普遍性和平等性，以一定的人口比例为基础，又适当照顾地区和单位，在城市与乡村、少数民族和汉族间作了不同比例的规定，使全国各阶层各民族各级人民代表大会中都有相应的代表。

为使选举科学准确，1953年还进行了新中国第一次人口普查，并进行了选民登记工作。各地建立起各级选举委员会，经过紧张工作，21万个基层选举单位在3.23亿登记选民中进行了基层选举，共选出基层人民代表566万余名。在此基础上，选举全国人大代表1226名。这些代表，包括了统一战线各阶层和各民主党派的代表人物，包括了工农业劳动模范，武装部队的英雄人物，著名的文学、艺术、科学、教育工作者，工商界、宗教界的代表人物，包括了全国各民族人民的代表，年龄从18岁到90岁以上的都有。在旧时代中处在社会最底层的妇女，在这次会议中有147名代表。妇女参加投票的人数占到了妇女选民总数的84.1%。代表中，中共党员668人，占总人数的54.48%，非中共党外人士558人，占45.52%。这样的代表阵容，充分体现了代表性和广泛性。①

随着1953年第一次普选在全国展开，到1954年8月，全国省级以下各级政府除个别地区外，都先后召开了人民代表大会。在此基础上，1954年9月15日，全国人大代表齐聚北京，召开了第一届全国人民代表大会，会议上通过了《中华人民共和国宪法》《全国人民代表大会组织法》《国务院组织法》

---

① 林良旗主编：《民主的力量》，五洲传播出版社2012年版，第78—79页。

《人民法院组织法》《人民检察院组织法》《地方各级人民代表大会和地方各级人民政府组织法》等重要法律。根据这些法律，我国产生了全国人大常委会、国务院、最高人民法院和最高人民检察院。至此，我国的人民代表大会制度从地方到中央全面系统地建立起来。

在人民代表大会制度从酝酿、建立到稳步发挥作用这一时期，中国共产党与国家政权的关系是按照抗日战争时期的模式来处理的，这种方式可以概括为"寓党于政"。即党对国家政权的领导主要是通过国家政权机关的党员负责人和在国家政权机关建立党组织实现的。在全国人大及各地方人大中，都成立了党组。1954年宪法对国家体制的设置，对处于领导地位的执政党的处理，仍沿用了新中国成立之前和新中国成立之初的思路。①

从1957年以后，全国人大及其常委会均不能按时召开。二届全国人大三次会议和四次会议都曾多次被延期举行。1966年—1976年的"文化大革命"期间，人民代表大会更是遭到严重破坏，人大工作被全面停止。1966年7月，全国人大常委会第33次会议召开，在未经任何讨论的情况下，会议就作出决定，第三届全国人大二次会议延期召开。这一延期就是8年零6个月时间，直到1975年1月召开第四届全国人大一次会议。在此期间，全国人大及其常委会实际上已经完全丧失了国家最高权力机关的作用。从1968年开始，在全国范围内建立起了"革命委员会"，这种集党、政、军审判、检察权于一身的临时权力机构，是对原有的合法的人民政权的全盘否定，是对人民代表会议制度的破坏，使新中国逐步建立起来的社会主义民主和法制被破坏殆尽，是我国民主化进程中的倒退。

1976年10月，党中央一举粉碎了"四人帮"，结束了延续10年之久的"文化大革命"。此后，地方各级人大陆续恢复，选举产生了地方各级国家机关负责人，被严重破坏的人民代表大会制度开始逐渐恢复。1977年10月，四届全国人大四次常委会召开，会议审议了中共中央提出的召开五届全国人大和修改宪法的建议。1978年2月，五届全国人大一次会议召开，会议通过了新宪法。这一宪法以1954年宪法为蓝本，使国家政权基本上恢复到1954年宪法所确立的人民代表大会制的组织体系上。至此，各级人大都恢复了活动，重新开展工作。

---

① 韩玉芳、林泉等：《民主执政与民主发展》，知识产权出版社2012年版，第157页。

1979年6月至7月，五届全国人大二次会议召开，这次会议审议通过了一批完善国家组织、健全人民代表大会制度建设的重要法律，包括《选举法》《地方人大和地方政府组织法》《国务院组织法》《人民法院组织法》《人民检察院组织法》等。"这些法律的制定，不但标志着国家大规模法制建设的开始，而且对人民代表大会制度进行了重大改革，大大加强了人民代表大会制度。"① 1978年12月，党的十一届三中全会胜利召开，会议全面深刻地总结了新中国成立以来的历史经验，特别是"文化大革命"的沉痛教训，做出了把党和国家的工作重点转到社会主义现代化建设上来的重大决策，提出了发展社会主义民主，健全社会主义法制的任务，强调社会主义民主要制度化、法律化，并使这种制度和法律具有稳定性、连续性和权威性。这次会议在我国法制建设和人民代表大会制度建设史上都具有里程碑意义②，对我国民主化进程起到积极推动作用。

　　在1979年7月五届全国人大二次会议制定的《选举法》的基础上，全国人大常委会又于1982年、1986年和1995年3次对《选举法》进行修改和补充，进一步完善了选举制度。在选举制度的改革中，把直接选举的范围由乡级扩大到县一级，同时赋予了代表或选民以候选人的提名权，并且实行差额选举，不仅对人大代表的选举实行差额选举，从1979年起，对地方各级人大会议上在选举本级国家机关副职领导人员方面也实行了差额选举，差额选举的范围还在不断扩大。

　　改革开放以来，人民代表大会建设的制度化、规范化有所加强，法制建设步伐大大加快。2003年，选举法又得到修改，决定在基层人大代表选举中引入预选制度，让被选举人与选民见面，确保人大代表选举公正。目前，全国各级人民代表大会代表将近300万，来自不同的领域、阶层，人大代表的身份并不是官员，也不是议员，更不以人大代表身份领取工资和活动经费。人大代表也没有专门的办事机构和办公地点。人大代表是人民的代表，或者说是群众代表，来源于人民、来源于基层。人大代表是以开会的形式行使表决权，虽然开会的次数很少，一个任期内只有五次，但是，人大代表却是代表人民按照相关法律规定的原则、方法、组织和程序行使选举国家权力机关组成人员及公职人

---

① 蔡定剑：《中国人民代表大会制度》，法律出版社1998年版，第68—69页。
② 韩玉芳、林泉等：《民主执政与民主发展》，知识产权出版社2012年版，第160页。

员的权利。根据《代表法》的规定，代表在本级人大会议期间的工作和在闭会期间的活动，都是执行代表职务。人大代表通过参加会议的方式依法行使职权，在闭会期间的活动由人大常务会组织，以集体活动为主。人民代表大会制度是人民实现宪法规定的选举权、被选举权的制度保障。

选举法规定，全国人大代表的名额不得超过三千名，近几届全国人大代表一般都稳定在二千九百多名，采取间接选举的方式选举产生。全国人大代表的名额按照一定的分配原则分配到各个省、自治区、直辖市、特别行政区和人民解放军。省、自治区、直辖市的全国人大代表由各省、自治区、直辖市人民代表大会选举产生。台湾省出席全国人大会议的代表，暂由在省、自治区、直辖市和人民解放军中的台湾省籍同胞选出。例如，按照《台湾省出席第十一届全国人民代表大会代表协商选举方案》，台湾省暂时选举第十一届全国人大代表13人，由各省、自治区、直辖市和中央国家机关、人民解放军中的"台湾"省籍同胞派代表到北京参加协商选举会议，采用差额选举和无记名投票的选举方式选举产生。人民解放军选举全国人大代表适用《人民解放军选举全国人民代表大会和县级以上地方各级人民代表大会代表的办法》，由人民解放军各总部、各大军区、中央军委机关的军人代表大会选举产生。香港和澳门选举全国人大代表适用专门的选举办法，如香港特别行政区选举第十一届全国人民代表大会代表的办法，目前采用选举会议选举的方式产生。

全国人大每届的任期为五年，全国人大常委会是全国人大的常设机构，其任期和全国人大相同，也是每届五年。国家行政机关、审判机关、检察机关的任期同全国人大相同，随全国人大换届而换届。任期的设置就是人民群众监督全国人大的方式之一。为使全国人大做到按期换届，全国人大代表的选举必须提前完成。

每届全国人大在任期届满的两个月前，全国人大常委会必须完成下届全国人大代表的选举。如果遇到非常情况，不能按时完成选举，例如遇到战争、特大自然灾害或其他特殊情况，导致全国范围内无法组织选举，经过全国人大常委会三分之二多数决定后，全国人大的任期可以依法延长。但是一旦非常情况结束，在一年内必须完成选举。①

---

① 许安标主编：《宪法学习读本》，中国法制出版社2011年版，第102—103页。

（3）从全国人大会议及其常委会的立法看中国的民主化进程

《社会契约论》一书的译者李平沤在该书注释中指出，卢梭在《日内瓦稿本》第一卷第7章《论人为法的必要性》中说："法律是政治共同体唯一的动力；政治共同体只能是由于法律而行动并为人所感知。没有法律，人们所建立的国家就只不过是一个没有灵魂的躯壳，它虽然存在，但不能行动。因为每个人都服从公意，这还不够；为了遵循公意，就必须认识公意。于是就产生了法律的必要性。"① 卢梭还在他最著名的论著《社会契约论》一书中写道："有了社会公约，我们便使政治共同体得以存在并有了生命；现在要做的事情是，通过法律使它运作起来并表达其意志。"② "毫无疑问，世上存在着一种完全出自理性的普遍正义；但是，这一正义要在我们之间得到认同，就应当是相互的。从人类的角度来考察事物，如果没有自然的制裁，正义的法则在人间就会成为一种空话。如果一个正直的人对大家都遵守正义的法则，而别人对他却不遵守，则正义的法则就只有利于坏人而不利于正直的人。因此，为了把权利和义务结合起来，使正义达到它的目的，就要有约定的法律。"③ 卢梭在上面的论述，明确地告诉我们，一个政体必须通过法律才能使其运作起来并表达其意志，也只有通过法律才能更好地体现公民的权利与义务，塑造公民的道德规范，促进民族性格较好和较高形式地发展。

按照我国宪法的规定，全国人民代表大会和全国人民代表大会常务委员会行使国家立法权。全国人民代表大会是中国国家最高权力机关，具有立法权、监督权等权力，承担着制定修改宪法等重要职责。治国，必须有一部大法。宪法是一个国家的根本大法，体现着一个国家的民主追求和民主品质。美国学者罗伯特·达尔认为"宪法可能在许多方面影响一个国家的民主政治"④。

建国之初，《共同纲领》履行宪法职能，由人民政协全体会议代替人民代表大会行使职能，建立了中华人民共和国。此后，由全国政协向中央人民政府委员会建议，于1953年召开全国人民代表大会和地方各级人民代表大会。全国人大会议之前，宪法由毛泽东亲自主持起草工作。1952年11月毛泽东召集18位党外民主人士参加的座谈会，就宪法的根据和作用，以及对有些党派、

---

① ［法］卢梭：《社会契约论》，李平沤译，商务印书馆2011年版，第41页。
② 同上。
③ 同上。
④ ［美］罗伯特·达尔：《论民主》，李柏光、林猛译，商务印书馆1999年版，第133页。

阶级团体是不是不利等问题，听取意见。会上，大家各抒己见。此后，中共开始着手宪法起草的准备工作，从当时中国的实际出发，同时以外国的宪法（包括社会主义和资本主义的）、中国过去的历次宪法作参考。

在一系列准备基础上，1954年初，毛泽东带领一批"秀才"到杭州起草宪法草案。毛泽东说"宪法是一个国家的根本法，从党的主席、政府主席到一般老百姓都要按照它做，将来我不做党的政府主席了，谁来当也要按照它做，这个规矩要立好"。3月23日，毛泽东在北京召开宪法起草委员会第一次会议，全国政协和各大行政区、各省市的领导机关和各民主党派、各人民团体的地方组织都对宪法草案进行了广泛讨论。此后至6月11日，全国政协和各省市党政机关、军队领导机关、各民主党派和人民团体共8000多人进行讨论，提出的修改意见多达5900多条。在对这些意见进行研究吸收后，1954年6月14日，毛泽东主持召开了中央人民政府委员会第十三次会议，讨论通过了《中华人民共和国宪法草案》，并于当天正式公布，交付全国人民讨论并征求意见。

宪法草案公布后，在近三个月的时间里，全国各界共有1.5亿多人参加了宪法草案的讨论，提出118万多条修改、补充意见和问题。饱受数千年封建专制统治的中国人民，有史以来第一次享受到如此充分的民主权利。1954年9月20日，第一届全国人民代表大会第一次全体会议通过了《中华人民共和国宪法》，出席会议代表1197人，投票1197张，同意票1197张，全票通过。中国人民通过长期的艰苦斗争，终于有了一部代表自己利益、体现民主原则和社会主义原则的法律。宪法包括序言和总纲，国家机构、公民的权利和义务，国旗、国徽、首都四章，共106条，14000余字，完全用白话文写成，文字简明，通俗易懂。还专门聘请了法律顾问和语言学家参与工作。①

第一届全国人民代表大会成立以后，从1954年到1957年的上半年，全国人民代表大会及其常委会工作十分活跃，制定和批准法律、法令40多个，并着手起草了《刑法》《刑事诉讼法》《民法》等重要法律。全国人民代表大会按照宪法的规定积极行使职权，在国家建设和发展民主化进程方面，发挥了一定作用。此后，由于种种原因，人民代表大会制度被逐渐削弱，到"文化大革命"期间，人民代表大会更遭到严重破坏。

---

① 林良旗主编：《民主的力量》，五洲传播出版社2012年版，第82—83页。

在"文化大革命"结束后的 1977 年 10 月，四届全国人大四次常委会召开，会议审议了中共中央提出的召开五届全国人大和修改宪法的建议。1978 年 2 月，五届全国人大一次会议召开，会议通过了以 1954 年宪法为蓝本的新修改后的宪法，使国家政权基本上恢复到 1954 年宪法所确立的人民代表大会制度的组织体系上。1980 年，中共决定重新修订宪法，并成立了宪法修改委员会。宪法修改委员会下设秘书处，具体负责起草工作，秘书处成员研究了中国历史上的法律典籍、宪法实施的历程和现实的需要，还研究了国外 100 多部宪法，最后拟出了宪法讨论稿。这次宪法修改也经过了全民讨论的环节，讨论持续了八个多月的时间，广大人民群众和各民主党派提出了很多好的意见和建议。1982 年 11 月至 12 月，宪法获得通过。

这部宪法明确地规定："中华人民共和国的一切权力属于人民。""人民有权通过各种途径和形式，管理国家事务，管理经济和文化事业，管理社会事务。"同时更加明确了公民的权利和义务，且置于国家机构之前。宪法是国家的根本大法，是保持国家统一、民族团结、经济发展、社会进步和长治久安的法律基础，在国家政治生活中起着重要作用。修改宪法必须要考虑到宪法的根本性与稳定性，要慎之又慎。因此，根据宪法规定，全国人大是唯一有权修改宪法的机构，即使是作为最高权力机构常设机关的全国人大常委会，也无权修改宪法。宪法的修改，应由全国人大常委会或者五分之一以上的全国人大代表提议，并由全国人大以全体代表的三分之二以上的多数通过。宪法解释对于维护宪法的权威和尊严，保障宪法的正确实施，保证国家法制统一非常重要，全国人大常委会负责解释宪法。[1]

我国实行统一的、分层次的立法体制。全国人大及其常委会统一行使国家立法权，在立法体制中属于最高地位，是其他立法活动的基础和依据。也就是说，只有全国人大及其常委会才有权制定法律，而其他机关只能依据各自权限制定"条例"、"办法""规定"等法规、规章。与其他立法权限相比，全国人大及其常委会所行使的国家立法权，反映了一个国家对主权的行使；除了不得与宪法相抵触以外，无需再以其他立法作为依据；其制定的法律在效力上高于行政法规、地方性法规等。[2]

---

[1] 许安标主编：《宪法学习读本》，中国法制出版社 2011 年版，第 104 页。
[2] 林良旗主编：《民主的力量》，五洲传播出版社 2012 年版，第 87 页。

改革开放以来，随着人民代表大会建设的制度化的加强，法制建设的步伐也大大加快。从2002年起，全国人大常委会逐步实行听证会制度，特别是在审议法律草案过程中，经常召开研讨会、听证会、论证会、座谈会，不断扩大人民群众对立法活动的有序参与，力求做到科学立法、民主立法。全国人大常委会组成人员审议法律议案时，经常主动去听取群众意见。全国人大常委会审议法律草案的分组会议、联组会议都向新闻媒体开放。常委会组成人员在会议上的发言，记者均可自主引用，向海内外报道。这种全方位的开放，等于把全国人大常委会组成人员置于媒体和人民群众的监督之下。这种民主、开放和严格监督的环境，使常委会组成人员对人民群众产生一种"敬畏感"，不敢懈怠。

目前，中国重要立法的法案都向社会全文发布，征求吸取各界意见，使"开门立法"走向常态化。如2006年《劳动合同法（草案）》向社会公布征求意见后，短短一个月内就收到19万条意见；2008年《食品安全法（草案）》发布后，人们通过网络、报刊、来信等不同方式提出11327条意见；对《社会保险法（草案）》，各界群众提出的意见和建议高达70501条。

2011年5月20日，15位社会公众代表走进全国人大机关办公楼，就《个人所得税法修正案》（草案）与最高立法机关直接对话。更多公众则通过中国人大网发表意见，与原方案的3000元起征点不同，绝大多数公众希望"上调"。全国人大常委会最终通过的《个人所得税法修正案》，将个税起征点由草案的3000元提高到3500元，并将第一级税率由5%调整为3%。显然，人民代表大会制度能够切实体现人民的意志，充分反映人民的呼声，有利于维护人民的权益，真正体现人民当家作主。①

到2010年底，除宪法及其四个修正案外，中国已制定现行有效法律236件，行政法规690件，地方性法规8600多件。② 涵盖社会关系各个方面的法律部门已经齐全，各法律部门中基本的、主要的法律已经制定了比较完备的相应行政法规和地方性法规，法律体系内部总体做到了科学和谐统一。一个立足中国国情和实际，集中体现党和人民意志，适应改革开放的中国特色社会主义法律体系已经形成，使国家各方面实现有法可依。

---

① 林良旗主编：《民主的力量》，五洲传播出版社2012年版，第87页。
② 吴邦国：《在形成中国特色社会主义法律体系座谈会上的讲话》《人民日报》，2011年1月27日。

我们也可以从全国人大常委会组成人员亲历中国民主立法的实录来看中国的民主化进程。原新华社总编辑南振中是第九届、第十届、第十一届全国人大代表，全国人大常委会委员、全国人大外事委员会副主任委员。2003年10月23日，第十届全国人大常委会第五次会议分组审议《中华人民共和国道路交通安全法（草案）》，根据公安部提供的数据，目前我国每年死于道路交通事故的人数居世界第一，平均每天死亡300人。为了维护交通秩序，保障交通安全，保护人民的生命财产安全，制定道路交通安全法是必要的。在人大常委会审议法律草案前，南振中委员带着道路交通安全法第四次审议稿，邀请汽车司机、车队调度、车队队长参加座谈会，听取他们对道路交通法草案的意见和建议，了解人民群众赞成不赞成，拥护不拥护，老百姓满意什么，不大满意的是什么。此后，南振中在人大常委会分组审议时，把群众比较满意的三条意见和提出的一些修改意见及时做了汇报。①

2005年8月24日，全国人大常委会第十七次会议分组审议个人所得税法修正草案。南振中委员作了如下发言："转达网民对个人所得税法修正案的一个意见。有网民建议税务机关应该向纳税人提供个人完税凭证；税务机关如不履行这一义务，纳税人有权通过一定途径进行投诉。我认为网民的这个建议有一定道理，请税务机关予以考虑。"②

2006年4月上旬，南振中以全国人大中菲友好小组主席身份，陪同菲律宾参议院代表团访问西藏拉萨。代表团中有一位参议员想了解西藏自治区人大制定的法律同其他省、自治区、直辖市有哪些不同之处。按照我国民族区域自治法第3章第19条规定，民族区域自治地方的人民代表大会有权依照当地民族的政治、经济和文化的特点，制定自治条例和单行条例。

南振中委员告诉这位参议员："1965年以来，西藏自治区人民代表大会及其常务委员会制定了220件地方性法规和单行条例，内容涉及政治、经济、文化、教育等各个方面。民族区域自治法第20条规定，上级国家机关的决议、决定、命令和指示，如有不适合民族自治地方实际情况的，自治机关可以报经该上级国家机关批准，变通执行或停止执行。比如，在执行全国性法定节假日的基础上，西藏自治机关将'藏历新年'、'雪顿节'等藏民族的传统节日列

---

① 南振中：《亲历中国民主立法》，新华出版社2011年版，第20—21页。
② 同上，第94页。

入自治区的节假日。根据西藏特殊的自然地理因素，西藏自治机关将职工每周工作时间调整为 35 小时，比其他省、市每周少 5 个小时。再比如，《中华人民共和国婚姻法》规定实行一夫一妻制。1981 年西藏自治区人民代表大会常务委员会从西藏少数民族历史婚俗等实际情况出发，通过《西藏自治区施行〈中华人民共和国婚姻法〉的变通条例》，规定对以前已经形成的一妻多夫和一夫多妻婚姻关系，凡不主动提出解除婚姻关系者，准予维持。"①

如何"立法"是一个国家民主化进程的重要标志。只有用法制才能够保障民主，国无法不治，民无法不立。立法工作归根结底就是为了让经济社会发展更加有序，人民生活得更加自尊自信。在我们国家，一切权力属于人民，人民依照法律规定通过各种途径和形式，管理国家事务，管理经济和文化事业，管理社会事务。全国人大及其常委会审议通过的各种法律必须体现人民的共同意志，维护最广大人民的根本利益。满足人民群众对美好生活的期盼愿望是我们的工作目标。为促进科学发展立法，为保障改善民生立法，为深入推进改革立法，在立法、修法实践中，常委会组成人员应该深入基层，直接听取老百姓的意见，尽量把人民群众正确、合理的意见吸收到法律草案之中，多听基层群众意见，把人民的意愿上升为国家意志。南振中委员的亲历立法让我们感受到了这一点。

（4）不断完善的人民代表大会组织、工作制度体现了人民管理国家事务的权力

1978 年 12 月，中国共产党的十一届三中全会胜利召开，全会总结了新中国成立以来的经验，特别是"文化大革命"的沉痛教训，做出了把党和国家的工作重点转到社会主义现代化建设上来的重大决策，提出了发展社会主义民主，健全社会主义法制建设的任务，强调社会主义民主要制度化、法律化，并使这种制度和法律具有稳定性、连续性和权威性。这次会议在我国人民代表大会制度建设史上亦即中国民主化进程中具有里程碑的意义。

新中国成立以后，特别是在 1954 年宪法通过后，在全国实行人民代表大会制度。经过一段时间的实践后发现，由于县级以上地方各级人大不设常委会，很多工作不好开展，很多问题不好解决，在人民代表大会闭会期间，尤其难以对行政、审判、检察机关的工作进行监督。到 1979 年下半年，根据新修

---

① 南振中：《亲历中国民主立法》，新华出版社 2011 年版，第 382 页。

订的《选举法》《地方组织法》，各省、自治区、直辖市在 66 个县、自治县、不设区的市和直辖区进行了直接选举的试点，第一批县级人大常委会在此基础上产生。到 1979 年底，有 21 个省、自治区、直辖市的人大设立了常委会。到 1981 年底，随着县级直接选举工作的全面展开，全国 2000 多个县的县级人大都设立了常委会。此后，全国人大及其常委会进一步加强了组织建设，1982 年，全国人大设立了民族、法律、财经、教科文卫、华侨、外事 6 个专门委员会，现已发展到 9 个，增设了内务司法、环境与资源保护与农业与农村专门委员会，专门委员会在全国人大及其常委会的领导下，负责研究、审议和拟定有关议案，开展调查研究。这些机构的设立使人民代表大会的经常性活动大大加强[①]，同时也较为适应人民代表大会日益繁重的工作任务的需要。这是十一届三中全会之后，我国人民代表大会制度的重大发展，是中国民主化进程的重大发展。

中国共产党是新中国的缔造者，中共依据自己的目标，根据中国国情确立了人民代表大会制度，赋予人民代表大会制度以中国根本政治制度的地位，从制度上确保了人民民主。人民代表大会就是人民通过"授权"即选举代表来管理国家事务，这一制度采取议行合一的方式，人民代表大会既是立法机关，也是工作机关。

全国人大是国家最高权力机关，产生国家最高行政机关、军事机关、审判机关和检察机关。也就是全国人大选举和决定任免中央相关国家机关的领导人员，包括选举国家主席、副主席，中央军委主席，最高人民法院院长，最高人民检察院检察长等；根据国家主席的提名，决定国务院总理的人选；根据国务院总理的提名，决定国务院副总理、国务委员、各部部长、各委员会主任、审计长、秘书长的人选；根据中央军事委员会主席的提名，决定中央军事委员会其他组成人员的人选。

全国人大常委会根据最高人民法院院长的提请，任免最高人民法院副院长、庭长、审判委员会委员和军事法院院长；根据最高人民检察院检察长的提请，任免最高人民检察院副检察长、检察员、检察委员会委员和军事检察院检察长；决定外交部驻外全权代表的任免；批准省、自治区、直辖市人民检察院检察长的任免。

---

① 韩玉芳、林泉等著：《民主执政与民主发展》，知识产权出版社 2012 年版，第 161 页。

另外，在全国人民代表大会闭会期间，全国人大常委会行使全国人大的部分人事任免权，即根据国务院总理的提名，决定国务院各部的部长、委员会主任、审计长、秘书长的人选；根据中央军事委员会主席的提名，决定中央军事委员会其他组成人员的人选。

全国人大会议选举或者决定任命，采用无记名投票的方式。得票数超过全体代表的半数的，可以当选或通过。选举或表决结果，由主持人当场宣布。①

全国人大及其常委会决定国家的重大事项，且作为国家最高权力机关，代表国家和人民对国务院、中央军委、最高人民法院和最高人民检察院的工作进行监督，监督其工作是否符合宪法和法律，是否符合人民的根本利益，是否正确贯彻全国人大及其常委会的决议、决定等。

宪法和法律将法律解释权赋予全国人大常委会，全国人大常委会所做的法律解释属于立法解释，与法律具有同等效力。法律解释草案一经通过，由常委会发布公告予以公布，不需要国家主席签署。

全国人大常委会由委员长、副委员长、秘书长、委员等人员组成，以上人员称为全国人大常委会组成人员。全国人大行使职权的主要形式就是召开会议。为保障全国人大及其常委会顺利履行职能，满足决策科学化、专业化的需要，全国人大先后设立了9个专门委员会。全国人大专门委员会的工作，对全国人大及其常委会有效行使立法、监督、决定、任免等各项职权，更好地履行最高国家权力机关的职能，起着不可替代的作用。

全国人大及其常委会可以组织特定问题调查委员会。调查委员会有权向一切有关国家机关、社会团体和公民个人进行调查，被调查者必须如实提供材料，不得拒绝、不得伪造、篡改、毁灭应提供的证据材料，并对提供的材料负责。

全国人大代表和全国人大常委会组成人员，有权依照法律规定的程序分别提出属于全国人大及其常委会职权范围内的议案。提出议案有人数、案由、内容、时间等的具体要求。

全国人大代表和全国人大常委会组成人员对政府、法院、检察院工作中不清楚、不理解、不满意的方面可以依法联名提出质询案，要求有关机关作出说明、解释。此质询属于非经常性的监督方式，更具有问责的含义。

---

① 许安标主编：《宪法学习读本》，中国法制出版社2011年版，第107—108页。

全国人大代表享有人身特殊保护，即对其逮捕或者刑事审判，需经全国人大主席团或者常委会许可。这是为了更好地行使职权，防止来自行政机关、司法机关的打击报复。同时，为充分发挥全国人大代表作为最高国家权力机关组成人员的作用，切实代表全国人民真实反映意思表达，保障代表顺利行使职权，宪法明确规定了全国人大代表享有言论自由的特殊保护。

为了提高代表的履职意识、强化其履职责任，宪法、法律对全国人大代表的义务作了明确规定，要求全国人大代表要模范地遵守宪法和法律，协助宪法和法律实施，保守国家秘密；依法履行会议期间和闭会时的代表职责，提高履行职能；密切联系群众，听取和反映他们的意见和要求；每一位人大代表都要符合在道德和品质方面的要求，赢得人民的信任。

代表法是规范和保障人大代表依法行使权力、履行职责的重要法律。代表法自1992年颁布实施以来，起到了积极作用。但随着我国经济社会和社会主义民主法治建设的发展，代表的构成、素质以及履职的环境都发生了很大变化，代表履职出现了一些新情况、新问题，影响了代表作用的发挥，为此需及时规范和明确。2009年底，法制工作委员会着手研究代表法的修改，到安徽、四川、甘肃、黑龙江等四个省进行调研，先后召开了12个座谈会，听取各方面特别是各级人大代表对修改代表法的意见，2010年8月24日十一届全国人大常委会第十六次会议分组审议了代表法修正草案。目前我国县、乡两级有260多万名人大代表，省、市两级有13万多名人大代表，全国人大代表2980多名，五级人大代表总数超过了270万名，平均每500人就有一名人大代表。人大代表的言语和行动直接关系到国家权力机关的形象和威信。草案明确规定代表必须自觉遵守社会公德、清正廉洁。不得利用执行代表职务谋取个人利益，这就把人大代表的职业道德建设上升为国家意志。[①]

在中国，人大代表拥有很大权力。人大代表又称人民代表，是人民代表大会的组成人员和主体，是由人民选举产生，受人民委托，代表人民集体行使国家权力的使者。随着我国民主化进程的发展，人大代表的权力越来越大。人民代表大会就是请人大代表集体"行使权力"的。人大代表所具有的"代表性"和"权力性"对人大代表提出了比西方议员更高的要求，要求人大代表具有很强的为人民服务的积极性、主动性，具有很强的责任心。因而人大代表要受

---

① 南振中：《亲历中国民主立法》，新华出版社2011年版，第371页。

选民或选举单位的监督罢免,这是我国社会主义民主的一个重要特点,是社会主义代表制和西方议员制的一个重要区别——资本主义国家的议员选出之后,选民就无权罢免。"在中共看来,能不能对代表实行监督罢免,是区分真民主和假民主、完全民主和不完全民主的一个重要标志。"① 我国的人大代表与西方议员有着本质的区别。中国的人民代表没有议会党团,也不以界别开展工作,无论是代表大会,还是常委会或专门委员会,都不按党派分派席位。我国的全国人大代表来自全国各地区、各民族、各方面,人口再少的民族也至少有一名代表,具有广泛性,不同于西方议员是某党派的代表。

(5) 民主集中制的运作原则是我国民主化进程中的又一创新贡献

民主集中制度是我国人民代表大会制度的根本组织原则和运作原则。我国宪法第三条规定,我国的国家机构实行民主集中制原则。民主集中制是我国国家机构的组织和活动原则。民主集中制包括两个方面的内容:一方面是在民主基础上实行集中,一方面是在集中指导下实行民主,二者相互结合,缺一不可。

国家机构实行民主集中制,主要体现在两个方面:一是不同的国家机关按照民主集中制的原则组成一套完整的国家机构体系。具体来说,在国家权力机关和人民之间,各级国家权力机关即各级人民代表大会都由人民选举产生,对人民负责,受它监督;在中央和地方国家机关权限划分上,遵循在中央统一领导下、充分发挥地方的主动性和积极性原则。二是国家机关内部活动遵循民主集中制原则,但不同性质的国家机关实行民主集中制的侧重点不同。如宪法规定,国务院实行总理负责制。也就是说,国务院主要的工作方式是集中制。但国务院组织法又规定,国务院工作中的重大问题,必须经国务院常务会议或者国务院全体会议讨论通过,这里又强调了对重大问题决策上的民主制。又如根据宪法和相关组织法的规定,全国人大及其常委会和地方各级人大及其常委会工作的主要方式是民主,讨论和决定问题都需要通过民主的方式。②

正如吴邦国委员长在十二届全国人大一次会议常委会工作报告中指出的:人大工作的特点是遵循民主集中制原则,依照法定程序,通过会议形式,集体行使职权,集体决定问题。常委会坚持发扬民主,严格依法按照程序办事,保

---

① 林良旗主编:《民主的力量》,五洲传播出版社2012年版,第93页。
② 许安标主编:《宪法学习读本》,中国法制出版社2011年版,第43—44页。

证常委会组成人员充分发表意见，包括不同意见，在基本达成共识的基础上，依照法定程序，通过会议形式进行表决，实行一人一票，按照多数人的意见做出决定。正是坚持充分发扬民主，严格依法按程序办事，保证了人大通过的法律、作出的决议，更好体现了人民的共同意志，更加具有权威性。

在中国的民主化进程中，特别是决策制度化进程中，民主集中制成为中央强调的重中之重。民主集中制是中国共产党的根本组织原则，是党内生活必须遵循的基本准则，是实现决策科学化、民主化必不可少的制度保证。因此，在中国的国家机构特别强调加强民主集中制的制度化建设，强调各级领导班子要坚持集体领导、民主集中、个别酝酿、会议决定。主要领导要善于在充分发扬民主的基础上既要敢于决策，又要尊重别人的意见，善于集思广益，实行正确的集中。每个领导成员都要按照集体决定和分工切实履行自己的职责，同时又要关心全局，积极参与决策。重大问题决策、重要人事任免，都必须坚持民主集中制，坚持集体讨论、会议决定，严格按照规章程序办事。被邓小平称为中央一支笔的胡乔木在1989年3月至4月访问美国时所作的关于中国领导层怎样决策的学术演讲中指出，决策过程中"被认为必须做出决定的重要问题，都要通过会议和法定程序集体决策"，"由会议决定是一种法定程序"。[①] 集体决定有利于决策主体充分发挥智慧，能较好地防止决策的失误，也有利于决策的实施。胡锦涛在2011年纪念中国共产党成立90周年大会上强调坚持民主集中制，指出民主集中制是党的制度建设的核心，要构建内容协调、程序严密、配套完备、有效管用的制度体系。

美国学者史蒂芬·C.安格尔认为"民主集中制至少在理论上是中国社会主义社会在中国共产党领导下组织起来的原则"[②]。在实际中，无论是实施国家重大战略，从两弹一星到天宫一号，从"蛟龙"深海探测到"嫦娥"奔月，从纵横交错高速公路到世界第一里程的高速铁路建设；还是抗击自然灾害，从唐山地震到汶川特大地震，从大风暴雪到特大洪涝的救灾；无论是任免党和国家领导人，还是制定国家中长期发展规划，党和国家机构的决策都基本能够坚持民主集中制，以保证重大决策的正确性。党和国家重大决策的平稳实施和连

[①] 胡乔木：《中国领导层怎样决策》，《胡乔木文集》第二卷，人民出版社1993年版，第271—272页。

[②] 吕增奎主编：《合宜的民主集中制》，《民主的长征：海外学者论中国政治发展》，中央编译出版社2011年版，第20页。

续性以及领导人的平稳交替，都表明中国决策制度化取得了明显成效。国家经济建设特别是改革开放以来中国经济跃升为世界第二大经济体，更进一步表明了中国民主决策的成效，民主集中制无疑是中国民主化进程对世界做出的又一创新贡献。

中国的民主集中制原则与西方相比，则有另一番优势。伦敦大学东亚政治研究学者格罗斯对《环球时报》记者说，西方会议充满唇枪舌剑般的讨论，一个建铁路的议题就要讨论两三年。中国也许该在中西方之间寻求最有效且民主公开的方式。韩国《每日经济》评论说，对于中国式政治，西方大多持批判态度，但近年来，西方学者中似乎出现一种趋势，对中国式的政治体制持肯定态度。其实，仔细观察中国政治体制就能发现，这些体系经过长时间的考验，建立在实事求是的基础之上。过去30年中国经济飞速发展，正是得益于有稳定的政治体制保驾护航。① 当然也得益于中国民主集中制的决策机制和原则。

4. 中国政体模式终结西方民主"唯一合法性"

美国学者罗伯特·达尔在他的论著《论民主》一书中，对民主的长处进行了总结，他说："无论哪种政府，包括民主政府，向它索求的太多，都是严重的错误。民主不能保证他的公民生活幸福、事业兴旺、身体健康，不能保证他们的聪明、和平和公正，实现这些目标，超出了一切政府的能力，民主政府也不例外。还有，民主在实践中也总是达不到它的理想。在此以前，人们曾做过种种努力，试图使政府变得更加民主，而今天，现代民主制度仍然存在着许多不足。

不过，民主尽管有着种种的缺点，但不应该妨碍我们去看到它的各种长处，正是有了这些长处，才使得民主比其他任何一种可行的方案都更加可取：

民主有助于避免独裁者暴虐、邪恶的统治。

民主保证它的公民享有许多的基本权利，这是非民主制度不会去做、也不能做到的。

民主较之其他可行的选择，可以保证公民拥有更为广泛的个人自由。

民主有助于人们维护自身的根本利益。

只有民主政府才能够为个人提供最大的机会，使他们能够运用自我决定的

---

① 参见《环球时报》2013年3月5日第6版。

自由，也就是在自己选定的规则下生活的自由。

只有民主政府才为履行道德责任提供了最大的机会。

民主较之其他可能的选择，能够使人性获得更充分的发展。

只有民主政府才能造就相对较高的政治平等。

现代代议制民主国家彼此没有战争。

拥有民主政府的国家，总是比非民主政府的国家更为繁荣。"①

我们对照达尔所列民主的10条好处，看中国政体模式。虽然中国的民主制度时间相对较短，民主化的进程在不断完善之中，但是，它已经显示出了蓬勃发展的前景，特别是改革开放30多年来的巨大成功已令世界瞩目。正如美国《大西洋》月刊网站载美国外交学会研究员乔舒亚·柯兰齐克文章所讲，"在发展中国家，中国的软实力攻势使之对民主国家产生了越来越大的影响力。甚至比较自由的国家——那里已经实现了某种程度的民主过渡——也使北京的发展模式对其领导人更加具有吸引力。"法国《回声报》刊发马西莫·普兰迪文章认为，在自由经济和统治经济之间，中国揭开了第三条道路，一党领导下的市场经济，这是一个成功。② 中国模式的成功向世界表明除西方之外其他成功模式的存在。我们完全可以说中国的政体模式终结了西方民主"唯一合法性"。

（1）中国领导人权力平稳交接是世界发展史的里程碑

2012年11月，中国共产党召开第十八次全国代表大会，启动了十年一次的领导人交接工作。2013年3月，中国十二届全国人大一次会议和全国政协十二届一次会议胜利召开。随着国家主席、全国人大常委会委员长、国务院总理等国家领导人的选举任命，本次两会落下帷幕。近3000名人大代表根据《宪法》和相关法律赋予的权利，通过选举表决，完成了中国10年来最大规模的国家机构领导人换届。

党的十八大前后，一系列积极稳妥的制度安排和具体部署，以及和各民主党派的政治协商，保证了一批德才兼备的干部补充进党的中央领导机构，为国家领导人的这次换届提供了重要保障，从而使新老交替进一步走向规范化、程序化、制度化，为中国政治权力在今后相当长时间里的平稳交接提供了保障。

---

① ［美］罗伯特·达尔：《论民主》，李柏光、林猛译，商务印书馆1999年版，第67—68页。
② 参见《参考消息》2013年3月22日10版。

中国各级官员产生的制度化都在不断探索之中，也就是中国的民主化在不断发展，选举差额的比例在不断扩大，边扩大边检验，反映在选举时不同颜色的选票，或使用8种民族文字，或附带少数民族文字对照表；反对和弃权的候选人人数总和不得少于差额数；可以到秘密写票处填票……这些看似简单的章程，蕴含了民主的细节，它体现了我国宪法和法律的制度保障，以及一套完整的组织程序和活动原则。

本次中国最高领导层的平稳换届，比历届的交接更加顺利，充分显示了中国政治的稳定性、确定性；而似静水深流的权力变化，让人们感受到了中国民主政治的进步、稳健的中国步伐和鲜明的中国特色。

换届选举背后的政治逻辑显示出：一是中国共产党作为执政党对国家机构领导人的推荐权，二是全国人大对国家机构领导人的决定权和任免权。这充分体现了党的领导、人民当家做主和依法治国的有机统一，也折射出几十年来我国在人民代表选举、国家机构选举、中国党内选举三方面取得的协调进步，从中也可以看出中国民主化进程的不断进步。

中共和国家领导层的产生过程既有选举，又有协商，十八大产生的新一届政治局常委都是经历丰富的政治家，国家领导层大体与民意吻合，这也构成了中国现阶段民主建设的独特性与务实性。中国领导人越来越规范地更替，使我们这个与欧美有着不同历史经验的国家实现了民主进程中的软着陆。同时，中国也获得经济发展和政治开明的巨大进步，更是民主化进程中颇具历史意义的一页。

细心的人会发现，中国政权接力棒的交接有情有温度。在中国第十二届人大一次会议上，习近平被选举担任中华人民共和国主席，当选后的习近平，在随即发表的讲话中，真诚地感谢上届政府，他表示，胡锦涛同志担任国家主席10年间，以丰富的政治智慧、高超的领导才能、勤勉的工作精神，为坚持和发展中国特色社会主义建立了卓越的功勋，赢得了全国各民族人民衷心爱戴和国际社会普遍赞誉。在习近平的提议下，向胡锦涛表示衷心感谢和崇高的敬意。全场掌声雷动，经久不息。胡锦涛起立鞠躬致谢。这一幕感人至深，这一幕为世界各国所见。它诠释了礼仪之邦的文明形象，让人民感受到一个大国领导人之间权力交接的和谐与情义，这种精神会唤起全国各民族人民凝聚力量，为国家富强、民族振兴、人民幸福而团结奋斗。

胡锦涛在党的十八大和人大会议上，从中共总书记、中央军委主席和国家主席的职位同时卸任，在党和国家领导制度改革过程中开创了先例，具有重要意义，对推动国家的政治体制改革也具有重要影响，为中国民主化进程作出了历史性的贡献，令人崇敬，值得称赞。这样的交接班也是一个自信的、崛起的大国以一种平稳的、精心谋划的方式给世人所做的一个展示，是中国民主化进程逐渐法制化、制度化的体现，它远比许多国家的"金钱政治""选票政治""轮番换相"优越得多。而相对亚非拉不少国家移植西方"先进"选举制度后，因投票结果爆发流血冲突带来灾难性后果而言，中国权力平稳交接无疑是世界发展史上政治文明和进步的里程碑。

中国权力上的平稳交接是又一次突破，是自我完善，也受到国际上的积极评价。据全球通凤凰观察报道，美国布鲁金斯学会的约翰·桑顿中国中心研究主任李成认为，过去30年间，中国实现了从个人魅力型领袖治理到集体领导模式的转变。事实上制度化机制已经在中国各级领导层交接过程中使用，对权力加以限制。而中国有序、机制化的权力代际转换，凸显中共党内民主的进一步成熟，强化了中共执政的合法性。

新加坡国立大学东亚研究所所长郑永年是研究中国政治的著名学者。他认为，开放性逐渐成为中国政党体制的一个重要特征。凡是不开放的政治体制都会变得排外而封闭。在西方，政治开放性是通过外部多元化，也就是多党制来实现的，每一种利益都可以在某个政党中得到体现。在中国，政治开放性是通过内部多元化来实现的，这就意味着政党的开放性。当社会上出现不同利益群体时，执政党向他们开放，吸纳他们加入政权，通过各种机制来体现他们的利益。中共的转变非常迅速。由于中国没有反对党，对于任何一个社会群体来说，加入中共政治过程是表达自身利益的最有效途径。中国这种内部多元化开放性的效用丝毫不比其他体制差。在中国，从社会底层进入政界的人比其他许多国家（包括民主国家）要多。中共的治理不以政治家族为基础，它是一个群众性政党。

郑永年先生还认为，中国的政治开放性促进了政治精英的迅速更迭。西方民主的类型是通过定期选举实现政治精英的和平更迭。中国拒绝走西方民主道路，而形成了一套非常有效的权力交接制度。由于年龄的限制（即所有领导人到了退休年龄就不再担任领导职务），各级精英的更迭速度是包括民主制度在内其他任何一种制度都无法相比的。这种制度有两大优点。首先，它避免了个人独裁；其次，中共最高领导层有严格的制衡。政治局常委往往被视为高度中央集权的象征，但它的成员拥有几乎同等的权力，各自负责一个领域的决策，在那个领域有着最大的发言权。中国实行任期限制，领导人最多可以连任两届，也就是10年。显然，任期限制是对个人独裁有效的制度化制约。也就是说中国没有搞西方的民主，却找到了类似途径来防止个人独裁。

这些制度特征使中国政治能够以极快的速度自我更新，由于严格执行年龄限制，中国每年有数以千计的官员离开职位，又有同等数量的官员接替。因而可以有效地反映时代变化和利益变化，与其他许多国家政治体制相比，中国的政治制度有利于迅速地大规模更换政府官员。①

权力的更替对世界上所有国家都是一件大事。西方的多党制下，每个政党代表不同利益的群体，或者代表大众，或者代表财团，英、法、美均如此。上台之后的政党，施政只能偏向支持自己的群体。为了获取政权，西方民主用争夺选票做了形式上的绑定。它衍生了世界范围内的流行政治规则：政治家要尽可能取悦选民做各种许诺。选民的诉求不断增多，承受力则越来越弱。由于天天围着选民的意见和选票转，政府几乎放弃引领社会的责任，国家整体进步被置于相当次要的位置。

西方的选举还造成另一个极端。新加坡《联合早报》网站曾登载宋鲁郑的文章《中国的政治制度何以优于西方》，文中就这个问题举了印度的例子："印度文盲率一直居高不下，政府的扫盲计划成效甚微。原因在于，扫盲是由地方政府承担的。而地方政府对扫盲并不热心，原因之一在于文盲越多，选民越容易控制和影响，地方政府越容易得到选票。"②

中国现在定期进行政治权力的交接班。美国纽约大学法律—政治学教授，法国科学院高等研究员、法国雷蒙·阿隆政治社会学研究中心研究员帕斯夸里·帕斯奎诺认为，中共党内部的官员选择机制是非常有价值和非常重要的，这种机制与一种政治权利的隐含原则紧密关连：如果民众极度不满意于领导者的施政行为，基于"天命"的传统政治文化，就要将权力交给更有利于维护公共利益的领导者。这种机制完全可以和西方的竞争式民主的作用相媲美。中国的这种选任和定期政治权力交接班制度，有利于避免整体性的政策短视，是值得深入探究的。③

---

① 参见《参考消息》2012年9月16日8版。
② 参见《参考消息》2010年3月18日14版。
③ 参见《光明日报》2013年8月20日11版。

中国实现了领导集体平稳交接的规范化，同时也在社会基层推进多元化的发展，使得国家的稳定性和活力都有了可持续的保障。在这两个重要保障之间，是中国社会施展创造性和追求均衡的巨大空间。当今世界纷纷看好中国，他们普遍认为中国的体制有能力克服面临的各种难题，把国家带向前进。或许也可以说，没有一种制度是完美的，它们都问题重重。但他们普遍认定，中国当前制度对发展是高度有效的，这样的有效性在当今世界很突出，也很难得。中国不仅经济上有前途，政治上也必将成为全人类意义的创新国家。

(2) 中国式选贤任能有利于国家整体利益的实现

"政治路线确定之后，干部就是决定的因素。"早在1938年毛泽东就在《中国共产党在民族战争中的地位》一文中，做了明确的论述。古语有云："为政之要，唯在得人。"不拘一格，得各方面人才用之，是中国事业成功和后继有人的保障。中国对人才的培养是一个漫长的过程，对各级领导干部选贤任能的过程，就是不断发现、识别干部，善于培养使用干部，善于爱护干部的过程，包括对少数民族干部的培养使用。"宰相必起于州郡，猛将必发于卒武。"中国对干部的遴选机制是一级一级的，丰富的基层经历能够为日后治理泱泱大国打好基础。中共内部选贤任能竞争之激烈程度，可能超过世界上所有的政治组织。与其他发达国家和发展中国家统治精英的出身相比，我们必须承认中共内部平民出身的干部享有广阔的晋升空间。中共组织部有效地将具有千年历史的选贤任能的官僚体制现代化，使有才能者能够通过业绩步步晋升。

习近平就是非常鲜明的例证。习的父亲确是中共一位前领导人，但他的仕途也经历了30年之久。他从村干部做起，一步步走到今天。在他进入中央政治局之前，他领导过的总人口累计已超过1.5亿，创造的GDP合计超过1.5万亿美元。而其他党的十八大后中央领导集体成员的经历同样充分表明，他们有的上山下乡从农村做起，有的从小学、工厂基层开始锻炼，无一不是一步一个脚印、一级一级台阶走到今天。他们大都有省委书记的任职经历，他们在每个岗位上都经受了历练，具有丰富的阅历和工作经验。他们深切了解最基层劳动人民的情感与诉求，与普通民众日夜相处的经历令他们更愿意贴近普通民众。因此，他们工作起来最能贴近广大人民群众，解决实际问题，带领中国人民一步步走向成功。在他们身上充分体现了中国"选贤任能"和"治国必须靠人才"的逻辑理念。

在共产党的领导下，一个相对稳定和强大的中国已经建立。改革开放以来，中国首先在干部政策上进行了改革，突出干部"四化"，即革命化、知识化、专业化、年轻化。转向由有能力和品德高尚的政治领导者进行完善管理，而干部的选拔机制也变得越来越注重能力和才智。

统计数据显示，2011年在像清华大学这样的高等院校，28%的大学本科生和55%的研究生是共产党员，共产党还重视对城市地区年轻的专业人才组成的"新社会阶层"（商人、私企经理、律师和会计师等）组织发展工作。这就为从基层开始培养选拔各级领导干部奠定了社会基础，保证党的事业后继有人。

广纳贤才，把各方面优秀人才集聚到党的事业中来，选贤任能，保证执政队伍的活力。以事业感召、培养、造就人才，不断增加新鲜血液，始终保持党的蓬勃活力。同时始终保持与时俱进的理论品格和不断从人民群众中汲取智慧和力量，这就是中国共产党始终保持旺盛的活力，不断发展壮大的原因所在。

新加坡学者宋鲁郑在分析了中西方在人才培训培养选拔机制后指出，在西方民主社会中，"由于不同政党的存在，整个国家的政治人才被政党切割成几个部分，并随政党共进退。一党获胜，哪怕原来的政务官再有能力，也统统大换血。这一方面造成人才的短缺，另一方面又造成人才的浪费。毕竟政治精英也是稀缺资源，一个杰出政治人才的产生也是多种因素合成的，而政治人才也有其自然寿命。一个政党连任八年，也就意味着另一个政党的政治精英闲置八年。""选举这种方式产生的领导人，要么无法选出最优秀的人才，要么无人才可选。这就是为什么民主国家往往选不出杰出人才的原因。从现实政治实践看，中国的层层选拔制，有意识的人才培养体系，要胜于西方通过选举方式产生领导人的模式。如果放眼两岸，其对比更是鲜明。"①

西方选举制度对政治人物的成长和发展，不是能力导向，而是作秀导向，谁能提出漂亮、响亮的口号，博得选民好感，谁就能上台执政。西方民主社会中，影响选举的因素众多，如宗教信仰、性别、种族、形象、是否会作秀和具演讲才能、是否有足够的金钱支持以及政治裙带，但最重要的能力却被边缘化了，这种选举制度选出的领导人，往往缺乏实际执政经验，能说而不能干，政客多而政治家少。像奥巴马，仅仅做过参议员，连一天市长都没有做过，可以

---

① 参见《参考消息》2010年3月18日14版。

说没有丝毫的行政经验，结果却被选出来管理整个国家。

在中国，领导层是相对稳定的，这种制度的优势，是国家可以制定长远的发展规划和保持政策的稳定性。2011年3月14日，十一届全国人大四次会议通过了《中华人民共和国国民经济和社会发展第十二个五年规划纲要》，阐明了国家战略意图，明确了（2011—2015）政府工作重点，绘制了未来五年我国经济社会发展的宏伟蓝图，是全国各族人民共同的行动纲领，是政府履行经济调节、市场监管、社会管理和公共服务职责的重要依据。这是在完成前十一个五年规划的基础上而制定的未来发展纲要。

毫无疑问，2012年11月党的十八大和2013年3月十二届全国人大换届后的党和国家新的领导集体，也将全面落实十二五规划纲要。在新中国60年的历史框架中，以毛泽东为主要代表的中国共产党人摆脱苏联模式的影响，对中国的社会主义建设道路和模式进行了理论与实践的双重探索，为中国特色社会主义道路的开创提供了物质基础、理论基础和经验基础。共和国的前30年是打基础的30年。建国之初，是中国国民经济的恢复时期。经过三年的恢复，国民经济得到根本好转，虽然工业生产已经超过历史最高水平，但那时还是一个落后的农业国，工业水平落后于许多发展中国家。于是根据党在过渡时期的总路线和总任务，以实现社会主义工业化为中心，国家制定了1953—1957年发展国民经济计划的第一个五年计划。到1956年提前宣布完成计划规定的任务，由建国前的一穷二白面貌，经过第一个五年计划的实施，为中国工业化奠定了初步基础。此后，国家都会根据当时的情况，调整每个五年计划的具体指标和指导方针。

1978年3月5日闭幕的五届全国人大一次会议上通过了1976—1985年发展国民经济《十年规划纲要》，修改过的纲要规定了"五五"和"六五"期间，发展国民经济的奋斗目标。1978年12月，中共十一届三中全会作出了把工作重点转移到社会主义现代化建设上来的战略决策，从指导思想上实现了"拨乱反正"。"五五"期间，国民经济平均增长7.84%，工农业总产值平均每年增长8.1%，到1980年底，粮食达到6411.1亿斤，钢3712万吨，原煤6.2亿吨，原油10595万吨，基础工业得到较快发展。最后两年的调整，粮食产量创造了最高纪录，多种经营发展较快，轻工业的发展超过重工业，重工业内部结构有了变化，通过提高农副产品价格和增加工资等一系列政策和措施，使人民生活得到较大改善。这也为此后30年的改革开放时期的发展打下了坚实的基础，使国家整体经济得以获得较大成就。

在中国，每一个五年计划的制定，或经济发展战略的确立，都经过成千上万次的磋商，认真探索着协商民主的路径，比如改革开放之初深圳等特区的建立，乃至1990年上海浦东战略的制定，都是一以贯之，无论中央和国家领导人换届，还是地方政府易人，政策总保持其相对稳定性和连续性，从而创造了深圳、浦东等奇迹。

中国对外政策上也基本保持了连续性和稳定性。至今仍然遵循着毛泽东等第一代领导人关于三个世界划分的对外关系方针，当然，经验表明，外交政策不断发生着与时俱进的适度变化。以对非洲政策为例，2013年3月24日，新任国家主席习近平开始首次对非洲的访问。习近平在坦桑尼亚尼雷尔国际会议中心发表演讲时称，新形势下中非关系重要性不是降低了而是提高了，共同利益不是减少了而是增多了，中方发展对非关系力度不会削弱只会加强，中方还承诺3年内向非洲提供200亿美元贷款。

中非友好关系的发展，从毛泽东等第一代领导人就开始了。我们都知道，穿越东非大裂谷，全长1860.5公里的坦赞铁路，被美国专家认为不可能修得起来的工程，设备落后的中国，依靠人海战术取胜，共派出5.6万人次，高峰时有1.6万人现场施工，铁路建成后震动国际政坛，用当年尼雷尔总统的话说，这条铁路的建成等于爆炸了一颗"原子弹"。1964年，坦赞两国相继独立后，成为反对新老殖民主义的前线国家，迫切需要经济上的独立来支持政治独立。两国寻求西方国家和苏联均无果而终。中国当时考虑到首要目标是走出孤立，经济要为政治服务，于是出手相助，这对于反殖民主义具有重大时代意义。这样的无私援助，也换来了政治上的巨大回报。1971年中国得以重返联合国，毛泽东事后评论说，"这是非洲朋友抬我们进去的"。

中国和非洲具有丰富、多层面的交往关系，非洲之于中国，或中国之于非洲，不仅是生意关系。中国在20世纪70年代的援非三大工程（坦赞铁路、刚果共和国昂扎水电站和几内亚金康水电站）中，有两个在习近平访非行程中，也表明中国尊重历史的人文精神，以及对非洲友好政策的延续性。

近年来，中非关系健康、快速、全面发展，中非合作的深度、宽度和广度不断增加。前几届中国国家领导人都对非洲进行了多次访问。2000年10月，中国政府倡议举行的"中非合作论坛"每3年举行一届部长级会议。这是中非国家在南南合作范畴内的集体对话机制。目前有48个国家为成员国，论坛把中非关系推向一个新阶段。南非大学政治学教授德克说，中国援助非洲是非洲国家独立以来最经典的国际关系案例。中国的援助对于缓解非洲贫困，促进非洲发展，提升非洲能力起到了极大作用。中非合作给非洲带来实际利益，桑给巴尔卫生部科技司司长马利克说，中国在非洲建了很多公立医院，这是西方殖民者几百年也不曾做的事情。① 而此次习近平对非洲的成功访问，继承和发展了中非传统友谊，拓展深化了中非合作，有力地回击了所谓中国在非洲搞新殖民主义的谬论。中非合作是一个成功的故事。

在欧美等西方国家，要做到国家政策的连续和稳定，却无异于天方夜谭。正如新加坡宋鲁郑在《联合早报》网站发表的文章中所言，在欧洲，当英国、法国的左派和右派政党上台之后，国家发展政策立即改变，要么实行大规模的国有化，要么实行大规模的私有化。在美国，偏左的民主党执政，一般就采取对富人增税、对财团开刀、对穷人补助的政策，像克林顿时代和奥巴马政府力推的"医疗保险改革"就是典型的一例。偏右的共和党执政，则采取对富人减税、扶持财团的立场。每一次的摇摆都会对国民经济产生不同程度的损害。台湾在两蒋时代，还制订过类似于大陆的"六年发展规划"，但民主化后，就统统不见了。毕竟政党执政只有四年或八年，都是炒短线，谁还管得了四年或八年以后的事情？再有印度，在过去的几十年里，对农民的补贴上升了，但对农业的投资却下降了，农民可能在短期内受益，但长期而言却失去了生产能力，生活水平得不到提高。但是短期分配却可以讨好选民，对政党的选票有利。这也是为什么尽管印度土地是私有制，可耕地面积全球第一，人均土地面积也是中国的两倍，却解决不了全国的温饱问题，而中国的粮食产量却是印度的两倍。

在西方民主国家，出了问题可以推诿。执政党说是在野党不配合，在野党成为执政党后又推卸责任是前者造成的。不仅如此，跨政党任期的项目，往往会首先被牺牲掉。2010年奥巴马总统向国会提交2011年预算案时，砍掉了一款小布什时代的登月计划。而这个登月计划已经耗资91亿美元，合人民币600多亿，这个项目就成了半拉子工程。令人奇怪的是没有人为这么大的损失而负责。②

---

① 参见《人民日报》2013年5月7日21版。
② 宋鲁郑：《中国的政治制度何以优于西方》，载《参考消息》2010年3月18日14版。

在中国，无论是改革开放的三十年也好，还是建国六十多年也好，经济政策总体来看没有特别地倾向任何一个利益群体，总的政策一直保持着持续性和稳定性。今天中国能够取得令世界瞩目的经济快速发展，大概与其政策的一贯性不无关系。比如，改革开放的政策是从农村开始的，农村受益最早，随着改革的深入，经济实力的增长，废除了实行两千多年的农业税，实行为农民再减负的政策，建立农村医疗保障制度，试点农村退休保障，惠及广大农民。这是中国共产党创造的前无古人的历史成就。正如美国科学史家、科学哲学家托马斯·库恩所说的："你是无法用旧模式中的词汇来理解一个新模式的。"中国显然正在开创出一条人类社会发展的新道路。[①] 而美国著名未来学者约翰·奈斯比特在《中国大趋势》一书中认为，在未来几十年中，中国不仅将改变全球经济，而且也将以其自身的模式来挑战西方的民主政治。中国民主政治制度的成功，对于世界政治学而言，中国式民主为世界政治学填补了重要而新鲜的内容，丰富了它的多样性内涵。

（3）中国共产党的"集体领导制"是对世界民主政体的独特创新

从新中国成立以来，中国共产党这个世界最大的执政党创新了世界独一无二的中国特色的"集体领导制"。

中国共产党的"集体领导制"，是指由多人组成的中央政治局常务委员会及其集体领导机制。中央政治局常务委员会又分别代表党和国家的不同领导机构，形成了分工合作与协调合力的"集体领导制"。

中国特色的"集体领导制"产生、形成、发展和完善的演进历程，是一个典型的制度创新、制度学习、制度变迁的不断完善过程：先是在长达 28 年的新民主主义革命中打下基础，后是在新中国六十多年的建设实践，特别是近三十多年的改革开放实践中不断巩固和完善。

中国共产党的"集体领导制"，它的政治创意源于毛泽东，它的制度创新也源于毛泽东。由于斯大林去世，接班人变迁，赫鲁晓夫否定斯大林，引起整个社会的大动荡。毛泽东为了避免将中国的前途和命运系在一两个人身上，也包括他本人，创造性地设计了这一中央政治局常委会集体领导核心的政治制度。

1956 年党的八大通过的《中国共产党章程》再次明确规定："党的各级组

---

① 参见《参考消息》2010 年 3 月 18 日/4 版。

织实行集体领导和个人负责相结合的原则,任何重大问题都由集体决定,同时使个人充分发挥应有的作用。"同时还规定:"中央政治局和它的常务委员会在中央委员会全体会议闭会期间,行使中央委员会的职权。中央书记处在政治局和它的常务委员会领导之下,处理中央日常工作。"

1958年1月,毛泽东在南宁会议上首次提出:"大权独揽,小权分散;党委决定,各方去办;办也有决,不离原则;工作检查,党委有责。"他还专门明确:"集中,只能集中于党委、政治局、书记处、常委,只能有一个核心。"① 应当说,毛泽东从中国共产党的执政经验总结出十分独特的决策机制与协调机制,同时明确了中央政治局常委会的核心地位。如果说中国共产党是我们事业的领导核心力量,那么,中央政治局常委会就是中国共产党的领导核心集体。

1959年以后,特别是"文化大革命"时期,"集体领导制"受到严重破坏。直到1977年8月,党的十一届一中全会进一步恢复和确立了中央政治局常委集体领导,集中民主决策机制,华国锋也带头尊重领导集体的决定。华国锋在中央工作会议上代表中央政治局常委宣布,从次年(1979年)1月起,全国工作重点转移到社会主义(经济)建设上来。② 这一决定获得三中全会的正式批准,也成为中国改革开放的历史起点。

1980年2月,邓小平强调,"各级都要实行集体领导,分工负责"③。同年8月,邓小平明确指出:"决定时,要严格实行少数服从多数,一人一票,每个书记只有一票的权力,不能由第一书记说了算。集体决定了的事情,就要分头去办,各负其责,决不能互相推诿。失职者要追究责任。集体领导也要有个头,各级党委的第一书记,对日常工作要负起第一位的责任。"④ 这表明邓小平对党的领导集体的期望是:既要成为一个决策讲民主,又要成为一个有分工有专责的领导集体。

中共十一届三中全会后,中央集体领导分工协作机制得以恢复重建。集体领导体制一旦建立起来,就会有其路径依赖的重要特征,形成了自身发展的政

---

① 《毛泽东在南宁会议上的讲话记录》(1958年1月11日),转引自逄先知、金冲及主编:《毛泽东传(1949—1976)》(上),中央文献出版社2003年版,第768页。
② 杨明伟:《陈云晚年岁月》,中央文献出版社2005年版,15页。
③ 《邓小平文选》第2卷,人民出版社1994年版,282页。
④ 邓小平:《党和国家领导制度的改革》(1980年8月18日),《邓小平文选》第2卷,人民出版社1994年版,第341页。

治逻辑，也就形成了与之互补和相关的中国政治制度框架。党的十四届一中全会到十八届这二十年间，中国特色的"集体领导制"渐趋成熟，更趋稳定，更趋有效，逐渐巩固完善，也反映了中国共产党的政治领导集体的重大创新。

中国共产党的"集体领导制"有其显著特色。清华大学国情研究院院长胡鞍钢教授将其概括为五大运行机制：集体分工协作机制、集体交接班机制、集体学习机制、集体调研机制和集体决策机制。

集体分工协作机制，是指中央政治局常委会成员从党总揽全局、协调各方的领导核心作用出发，既分别代表不同机构、分管不同工作，同时又协调合力进行重大决策的运行机制；集体交接班机制，是指将党和国家的领导权力从一届领导集体手中平稳交接到下一届领导集体手中的制度安排；集体学习机制，是指中央政治局常委会定期（基本每月一次）邀请国家智库成员（主要来自专业科研机构、高等院校、国家机关下设的研究机构及专业委员会）围绕国民经济与社会发展的重要领域、重大问题，向政治局常委会及政治局全体成员，作专题授课的工作机制；集体调研机制，是指中央政治局常委会全体成员为了解实际情况而亲自深入全国各地基层，进行实地查看或邀请了解实际情况的人进行座谈的工作机制；集体决策机制，是指党中央领导集体在重大问题上坚持集体讨论、集体决策、按照"集体领导、民主集中、个别酝酿、会议决定"的决策原则，完善重大决策规则程序，坚持严格按照决策规则和程序进行决策的工作机制。

这五个机制构成了一整套的制度安排，它们相互联系、相互作用、也相互影响。这种既有内部的分工合作和协商决策，又有对外的团结一致和高度统一，既能够确保权力平稳交接，又同国家建设实践和智库咨询力量有着广泛的联系的领导机制，其核心是集体决策机制。

中国特色的"集体领导制"，以其优异的实践证明了中国社会主义政治制度的巨大优越性。从国际比较看，中国特色的"集体领导制"远远优越于最早实行个人总统制和"三权分立"制度的美国。虽然我们是"后来者"，但却是现在国家制度的"创新者"，是对世界民主政体的创新贡献。美国总统在担任国家元首的同时担任政府首脑，还兼任武装部队总司令，权力更集中于个人，决策几乎是由个人作出的。美国政府只对总统个人负责，不对国会（参众两院）负责，也不对选民负责。因此美国政府是总统个人领导，是典型的总统个人集权制度。中国的"集体领导制"则不同，不是一个人，而是一个领导集体。从选举程序上看，需要经历两次选举：一次是经过中国共产党全国代表大会，先是选举中央委员会，再由中央委员会全体会议选举中央政治局常务委员会委员；一次是经过全国人民代表大会，根据宪法分别选举和决定国家领导集体。两次选举彰显了中国民主程序的严肃性、正当性、合法性。而美国的总统选举是选举一个人，又由个人直接组织政府，直接领导政府。美国总统所担任的国家职务在中国是由两个人分别担任，国家主席和国务院总理。

从决策程序上看，中国要通过两次集体民主决策的过程，一是中央政治局常委会的集体决策，二是各机构内部的集体决策，如全国人大常委会会议、国务院常务会议、全国政协常委会会议等，这是典型的集体民主决策。它无疑提高了决策的科学性、可靠性、有效性，同时可避免决策的失误。而美国总统的个人权力过于集中，特别是对外决策几乎是由个人作出的。他的决策失误，就要由整个国家和全体国民来承担，而他个人的损失只是不再担任总统而已。

美国的"两党制"和"总统制"其松散的政党组织结构；羸弱的组织控制能力，低下的政党向心力，两党互相掣肘，导致国家最高领导人对实质性问题的忽视和拖延，使得美国的政治学者也不得不承认，美国的总统选举制度可能是更明智的，也可能更愚蠢。以奥巴马为例，他竞选总统时向美国公开承诺当选后创造新增就业岗位，就任后实际新增岗位却连续下降，2011年9月提出了4500亿美元创造就业的法案，企图为国民创造就业，但国会就是拒绝合作，奥巴马对此愤怒不已却又无能为力。[1] 还是奥巴马，2010年总统向国会提交了2011年预算案，其中一项是砍掉了小布什时代的登月计划，而这个登月计划已经耗资91亿美元，合人民币600多亿，这个项目就成了半拉子工程。然而，没有人为这么大的损失而负责。[2]

中国的"集体领导制"还代表了多个机构，也不同于美国的"三权分立"制度，即把国家权力分为立法、行政、司法三部分并建立相应的国家机构来分别行使这些权力，同时三个权力机构又相互制衡。美国总统与国会没有什么关系，也不对国会负责，因此国会总是总统的掣肘，要不就是党派之争，要不就是利益集团之争，扯皮、拖延、搁置，使总统不是无所作为，就是决策缓慢，有的甚至久拖不决。对于中国这样一个大国来说，只有三个权力机构过于简

---

[1] 胡鞍钢：《总结中国创新，打破西方制度迷思》，参见《环球时报》2013年8月16日15版。
[2] ［新加坡］宋鲁郑：《中国的政治制度何以优于西方》，参见《环球时报》2012年3月18日14版。

单,又过于集权,因此需要更多的权力机构,既适度集中,又适度分权,既高度集中,又高度民主,才能发挥现代大国各个方面的积极性和创造性。而各个权力机构既需要相互监督、相互制衡,更需要相互协调合作,形成合力,才能发挥社会主义集中力量办大事的制度优势,才能对自然灾害等突发性事件及时高效地处理应对。

中国的"集体领导制",政治局常委会成员既代表不同机构,又相互协调。比如国务院总理作为政府首脑,由国家主席提名,交由全国人民代表大会全体投票表决,再由国家主席根据全国人民代表大会的决定任命。国务院总理代表国务院对全国人民代表大会及其常务委员会负责。国务院制定行政法规,发布决定、命令,向全国人民代表大会及其常务委员会提出提案,任免行政人员等,须由总理签署,才具有法律效力。因此,国务院与全国人大及其常务委员会既有监督与被监督的制约关系,又有报告与审议的合作关系。而美国的立法、司法、行政三权分立并相互制衡的制度下,因分立而很难信息共享,又因为相互制衡而很难政治共识,进而导致决策过程漫长,决策结果大打折扣,决策效率低下。

西方世界一直将中国共产党领导下的多党合作视为"一党专政",却忘记美国总统是典型的"个人(总统)专制";以现任总统奥巴马为例,其有不经过国会批准就可以对叙利亚发动空袭的权力。他们一直抨击中国不是民主国家,却忘记小布什第二任比其竞选对手绝对票数少近50万张而能当选,其无联合国授权而决策发动伊拉克战争,即使已经错了,仍然不能自我纠正,更谈不上对伊拉克和美国人力资本损失和经济损失承担任何后果,付出任何代价。究其原因则是美国体制上的缺陷。

中国特色的"集体领导制",不是一般意义上的创新,而是具有深刻意义的制度创新和现代国家治理变革。它大大超越了几百年来美国等国家政治制度的"一党控制""两党分治""三权分立"的实践与理论,彰显中国人极大的政治智慧和中华民族深厚的文化底蕴。

我们知道,1925年德国冯·兴登堡(1847—1934)以1465万张选票当选德国总统,是德国军国主义和帝国主义复活的表现。[①] 此后,希特勒仍以选

[①] 徐天新等主编:《世界通史·现代卷》,人民出版社1997年版,第195页。

票，通过"合法"的手段上了台，建立了纳粹独裁统治。① 而墨索里尼执政初期，法西斯党在议会中只占少数，占据多数席位的社会党和人民党并没有能扼制其专制统治，此后，法西斯党以获得65%的选票控制了议会，开始其法西斯统治。② 到1940年9月27日，德国外长里宾特洛甫、意大利外长齐亚诺和日本外相来栖三郎在柏林签订《德意日三国同盟条约》，③ 开始了纳粹法西斯军国主义祸殃世界的罪恶行径。由此，我们看出选票并不能保障所选出政府必定就是民主政府，这已经为历史所证明。中国特色的"集体领导制"，无疑可铲除滋生个人独裁统治的土壤。从这个意义上说，中国的"集体领导制"，终将被历史证明是对世界民主化进程中具有示范意义的，是具有划时代深远历史意义的制度创新，是对世界民主化进程的独特贡献。

在人类文明发展历程中，从来就没有绝对"最好""最佳"或"最优"的制度或模式，也没有一成不变的制度或模式，流水不腐，户枢不蠹用在制度上也是适用的，西方民主化虽然发展已几百年，从现在看，也必须再民主化。因此，在现实中，只有"最合适""最适应"的制度模式，也是不断调整、不断适应、不断变化和不断完善的制度模式。

中国创新并实践了民主集中制的工作原则，这种民主集中制又形成中国特色的"集体领导制"，非常适合中国的国情和文化背景，极其适宜中国的发展阶段和社会条件，十分适应于来自国内外各方面的考验和挑战，也特别有利于中国创造发展奇迹、治理奇迹，完全适应于中国的治国理政。④

（4）中国应对挑战机遇及时高效，对灾害救援彰显中国力量和制度优势

2008年第29届奥林匹克运动会在北京举办，那届奥运会无疑是奥林匹克史上的里程碑。它是用中华民族精神铸刻、古老文明意蕴书写、华夏子孙品格铸就出的一首奥林匹克史诗的经典华章；它简洁而深刻，展示着一个城市的演变与发展；它凝重而浪漫，体现着一个民族的思想与情怀；它更是中国改革开放巨大成就的折射，它向世界人民展现了中国制度的高效率。

北京奥运会新建、改扩建、临时场馆和京外比赛场地总共达37个，全部按时优质完成了场馆的建设。为迎接奥运会建造的北京首都机场三号航站楼，

---

① 徐天新等主编：《世界通史·现代卷》，人民出版社1997年版，第489页。
② 同上，第200页。
③ 同上，第555页。
④ 胡鞍钢：《中国集体领导制》，中国人民大学出版社2013年版。

三年完成，用新加坡宋鲁郑的话说：这在西方连审批程序需要的时间都不够。

中国的高效率，还表现在一些大型基础工程的建设上。改革开放初期，偌大一个中国没有一条高速公路。1984年12月开始修建上海沪嘉高速公路，1988年10月31日通车，全长仅15.9公里，设计时速120公里，这是中国象征性的一条高速公路，因其距离太短了。真正意义上的高速公路是在1984年6月27日开工，1990年8月20日建成，同年9月1日正式通车的沈阳到大连的"沈大高速公路"，设计时速100—120公里，全长为375公里，上下四车道。1990年代后期，中国政府实施积极的经济政策引导基础设施建设，对高速公路资金投入实行倾斜政策，从而使我国高速公路建设突飞猛进，到2000年已突破1.6万公里，跃居世界第四位。此后，高速发展更加迅猛，到2012年底，高速公路总里程已达95600公里，形成"五纵七横"的高速公路网，是世界上最大规模的高速公路系统，早已稳居世界第二位。如此飞快发展的速度，世所罕见，四通八达的高速公路网成为中国社会经济发展的大动脉。而反观12亿人的"民主印度"，全印度封闭的高速公路只有200公里。

比高速公路稍晚建设的中国高速铁路是始于1999年兴建的秦沈客运专线，设计时速250公里，为我国高速铁路的前期实验路段。经过10多年的高速铁路的新线建设和对既有铁路的高速化改造，中国目前已建成了世界上最大规模以及最高运营速度的高速铁路网。至2012年12月底，中国时速达到200公里以上的高速铁路里程已接近13000公里。到2015年年底，中国建成42条高速铁路专线，基本建成"四纵四横"为骨架的全国快速客运网，总里程超过16000公里。高铁让人们体验"贴地飞行"的快感，动车技术引领全球，我们用不到10年的时间，就建成了日本和欧洲需要花40年才能建成的高速铁路。中国迅速扩张的高速铁路网如今已成为全球最繁忙的铁路网络。

中国民用航空的发展也是一个奇迹。1980年，全民航仅有140架运输飞机，载客100人以上的中大型飞机只有17架，全年运送旅客343万人次，年运输总周转量4.29亿吨公里，列世界民航第35位。改革开放，为民航的发展注入活力，中国民航年均增长速度达到17.6%。到2011年，年总周转量达到573亿吨公里，旅客运输量2.93亿人次，货邮运输量557.5万吨。旅客吞吐量超过1000万人次的机场达到21个。仅首都机场的吞吐量就达到7868万人次，稳居全球第二。浦东机场货邮吞吐量115.8万吨，稳居全球第三。全民航机队规模达2888架，其中运输飞机1764架，通用航空飞机1124架，全行业从业人员达120万人。这种神奇的发展速度令世界皆惊。

我们似乎不必将所有大型工程项目一一列出了，如西起塔里木盆地，东至上海，全长约4200公里的"西气东输"项目已于2007年全部建成；为缓解中国北方水资源严重短缺局面的重大战略性的"南水北调"工程；世界上最大的水力发电站，也是中国有史以来建设的最大型工程项目"长江三峡工程"，已于2009年全部完工；"天宫一号"与神舟系列成功演绎，中国载人航天事业的发展高歌猛进；"蛟龙"入海，载人下潜成功突破7000米，神奇的海洋世界一览无余；"走你"风靡网络，"航母 style"抒发着欢乐场面背后的自豪情怀……这一切无不显示着中国经济高速发展，中国制度造就的高效率。

中国的前进道路不可能一帆风顺，一定会遇到这样那样的风险和挑战。在经历过2003年春天"非典"肆虐，万众一心战胜那场突如其来的灾难后，2008年5月12日百年一遇的四川汶川发生8.0级地震，造成69227人遇难，17923人失踪，374637人受伤，此次地震是新中国成立以来国内破坏性最强、波及范围最广、总伤亡人数最多的一次地震。面对严重灾难，中国高效的动员能力，震撼全球。汶川地震波及的广大地区，生活着几千万人，重建的20个重点县和受灾严重地区，总人口超过千万，它相当于一个欧洲中等国家。想想看，如果把瑞典或者希腊的大部分生活设施推平了重来，那会意味着什么？这次四川地震灾后重建涉及范围广，建设规模大，施工难度高，堪称人类救灾史上罕见的浩大工程。但中国发扬百折不挠、自强不息和一方有难八方支援的精神，以一个发达省市扶助一个受灾县，每年拿出他们1%财政用于帮助重建，迅速重塑了震区，到地震三周年时，重建工作以令世界炫目的速度大体完成。

2012年2月24日，四川省灾后重建宣告完成。540多万户、1200多万城乡居民住房修复或重建；20万失地农民异地安置，170多万受灾群众实现就业。由于走"恢复与发展相融合"的新型道路，四川灾区重建地区的生产生活水平已全面超过灾前。又一个令世界惊叹的"中国速度"产生。恐怕用"奇迹"二字都难以描述这一切，在汶川那片山区绽放了中国的惊世力量。只有大国才有这样干的可能，只有一个有着强大中央政权的大国，才会把这种可能变成真实。2010年海地发生地震，第一个到达灾区的竟然是万里之外的中国，比海地的邻国美国提早了两个小时，这也是中国速度！

"多难兴邦"，大概是对中国的考验，2013年4月20日，四川芦山发生里氏7.0级地震。震后五秒，第一条震情微博上传网络；1小时后，各级政府部门应急响应预案有条不紊展开；3小时内第一支救援部队火速到达震中；一天后，首趟铁路抢险救援专列已到达灾区；两天后，国家应急广播首个定向应急频率芦山开播……当芦山地震消息传来，从中央到地方，所有抗震救灾机制都在震后第一时间启动。习近平旋即作出重要指示，要求抓紧了解灾情，把抢救生命作为首要任务，千方百计救援受灾群众；李克强当日下午就抵达灾区指导抗震救灾，发出"一刻不能停"的救援指令；各地各有关部门迅速启动应急响应，军队和武警部队紧急施援；受灾群众不等不靠，团结自救，各地各界人士也纷纷捐款捐物，爱心不断汇往四川地震灾区。争分夺秒的生死大营救，历经千险的千里大施援，处处涌动的爱心大奉献，共克时艰的社会主义大协作，又一次吸引了世界的目光。我们看到了经过汶川大地震洗礼后的理性和从容。

在西方遇到此类灾难，却是另一番景象。法国、美国等国在应对自身发生的突发事件时，都相当混乱和低效。2003年法国发生酷暑、2005年美国遇到卡特里娜飓风袭击，就是如此。在灾害极其严重的时刻，法国总统希拉克继续度假，直到假期结束。而这次酷暑造成全法上万人死亡。小布什总统则是三天之后才终止度假，去指挥救灾。而灾区早已成为人间地狱，以至前往救灾的士兵第一时间是平暴而不是救灾，以至他们叹息宁愿选择伊拉克！2009年，一场台风同时袭击两岸，大陆可以迅速疏散一百万人，台湾却应对无力，造成六百多人死亡和失踪的惨剧。① 日本阪神大地震，重建之路历时10年；3·11大地震虽然已过去多年，福岛灾区仍是无人区，现在很多核污染垃圾堆积如山，无法处理，灾区几万避难者现在仍难回故里，重建家园仍遥遥无期。2013年爆出日本千亿日元地震救灾款、重建款被挪用。灾民就业专项经费的6.5万受益人中灾民仅2000人，救灾款竟被用作给吉祥物打广告。② 而美国新奥尔良飓风灾害，6年后仍有人无家可归。而中国一场规模如此浩大，工程异常艰巨的重建，竟然只用了短短3年，这是中国道路的强大生命力，中国精神的感召力，中国力量的强大战斗力。是中国应对突发灾难时显示出的制度优越性。

（5）中国社会机会均等，有利于个人才华的展示从而全面实现中国梦

中国已经成为世界第二大经济体，经济实力、综合国力、人民生活水平和

---

① 宋鲁郑：《中国的政治制度何以优于西方》，参见《参考消息》2010年3月18日14版。
② 同上。

国际影响力都得到前所未有的提高。生活在这样一个"共同享有人生出彩机会,共同享有梦想成真机会,共同享有同祖国和时代一起成长与进步机会"的时代,是幸运的;能为"国家富强、民族振兴、人民幸福的'中国梦'"而奋斗亦是光荣的。

新中国成立之初,我们党和国家就为有志报国的各种人才积极创造一展才华的氛围和机会,以至于吸引了钱学森、朱光亚等一批优秀人才,冲破美国联邦政府的重重阻碍而回国投身祖国的国防科技事业。而著名火箭专家钱学森的归国更具有传奇色彩。周恩来总理亲自领导,指示中美日内瓦会谈中用美国战俘交换钱学森,周总理还周密部署,用钱学森给陈叔通副委员长的信揭穿美方的阻挠谎言,1955年9月17日,钱学森偕妻子蒋英和一双幼小儿女,终于登上"克利夫兰总统号"轮船返回祖国。① 在那个百废待兴的艰苦岁月,邓稼先、钱学森、朱光亚、钱三强、于敏、王淦昌、郭永怀、彭桓武等老一辈科学家,似"扎根苍茫大地,深爱热土家园"盛开在西北高原美丽的马兰花,默默奉献着他们的家国情怀,谱写他们以身许国的壮丽生命华章。

1964年10月16日,是中国人民永远不能忘记的、值得自豪的日子。中国首次核试验的成功,在世界上引起震惊。美苏核大国万万没有想到中国会这么快造出原子弹;中国有了原子弹,使亚洲和世界和平能得到更有力的保障。1967年6月17日,我国第一颗氢弹爆炸成功,提前实现了毛泽东主席在1958年提出的"搞一点原子弹、氢弹,我看有十年功夫完全可能"的预言。从原子弹到氢弹,美国用了七年零四个月,苏联用了四年,英国用了四年零七个月,法国用了八年零六个月,而我国只用了两年零八个月,赶在了法国的前面,在全世界引起巨大反响。当时戴高乐总统非常震惊,甚至批评了他们的科学家。我国这些"两弹一星"的元勋,在祖国的大地上施展他们的才华,裂变释放他们的能量。

"文化大革命"十年,社会动荡,知识贬值,当然也就谈不到个人展示才华的机会了。改革开放以来,中国的主流意识形态对个人价值的态度实现了拨乱反正,法律范围内的各种个人理想都受到了前所未有的尊重。集体理想及利益高于个人理想及利益的价值分层被打破,二者相通和彼此促进成为社会的主流认识。共享人生出彩机会无疑成为中国梦之魂。

---

① 参见《中国剪报》,2005年6月5日3版文章《周恩来用美国战俘交换钱学森》。

1986年3月，面对世界高技术蓬勃发展、国际竞争日趋激烈的严重挑战，邓小平同志在王大珩、王淦昌、陈芳允、杨嘉墀四位科学家提出的"关于跟踪研究外国战略性高技术发展的建议"上，做出"此事宜速作决断，不可拖延"的重要批示。在充分论证的基础上，党中央、国务院果断决策，于1986年11月启动实施了"高技术发展研究计划（863计划）"。经过20多年的实施，有力地促进了中国高技术及其产业的发展。承担863计划的研究任务的科研人员超过15万名，约有500余家研究机构、300余所大专院校、近千家企业参与863计划的研究开发工作。据不完全统计，20多年来，863计划发表论文12万多篇，获得国内外专利8000多项，制定国家专利和行业标准1800多项。863计划所取得的成就对于提升中国自主创新能力、提高国家综合实力、增强民族自信心等发挥了重要作用。

1997年，中国政府采纳科学家的建议，决定制定国家重点基础研究发展规划，开展面向国家重大需求的重点基础研究。973计划的实施，实现了国家需求导向的基础研究部署，建立了自由探索和国家需求导向"双力驱动"的基础研究布局。自1998年实施以来，973计划组织实施的十年，也是中国基础研究快速发展的十年。在973计划和国家自然科学基金等计划支持下，中国基础研究整体水平显著提高，给广大科技人员创造了施展才华的平台，中国SCI论文数量已跃升世界第二科学技术方阵，主要学科世界综合排名整体呈现出快速提升趋势。中国科学家在国际上的学术地位和学术影响显著提高，越来越多的专家当选发展中国家科学院、国际欧亚科学院院士、外国科学院或工程院外籍院士，在国际重要学术杂志担当重要职务。

十年来，在承担973计划的1.8万人队伍中，有两院院士502位，国家杰出青年科学基金获得者637位，中国科学院"百人计划"入选者140位，教育部"长江学者奖励计划"特聘教授242位。通过项目的组织，众多优秀人才脱颖而出，围绕共同的科学目标形成了一批有机结合的创新团队，同时还吸收了一批海外学者回国工作，人才高地的优势日趋显著。

973计划实施中，注重发挥中青年科研人员的作用，研究队伍中45岁以下的占3/4，项目首席科学家中45岁以下的占45%，课题负责人中45岁以下的占63%，一批优秀的中青年人才被推上负责人的岗位。在老一辈科学家的大力支持下，通过组织973计划项目的磨砺，他们中的大批人才取得了突出成就，在学术上迅速成长起来，成为各自领域的学术带头人。

2008年12月，中央又批准了"千人计划"，对从海外引进高层次科技人才做了具体规划，制定了相应的优惠政策。中国政府和全社会对公平正义的构建在不断改善，给"人生出彩"创造良好的氛围，构建理想的平台。在法制建设、市场体系建设、打击各种特权以及方方面面的改革推进中，中国机会均等的改善在不断获得加速度。

教育部公布的数据显示，2012年，中国留学人数达到39.96万，留学回归人员达27.29万，近七成留学人员选择回国就业。大部分海归是被国内良好的职业前景吸引，他们理性看待成功与职位和金钱的关系，认清成功是个多维度概念，最重要的是工作能够充分发挥潜能。他们回国，一方面是被中国高速发展的经济所吸引，另一方面和政府推出的各项优惠政策有关。海归就业领域十分广泛，商业、金融、工程、技术都有他们施展才华的平台，特别是在高新技术密集型行业，新一代电子信息技术行业、新生物和新医药行业更为突出。大家耳熟能详的百度、亚信、UT斯达康、搜狐、新浪、中新微电子、当当、携程、E龙等企业，都是由海归创办。他们学习的机会在国外，而更多就业的机会则在国内。留学人员回国就业的机遇大于挑战。越来越多的中企在海外建立分支机构，触角伸到非洲、南美等地，为他们创造更多的机会。

我国科技论文被引次数世界第五。据中国科学技术信息研究所发布《2013年中国科技论文统计结果》，2003年至2013年（截止2013年9月1日）我国科技人员共发表国际论文114.30万篇，居世界第2位；论文共被引用709.88万次，排世界第5位，比上年度统计时提升1位。增长速度超过其他国家。[①]

在中国，各级党委和政府都特别关注青年人的愿望，帮助青年发展，支持青年创业，为青年实践创新搭建广阔的平台，为青年塑造人生提供更丰富的机会，为青年建功立业创造有利的条件。比如我国的航天科研团队就以青年为主体，嫦娥团队、神舟团队的平均年龄33岁，北斗团队35岁，东方红4号团队29岁，卫星应用团队28岁。我国航天事业的发展历程充分说明国家高速发展的时代，在给我们带来享受这份荣耀的同时，也给我们创造了施展个人才华的机会与舞台。

中国的改革开放取得震惊世界的成就，在国家综合经济实力提高的同时，也使广大人民群众共享成果，据国家统计局公布2015年全国居民人均可支配

---

① 参见《光明日报》2013年9月28日第4版。

收入21966元人民币，更涌现出许多富豪。《福布斯》杂志和胡润富豪榜定期推动顶级富豪名单，关于中国超级富豪的报道已经很普遍。"一个现代民主国家就可能同时成为一个富裕的国家。"① 《福布斯》杂志称，2012年流动资产在10万至100万美元的中国人达到1026万，2013年将超过1200万。其中超过1/3出生于20世纪70年代。② 另据波士顿咨询集团2013年报告显示，中国百万美元财富家庭达到130万个，居世界第三，预计2013年中国将超过日本。③ 而2013年据胡润百富榜显示中国亿万富豪首超300人，该杂志说，中国共有315名按美元计算的亿万富豪，比一年前增加了64%。④

中国这个平等和谐、海纳百川、特色交汇的大舞台，给各类人才以展示出彩的机会。改革开放以来，广大农村的富余劳动力纷纷奔赴城市，为祖国的经济建设做出他们不可磨灭的贡献，才有令全世界惊奇的节假日壮观的铁路、公路大运营现象，也加速着中国城镇化的大发展。

出彩的道路千万条，据报道，近20年里，北大保安队先后有500余名保安考学深造，有的考取大专或本科学历，有的甚至考上重点大学的研究生，有的毕业后当上了大学老师。而中央电视台那个为全国人民喜欢的《星光大道》综艺娱乐节目，更使许多人的梦想变成现实。在舞台上你能看到不同年龄段、不同艺术表演风格的参赛选手；从参与的人员职业结构上来说，有各行各业的群众，有农民、工人、军人、社区服务人员、学生，甚至是无职业的京漂一族等等，不一而足；也可以是未成年的少男少女，甚至来自他国的国际友人；我们还可看到许多盲人、残疾人等同胞。各种艺术表现形式交织在一起，形成一种没有任何炒作和门槛，没有任何职业、行业和残疾歧视的民众大舞台。他们个个具有鲜明的个性特色，富有艺术创意，不仅展示着个人才艺，选手们通过赞美家乡的美好，情不自禁地唱出对党、对祖国的热爱，讴歌着我们这个伟大的时代，当然也使他们（她们）走向了成功，有的甚至走向了世界。《星光大道》的成功，充分显示出中华民族这个迅速崛起的民族，在其社会文化中寻找到群体奋斗的强烈成就动机，也使每个人只要有梦想，就会有出彩的机会与舞台，同时也体现了一种公平公正的理念。

---

① ［美］罗伯特·达尔：《论民主》，李柏光、林猛译，商务印书馆1999年版，第66页。
② 参见《参考消息》，2013年4月1日5版。
③ 参见《参考消息》，2013年6月2日6版。
④ 同上。

在中国的国家治理中，经济增长和基础设施无疑是常见的主题。同时，民族自豪感随着经济增长而增强，其民族包容性也在显现。中国不仅成为全球经济影响力中心，也成为人口的磁场。在历史上，中华民族就具有多样性和民族包容性，从四面八方吸收人才来推动共同的成功。越来越多的美国青年出现在中国，学汉语、找工作，中国已经成为外国学者、记者和企业家长期居留的国度。加拿大政治哲学家丹尼尔·贝尔（贝淡宁）长期生活在中国，用流利的普通话给知识界和政界的精英人物讲课。他指出，中国已经成为全球人才的聚集地。①

我们知道，个人奋斗在什么时候都是社会活力的基础细胞，是中国构筑任何物质和精神大厦的关键性材料。中国梦需要无数个人梦想和奋斗的实际来承载，事实上个人奋斗在社会前进方式中的贡献也越来越大，国家规划对个人选择的深刻影响逐渐淡化。国家的任务是创造公平竞争的环境，避免出现"无机会群体"。但是公平永远是相对的，将社会公平与个人命运打通，就是个人奋斗的重要内容，需要建立"竞争性的资源共享平台"。高考就是这样一个平台，还有各种专业证书的考试制度，公务员的考试选拔制度，也为人们提供就业和出彩的机会。"星光大道"就是这样一个平台，只要有表演才华的都有出彩机会。市场经济则是最大最重要的竞争平台，在这里不排斥任何人，而且确有很多工人、农民在这里使人生焕发光彩，他们中有31位农民工当选为十二届全国人大代表，有26位农民工当选为党的十八大代表。改革开放三十多年来，中国上演了历史上最丰富，也最精彩的各种个人奋斗故事，很多不可能的个人成功在中国成为可能。国家改革和个人奋斗形成千变万化的对接，虽然中国社会的制度性安排仍然问题很多，但改革的积极和个人的积极从两个方向联合创造了改变个人命运的大量机会。

中国在发展，时代在进步。只有真正激励个人奋斗的社会才会不断进步，而个人奋斗是本能，也是社会最深刻的哲学。重视集体主义的中国社会，从来同个人奋斗都是相辅相成的。我们在鼓励个人奋斗的同时，强调个人对社会的责任，对国家的担当。这使得个人奋斗的内涵打上一定的中国烙印，这同时也是时代的大烙印。因此，改革开放三十多年来，中国特色的社会主义最大贡献就是把社会潜在的或者说内在的升级和活力激发出

---

① 参见《参考消息》2013年4月18日第15版。

来，使得公平正义能够实现，让全体人民共享发展成果，逐步实现全体人民共同富裕。

(6) 中国和平发展将为世界国际关系民主化树立典范

新中国成立60多年特别是改革开放30多年来，中国一直致力于探索符合本国国情和时代要求的社会主义现代化道路。虽然历经曲折，中国人民却孜孜以求，与时俱进，不断总结汲取本国及世界其他国家发展的经验教训，不断深化对人类社会发展规律的认识，不断研究探索并融合于世界经济发展的秩序，不断推动社会主义制度的自我完善和发展。通过艰苦努力，中国找到了一条符合自身国情的发展道路，这就是中国特色的社会主义道路。

经过30多年改革开放的实践，中国政府取得举世皆惊的骄人政绩。为矢志不渝走这条和平发展的道路，中国政府2011年9月发表了《中国的和平发展》白皮书，昭告世界。

从世界历史视野看，中国的和平发展道路归结起来就是：既通过维护世界和平发展自己，又通过自身发展维护世界和平；在强调依靠自身力量和改革创新实现发展的同时，坚持对外开放，学习借鉴别国长处；顺应经济全球化发展潮流，寻求与各国互利共赢和共同发展；同国际社会一道努力，推动建设持久和平、共同繁荣的和谐世界。这条道路最鲜明的特征是科学发展、自主发展、开放发展、和平发展、合作发展、共同发展。[1]

现在，中国正超过世界主要经济对手，且基本未使用武力。中国是全球化时代构筑强国梦迈向成功的第一例。中国正取得过去西方往往通过武力才能够得到的东西。当全球化限制了旧的构筑帝国方式的效果，中国正以一种全新的方式崛起。这是贝赫扎德·雅格梅恩在《全球主义者》在线杂志所发表文章的一段话。[2] 他道出了中国发展的实际情况。那么，中国怎么就创造了一个例外呢？这不是偶然的。

走和平发展道路是中国政府和人民继承中国文化的优秀传统、根据时代发展潮流和中国根本利益做出的战略抉择，是中国发展的内在需要。

①和平发展是中国历史文化的传承

中国人民受儒家文化浸润几千年，历来崇尚"和而不同"、"天人合一"、

---

[1] 参见《中国的和平发展》白皮书。
[2] 参见《环球时报》2013年4月19日6版。

"以和为贵"的理念，以和谐精神凝聚家庭、敦睦邻里、善待他人。和谐文化培育了中华民族热爱和平的民族禀性。举世闻名的"丝绸之路"就是一条贸易之路、文化之路、和平之路，铭刻下中国古人追求同各国人民友好交流、互利合作的历史足迹。中国明代著名的航海家郑和"七下西洋"，远涉亚非30多个国家和地区，展现的是中华灿烂文明和先进科技，留下的是和平与友谊。据英国皇家海军退伍军官加文·孟席斯经过14年潜心研究后的论著《1421·中国发现世界》一书介绍，郑和的船队不乏150米长的巨舰，船队如海上仙山，阵容浩大时各种舰船达100余艘，各类人员28000余名，其出航的目的为"宣德化而柔远人"。我们试想，当时世界如此强大的船队，若觊觎任何一块土地，所到之地岂不望风披靡。这里不难看出，军事决定论与中国的儒家学说是相悖的。正如基辛格所言，中国人从来不以建立精神上的"希望之乡"为借口夺取别人的土地。因为中国人的"希望之乡"就在中国，而中国人长期在那里生息，没有民族大迁徙。直到今天，大多数中国人仍然不出国，甚至不离开自己所在的省份。德国前总理施密特也说，我基本上同意亨利的看法。纵观中国历史，中国从未在别国设立殖民地，中国外交政策中从未有掠夺别国领土的传统。至今中国一直是世界上最和平的大国，我并不认为中国会背弃这一伟大传统。[①]

中华民族以"海纳百川，有容乃大"的胸怀，促进中外文化融合，留下了不少对外交流的千古佳话。

2013年5月，以色列总理内塔尼亚胡在访问中国期间，特意去上海，在参观犹太难民纪念馆时说："很多年以前，就在这里，上海为饱受纳粹迫害的犹太人打开大门，提供了一个温暖的避风港。"时光追溯至"二战"，纳粹在欧洲疯狂迫害、屠杀犹太人，很多地方将犹太人拒之门外，中国的上海却成为接纳犹太人的"诺亚方舟"。1933年到1941年，上海先后接纳近3万名犹太难民。除数千人经过上海去其他地方外，后有2.5万名犹太人把上海当作临时家园。美国犹太社团领导人施奈尔拉比在参加上海虹口犹太难民纪念碑揭幕仪式时说："'辛德勒名单'救了1000多人，而上海拯救了犹太社区数万人。"为此，以色列政府曾为向数千犹太难民发放"救命签证"的时任中国驻维也纳总领事何凤山授予"国际义士"的称号。今天我们回顾纪念那段历史，就

[①] 参见《参考消息》，2012年12月4日11版文章《中国人会走自己的路》。

是要弘扬人类历史上友好互助的正义精神,传承人类文化中真善美的价值观,努力构建和谐、包容、美好的世界,促进国际关系民主化的发展。

②和平发展是中国基于对世界将走向光明总体趋势的判断和把握

20世纪60年代,非洲大陆仍有许多国家和地区处于被殖民和种族隔离主义制度的统治之下。1963年非统成立,其对非洲未独立国家的民族解放斗争的大力支援,为推动非洲大陆的完全解放做出了巨大贡献。20世纪70年代中期,安哥拉、莫桑比克以及圣多美和普林西比等葡属殖民地相继取得民族独立。1980年4月,津巴布韦宣布独立。1990年3月,纳米比亚独立。1994年,南非结束了种族隔离主义制度。之后,非洲大陆已基本实现政治独立和民族解放。非洲民族解放斗争的胜利以及团结和发展事业的推进,不仅使非洲的历史翻开了崭新的篇章,使非洲国家和人民以独立和自强的姿态屹立于国际舞台,而且对于全世界被压迫民族的解放事业以及发展中国家求团结和求发展的历史征程,均发挥了重要的鼓舞和奠基性作用。

20世纪中叶以来,中国和非洲人民通过相互间团结与合作争取实现政治独立。赞比亚"独立之父"、开国总统卡翁达曾这样说:"中国是南部非洲殖民主义、法西斯主义和种族主义进行斗争的爱国力量的主要支持者之一。中国对莫桑比克、安哥拉和津巴布韦人民的支持,对这些国家的解放起到了决定性的作用。"① 完成这一历史任务后,双方开始追求经济发展和全面复兴。2002年非盟取代非统,非洲一体化主题和历史任务由"求独立"转向"求和平""求发展",这一历史的转型奠定了新时期中国与非洲关系深入发展的基础,使中国与非盟合作的战略基础由反帝、反殖、反霸斗争中的相互支持,转向了对和平与发展事业的共同追求。

随着非洲大陆种族和隔离主义制度的消亡,世界也逐渐迈入和平与发展为主题的新时代。"彰往而察来",认识世界历史,知全球未来,和平、发展、合作已是不可阻挡的世界潮流。世界多极化、经济全球化不断深入发展,国际社会共同用好发展机遇,共同应对各种风险,成为各国人民的愿望。新型市场国家、区域集团和亚洲等地区力量不断发展壮大,借助经济全球化和社会信息化拓展影响,成为各国和国际舞台上的重要力量。正是在这样的世界潮流之中,中国及时准确地把握住了时代的脉搏,坚定不移地走社会主义道路,逐步

---

① 参见《人民日报》,2013年23日第236版文章《中非友谊弥足珍贵》。

拓宽市场经济，聚精会神搞建设，一心一意谋发展，短短三十多年的改革开放，就取得震惊世界的辉煌成就。如果说成就的取得顺应了世界潮流的话，那么正是中国党和政府对世界发展总体趋势的准确判断和把握，抓住了真正的机会。

世界潮流浩浩荡荡，不可阻挡，顺之则昌，逆之则亡。它不以任何人的意志为转移。世界将逐渐走向光明，殖民主义统治的时代已经一去不复返了，任何国家想以武力重新建立殖民主义体系，那只能是痴心妄想。日本这个自明治维新之后亚洲最大的侵略战争源头，至今执迷不悟，极其愚蠢地挑选了毫无前途的与亚洲各国人民相对抗的道路，暴露了日本的不良心态，现在的所作所为，只是民族缺乏自信的歇斯底里，是对世界潮流的失断，是对历史车轮的阻挡。历史是客观存在的，"以铜为鉴，可以正衣冠"。正视历史，才能开创未来，顺应世界潮流才能发展，德国就是日本的镜子。安倍晋三、石原慎太郎之流，即使恢复了军国主义，想掠取别国一寸土地也不能，顶多给别的国家和人民带来暂时的灾难，最终也只能断送日本国家和民族，给日本人民带来灭顶之灾。当然，亚洲和世界爱好和平的国家和人民要竭力制止其复辟军国主义的道路。历史的车轮任谁也抵挡不了其滚滚向前的总趋势，这也是中国人民对坚持和平发展的把握，为世界的和平、发展、合作做出自己应有的贡献，绝不会逆潮流而动。也就是说，和平发展是中国把握时代潮流和根本利益的战略抉择。

③和平发展是中国自身发展的内在需要，也是这个星球共同利益的需要

中国人民具有强烈的集体意识和社会责任感，崇尚"己所不欲，勿施于人"，尊重不同文化、不同观念，注重推己及人，将心比心，不将自己的意志强加于人，对外待之以礼，实行睦近交远。近代以来，中国人民饱受西方列强的奴役压迫，割地赔款，惨遭蹂躏，整个中华民族深陷血泪斑斑的苦难深渊，特别是战争，给人民带来了灾难。据维基百科提供的数字，仅抗日战争1937—1945年期间，中国军民伤亡人数约3500万人，就是那个发动战争的日本军国主义者也造成日本军人死亡212万人，平民死亡50万—100万人。残酷的历史告诉我们，和平才是各国人民的最大福祉。

经过改革开放三十多年的发展，中国已跃居全球第二大经济体。从中国的角度看，我们这个国家虽然在人口地域上称为大国当之无愧，但是在经济发展水平和整体实力上，与世界发达国家仍有巨大的差距，自身的发展仍然面临着外界难以想象的困难和挑战。距离实现中华民族复兴还有很长的路要走，为使人民富裕过上幸福生活还需要努力奋斗，我们需要也必须保障一个和平的外部环境，我们坚信称霸无益于我国发展，只会对我国带来损害。历史的经验值得汲取，强而不霸不仅是国家操守，也是利益盘算。所谓称霸乃是将己方意愿强加给他方的思维和行为，这与中国传统文化相悖。当中国更强大后有责任同国际社会合作打造新的国际体系，保卫世界和平与安宁。中国永不称霸。当然，涉及中国领土和主权的完整时另当别论，我们不去侵略别人，也不允许别人来中国的领土内撒野。

　　进入 21 世纪，世界已发生深刻的变化，东西方冷战已经结束，大国争霸的历史一去不复返了。一些长期落后的发展中国家进入了工业化快车道，一些传统的发达国家却难以摆脱金融危机和经济困境，双方差距有所缩小。由此，西方不少学者普遍认为世界权力正由西方向东方转移，担心新兴大国会否构成威胁，如何承担国际责任，甚至纷纷议论"世界领导权"能否和平转移。这也难怪，"国强必霸"是大国崛起的传统模式。建立殖民体系，争夺势力范围、对外武力扩张，是近代史上一些大国崛起的老路。特别是 20 世纪，追逐霸权，实力对抗、兵戎相见，使人类惨遭两次世界大战的浩劫。世界上每一个负责任的大国都应汲取历史的教训，造福于人民，为人类社会文明进步做出自己的贡献。

　　现实中，东西方的差距虽然在缩小，但世界权力并没有出现单向转移，未来的世界，世界权力的发展趋势，更可能由西方发达国家为代表的中心地带，向发展中国家扩散，后者将改变其边缘的状态，积极参与全球事务。国际事务将不再完全由几个中心国家决定，全球问题由个别国家解决的状态将改变。世界权力的多元化不可避免地加快形成。但国际格局的演变和治理方式的转换，应该是一个缓慢和渐进的过程。在这一过程中，许多挑战都关系到这个星球的共同利益，例如生态环境和气候变化、核武器的扩散、食品的保障和安全、恐怖主义的威胁、网络安全、传染病防治等等，亟待通过国际合作的方式加以应对。因此，大小国家都应摒弃冷战思维，信任彼此，集中精力携手应对 21 世纪日益复杂的情况和问题。为了人类的和平发展，希望将要发生的"分权"斗争，既不会因为正在衰落的中心也不会因为正在谋求崛起的中心试图阻止公平分配权力而在军事上升级。

　　④**中国坚守和平发展外交战略，推动建设和谐世界**

　　冷战结束以来，世界多极化、经济全球化、文化多样化、社会信息化深入发展，不同制度、不同类型、不同发展阶段国家的相互依存度和利益交融明显加深，人类社会在高层面形成"你中有我，我中有你"的命运共同体，和平、发展、合作、共赢的理念日益深入人心。

改革开放促进中国全方位开放型经济转型。经过30多年的改革开放，中国与世界的关系发生了历史性变化，中国不仅实现了自身的快速发展，而且通过自身的发展促进了世界的整体进步。在与世界的紧密互动中，中国率先将合作共赢的理念上升为外交思想和政策，始终坚守和平发展的外交战略。在每一个重大国际进程中，中国都发挥着积极参与倡导、促进合作共赢的作用。当年亚洲金融危机时期，中国就以一个负责任的大国保持人民币的汇率稳定，为亚洲各国迅速摆脱金融危机作出积极贡献。而此次在应对国际金融危机中，中国首先强调要做好自己的事情，不但保持了本国经济平稳较快发展，有效应对国际金融危机的严重冲击，而且为世界经济的复苏做出了不可磨灭的贡献。中国领导人一再强调，中国决不以牺牲别国利益为代价实现自己的发展，显示了一个负责任大国的担当。中国与金砖国家成员开展积极对话与合作，特别在应对气候变化、反对贸易保护主义等国际性议题上形成一致的声音，为发展中国家发声。中国始终以积极的姿态参与全球治理，为构建国际政治经济新秩序而努力。

随着中国经济逐步融入世界经济体系，中国政府意识到它需要扮演一种世界性角色，而不只是关心与自己直接有关的问题。因此，参加联合国维和、开展海上护航、撤离海外公民、应急救援等海外行动，成为中国人民解放军维护国家利益和履行国际义务的重要方式。

中国人民解放军1990年向联合国中东维和任务区派遣5名军事观察员，首次参加联合国维和行动；1992年向联合国柬埔寨维和任务区派出400人的工程兵大队，首次派遣成建制部队。迄今为止，人民解放军共参加23项联合国维和行动，累计派出维和军事人员2.2万人次。中国参加维和行动的所有官兵均被授予联合国和平勋章，有3名军官和6名士兵在执行维和任务中牺牲，被授予联合国哈马舍尔德勋章。目前，中国是联合国安理会5个常任理事国中派遣维和军事人员最多的国家，是联合国115个维和出兵国中派出工兵、运输和医疗等保障分队最多的国家，是缴纳维和摊款最多的发展中国家。

根据联合国安理会有关决议并经索马里过渡联邦政府同意，中国政府于2008年12月26日派遣海军舰艇编队赴亚丁湾、索马里海域实施护航。截止

2012年12月，共派出13批34艘次舰艇、28架次直升机、910名特战队员，完成532批4984艘中外船舶护航任务。

在支持发展中国家方面，中国通过自身努力，促进了亚洲经济的持续繁荣，免除了50个重债穷国和最不发达国家的债务，为近200个国家、地区和国际组织培训近6万名人员，促进了发展中国家经济社会发展。为了帮助最不发达国家登上多边舞台，我们驻世贸组织代表团把帮助最不发达国家加入世贸组织列为中国参与多边工作的重点之一。帮助这些国家提高能力建设，提供技术援助和培训。帮助最不发达国家建立加入世贸组织的"快车通道"，主办圆桌会议，形成"北京共识"，降低最不发达国家的入会费和加入门槛。帮助最不发达国家加入世贸组织对中国而言完全是公益性活动，体现了中国在多边舞台的建设性作用，塑造了中国负责任大国的良好新形象。中国在伊朗核、朝鲜半岛无核化、促进巴以和谈、全球经济治理等重大问题上，也积极发挥作用，促进多边谈判和磋商，维护世界和平与发展，推动国际秩序和国际体系朝着公正合理的方向发展。

中国的和平发展方针是根据时代的特点、中国的历史文化和传统价值观、中国的具体国情综合确定的，在过去几十年行之有效，将来也不会改变。中国的外交战略就是为服务于国家和平发展方针而确立的，理所当然也不会改变，它会一以贯之为推动建设和谐世界而服务。

⑤构建新型大国关系，促进国际关系民主化

中国崛起是人类文明层面的一次隆起，人类社会治理文化的进步、科技进步以及全球化等共同为中国崛起做了铺垫和准备。中国在证明13亿人超大社会建立文明秩序的可能性，以及这一旦成为现实所能释放的发展能量。中国的进步已是举世公认。根据国际货币基金组织的进出口数据统计，2012年中国已超越美国成为128个国家的最大贸易伙伴，美国只是72个国家的最大贸易伙伴。而在6年前，美国是127个国家的最大贸易伙伴，中国只是70个国家的最大贸易伙伴。① 随着经济实力的提升，中国增强了在国际关系中的话语权，中国也应向世界性角色转变，我们的活动要有大国的样子，这是重要的战略决策。中国是当今世界的独特现象，它的特色贯穿了这个大国的方方面面，中国的发展道路是世界近代史上开创性的。这条颇富特色的发展道路催生了中

---

① 参见《环球时报》2013年6月2日1版。

国特色的大国外交，世界多极化的总趋势和国际环境，也为中国这一决策创造了难得的机遇。

世界权力的多元化已渐发展成当今的总趋势，它意味着发展中国家的崛起开始影响过去传统西方发达国家对世界事务的决定权，这是一对矛盾。回顾人类社会的发展史，1500年以来，在新兴大国与占统治地位大国的15次竞争中，有11次以战争告终。这就是人们普遍担心今日的世界形势可否避免修昔底德陷阱的原因。

2000多年前，雅典将领、历史学家修昔底德（约公元前460以前—前404以后）所著《伯罗奔尼撒战争史》确立了他作为伟大史学家的地位，对西方影响深远，认为他的声名是万古永存的。公元前431年，雅典的对外扩张遭到希腊另一霸国——伯罗奔尼撒同盟的盟主斯巴达的反对，双方都企图称霸全希腊，产生不可调和的矛盾而爆发战争，史称伯罗奔尼撒战争。战争延续了27年，到公元404年以雅典失败而告终。修昔底德在他的这部八卷本的战争史中，不仅论述了战争的政治因素，而且强调了伯罗奔尼撒战争是两种不同性格之间的冲突。他对拥有陆上霸权的斯巴达与拥有海上霸权的雅典的战争各个方面都有精辟的见解。他写道："正是雅典的崛起及其在斯巴达所引发的恐惧使得这场战争无法避免。"① 这就是"修昔底德陷阱"，即一个崛起的大国必然挑战现存的大国，而现存大国将用武力回应这种威胁。美国进攻性现实主义的代表人物米尔斯海默将之称为"大国政治的悲剧"。

今天，我们必须承认，中国作为一个拥有13亿人口非比寻常崛起的大国这一现实，不可避免给美国带来了困扰，构成了重大的挑战。而大国关系对世界的未来走向产生很大影响，特别是随着中国经济实力的提高，中美关系必将影响世界。因此，处理好大国关系，特别是中美关系，对世界的和平发展有巨大影响。

在过去的大约70年中，美国对华政策在不断调整。从二次世界大战结束冷战开始，朝鲜战争爆发，美国采取了遏制中国从而对抗苏联共产主义的战略。此后，经过激进修改对华政策，对中国采取排斥、金融隔离、经济封锁和军事围堵的做法。从1971年到1989年，美国对华政策的主要目标变成支持中

---

① 参见《简明不列颠百科全书》第8卷，第700页，《世界通史》古代卷，第221页和《参考消息》2013年6月9日1版。

国的战略再结盟以及增强其对抗苏联的能力。特别是 1972 年理查德·尼克松总统访华与周总理跨越太平洋的握手，使世界上两个伟大民族跨越了长期的隔绝。1979 年开始，华盛顿正式终结了和台北的防务关系，并且将大使馆搬到北京。中美关系的正常化促成了中国加速改革、对西方开放并且让经济市场化。这一进程刺激了中国经济以前所未有的速度增长，并且使中国同美国主导的所谓"自由世界"牢固地连接在一起。1989 年以后，当意识形态努力未能改变北京时，美国将重点放在完成中国和世界经济的融合上。中国不失时机地把握了机遇，加入世贸组织使得中国不可逆转地同美国打造的全球经济秩序捆绑在一起。在小布什 2008 年卸任时，中国已经完全融入全球经济。

中国已经在经济上变成世界强国。经过克林顿时期和奥巴马的第一个任期，中国的经济总量已跨入世界第二的行列，这似乎给美国带来了挑战和压力，美国对华战略开始进一步调整，在"重返亚洲"和"亚洲再平衡"战略指导下，军事上将把海空军的主要力量移到亚洲，而"跨太平洋战略经济伙伴协定"（TPP）的提出旨在建立刻意排除中国的自由贸易区。

美国的很多有识之士也在探索对华政策的新框架。1972 年尼克松访华时的美方首席翻译、美国前助理国防部长、前驻沙特大使傅立民先生认为："我们无法再次将中国孤立。中美竞争是两国相互依存的语境下发生的。如果中国衰落，我们美国人也会陷入萧条，而不是享受所谓的和平红利。和 20 世纪 70 年代不同，中美也没有需要联合起来对付的敌手。中国接受了目前的世界秩序。从很多方面来看，在世界现有秩序的行为准则上，中国是比美国更坚定的维护者。但是中国不会允许美国或者西方主导国际秩序的演变。中国没有盟友网络、外国的保护者、军事基地或者海外军事存在。中国似乎并不渴望获得这些成为帝国的要素。中国喜欢利用主权国家之间的对话来进行政策协调，而不喜欢分等级的合作模式和冷战盟友间那种顺从的模式。"他还认为，美国"要承认一个参与国际事务，尤其是军事上强大的中国的崛起"。"要实现亚洲和中美关系的战略稳定，就需要美国政策做出重大改变。美国必须接受，中国已经建立了可信的二次核打击能力，这让中国能够给任何袭击者带来严重伤害。对中国首先采取核打击，或者对中国的战略武器库进行先发制人的常规打击，都将招致中国的报复。""美国和中国需要设计政治——军事机制和外交进程。这意味着需要两国找到在不同战争手段的情况下解决分歧的途径。"①

中国作为崛起国家，汲取了以往崛起国的众多教训，采取了人类历史上崛起大国中最温和的策略。美国极力保持对国际规则制定的主导，形成某种制度霸权。中国进入了西方曾占绝对优势的体系，通过积累发展逐渐改变了全球力量分布的格局，避免了同西方对撞。中国尽量不做挑战者，而是认真运用西方认同的规则，成长为西方传统政治学和历史经验都无法描述清楚的世界性力量，在美国主导的国际秩序内展开良性竞争。

对中国来说，面对美国的"亚洲再平衡"战略，必须策略应对。中国有一个压倒一切的重点：领导层需要稳定的环境以进一步巩固实力和确保经济继续增长。这一方面是国内民众福祉的需求，另一方面国家经济越强大，实力越雄厚，推行和平发展的力度也就越大，对维护世界和平秩序也就越有力。因此，中国新一届领导集体换届开启了新的十年，开展积极外交努力，营造和平发展道路的国际环境。"美国自东来，我向西边走。重新开棋局，世界创奇迹。"新班底的外交轨迹展现了中国经过改革开放后的自信，中国要统筹外交全局，构筑"新型大国关系"，向西拓展战略空间势在必行。习主席首访俄罗斯、非洲并出席金砖国家首脑会议。接着李总理访印、巴和欧洲。国家主席接着又访拉美并提前实现与美国总统奥巴马的"庄园会晤"。充分体现了中国外交对强势与灵巧、刚性与韧性、争利与谋势的辩证关系和对国际政治中"均衡"之要义的把握。

中国新一届领导集体上任伊始，积极开展"全方位"外交，对外交往的密度与力度都是罕见的。中俄全面战略协作伙伴关系得到提升，建立以合作共赢为核心的新型国际关系，逐步将金砖国家从协调有限问题立场的对话论坛，转变成一个全方位战略协作机制。而非洲到本世纪中叶必定是世界经济迅速崛起的地区，和非洲建立新型合作伙伴关系自有其长远的战略意义。而协调和处理好我国与印、巴、欧盟的关系，乃至发展与拉美国家的友谊与合作，都对推行和平发展的道路，维护世界和平秩序具有重要战略意义。

就中美关系而言，中国对两国能长期和平竞争且合作充满期盼。双方领导人握有决定人类政治文明走向的力量，经过习奥"庄园会晤"，我们对改写世界历史，使得以往的大国零和对抗走到尽头，国际政治翻开全新的一页充满信

---

① 傅立民：《探索美国对华政策新框架》，参见《参考消息》2013年6月7日10版。

心。这是因为通过会晤，双方都同意，共同努力构建新型大国关系，相互尊重，合作共赢，造福两国人民和世界人民。双方同意加强经贸、能源、环境、人文、地方等广泛领域合作，深化全方位利益交融格局；改善和发展两军关系，推进新型军事关系建设；加强宏观经济政策协调，在两国经济发展过程中拓展合作，推动亚太地区和全球经济强劲、可持续、平衡增长。

中美双方构建新型大国关系有很多有利因素。正如习近平强调的那样，第一，双方都有建设新型大国关系的愿望；第二，40多年双方合作的积累，使两国合作具有很好的基础；第三，双方建立了战略与经济对话，人文交流高层磋商等90多个对话沟通机制，为建设新型大国关系提供了机制保障；第四，双方建立了220多对友好省州和友好城市。中国有近19万学生在美留学，美国有2万多学生在华留学，建设中美新型大国关系具有深厚民意基础；第五，未来两国有着广泛的合作空间。

当然，仅靠一次元首会晤不可能一劳永逸。需要双方做更加细致的工作和努力。回顾中美关系历程，双方曾有狭路相逢的"冤家"时期，也有并肩作战的伙伴岁月。第二次世界大战期间，中美联手抗击日本军国主义侵略的经历以及如今在很多国际和全球问题上有效合作的经验告诉我们，中美不仅应该也能够加强合作，而"不打不相识"的过往未必全是坏事。它加深了彼此的认知，或许有助于让未来的中美关系走得更稳健、更扎实、更成熟。

在中国，大多数人不认为中国现在已经成为世界强国，更不认同强权。中国人崇尚和而不同，相互尊重的观念植根于文化传统，历来倡导大小国家一律平等。中国提出建立"新型大国关系"，指的是中美不走对抗老路，极力避免双方误判。中美的文化传统、发展阶段和政治基础等存在诸多不同。中国的成长需要世界的理解，也需要多了解世界，才能走得稳当。在国际关系中，国家间实力的接近、观念的趋同将使预期利益类型结构趋同，而这类趋同往往会导致更为激烈的权力斗争。当体系内各国追求的利益类型不存在差异，国家必然更关注相对收益，权力的竞争将更为激烈。实力相近的国家如果又有着类似的对外价值取向和利益目标，矛盾通常难以调和，因而国家间的"同质性"发展趋势往往是大规模战争或对抗爆发的前兆。

中国是崛起势头最强劲的发展中大国，但中国的战略姿态放得相当低。中国在同周边国家的领土纠纷中小心翼翼，从不炫耀自己近年迅速积累的力量。从中国的政治模式来说，也不可能取代西式选举民主，因为中国从不将自己的政治制度包装成普世通用的模式，也从不热衷于对外输出。进一步说，中国模式的重要意义，不在于为世界各国提供了一个可以替代选举民主的新模式，而在于从实际上证明了良政的模式不是单一的而是多元的，各国都能找到适合本国的政治制度。而倘若中国拥有与美国一样的价值观、意识形态和战略文化，那么也必将拥有与美国类似的权力欲望，定会效仿美国在世界频繁发动战争，扩张"民主"，角逐霸权。正是双方这种差异才使两国的利益结构存在妥协调和的可能，从而根本上防止对抗的出现。更何况中国在处理对美关系时尤其谨慎，极力避免中美堕入崛起大国与守成大国的传统对抗。

世界向何处去，关键取决于美国的表现。当今世界没有挑战和平的突出力量，主要新兴国家没有一个热衷于国际斗争的，金砖国家都注重本国的和平发展，不希望卷入对抗和冲突，这一局面是人类近代史上从未有过的。这也是当今世界发展的大势所趋。这个"势"正如基辛格博士解释的那样："指的是世界大事的发展方向，就像水从高处飞流直下，没有什么力量可以阻挡。"①因此，美国的政治家们应该准确判断"势"之走向，顺"势"而为。如果再发动几场伊拉克那样的战争，要不了多久，英国的今天就是美国的明天。

在推进世界和平、国际关系民主化的进程中，各国政府应以平等互信、包容互鉴、合作共赢的精神，不断扩大各方的利益汇合点，共同维护国际社会的公平正义。而联合国承载着各国人民的期望，肩负着诸多重大使命。解决全球性难题和挑战，需要联合国广大会员国携手努力。联合国要抓住和平与发展的主题，高举公平正义的旗帜，讲公道话，办公道事。零和思维已经过时，切忌某些大国挟天子以令诸侯，打着联合国的旗号，为本国或者小集团谋取私利。我们必须走出一条和衷共济、合作共赢的新路子。

第一，坚持平等互信。平等互信是达成合作的基础。要做到平等互信，就要严格遵循联合国宪章的宗旨和原则，恪守国际法和公认的国际关系基本准则，坚持国家不分大小、强弱、贫富，一律平等；坚持相互尊重、相互信任、平等相处、求同存异、互相尊重主权和领土完整、互不侵犯和互不干涉内政；坚持通过平等对话、协商和谈判解决争端和冲突，推动国际关系民主化。

第二，坚持以包容互鉴相处。不同国家有着各异的文化，既与其独特的历史发展有关，也受其社会制度的影响。文明多样性既是人类社会的显著特征，

---

① 参见《人民日报》，2013年6月20日第5版。

也是人类文明进步的重要动力,只有倡导一种开放和兼容并蓄的文明观,承认各国文化的差异,尊重各国人民自主选择社会制度和发展道路的权力,积极维护世界多样性,推动不同文明在竞争比较中取长补短,在相互借鉴中交融发展,世界文明才能更加丰富多彩和绚丽多姿。

第三,坚持以合作共赢谋发展。合作是双向的,有互利才能持续。以合作共赢谋发展,就是要牢固树立命运共同体意识,坚决反对那种以邻为壑、转嫁危机、损人利己的做法,积极促使每个国家在追求自身利益时,兼顾他国发展,努力推动国际秩序和国际体系朝着公正合理的方向前进,使各国人民共享世界发展成果;共促世界持久和平。

历史证明,大国之间,和则互利,也利于世界;斗则俱伤,且伤及全球。合作符合中美双方的共同利益,也符合世界的利益,符合时代的潮流。正如习近平所说,太平洋足够大,容得下中美两个大国。基辛格博士说过:"想当初,美国代替英国成为世界霸主这一过程是和平的,我相信,未来中国代替美国这一过程也是和平的,但也是长期的。"他还指出:"中美合作不见得能解决世界一切问题,但中美不合作则肯定世界一切问题解决不了。"①

新兴大国关系始于但不限于中美两国,中美新型关系的建设对各大国关系的发展也具有重要的启示作用和借鉴意义。只要各方共同努力,就完全有可能在全球化和多极化的时代走出一条和平共处、合作共赢之路,为古老的问题寻找到一个崭新的答案。我们乐见中美双方同坐"红杉木长椅",推动国际秩序朝着更加公正合理的方向演变,推动建设一个持久和平、共同繁荣的和谐世界。当然我们最需把握的是:怎么处理中美关系才能实现自己国家利益的最大化。

5. 中国更深层次的政治改革方向就是不断完善中国共产党与人大、政协关系的法治化、制度化建设

美国学者罗伯特·达尔在他的《论民主》一书中曾指出:"由于所有的现代民主国家都实行市场经济,而实行市场经济的国家更可能走向繁荣,因此,一个现代民主国家就可能同时成为一个富裕的国家。"② 中国改革开放以来,从计划经济转向宏观调控的市场经济,相当成功,加入了世界贸易组织,基本

---

① 参见《环球时报》,2013 年 7 月 26 日第 15 版。
② [美] 罗伯特·达尔:《民主论》,李柏光、林猛译,商务印书馆 1999 年版,第 66 页。

上与国际接轨，国家经济规模已跃居世界最前列。我们虽离达到国家富裕还有很长的路要走，但是从1981年到2012年，全世界80%的减贫任务是由中国完成的。这么短时间有6亿人口摆脱了贫困，究其原因，坚持民主是我们取得人民群众真正支持的基础。政治体制和民主是有机统一的，中国的民主化在不断完善。如果说1963年6月，时任美国总统肯尼迪访问西柏林面对市政广场听众发表著名的演讲"我是柏林人"成为一句自豪的宣言的话，今天我们也可以大声说"我是北京人"，"我为北京人而自豪"，因为中国已为世界开辟了一个新的民主化发展模式。

民主化是一个动态的不断完善的过程，新中国建立以来，特别是改革开放以来，中国的政治改革与民主化是相辅相成不断发展的，以政治改革不断推动民主化的发展进程，这种改革植根于中国独特的政治、经济、社会、文化的土壤之中，呈现出独有的特点。这种特点表现在从人大、政协的组织建设、思想建设、制度建设、功能建设等方面，到履行民主选举、民主决策、民主管理、民主监督，保证人民依法享有广泛的权利和自由，尊重和保障人权等职权方面，均需接受党的领导。从20世纪80年代初开始随着政治体制改革的深化，对党政分开和如何改善党的领导等问题进行探索和实践，主要是使党从直接管理国家事务中解脱出来，还政于国家政权机关，实行党的领导职能与国家政权机关职能分开，使国家政权机关的工作更有效率。改革的探索一直在进行，但仍需要进一步深化。

(1) 中国共产党与人大的独立行使权力之间应有明确的法律依据

我国实行的是"议行合一"的政治制度，全国人大是国家最高权力机关。我国宪法第五条规定，"一切国家机关和武装力量、各政党和各社会团体、各企业事业组织都必须遵守宪法和法律。一切违反宪法和法律的行为，必须予以追究。任何组织或者个人都不得有超越宪法和法律的特权"。这一规定对于处于执政地位的中国共产党同样适用。中国共产党党章也明确规定，"党必须在宪法和法律的范围内活动"。这就是说在实际政治生活中要明确"党"与"人大"各自的职能范围，明确二者的权力关系，并使之法制化，避免随意性。然而在实际的权力运作中，纵观我国现行的重要法律规章，对于党与人大关系的法律规范是缺失的，而在我们的党章中，也只有一句话来概括在宪法范围内的活动。

我们都知道，宪法是我国的根本大法，在这部法律中没有对作为我国政治体制领导核心的中国共产党的性质、地位、职能及基本领导方式等方面进行明确的原则规定。而其他的一般法律也没有明确规范党与人大的关系。关于党与国家立法机关、行政机关和司法机关的关系，国家的一般法律是应该并且可以做出具体规定的。党的十八大报告中指出，"人民代表大会制度是保证人民当家作主的根本政治制度。要善于使党的主张通过法定程序成为国家意志，支持人大及其常委会充分发挥国家权力机关作用，依法行使立法、监督、决定、任免等职权，加强立法工作组织协调，加强对'一府两院'的监督，加强对政府全口径预算决算的审查和监督"。这就告诉我们，要把党的主张通过法定程序上升为国家意志，就是要通过人民代表大会制度保证人民当家作主来实现。因此，在党与国家立法机关的关系方面，党如何行使领导权，如何把党的主张变成国家意志，如何向人大推荐干部和领导人，如何协调党与人大之间的意见分歧以及各级人大中党员代表的比例等问题；在党和行政机关的关系方面，行政机关向人大负责的同时如何接受党的领导，如何确定同级党组织与行政机关的法律地位，以及同级党组织的领导人与行政机关负责人的关系问题；在党与司法机关的关系方面，司法机关在司法实践中如何处理党的有关政策与国家有关法律之间的关系问题，都应该在一般法律中有相应的规定，以便在理顺党政关系的实践中确实保障有法可依，同时也保障司法独立、依法办案。现实中，理顺这些关系尚无法可依。而在党内的规章制度中，对于党政关系中党的领导体制、领导方式、组织形式、工作机构及工作规则也缺乏相应的规范。

"民主法治的基本功能在于使国家权力或政治权力扎根于民意，具有合法性和正当性。在现代社会，政治权力获得正当性主要有两条途径：一是法律的，二是民主的。宪法赋予政治权力以最根本的法律基础，民意则赋予政治权力以最根本的政治基础。这两条使政治权力获得正当性的途径是不能分割的。"[①] 这就是说，要把党的领导方式和执政方式有机统一起来。

然而，在实践当中，党的领导方式与民主法治建设之间还存在着问题。党包办的事情过多过细，人大的地位被虚化了，人大的权威被弱化了，这实际上导致了整个政治制度权威的下降。人民代表大会是集中体现民意的机关，选举又是民主政治的基础环节，选举制度的核心是公众和民意代表有选举掌权者的机会，但是，实际中人大代表的选举功能被弱化了。在处理执政党和公权力机

---

① 韩玉芳等：《民主执政与民主发展》，知识产权出版社2012年版，第164页。

关的关系过程中，往往出现授权不明确现象，存在大量以党代政、党政不分的现象。一些依照宪法和法律应当由人大决定的重大事项，有的党组织先行做了决定，并未经必需的法律程序，就由政府组织实施了；有的重大决策以党政联合发文的形式出台，把人大撇在一边；有的应由人大及其常委会选举、任命的"一府两院"组成人员，往往由党组织决定或内定后交由人大"履行手续"；有的党组织未经人大批准辞职或免职而随意调动"一府两院"组成人员，这就导致削弱了人大的权威，甚至于出现"没有与党委保持一致"的现象，在社会上造成不好的影响。这些情况的存在，很大程度上背离了党的初衷，甚至给党在民众中造成不良影响，同时也给一些干部带来了困惑而不好开展工作。因此，必须在实践中明确党对人大进行领导的具体途径，并使这些规定以法律、法规的形式固定下来。

（2）建立中国共产党与人大之间既相互支持又相互监督的关系

从我国的宪政体制看，中国共产党是我国政治生活的领导者，人民代表大会是国家或地方的权力机关，它们分别在不同的领域内发挥着自己的作用，形成既相互支持又相互监督的关系。我国宪法第二条明确指出，"中华人民共和国的一切权力属于人民。人民行使国家权力的机关是全国人民代表大会和地方各级人民代表大会"。那么从这里不难看出，党对人大的支持是我国政治生活中，反映共产党执政的合法性的重要标志，发挥人大作用，实际上就是发挥党的执政能力。

在具体实践中，要细化党委和人大的职能分工，进一步明确各自的职责权限，改变党委对权力机关职能工作的直接领导。在权力机关中，要健全人大党组结构，作为党委总揽全局和协调各方，保证权力正常运行的组织形式；加强人大及其常委会中党组织的建设，充分发挥党员代表和党员常委会组成人员的作用，支持他们履行职责。党中央提出的决策和部署，党委要通过人大常委会党组及时传达贯彻。党委对本地区工作的重大决策，包括重要干部推荐，事先要征求人大意见；重要会议应请人大常委会有关人员参加或列席；要建立和实行党委、人大、政府工作班子的联席会议制度，及时互通信息。党委决定凡是关系到国家事务的、要求公民共同遵守的，应作为建议或者通过"一府两院"提出议案，提交国家权力机关制定地方性法规或有关决定、决议，成为公民共同遵守的行为规范。人大及其常委会要通过依法行使立法权、决定权、任免权和监督权等各项职权来贯彻落实党的路线、方针、政策及重要人事安排。人大及其常委会对党组织的文件、决定中不符合宪法和法律规定的,可通过人大党组织提出纠正建议。① 中国共产党要善于运用人大来保证自己执政目的的实现,人大也要善于寓支持于监督之中,依法对权力运行的结果进行制约和监督,完善权力制约机制。②

(3) 强化人民代表大会制度的执政责任是中国民主化进程的重要内容

美国芝加哥大学社会学系教授、浙江大学千人计划教授赵鼎新在他的著作《民主的限制》一书中,在谈到"民粹主义"只会增加百姓对政府的不满,从而给一个国家带来爆发革命的危险时分析说:"以美国为例,这个国家最大的问题就是程序合法性在其政治生活中过于重要,而绩效合法性在其政治生活中的重要性却太低——因为美国'左派'势力太弱,老百姓不会闹。咱们中国30年来经济发展较好,这不但表明中央的领导正确,而且也表明咱们的老百姓会折腾,每个人想发财想得厉害,搞得政府不得不小心做事。"③

我们改革开放以来的确取得令世界瞩目的成绩。认真分析发现,我们恰恰和美国相反,国家绩效合法性在政治生活中的重要性显得很高,而程序合法性在政治生活中的重要性又显得太低,这就使得社会上容易出现种种抗争问题,西方国家就借机说三道四。其实对一个国家来说,无论何种模式的民主政体,都应同等重视程序合法性和绩效合法性,应使二者基本保持一个平衡的发展,偏重任何一方都会有问题。西方国家比如美国,注重了程序合法性,而两党的掣肘使绩效合法性太低,富有的1%美国人与剩余99%人口之间的收入差距继续扩大,1%最富有人群的收入占全民年收入的19%以上,在收入"金字塔"中位居前10%的美国人占有全社会总收入的48.2%。有专家说,除非美国政府在政策上作出重大调整,否则财富继续向极少数人集中的趋势难以逆转。④

"占领华尔街运动"持续升温,而由美国引起的经济危机已席卷全球,因此,对美国和西方国家来说必须再民主化。而对于我们国家来说,就必须提高程序合法性在政治生活中的重要性。这样我们就能把社会矛盾纳入制度化框架,逐渐将其消化,解决。通过深化政治改革,就把社会矛盾部分地转向了民主政治,并为利益政治和法制的确立提供了保证。利益政治把社会矛盾转化成

---

① 《纪念改革开放三十年首都民主法治建设研讨会文集》,第46页。
② 韩玉芳等:《民主执政与民主发展》,知识产权出版社2012年版,172—173页。
③ 赵鼎新:《民主的限制》,中信出版社2012年版,第308页。
④ 参见《人民日报》2013年9月13日22版。

法律框架下的不同团体之间的协商或讨价还价，从而使得国家能在面对社会抗争时担当调解或仲裁人的角色，而不是作为抗争的对象。

我国宪法第五十七条规定，"中华人民共和国全国人民代表大会是最高国家权力机关"。而"中华人民共和国的一切权力属于人民"。这就是说，全国人民代表大会是代表人民来履行其最高国家权力的。

宪法还明文规定："矿藏、水流、森林、山岭、草原、荒地、滩涂等自然资源，都属于国家所有，即全民所有；由法律规定属于集体所有的森林和山岭、草原、荒地、滩涂除外"。"城市的土地属于国家所有。""社会主义的公共财产神圣都不可侵犯。国家保护社会主义的公共财产。禁止任何组织或者个人用任何手段侵占或者破坏国家的和集体的财产。"宪法的条文明确告诉我们，凡属全民所有的财产神圣不可侵犯。而1993年宪法修正案第七条明确规定，"国有经济，即社会主义全民所有制经济，是国民经济中的主导力量。国家保障国有经济的巩固和发展"。

然而，我们在上个世纪末进行的国有企业改制掀起的风暴，一时间刮向全国，使大量国有资产流失，煤矿、各种有色金属矿藏股份制甚至私有化，造就了不少"煤老板"和富翁，形成新的利益集团，加大了两极分化，诱导人们向"钱"看；国有企业的改制不经任何审计、资产评估，也不论国有股份如何监管，匆匆安置职工，只发上万甚至数千元人民币就把整个工龄买断了，使我国特有的信访工作达到高潮，至今尚有后遗症得不到解决；房地产市场的开发、城市房屋的拆迁又导致许多民众与政府的对立矛盾，各地的土地出让价格呈现上升态势，"地王"一再涌现，房价失控，政府虽一再陆续出台房地产调控政策，却总也不见成效。这一切究其原因，就是政府的执政缺乏法律约束，根本上说是削弱了全国人民代表大会的执政责任。这么大规模的国企改制，涉及全民财产的处置，宪法有明确条款，原本应该经全国人大广泛征求民意，认真审议通过相关法规后授权政府再实施。而直到2004年8月出台的《土地管理法》、2007年3月公布的《物权法》，乃至2009年8月实施的《矿产资源法》、《森林法》等，并没有对这种大规模的国有企业改制做出法律规范。因此，造成国有资产大量流失，给国家带来巨大经济损失。

"政策和策略是党的生命。"这已为我们党的革命历史所证明。曾出版《长征》、《解放战争》等作品的国家一级作家王树增，总结我党解放战争的一个重要胜利原因在于土地改革。"战争刚开始，几乎没有人认为中共会打赢，舆论认为这是不可能的事。"当时国民党军队总人数接近 500 万人，陆军装备与反法西斯战场上的盟军是一样的，连士兵的鞋带都与美军一样，更不要说武器了——轻武器都是盟军装备，重炮都是美式榴弹炮。

其时，共产党的军队总人数号称 127 万，而武器最好的主力部队装备是步枪，火炮是缴获的日本山炮，民兵还手持大刀上战场。共产党每场战打下来伤亡都很大，但越打人越多，渡江战役时共产党的军队达到 400 多万人。

这是什么原因呢？王树增说他曾看到当时土改的一份文件，其中有一条是这样写的："在分土地的时候，如果本村有在国民党军队服役、现役的官兵家人，一视同仁，一样分地。"战争中，共产党的大喇叭喊话："兄弟赶紧过来吧，你们家分地了。"这造成国民党军队成建制地往这边投诚，不可阻挡。

辽沈战役时，第一战打廖耀湘，在野地俘虏了国民党士兵 17 万人，这是第一场大规模决战。按当时政工条例要对俘虏进行甄别，但人数太多了，就在野地里拿松树条搭了个门，上面贴了三个字"解放门"，愿意跟着共产党部队参军的，从这个门走过来，不愿意的从门边上走，给两块大洋的路费，让他回家种地去，家里分地了。

大家都知道，据说当年毛主席预测解放战争要打五年，结果三年就打赢了。台湾的一些学者，甚至蒋介石的高级将领以及他们的后代，直到现在还是一头雾水，不知道从 1947 年到 1949 年间到底发生了什么事情，怎么国民党好好的一个政权就没了？坍塌得太迅速了！

今天，共产党已经是一个拥有 8000 多万党员的执政党，我们在制定政策时，首先要严格遵循国家的宪法，这是我们执政合法性的基础。似这么大规模的国有企业改制，这种民主化程序的缺失，处置全民所有国有资产的随意性，不仅仅是造成大量国有资产的流失，更主要的是这种违反民主政治程序化的做法，给广大人民群众造成很大误解，对党和国家几十年树立的形象带来损害，老百姓会说，你们讲的全民所有制不知是如何体现的，甚至于因改制而产生了民众与政府矛盾的对立，大量的下岗职工给社会增加了不稳定因素，这种思想上的混乱和矛盾的存在，有可能会较长时间地影响到党和政府的工作，增加工作难度。

倘若我们能强化民主政治的程序化、制度化，也就是加强改善全国人民代表大会的执政责任，就能使得政府工作，一是符合民主政治的程序化，避免了在处置国有资产时的违宪之嫌；二是有利于政府对经济长期保持稳定发展的科学规划，避免了政府领导人员为获取政绩创升迁机会而影响后任领导的经济发展乃至处置财产时的腐败之嫌；三是通过民主政治的程序，为利益政治和法治的确立提供了保证；四是政府的工作使社会矛盾转化成法律框架下的不同团体之间的讨价还价，使得政府或国家在面对社会抗争时担当调解或仲裁人的角色，而不被作为抗争的对象。就如美国"占领华尔街"运动一样，民众只针对财团的抗争，即使持续不断，政府却置身事外。那么如果我们的国家能做到这样，这对维护社会的长治久安、提高党和政府的执政能力无疑具有战略意义。

我们党在革命战争年代就找到了民主道路，1945年著名的"窑洞对"，毛主席就说："这条新路，就是民主。只有让人民监督政府，政府才不敢松懈，只有人人起来负责，才不会人亡政息。"[①] 这就是说民主化道路事关我们党领导的事业能否光耀千秋，江山是否永固，其重要性不言而喻。而这个民主化道路就是人民代表大会制度，不注重民主政治的程序化、制度化建设，削弱人民代表大会的执政责任，有时候，甚至于连"橡皮图章"的程序也忽略了，它就会降低党的执政合法性，因为宪法是有明确条款规定的。中国社会的价值观近年出现分裂，社会矛盾多发，对国家的综合实力是个减分，不能说与忽略程序合法性在我们政治生活中的重要性无关。我们应谨记："灭六国者，六国也，非秦也。"

世界上任何制度的国家，社会矛盾总是在所难免的，但是我们在民主化与法治建设进程中，一旦出现矛盾的碰撞，民主的程序化法制化建设显得尤为重要。从理论与实践发展看，公认的观点是民主与法治相辅相成，二者都对社会发展起到重要作用，二者不能单独存在，也不可偏废。比如英国在发生骚乱时，整个国家对社会抗争事件进行开放性疏导，并运用法律框架下的选择性镇压。所谓选择性镇压，就是镇压两个极端，镇压必须以法律为基础，必须有很强的程序性来让老百姓知道其镇压的合法性所在。政府在骚乱中抓了1000多人，判了600多人，没有人说这违法。[②] 它对其政体没有冲击，是不是对我们有启示呢！

强化全国人民代表大会的执政责任，有一项重要内容就是加强立法工作的

---

① 林良旗：《民主的力量》，五洲传播出版社2012年版，第24页。
② 赵鼎新：《民主的限制》，中信出版社2012年版，第309页。

进程。改革开放30多年来，国家各方面发展太快，需要全国人大的立法工作与之相适应。只有用法治才能够保障民主，立法工作就是要保障社会经济发展更加有序，人民生活得更加自尊自信。因此，要加强全国人民代表大会的执政责任，就是要加强全国人民代表大会的立法权。"立法"是一个国家民主化进程的重要体现，因为它要代表人民，把广大人民的意愿通过法律的形式来表达，并规范化、制度化，同时也要用法律来规范最高国家权力机关的执行机关，即行政机关，使权力在笼子里运行。

这里讲讲税收的立法权问题。大家应该都知道美国的《独立宣言》，这是1776年7月4日，北美殖民地在费城召开的大陆会议上通过，由56人签字脱离英国统治的文件。作为一个政治文件，宣言对法国革命和拉丁美洲独立运动的领导者们产生了影响，在美国，它的受人尊重程度仅次于联邦宪法。宣言列举了殖民地种种苦情，其中有一条就是英国"未经我们同意便向我们强行征税"[①]。起因则是1763年12月英皇室宣告，禁止十三个殖民地的人民向阿巴拉契亚山以西移民，以后又陆续颁布了一系列征税条例，加重他们的负担。其中影响面最大、最苛刻的是印花税条例。[②] 此后双方矛盾逐渐加剧。1774年爆发了英属十三个殖民地的北美独立战争。《独立宣言》声明有起来造反的权利和义务，如此斩钉截铁的表达，是为了强调个人的权利和政府之间的关系。由此，我们可以看出税收立法权的重要性。

回过头来，再谈谈我们国家对税收的立法权问题。笔者曾在2013年两会期间注意到，有全国人大代表就我们国家税收立法权收回人大提出建议。据代表反映，1985年全国人大就"在经济体制改革和对外开放"方面的税收权授予了国务院。到目前我国18种税只有3种税经过立法，其他的都是暂行条例，一暂行就是几十年，这种情况是不大正常的。全国人民代表大会作为最高权力机关，立法权是国家民主政体的具体体现，削弱或取消了民主政治的程序化也就是削弱了我们党的执政合法性，或会引起社会的矛盾发生。而国务院作为这一最高权力机关的执行机关，即行政机关，因为政府要创造政绩，把税法的立法权授予执行机关，在制定税率时，无论你确定了多么低的税率，还是会让人民产生政府机关为创政绩，而提高税率之嫌，因为政府自己制定税法并不符合

---

① 刘杰：《当代美国政治》，社会科学文献出版社2011年版，第319页。
② 张友伦主编：《美国通史》第2卷，人民出版社2002年版，第7页。

民主政治的程序，当然就容易使政府和被征税的企业、单位、个人产生对立的矛盾。而政府本身如果去释法又讲不大清，或不被理解。比如2012年某地税务机关针对单位给职工发月饼作为福利一事出来释法，要征"月饼税"，这个税法并不是当年制定，多少年来没听说过有这种税，导致街谈巷议百姓的非议，给党和国家带来负面影响，这恐怕令释法者事与愿违。

笔者在微信中曾看到一则寓言，森林里，老虎经常欺负别人，大家又恨又怕。老虎看出大家的不满，就做了个笼子，钻进去，锁好。大家高兴了，又唱又跳。老虎嫌吵，打开门伸出头一声咆哮，动物们吓得四处逃窜。老虎骂道：这群傻帽，钥匙还在我手里，你们就敢开始嚷嚷了！把权力关进制度的笼子里，关键是钥匙在谁手里。

而我们说，这个笼子就是法律，国无法不治，民无法不立。这把钥匙就在全国人大手里，最高权力机关的权力和责任必须一致，这是基本原则。加强民主政治的程序化、制度化建设，是强化人民代表大会制度执政责任的基础，是我国不断加强完善民主化进程的重要内容，也是提高我们党在民主政治进程中执政合法性的重要内容。

党的十八大报告中明确指出："人民代表大会制度是保证人民当家做主的根本政治制度。要善于使党的主张通过法定程序成为国家意志，支持人大及其常委会充分发挥国家权力机关的作用，依法行使立法、监督、决定、任免等职权，加强立法组织协调，加强对'一府两院'的监督，加强对政府全口径预算决算的审查和监督，提高基层人大代表特别是一线工人、农民、知识分子代表比例，降低党政领导干部代表比例。"

（4）发展完善并深化协商民主亦是我国民主化进程的重要内容

在中国民主政治的进程中，协商民主具有十分重要的现实价值。党的十八大报告明确指出："社会主义协商民主是我国人民民主的重要形式。要完善协商民主制度和工作机制，推进协商民主广泛、多层、制度化发展。"把"协商民主制度化"作为中国特色社会主义政治发展的一项基本建设，这是一个重大的理论创新，是当代中国政治生活和政治发展中的一项基本任务，也是中国深化政治改革的一项重要任务。

我们都知道，我国人民代表大会制度是中国民主政治发展制度化、法治化的集中体现，是人民当家做主的最大制度平台。随着经济改革的深入发展，社会经济成分、组织形式、分配方式以及人们的活动方式日益多元化，社会成员的政治价值和政治参与也日益呈现多样性趋势,对国家治理和社会事务的管理,人们会作出不同的价值评判,也希望更广泛更深入地参与,以更充分地表达自己的民主期望和民主权利。如何将这种来自社会各界和各个领域的多元政治资源凝聚成共同政治发展合力,是我国政治建设和政治发展面临的最迫切的任务。那么完善深化我国已实践,且取得很好效果的协商民主,即政治协商会议则是汇聚多元政治资源,推进民主政治和民主生活的有效政治平台。它与人民代表大会制度相辅相成,形成了我国特有的民主政治模式。

不可否认,当前我国协商民主还存在制度化不足的问题,主要表现在:多党合作和政治协商的民主监督机制还不健全,共产党领导的多党合作和政治协商还缺少全国性的、制度性的、可操作性的以及规范性的实施细则,一些民主党派成员普遍感到参政议政缺少规范性的、可操作的规章制度,只有理论没有政策,无章可循。[①] 有些协商活动缺乏健全的、稳定的制度保障;一些领域民主协商重形式,轻内容,甚至存在"走过场"现象;在发展民主政治和关系国计民生重大问题的决策过程中如何确实发挥协商民主的作用,确保科学决策,纠正或避免决策失误,还是一个亟待从制度层面解决的重大问题。这就表明,在我国民主政治的进程中,切实推进政治协商制度即协商民主,是深化政治改革中最为重要最为关键的环节。

一是中国共产党与各民主党派进行直接政治协商,就国家治理和社会建设的重大决策进行制度化的讨论;通过人民政协这一制度平台实现中国共产党与各民主党派之间的政治协商,形成政党民主和党际民主的制度化机制。

二是通过人大的立法协商,构建国家权力机关协商民主的制度化。通过广泛的立法协商,增强立法的民主性、公开性和科学性,同时培养公民的法律意识,锻炼公民的执法守法能力。

三是面对人民群众日益增长的利益诉求和参与行政决策的热情,国家行政机关应构建协商民主的制度化,这也是平衡各方面利益诉求、提升决策民主化程度、增强决策实际成效、防止避免社会矛盾化的有效途径。

四是积极开展基层民主协商,不断健全与发展中国特色社会主义协商民主制度的基础性工程。进一步扩大广大人民群众政治参与的制度化渠道,丰富协商民主制度化内涵,比如民主议事会、民主恳谈会、民主理财会、社区民主论

---

① 韩玉芳等:《民主执政与民主发展》,知识产权出版社2012年版,第192页。

坛、民主听证会、平安协会等等，这种民主形式对推进中国特色新型工业化、信息化、城镇化、农业现代化的建设无疑具有极其重大的作用和极为深远的意义，亟待进一步完善，使之制度化、规范化和长效化。

五是为适应公民利用网络资源参政议政，开展民主监督的新形式，建立公共信息及时公开客观发布制度，建立党委、政府与网民平等协商对话制度，同时积极引导网民科学理性地参与民主协商与讨论，坚决打击少数人利用网络造谣生事和煽动不良情绪的行为，促进和保障网络协商民主健康发展。①

---

① 参见《光明日报》2013年9月10日16版。

第三章
西方须再民主化

"正如我们长大成人以后,再不能穿儿时的衣服一样,那么我们国家的制度、政府的制度,也要不断地创新,才能符合时代发展的需要。"

——美国开国元勋 杰斐逊

20世纪末,苏东的坍塌和中国的崛起是"二战"结束半个世纪后世界上影响极为深远的两大地缘政治事件。两个事件共同改写了历史,改变了世界——前者宣告了一条道路的失败,令信奉"历史终结论"者欢呼不已;后者则证明了另一条道路的成功,令"历史终结论"者的梦幻破灭。两条道路之间,存在着无法割裂的血脉关系。

20世纪下半叶,民主在那些最困难的地域——遭纳粹重创的德国、穷人最多的印度、经历过种族隔离的南非生根发芽。反殖民主义浪潮创造了一大批民主化的亚非国家,民主政府取代了专制政权。苏联的垮台创造了一批中亚的新兴民主国家,冷战结束,民主大有统治世界之势。日裔美国学者弗朗西斯·福山出版了《历史的终结》一书,提出资本主义制度是历史的终结,民主是人类发展的最后阶段。

世界各国都在自觉不自觉地探索民主问题。思考民主大致有两种方式,一是认定西方民主教科书是圣经,逐条对比,感觉自己落后、愚昧;二是从实际出发,看看几百年来在民主方面的实践和效果如何,其中既包括西方的实践,也包括原殖民地、半殖民地国家的实践。尤其值得重视的是近十多年来的所谓各种颜色革命、阿拉伯之春等各种花朵革命。实际生活丰富多彩,而实践却是丰富民主理念的活的源泉,全球实践给出了一个答案却是:冷静地来看,民主的胜利没有那么多必然性。20世纪晚期的进步势头在21世纪终止了,民主在全球的发展停滞了。许多名义上的民主国家已经滑向专制政权,民主只剩选举这一外在的形式,缺少民主制度有效运转所需要的体制保障。在非西方地区,民主屡屡崩溃。而在西方内部,民主常常与债台高筑、运作失灵等字眼联系在一起,损害其国内外的名声。特别是2007—2008年的金融危机造成的心理创伤与经济损失一样大。它揭示了西方政治体制的根本性弱点,削弱了美国的潜力,损害了其在20世纪90年代曾享有的经济能力的光环。

然而,中国共产党打破了西方民主世界在经济发展方面的垄断。中华人民共和国从1949年成立至今已经走过了一个甲子,中国在重新赢得独立和主权之后,再度崛起,特别是改革开放30多年来,其制度的成功,创造了经济上的奇迹。哈佛大学前校长萨默斯观察到,"美国每30年生活水平翻一番,而中国过去30年每10年生活水平翻一番。"①现在的中国,不仅是全球第二大经济

---

① [美]《经济学家》周刊《西方民主的病在哪儿?》,参见《参考消息》2014年5月4日版。

体，还是拉动全球经济增长贡献最大的国家。中国模式终结西方民主"唯一合法性"，其民主化的道路开启了世界民主形式的多元化时代。

一、中国模式开启世界民主形式的多元时代

（一）中国制度成功创造经济发展的奇迹

1. 中国共产党创立了完全适合国情的基本制度

制度是在一定历史条件下形成的政治、经济、文化等方面的体系，是一个国家的根本和基础。一个国家的先进与落后，也必然体现在制度竞争的结果之上。当然，一个国家的政体也是由其制度来保障的。

中国在世界范围的落后与挨打，始于1840年的鸦片战争。甲午战争又惨败于日本，随后沦为西方的半殖民地。中国之败显然在于实行了两千多年的封建专制制度。此后，1911年武昌起义的成功，把孙中山和他所领导的革命党人推上了中国的政治舞台。孙中山提出的"民族主义、民权主义和民生主义"的"三民主义"给中国带来新的希望。孙中山领导的民主主义革命取得成功，为推翻腐败无能的清政府做出重大贡献。孙中山甚至提出以美国为范本重建中国制度。然而，那个新生的革命政权无法应对千疮百孔的中国所面临的挑战，甚至无法满足政府最基本的财政需求。西方列强并不关心中国的福祉，对革命党人的成败毫无兴趣。孙中山就职不到一个半月，就不得不把总统之位让给了有枪有钱的袁世凯。

第一次世界大战时期的"中华民国"是当时世界上不多的"民主"、"共和"体制的国家，也和民主列强站在一起，14万华工奔赴欧洲战场，5万多人牺牲，最终和列强并列战胜国序列。但西方列强却不正眼看一下那个孱弱的"战胜国"中国，在1919年4月30日的巴黎和会上，美、英、法三国不顾中国代表反对，就把战败国德国在山东的殖民利益转给了当时的强国日本。中国的反对就连西方媒体也表示了同情，伦敦《泰晤士报》指责英国政府出卖中国，认为"尽管中国为战争作出牺牲，但是她却遭到像战败国一样的待遇"。直到百年后的2014年英国才终于对一战中牺牲的华工重新评价，有人积极推动在伦敦为他们竖立纪念碑。而当时美国《波士顿纪录报》认为巴黎和会对山东问题的处置是"粗暴而野蛮的掠夺"。《纽约呼声报》认为这是"帝国主

义外交史上一次最卑劣的行径"。西方列强的行径直接导致"五四"运动的爆发，也令当时崇尚西方的知识分子寒心。间接导致中国共产党的产生和后来的执政。

1931年，日本挑起"九·一八"事变，肢解侵吞中国东北。当时的"中华民国"政府完全亲西方，连第一夫人都是美国成长教育出来的，总统蒋介石甚至皈依了基督教。而当时的民国政府却不敢公开支持东北同胞的反侵略抗战，怕给日本落下扩大事态的口实，一心指望国际社会也就是列强主持公道。当时的美欧政府口惠而实不至地谴责日本侵略。那时的"国联"不像今天这样安理会常任理事国有一票否决权，日本干脆我行我素退出"国联"，肆意践踏中华民族。西方各国连象征性的制裁也没有，和日本生意照做，一些欧洲国家如丹麦、芬兰、波兰，为了自身商业利益率先承认"满洲国"。资源贫乏的日本侵略所需的军事原料几乎全靠进口，其中从美国进口最多，在其后的全面侵华战争最初两年里，1937年占54.4%，1938年占56%，当时的美国国会议员司可托说："请大家记住，日本在中国杀死一百万人的时候，有五十四万四千是美国帮凶杀的。"

中国人民和日本侵略者浴血奋战了四年，终于战火也烧到了西方列强自身。中国在历史上又一次和一战时的盟国站到了一起，自身也比一战强大了些，是军人参战而不是华工参战，甚至派军队出境缅甸解救西方盟国军人。但终究还是孱弱不堪让西方瞧不起。1944年当世界各反法西斯战场都转入反攻节节胜利之际，中国国民政府却在豫湘桂战场大溃败，在欧美列强眼里，简直是烂泥扶不上墙，也就不指望依靠中国力量战胜日本。随后的雅尔塔会议上，英美以中国东北、外蒙古利益交换苏联斯大林参战，最终导致"二战"后中国这个战胜国的利益又一次被出卖，蒋介石政府只有徒呼奈何。

由此，我们可以看出，"中华民国"的38年，连国家统一、主权独立的历史任务都没有完成，国家进一步分裂，国力进一步衰微，甚至惨遭日本军国主义的践踏，更别提中国的复兴。期间还夹杂了袁世凯称帝、张勋复辟，都显示了"中华民国"体制不适合中国国情，是其体制的失败。

历史一再证明，现实就是这样残忍，领土并不神圣，强者得而据之。什么主权、人权都是扯淡，普世价值就是利益决定一切。中国可以做各种梦，就是不能重演昨天民国的梦。向西方学习就是学习他们脚踏实地地维护自己的利益。

1949年中华人民共和国取代"中华民国"乃是历史的必然。万事起头难，在总结了中国几千年的历史，特别是近代史的经验教训，同时也结合国际上所谓西式民主后，我们不得不承认，帝国主义的侵略打破了中国人学西方的迷梦。西方资产阶级革命胜利后，便迫不及待地侵略扩张，掠夺原料、霸占市场，但是他们嘴里讲的却是自由、民主、平等。拿破仑在出发攻打埃及前说："我们现在去埃及是为了把伟大的法兰西文明带到遥远而古老的落后的东方去。"英国人把贩卖鸦片称作"贸易自由"，中国不想要这样的自由，它就可以用洋枪洋炮来轰开你的大门。这就是西方的自由、民主。1912—1916那段时间，中国也学西方政体，多党制——几百个党，有宪法、有议会、有总统、有选举，也有言论自由。结果造成军阀混战、一盘散沙。梁启超在1916年写道，中国这些年什么都试过，多党、议会、联邦，但都不奏效，都不像我们想象的那么起作用。西方的东西，中国都试过了，都失败了。西方资产阶级文明、资产阶级民主主义、资产阶级共和国的方案，在中国人民的心目中，一起破了产。因而，毛泽东所领导的中国共产党创立了全国人民代表大会制度，创立了民族区域自治制度，建立了多民族的统一的单一制国家。中国独树一帜，就成为独特的现代国家，具有独特的现代社会的基本制度。

党的十一届三中全会以后，实行改革开放，邓小平拒绝采用西方民主制度，重建、恢复和改革毛泽东所建立的基本制度。1980年邓小平创造性地提出："我们进行社会主义现代化建设，是要在经济上赶上发达的资本主义国家，在政治上创造比资本主义国家的民主更高更切实的民主，并且造就比这些国家更多更优秀的人才。达到上述三个要求，时间有的可以短些，有的要长些，但是作为一个社会主义大国，我们能够也必须达到。所以，党和国家的各种制度究竟好不好，完善不完善，必须用是否有利于实践这三条来验证。"

一个国家的制度为适应时代需求应运而生之后，随后将面对新问题、新挑战，从而进行不断的调整和变革。纵观人类历史，中外皆然。美国开国元勋杰斐逊有言："正如我们长大成人以后，再不能穿儿时的衣服一样，那么我们国家的制度、政府的制度，也要不断地创新，才能符合时代发展的需要。"[①] 新中国自1949年成立以来，在时代需求和吸取经验教训的前提下，不断进行着政治体制改革，在权力传接、监督和制约方面形成了中国特色的制度模式。其

---

① 宋鲁郑：《中国能赢》，红旗出版社2012年版，第205页。

为适应时代需求，不断地调整、改善、改革、重建，逐渐形成了具有鲜明特色的中国社会主义基本制度。这个基本制度保证了国家统一、民族团结、人民当家作主、经济发展、社会进步、文化繁荣；同时又形成了中国特有的经济体制、政治体制、社会体制、文化体制等。党的十一届三中全会公报对民主和专政、民主和集中、民主和法制作了较详尽的论述。将民主看做一种制度，并且将民主与法治联系起来，在我们的文件当中，这是第一次。

1980年8月在党的政治局扩大会议上邓小平作了《党和国家领导制度的改革》讲话，对此后国家制度建设作了阐述。什么是"好的"政治制度呢？邓小平说过，应该从三个方面来评价。第一看国家的政局是否稳定；第二看能否增进人民的团结，改善人民的生活；第三看生产力能否得到持续发展。今天我们的评价标准可能更多些，但这三条在评价体系里的基石地位不容撼动。我们国家这些基本制度都是在中国共产党领导集体高效的决策能力、超强的纠错能力和独特优越的民主集中制原则下，不断调适、完善的。

习近平2012年6月在全国"创先争优"表彰大会上指出，民主集中制是中国共产党的制度优势。中国的民主集中制不同于西方的民主制度，它是一种新型的民主制度，也是一种具有生命力的民主制度。它是民主基础上的集中和集中指导下的民主相结合，旨在努力营造既有集中又有民主，既有纪律又有自由，既有统一意志又有个人心情舒畅的生动活泼的政治局面。民主集中制成为中国政治的基本原则，无论是执政党、国家领导制度，还是基层政权和组织，都是普遍适用的，只是具体的形式有所不同。

实行了民主集中制就是最大的民主实践。它既有民主，又有集中；先民主，后集中；在民主基础上的集中，在集中指导下的民主；再民主，再集中。这一原则可以说是中国几千年文化传统所形成的等级社会而来，其历史内容更多的是下级对上级的服从。实际上，中国党政机构对下级具有优势地位。与此同时，工会、专业协会、民间社会机构也是以下级服从上级的形式组建起来的，目的是执行上级的命令。当然，无论是党政机构还是民间社团，在实行垂直管理的同时，必须实行民主集中制原则。这样一来，既避免了无政府主义的一盘散沙、四分五裂、一事无成的局面，也避免了专制主义的个人高度集权、个人凌驾于组织之上，家长制亦或称作独裁的危险。这就大大超越了西方的民主制度及实践。

中国制度的优越性还在于其超强的纠错能力。这一点往往容易被人忽视，特别是一经发现政策上的失误,立即纠错,且时间短、见效快,而且又善于自我纠错。新中国六十年,三年灾害和"文革"十年,应是较明显的失误,一经认识,即在很短时间就调整了。这一点和西方民主制度相比,尤其明显。美国独立之后以立宪的方式实行黑奴制之长达百年;废除黑奴制后,以法律的名义实行种族隔离制度又长达百年。而黑奴制和种族隔离制度的废除与终止,也并非自我纠错。黑奴制的结束是通过一场代价极高且惨烈的内战,北方对南方在战争期间甚至实行了严酷的焦土政策;而种族隔离制度的废除则是在黑人此起彼伏的抗争方式下才获得的,这期间的惨烈暴动曾震撼全球。

在政策性的纠错能力方面,中国与西方也存在显著差异,具有天壤之别。中国建国初期,错误地批判马寅初的"新人口论",从而导致人口增长失控。当意识到错误后,立即把实行计划生育作为国策,局面迅速得到控制。而印度这个人口大国,虽然也意识到人口高速增长的代价,尝试计划生育却无能为力,其制度导致任何政党想推进计划生育,都会在大选中败北,只能眼睁睁地看着人口暴涨,将在不久的未来向世界第一人口大国迈进。还有,当中国20世纪70年代实行改革开放,放弃计划经济时,同样实行计划经济的印度只能在看到中国市场经济取得巨大成功后才开始实行市场经济,已比中国落后了十多年。

我们再来看美国,其次贷危机爆发的前几年,当时的美联储主席格林斯潘已有警觉,但他并没有也不能采取任何相关措施。待到危机爆发后,他在国会举行的听证会上这样辩解:不错,我是几年前就知道次贷的危害,可是如果我让银行破产、穷人失去住房,国会会批准吗?[①] 一语道出美国何以失去纠错能力的制度原因。美国的次贷危机,以"两房"(房利美、房地美)破产为转折点。"两房"的问题二十多年前就被约翰·霍普金斯大学政府研究中心经济学教授汤姆·斯坦顿所发现,在他的努力下,国会甚至举行了听证会。然而,在"两房"两大巨头的游说下,国会竟然不允许这位学者在听证会上讲话,最终等到危机的全面爆发。可以说,西方的制度模式缺少高效的纠错能力,错误只有等到危机爆发才有可能解决。

有不少西方政治学家断言,一党制天生缺乏自我纠错能力,因此,很难持久。然而历史实践却证明中国具有超乎想象的自我纠错能力。在中共执政的

---

① 宋鲁郑:《中国能赢》,红旗出版社2012年版,第5页。

60多年里,其政策的调整幅度超过近代任何国家。从土改到"大跃进"运动,再到土地"准私有化";从"文化大革命"到市场化改革,更进一步到主动吸纳包括民营企业家在内的新社会阶层人士入党。事实证明,中国具有超凡的与时俱进的自我纠错能力。

从1949年到今天,中华人民共和国在共产党的领导下,从积贫积弱的穷国发展成为具有世界影响力的强国。这是因为中国人多体大,由于共产党有上下动员的能力,有集体领导决策高效运作的机制,由于举国体制具有"集中力量办大事"的优势,中国政府在启动改革或某项具体工作时,常占据着强有力的地位。因此,新中国在建国六十多年的时间,经过中国人民艰苦卓绝的努力,取得令世界震惊的经济发展成就。

2. 独立自主创造的工业体系奠定了坚实的经济基础

建国头三十年,在毛泽东时代,建立了独立自主的工业体系,中国实现了从农业国到伟大工业强国的历史性跨越。中国实行的是赶超战略,即瞄准西方先进的工业水平,别人有的我们要有,别人没有的我们也要有。到毛泽东去世前夕,几乎所有西方有的中国都有了。天上有喷气式飞机,地上有汽车、火车、轮船、卫星、导弹、原子弹样样俱全。而"四小龙"能造什么?实际上1950—1977年中国工业的发展速度仅次于日本,日本是12.4%,我们是11.2%。我们的发展速度远远高于美国、苏联、德国、英国等世界强国,说明我们的工业并非乏善可陈,而是取得了很大成就。

在毛泽东时代,中国与西方强国的经济差距飞快地缩小着。美国耶鲁大学教授莫里斯·迈斯纳称毛泽东时代为"世界历史上最伟大的现代化时代之一,与德国、日本和俄国等几个现代工业舞台主要后起之秀的工业化过程中最剧烈的时期相比毫不逊色"。正如毛泽东所说:"中国人民有志气、有能力、一定能够在不远的将来,赶上和超过世界水平。"那个短短三十年,虽然有"文化革命"的干扰,但坚持独立自主所创造的工业体系却为后来的改革开放的经济腾飞打下了坚实的基础。

3. 对外关系的大战略改善了国际环境,为改革开放创造了发展经济的前提条件

那个三十年,还有一点必须提到的就是新中国的对外关系。新中国成立后,毛泽东那代共产党人,迅速割断同旧中国屈辱外交的联系,肃清帝国主义在华的势力,洗刷掉半殖民地政治地位留下的烙印,建立起新型的对外关系。

毛泽东强调，在中国共产党的领导下中国必须走社会主义道路。在新中国建立后的较短阶段，中国在实现社会变革、推进国家统一、加快工业化建设、建立新型外交关系并重返国际舞台四个方面都取得了重要进展。坚持独立自主、不畏强权、敢于同时与美苏两个大国对抗，才得以在冷战的大环境下逐渐成为世界舞台上一支完全独立的力量。

20世纪70年代，国际形势的变化促使毛泽东、周恩来重新思考并及时调整了中国的外交和战略。在亚非拉朋友的支持下，1971年10月25日恢复了中华人民共和国在联合国的合法地位。1971年4月，毛泽东、周恩来以其伟大政治家的魄力和政治敏感，审时度势，抓住美国出现调整对华关系的苗头，积极回应美国，开展了举世闻名的"乒乓外交"，1972年2月尼克松总统访华，推动了中美改善关系的历史进程。1973年，毛泽东提出联美抗苏的"一条线"战略；次年，又提出"三个世界"的思想，这是毛泽东生前提出的最后一个战略。这一外交政策的转变具有广泛而深远的意义，中国外交活动的范围从此扩展到整个国际舞台。这一转变也具有深刻的国内政治意义，是此后一系列国内政策转变的先导。试想，如果没有国际舞台的改善，我们的改革开放政策将何以能实施？所以，更重要的是，当中美正常化的进程启动之时，中国融入现代世界体系的进程也同时启动了。也就是说，这一时期外交和战略的调整，为我们后来的改革开放政策创造了前提条件。

在短短的60多年时间，中国从一个一穷二白、落后挨打的弱国发展成为世界瞩目、具有世界影响力的社会主义现代化强国。中国成功地追赶美国，充分证明中国社会主义制度更有优势。可以说，制度的成功，才创造了"中国的复兴"，才创造了震惊世界的经济奇迹。

4. 改革开放三十多年，中国创造了震惊世界的经济发展奇迹

一般而言，船小好调头，然而对于中国这艘巨轮，中国共产党决策的高效、制度的成功、体制的优势，使之能瞬间调整航向。当决定改革开放，从计划经济向市场经济过渡便顺利进行。2007年，中国经济对世界经济的贡献已从1978年的2.3%上升到19.2%，中国对世界经济增长的贡献率已位居世界第一。2011年底，中国银行业已超过"金融帝国"——美国，在全球市值十大银行榜上，中资银行已有中国工商银行、中国建设银行、中国农业银行以及中国银行4家。中国汽车销售量也超过"汽车王国"——美国，位居世界第一。如果和中华人民共和国成立时相比，国内生产总值增长了77倍；外汇储

备高居世界第一,增长了一万多倍;贸易总量增长2200多倍,跃居世界第一;财政收入则增加1000多倍;人均GDP在人口增长了两倍(从4.5亿到13亿)的情况下,超过3000美元,增长133倍。

短短三十年,中国就成为当今全球第一大贸易出口国、第二大经济体,仅次于美国。不仅如此,这三十年间,4亿中国人摆脱绝对贫困,被称为人类历史上规模最大的脱贫先例。

其他数据还有:中国的主要工农业产品产量连续多年高居世界第一。中国的粮食产量以4.13亿吨力压美国独占鳌头;肉类产量7400万吨,是名列第二美国的两倍多;水果蔬菜产量超过5000万吨,是名列第二的印度的4倍多;钢产量突破5亿吨,超过全球十大产钢国的总和,是美国和日本总和的5倍,是不折不扣的巨无霸。经济界向来有"石油是工业化的血液,钢铁是工业化的脊梁"一说,正是在这个基础上,中国的汽车销售量也在2009年超过美国成为全球第一。实际上,中国已有210项工业产品位居世界第一,包括电视、手机、计算机、啤酒、自行车、化工产品、机械制造等等。不仅如此,根据法国《财经》杂志提供的数据,中国高科技产品出口力压美国、德国和日本,高居世界第一,总额是法国的3.5倍。

不仅经济如此,社会发展也成果惊人:文盲率从80%降至3.6%,人均寿命由不足35岁增至73岁;中国的城镇化率从10.6%提高到51.27%,是全球城镇化速度的两倍。① 这样的成就,如果不是源于制度的成功、体制的优势,还能是什么呢?

(二) 中国何以这么短时间迅速崛起?

中国在不久的将来可能超越美国成为世界最大经济体。世界银行发布2011年"国际比较项目"报告,并且推算出,按照购买力平价(PPP),2014年中国的经济总量可能超越美国,成为全球第一。这个消息引起西方主流媒体的强烈关注,而中国官方则强烈质疑这一推测所用方法论的准确,并阻止世行公布此报告。大多数中国老百姓更冷眼相看,"中国超美国",世行说说我们听听。但是,中国迟早会成为世界经济总量第一的,而且那个时间点从历史长河的角度看,不会很远。在这个不可避免的进程中,我们似乎应该不断总结,

---

① 宋鲁郑:《中国能赢》,红旗出版社2012年版,第48页。

剖析原因，为了尽可能保持扩大这一进程的实际亚太地缘政治演变的正效果，我们更需要保持清醒的头脑，需要有政治远见，有能够跳出眼前得失的战略胸怀和智慧。

那么，中国的制胜之因究竟何在？

1. 中国共产党的领导是中国成功的关键所在

中国的崛起堪称一个奇迹。奇迹在于和人类历史上其他国家的崛起过程相比，中国没有对外掠夺、殖民，没有战争。中国和各国不是零和，而是多赢。

中国崛起的奇迹还在于创造奇迹的难度之巨。众所周知，中国模式不仅仅面临着社会转型的挑战，更有经济从计划经济向市场经济转轨的困难。俗话说，船小好调头，而中国这艘巨轮竟然奇迹般地做到了自如、高效地调整航向。

中国崛起的奇迹还体现在其规模令人叹为观止。西方几百年来，创造了辉煌的工业文明，推动了人类的全面发展。但其代价极为沉重：美洲的种族灭绝、文化灭绝，非洲的贩卖黑奴、全球的殖民和掠夺、环境恶化、核威胁。任何效仿西方的国家，通过同样的方式进行扩张，又导致了无数次战争，直至几乎毁灭人类文明的两次世界大战。尽管付出如此惨痛的代价，西方模式几百年间也仅仅解决了10亿人的发展问题。而中国涵盖了13亿人口，如此看来，中国模式岂不更具代表性、全球性和普世性？

道者，上为首，下为走。首是道之心，先谋后动。道与路同在，即为道路。而引导中国走上这条大道的首，就是中国共产党。

中国共产党有8000多万党员，是名副其实的世界第一大党，其中工人所占比例约为12%左右，29%是政府官员、国有企业和机构的管理人员及技术人员，32%是农民，其余27%是军人、学生和退休人员。这些数据表明了中国共产党的代表性和普遍性。

中国共产党在成立九十多年的短暂岁月中，使一个延续数千年的松散、无序、低效的社会组织结构，发生了翻天覆地的变革。这一变革，是使近代中国不断取得进步，进而在未来实现伟大复兴的重要社会动力来源。

在争取民族独立与解放的革命时期，在中国共产党的启发与组织下，使过去几千年一直处于中国最底层的农民，成长为推动社会变革和践行先进意识形态的主导群体。新中国成立之后，中国的社会结构又在大规模工业化经济建设中，获得了更大的革新：一个数量超越以往任何时期的工人阶级出现了。他们有着强烈的爱国主义和社会主义主人翁精神，能够以团结和奉献精神，去完成任何一项任务。

在与工农一起成长的过程中，中国共产党还不断吸纳来自其他社会阶层的精英力量，使党的代表性注入到整个中华民族的血脉中。与此同时，成千上万的各级党组织，层层密密地形成组织和动员网络，覆盖和掌控中国的主要社会力量和资源，真正保障了高效率的社会共识和社会行动。

只有在中国共产党的改造下，中国的传统社会组织结构，才第一次摆脱了松散和低效状态，具备了非常适合进行国家现代化建设的凝聚力、行动力。

一般而言，社会组织结构总是与其整体社会生产力发展水平相适应。一个国家的生产力发展水平到了什么程度，才会相应产生什么样的社会组织结构。

在中国共产党的主导下，在尚未进入工业化社会之前，中国的社会组织结构，就已经具备了拥抱工业化的条件。这充分表明了中国共产党的前瞻性。对于中国这样一个落后的农业国，这种条件是追赶世界发达工业国家的决定性条件。

如今，世界惊叹中国社会组织结构的变革，新中国成立六十多年的实践，证明了这一变革的意义是何等巨大。

我们可以看到，工业化程度曾经远远超过中国的印度，其社会组织结构一直没有经历根本性变革，甚至到今天仍旧与英国殖民统治下的状况并无多大区别。李光耀先生曾说："印度的规章制度错综复杂，官僚主义极其严重，令人感觉如坠雾中，看不到出路何在。"①

因此，印度在相当长的历史时间未能快速地、大规模地实现工业化，导致其综合国力水平远远落后于中国。

今天的中国，已经是世界上最大的工业产出国，经济总量已经稳坐世界第二的位置，其工业总产值也已经与美国并驾齐驱了。这样的成就，成为中国屹立于当今世界民族之林的基本保障，也是中华民族实现伟大复兴的基本条件。

中国共产党是一党执政，有别于西方的两党或多党执政。坦率地说西方的政党公开代表社会中部分群众的利益，为了当权，政党之间互相竞争。而中国共产党遵循着自己的政治传统，力求代表整个国家绝大多数人的利益，也就是代表中国最广大人民的根本利益。

---

① 詹得雄：《不再乐观的未来·李光耀论印度》，参见《参考消息》2013年12月19日第11版。

为什么是中国在短短60多年时间里，基本完成了西方列强用了300年才完成的工业化？特别是改革开放30多年来，中国的经济总量就超越大多数西方国家而位列第二？为什么只有中国，才能打破西方发达国家对各种工业化发展资源的严密控制，建设起门类齐全的现代化工业体系？

其实，在这里面起决定作用的，不是资本，也不是技术，而是中国共产党及其塑造出来的社会组织结构，或者说是体制使然。

我们党执政，是靠"能力优势"。今天的中国，没有哪一个政治派别的能力能够超过中国共产党。领导一个像中国这样的国家，不是能力最强的政党当然不行。一个最有能力的政党，领导一个为全体国民服务的政府，营造一个和谐的社会，就是我们要的中国。

2. 源远流长的中华文明是中国成功的文化基因

中国是有着悠久文明的国家。在世界几大古代文明中，中华文明是没有中断、延续发展至今的文明，已经有5000多年的历史。我们的祖先在几千年前创造的文字至今仍在使用。五千年的漫长历史，灾祸连绵兵燹不绝，而一个个方块汉字，就是一块块砖石，当它们排列衔接时，便仿佛垒砌了一个广阔而坚固的壁垒，牢牢守卫了一种古老的文化，庇护了一代代子民，沐浴着它的光辉休养生息；也让一拨拨的异族侵略者，最终在它的博大深厚面前，俯首称道。

中华传统文化博大精深，源远流长。在中国这一地域上，生活于斯的各时代、各地域、各民族的人群，其历史文化与社会生活复杂多样，丰富多彩。在数千年的发展过程中，各族群、各文化与宗教，在这里不断碰撞冲突，交叉整合，多样统一，和而不同，形成了多元一体的中华民族与中华文化。从上古先民至今，中华文化虽历经曲折变化，不断改易，然顽强地一以贯之地延续了下来，没有被外来文化的冲击所中断，成为世界文化史上的奇观。在人类文明史上，尚没有任何一个文明具有如此的柔韧性、顽强性、连续性。中国文化逐渐形成了内在自我的独特精神，且具有很强的包容融合、吸取消化并进而同化不同文化的能力。

中国文化的根源在六经之中。刘勰《文心雕龙》说："经也者，恒久之治道，不刊之鸿教也。"《诗》《书》《礼》《乐》《易》《春秋》（《乐》经不传，又谓五经）六经为诸子百家共有的精神源泉。六经是对天地、生命的敬畏，对"天下为公"的大同理想，公平正义社会的憧憬；对人文价值、多姿多彩的文化与多种审美情趣的追求；体现着自由人格与相互关爱，和谐与秩序的统一，丰富的天地人相接相处的智慧。

春秋末期，礼崩乐坏，文化下移。也就是英国对二十世纪世界影响最大的著名历史学家阿诺德·汤因比所说："在中国社会衰落后的第一次复原期，孔子热忱致力于复兴传统的礼乐制度，老子信奉清静无为，主张为无意识力量的自发作用留下自由的空间，两人都渴望触及人的内心深处，认为发自内心的精神和谐可以迸发出救世的力量，而且人们不断试图通过各种切实可行的制度实现他们的理想。"①

孔子继往开来，整理六经，奠定了中国传统文化价值系统的基本规模。儒家居于核心地位的"仁爱"精神为尔后的诸子百家，尤其是儒家所继承、弘扬。儒家在政治文化上强调王道、仁政、德治，有民本主义、民贵君轻的传统。

公元前100多年，中国就开始开辟通往西域的丝绸之路。西汉时期，中国的船队就到达了印度和斯里兰卡。唐代是中国历史上对外交流的活跃期。史料记载，唐代中国通使交好的国家多达70多个。这个大交流促进了中华文化远播世界，也促进了各国文化和物产传入中国。中国人对外从来没有殖民、侵略、种族灭绝的传统。孔子讲"远人不服，则修文德以来之"，倡仁爱，泛爱众，修身律己，与人为善。15世纪初，中国明代著名航海家郑和七次远洋航海，到了东南亚很多国家，一直抵达非洲东海岸的肯尼亚，留下了中国同沿途各国人民友好交往的佳话。

历史上，中外文明史的交流互鉴更是频繁展开，这其中有冲突、矛盾、疑惑、拒绝，但更多的是学习、消化、融合、创新。

佛教产生于古代印度，但传入中国后，经过长期演化，与中国儒家文化和道家文化融合发展，最终形成了具有中国特色的佛教文化，给中国人的宗教信仰、哲学观念、文学艺术、礼仪习俗等留下了深刻影响。中国人根据中华文化发展了佛教思想，形成了独特的佛教理论，而且使佛教从中国传播到了日本、韩国、东南亚等地。

在中华文化的历史传承中，儒、释、道各自发展、各自传承，统贯着学术与文化的命脉。作为中国传统文化的精髓，三家思想始终是在看似矛盾斗争中完美融合，犹如三枝奇葩，各自彰显异彩，相互辉映。历史也多认为三者之间

---

① ［英］阿诺德·汤因比：《历史研究》（下卷），郭小凌、王皖强等译，上海人民出版社2010年版，第877页。

有着彼此补充的作用，故有所谓"以佛治心，以道治身，以儒治世"的说法。

在观念与价值层面的文明上，儒家"仁爱忠恕"，墨家"兼爱非攻"，道家"道法自然"，佛家"慈悲为怀"，这些理念、理想人格的追求，以至修身养性、安身立命之道，都是对世界文明的伟大贡献。直到今天，我们从普罗大众身上亦可看到这些闪光思想的存在。可见，中华优秀传统文化是社会主义核心价值观的土壤和基础。

中华民族文化的独特性和优越性，不仅体现为显性的世界观和价值观，而且植根于隐形的思维模式中。在人类文明的进程中，中华文明之所以延续地如此绵长，在很大程度上得益于中国人思考问题的方式和解决问题的路径，得益于我们这个民族独特的方法论和辩证法原则。

与西方的思维模式不同，中国传统文化中所蕴含的思维模式是矛盾辩证式的。在中国文化的思维深处，从来没有一个给定的前提或支点，而总是有两个对立统一的因素彼此关联，这两个因素共存共生、相辅相成，彼此之间相互作用，只有在一个整体的结构中才能显示自身的意义和价值。所以，中华文化更侧重一种整体性的思维。

"孤阴不生，孤阳不长"，只有差异性的共存才能构成矛盾。而这种矛盾又是事物发展变化的源泉。春秋时期，大臣晏婴就曾借烹饪之喻向齐景公讲解"和"与"同"的关系。晏婴说，"和"就好比厨师做羹汤，将各种食物、调料进行烹调，这样就可以"济其不及，以泄其过"，既互相补充调节，又保持各种食物的味道，成为一锅好汤。正是受这种思维的引导，中华民族向来以和谐为美，以单调为丑；以和合为主流，以分裂为末流。这种和谐是一种宽容，是一种对多元性、差异性的容纳。特别是在全球化、国际化的今天，这种和合观越来越显示出其智慧的魅力。对于认识事物、治理企业，乃至治理国家和处理对外关系，大有助益。

在丰厚广博的传统文化资源中，系统思维对后来中华民族的思维方式产生了直接影响。这种系统思维要求把组成系统的多项要素作为整体来看待，因而，中国思想史上形成了看重整体的思想原则。《老子》说："天得一以清，地得一以宁。"儒家认为《春秋》大一统，法家主张"尊于一"，宋明时强调理、气一元论。虽然各派理论的出发点不同，但却毫无例外地表现了对整体的推崇。"先天下之忧而忧，后天下之乐而乐"，表达的是整体高于个体的价值观。中国历史上的爱国主义、集体主义大受弘扬，以至我们"全国一盘棋"

的思想，都是源于系统观、整体观对民族思维的影响。中共十八届三中全会提出，"必须更加注重改革的系统性、整体性、协同性"，民族文化中的系统思维为我们深化改革提供了理性支持。

中国传统文化经典，而藉由思维方式、思维特征表现出来的思维智慧，是一种文化基因，一种内在蕴涵，其对世界的影响也越来越大。孔子的思想已成为全球普世价值的重要组成部分。被称为"日本资本主义之父"的涩泽荣一，先后创立了第一国立银行、东京证券交易所等数百家企业和机构，对明治维新后的日本经济和企业运行产生了极大影响，而他最有名的著作之一就是出版于1916年的《论语与算盘》。他借用《论语》的论述认为："致富的根源是仁义道德，没有正确原由的富裕不可能持久。"① 他提出在近代工商业社会、企业要兼顾"伦理"与"利益"，在实现发展的同时，推动国家整体富裕并回馈社会。

这种"道德经济合一""义利合一"，不正是我们社会主义社会发展经济的价值观所在吗？我们党确立的以人为本的科学发展观，以及十八届三中全会提出的全面深化改革，更以"增进人民福祉为出发点和落脚点"，"创新社会治理，必须着眼于维护最广大人民根本利益"。这些人本思维方式都已在改革开放的实践中获得应用和发扬，也就是说改革开放的成果中，蕴含着中国传统文化的基因。

我们的祖国在近代遭受了苦难，为什么突然这一百年又复苏了，得以和平崛起？这是5000年文明的一种雄浑支撑着，在灾难的时候这个民族他有一种历史的光荣被调动起来了，其中有一些是孔子先贤们的使他调动起来了，所以他又回过神来了，发展出到现在为止还是生机勃勃的一种文明。一百年前美国钢铁大王卡耐基在游历中国、印度和日本之后，认定这三国中，中国必将胜出。他的理由是：西方人不能掠夺走中国的内在，中国人的哲学思想是中华文明的根基，也是中国崛起的原动力。

3. 成功还在于对国情的了解、对经济全球一体化的正确判断与准确把握

在中国传统文化中，辩证矛盾思维特别注重时间性。我们常常说把握机遇，"机不可失，时不再来"。既然矛盾双方之间的辩证运动是在时间中展开的，时间就不是可有可无的，而必须是参与实践的重要因素。因此，辩证思维

---

① 刘华：《孔子在日本：既传统又现代》，参见《参考消息》2014年5月21日第11版。

特别看重"时机",追求"时中"。

"时中"一词源于《周易》,"以亨通,时中也"。意思是,希望亨通,就要一是"合乎时宜",二是要"随时变通"。

《资治通鉴》中韩昭侯的谋士屈宜臼奉劝其不要修建高大门楼时说:"吾所谓时者,非时日也。夫人固有利,不利时。"① 意思是说,我所说的时间不是客观的时间,而是参与到事情当中来的时间,在合适的时间做一件事情,效果会很好;在不合适的时间做同一件事情,往往会很糟。这正是"举事而不时,力虽尽而功不成"的道理。

正因为此,中国文化对时间非常敏感,强调做任何事情都要相对而动,顺势而行。但是,也不是坐等相应时间的到来,要"随时变通",创造条件,顺势而为。

抓住时机,发展自己,关键是发展经济。我们真正干起来是1980年。1980—1983年这三年,改革主要在农村进行,搞农村家庭联产承包。1984年重点转入城市改革,经济发展比较快的是1984—1988年,这5年,首先是农村改革带来许多新的变化,农作物大幅度增产,农民收入大幅度增加,乡镇企业异军突起。农副产品的增加,农村市场的扩大,农村剩余劳动力的转移,又强力地推动了工业的发展,这5年,共创造工业总产值六万多亿元,平均每年增长21.7%。吃、穿、住、行、用等各方面的工业品,包括彩电、冰箱、洗衣机,都大幅增长。钢材、水泥等生产资料也大幅增长。农业和工业,农村和城市,就是这样相互影响,相互促进。这是一个非常生动、非常有说服力的发展过程。可以说,在此期间我国财富有了巨额增长,整个国民经济上了一个新台阶。

正如邓小平所说:"坚持改革开放是决定中国命运的一招。"② 而改革开放首先要解决的是思想大解放的问题。"文化大革命"后,确立以经济建设为中心的党的基本路线,这是第一次思想大解放。1992年邓小平南方谈话后,同年召开的党的"十四大",进一步明确了我国经济体制改革的目标是建立社会主义市场经济体制,这是第二次思想大解放。党的"十五大"提出公有制应当有多种实现形式,是又一次思想大解放。

---

① 《资治通鉴》(修订本)(一),改革出版社1993年版,第27页。
② 《邓小平文选》第3卷,人民出版社1993年版,第368页。

那么，什么叫解放思想？邓小平解释说："我们讲解放思想，是指在马克思主义指导下打破习惯势力和主观偏见的束缚，研究新情况，解决新问题。"①"首先是解放思想。只有思想解放了，我们才能正确地以马列主义、毛泽东思想为指导，解决过去遗留的问题，解决新出现的一系列问题，正确地改革同生产力迅速发展不相适应的生产关系和上层建筑，根据我国的实际情况，确定实现四个现代化的具体道路、方针、方法和措施。"②

对于改革开放初期党内外出现的思想问题，邓小平同志多次有过论述，"贫穷不是社会主义，社会主义要消灭贫穷。不发展生产力，不提高人民的生活水平，不能说是符合社会主义要求的。"③ 他在武昌、深圳、珠海、上海等地的谈话中更明确指出，"改革开放迈不开步子，不敢闯，说来说去就是怕资本主义的东西多了，走了资本主义道路。要害是姓'资'还是姓'社'的问题。判断的标准，应该主要看是否有利于发展社会主义社会的生产力，是否有利于增强社会主义国家的综合国力，是否有利于提高人民的生活水平。"④ 接着他又说："计划多一点还是市场多一点，不是社会主义与资本主义的本质区别。计划经济不等于社会主义，资本主义也有计划；市场经济不等于资本主义，社会主义也有市场。计划和市场都是经济手段。"⑤ 毫无疑问，邓小平的一系列讲话、论述对全党全国的思想解放、凝聚共识发挥了不可估量的作用。

解放思想是中国对客观世界认识的过程，使邓小平理论发育不断成熟，中国对社会主义认识不断深化，使理论与实践不断磨合、相互对接。我国的改革开放是全方位的，经济、政治、科技、教育、文化、军事、外交等各个方面都有明确的方针和政策，而且有准确的表述语言。肯定农村家庭联产承包责任制不变，城乡改革的基本政策，长期保持稳定。随着实践的发展，该完善的完善，该修补的修补，但总的要求是坚定不移。

1980年8月全国人大常委会第15次会议批准《广东省经济特区条例》，宣告深圳经济特区成立。至此，"春天的故事"在与香港一河之隔的深圳正式拉开帷幕。在邓小平的倡议和支持下，深圳、珠海、汕头、厦门四个经济特区

---

① 《邓小平文选》第3卷，人民出版社1993年版，第243页。
② 同上，第131页。
③ 同上，第116页。
④ 同上，第372页。
⑤ 同上，第373页。

的建立,十四个沿海城市的开放,海南岛的开放,上海浦东的开发,等等,初步形成了我国沿海地区对外开放的总体布局。1984年邓小平视察经济特区,在深圳题词:"深圳的发展和经济证明,我们建设经济特区的政策是正确的。"在珠海题词:"珠海经济特区好。"在厦门题词:"把经济特区办得更快些更好些。"

特区建立的初期,靠的是"三来一补"。随着时间的推移,对粗放式经营进行战略上的调整。一方面进行产业结构的调整,另一方面试图把相似的产业集中起来,形成聚集效应。"从三来一补"到"科学发展",虽然都是依靠"窗口"的优势,但却有本质的区别:最初是直接引进"实体资源",而后来引进"软性"资源,大到市场经济中政府应该扮演的角色,小到一个企业的管理,甚至普通业务,只要对我们发展有用,我们统统"拿来"。可以说,正是"春天的故事",为我们演绎了万紫千红的锦绣中华。

如果说特区的建立是对我国国情的了解和把握,那么加入世界贸易组织就是对经济全球化的正确判断与准确把握。2001年11月10日是一个历史性的日子,在卡塔尔首都多哈召开的WTO部长级会议上通过了中国加入WTO的一揽子法律文件,11日中国政府代表签署了加入WTO议定书,12月11日起中国成为WTO的正式成员。

1980年我国恢复在国际货币组织和世界银行的合法席位后,就决定恢复在GATT的合法席位,从那时起到我们最终成为世贸组织成员,整整花了21年。历史是如此巧合,新中国成立到1971年我国恢复在联合国的席位,同样花了21年。恢复联合国合法席位,使我国成为联合国安全理事会的五大常任理事国之一,重返国际政治舞台,在国际政治事务中发挥着积极作用,使我国的国际政治地位空前提高,成为名副其实的国际政治大国。30年后,经过同样21年的努力,我们最终加入了WTO,使中国真正融入到经济全球化进程中。

中国入世不仅仅是加入一个国际经济组织,更重要的是在实现一个强国之梦。从辛亥革命开始,中国人就想为获得平等的待遇而努力,但最终由于种种原因而没能实现。新中国的成立,联合国合法席位的恢复,为我们发展经济、开展多边外交奠定了良好的国际政治基础。然而,改革开放以来,尽管欧美及其他国家均与我国建立了经贸关系,但是,我们的货物、服务、资本、知识产权、人员流动等仍受到其他国家的种种不平等待遇。

我们复关/入世谈判的目的，就是要求这些国家和地区按 GATT/WTO 的协定、协议，按非歧视的贸易原则对待中国，按公正、公平、合理的原则和贸易争端解决机制解决我们与 WTO 成员间的经济摩擦，参与 21 世纪国际经贸规则的制定，成为经贸政策的决策者，利用多边经贸外交为中国的发展服务。因此，我们的入世是独特的，其独特就在于，不仅要获得进入别国市场的机会，更重要的是通过谈判，从法律体制、规则上，从根本上要求其他国家和地区按通行的国际经贸关系规则来处理与中国的经贸关系，把中国与其他国家和地区的经贸关系建立在公平的国际经贸规则的基础上，把中国的发展置于一个经济全球化的背景之中，充分利用经济全球化带来的利益。

中国加入世贸组织的历程与我们的改革开放是同步进行的、相互促进的，也是我们探索提高经济、社会综合竞争力的过程，是中国不断融入经济全球化的过程。笔者认为，中国的复关与入世谈判是我国对外经贸战略调整的最佳时机，也是中国确立 21 世纪双边及地区经贸战略的历史机遇。正是我们古典文化传统"举事适时"的具体体现。

中国的入世，预示了一个新的开始，事实也确实如此。它是我国对外开放的一个里程碑，是中国经济现代化的必由之路，是中国产业结构优化、企业产品结构升级、全面实施"走出去"战略的历史机遇。毫无疑问，对世界经济全球化的正确判断和把握，使我们及时融入其中，这就为我国的经济发展奇迹创造了有利条件。同时，中国已经显示出对全球化罕见的适应性，并成为最大的赢家。

美国前议员，世贸组织上诉机构前主席詹姆斯·巴克斯评价中国说："自 2001 年加入 WTO 以来，中国一直是一个建设性的成员。它始终保持着礼貌与耐心，坚持不懈地参与 WTO 的发展进程。中国日益遵守 WTO 的规则，始终保持与 WTO 裁决一致。它做了一个 WTO 成员应做的一切，除了在帮助维持 WTO 监督的全球贸易体系向心力上表现出领导力，世界上没有哪个国家从 WTO 成员地位上获利比中国更多。如果没有世贸组织基本的非歧视原则的法律庇护，中国肯定会在过去经济崛起的过程中受到其他贸易国家的普遍歧视。如果中国不是世界贸易组织成员，那么今天仍会受到这种歧视。"[①] 由此，我们不难看出这种机遇把握之重要。

---

① 参见《参考消息》2014 年 5 月 31 日 4 版。

4. 有效监管的施政原则和经济政策，使我国躲过两次经济危机的冲击

中国在改革开放仅仅30多年，实行市场经济不过20多年的时间里，奇迹般地在十多年间两次躲过经济危机的冲击，并两次扮演了救助者的角色。难怪在2008年11月15日，史无前例的G20首脑峰会于美国首都华盛顿举行期间，讨论的中心议题是如何应对当今世界唯一超级大国美国引发的全球性经济危机，无以受冲击国而非问题国甚至以救助者身份亮相的中国备受瞩目。

1997年东南亚经济危机爆发前，中国也曾出现经济过热、股市疯涨等泡沫现象。中国政府顶着压力果断进行治理整顿，经济成功实现"软着陆"，从而确保中国安然度过不久之后发生的东南亚经济危机。特别是当周边所有国家包括日本都采用降低汇率、损人利己、以邻为壑的做法之时，只有中国负责任地坚持承诺人民币不贬值，利人利己，发挥了与自己当时国力并不相称的作用和责任，显示了一个大国的担当，赢得世界喝彩。而危机过后，中国的国家实力和国际地位大幅提高，人民币在东南亚的地位也迅速攀升。中国成功地转变"危机"为"机遇"。

任何事物的发展都不会是一帆风顺的，中国的改革开放恐怕也毫不例外。20世纪末，有一段时间，中国的国企产权改革也出现了一些问题——MBO（管理层收购）、侵吞公产、监守自盗……搞得天怒人怨，发生了"通钢事件"这种群体性事件，有些人不接受教训，还在自拉白唱所谓"改革攻坚"战，铁了心要搞私有化。"改革攻坚"战不过是一个旗号，背后其实有更深的企图。正如经济学家高梁指出的："这是亮出底牌。他们有人公开说，现在国有经济的成分比过去少了，国有经济还存在于国家命脉的行业中。这是非常关键的一句话。什么意思呢？就是要向国家命脉开刀。在他们的字典里，中国民营经济包括私营经济和外资经济。所谓'改革攻坚'就是要分拆垄断型国有企业，先股份化再私有化，把国家的命脉交给私人和外资，使中国经济彻底殖民地化和资本主义化。"[①] 同时，高梁明确地说："国内政界和学界有些人和世界银行的关系不是一般的关系，高层对高层，他们之间有默契，关于私有化的主张可能是'出口转内销'。出口转内销的目的是想学俄罗斯的休克疗法，尤非

---

① 玛雅：《道路自信·中国为什么能》，北京联合出版公司2013年版，第076页。

就是这一套。"①

时任世界银行行长佐利克2012年2月跑到中国来游说：国企私有化、金融私有化。这不是从另一个方面证明了这些人的居心叵测吗！我们都知道，沙特、卡塔尔都是国家垄断石油资本，可是美国人并没到它那儿说你们垄断、你们国家不民主，却偏偏指着中国鼻子说我们垄断。要我们私有化、多党制，说来说去就是要我们折腾，折腾完了，中国老百姓他们不管。只有"大资本高兴。中国有一帮亿万富翁，他们最高兴，美国政府最高兴。如果让他们高兴就意味着中国老百姓遭殃，这是一个国家利益的博弈。国家利益是什么？没有国就没有家，没有一个统一的主权独立的国家，没有一个在国家内部形成的统一市场，就没有经济发展，就没有工业发展，中国今天的所有成果，老百姓要的好日子，就可能付之东流"②。

就是这场国企私有化之风，导致2003—2004年间，中国金融业面临前所未有的危机局面。随着改革的全面深化，所谓"债转股"，大量国有企业破产后造成的损失均由银行承担，坏账、呆账达40%，海外甚至宣称达70%。可以说，银行业成为中国改革成本的最后买单者。西方趁机要求中国开放金融业，国内一些政经界所谓精英也遥相呼应，提出将金融资产出售给西方，作为解决之道。然而，中国政府出人意料地从改革开放积累起来的巨额外汇储备中拿出300亿美元注资各大银行。这一世界经济发展史上少见的创新之举收到了奇效，不仅没有增加财政支出，而且使各大银行迅速摆脱困境，纷纷跻身世界十大银行前列，从而为抵御影响全球的金融危机提供了保障。

2008年，肇始于美国的次贷危机全面演变成金融海啸。中国又以独特的救市方案展现了中国政府的超凡智慧。中国政府与深受冲击的俄罗斯签订了高达200多亿美元的援助方案。而俄方则以石油为交换，同时以人民币作为结算单位。正如著名学者宋鲁郑所言："中国此举可谓多赢：不仅占据了道义制高点，还获得了中国需要的战略资产；而且以人民币结算，不仅可避免汇率变动的风险，大大提高了人民币的国际地位，加大了中国国际金融话语权的分量。"③ 显然，在随后举行的G20会议上，中国再次成为最大的赢家。

美国不过几百亿美元规模的次贷危机居然演变成金融海啸，其产生的根源

---

① 玛雅：《道路自信·中国为什么能》，北京联合出版公司2013年版，第075页。
② 同上，第077页。
③ 宋鲁郑：《中国能赢》，红旗出版社2012年版，第24页。

在于美国百姓的超前消费、借钱消费甚至借钱投资，其庞大的债务链将银行、保险等行业紧紧捆在一起。一个环节发生问题，就会迅速传导，从而导致全面崩盘。

另外，从政治制度来看，资本主义的发展历史告诉我们，经济危机是由这种制度的根本性矛盾所决定的，是不可避免的。资本的疯狂逐利的特性决定了这种危机会周而复始，前消后生。

我们可以从这场危机中看出，世界三大评级机构（美国标准普尔公司、穆迪投资服务公司、惠誉国际信用评级有限公司）全部失灵，这大概不是偶然的，他们将各种垃圾债券鉴定为一级，从而获得巨额利润，成为共犯和帮凶。而执政党为了一党之私，既不想改变选民寅吃卯粮的习惯，以免丢失选票；又放任资本作恶，终于在无法持续的临界点爆发了全面危机，拖累世界，这岂不就是其制度本身所造成，恐怕不是采取什么措施就能解决得了的。

5. 稳健的投资、平稳增长的消费和强劲增长的对外贸易亦是中国成功的重要因素

我们再看中国可以拉动经济增长的投资、进出口和消费三驾马车，它决定了中国经济为何可以一枝独秀的因素。

经济增长是宏观经济的主要目标之一。但如何实现增长，人们的认识并不一致。有人强调劳动力因素，也有人重视资本形成或投资，还有人认为技术进步对经济增长有决定作用。对经济增长的不同认识，产生了不同的经济增长理论，从而导致了不同的政策主张，而不同的经济增长政策，会产生不同的经济增长效果。

中国经济尚处于初级发展阶段，特别是改革开放初期，经济增长具有典型的要素拉动特征。经济发展需要刺激投资需求，最终消费需求的形成也有赖于加大投资力度，投资与消费双管齐下，投资需先行。因此，国民经济的发展离不开投资的持续增长。从理论上讲，投资增长率和经济增长率具有一种正向的关联关系。

一般认为，建设投资是国民经济增长的强大拉动因素。几乎所有国家的政府都会在经济不景气的时候，将建设投资作为刺激经济增长的工具。加大建设投资的规模，既可以增加就业机会和国民可支配收入，扩大内需，又可以直接带动当前的经济增长，为新一轮的经济增长奠定物质基础。

国际经验表明，在各国的工业化进程中，经济结构的共同演变规律之一就

是投资率不断提高、消费率不断下降。中国还处在工业化进程的中期阶段，同时又要推进城镇化，自然对投资有更高要求。"十五"期间，工业建设和工业生产都达到了一个新的高潮。在全社会投资中，用于工业的投资达111432亿元，是"九五"期间的2.36倍；占全社会投资的比重为37.7%，比"九五"时期提高了3.7个百分点。工业生产也呈现出大干快上的势头。"十五"期间，发电量增长达79.8%，原煤66.5%，生铁154%，钢材183%，水泥76.2%，汽车189%，金属切割机床183%。

城镇化进程的推进是促使投资增长的另一个诱因。城镇化过程是经济结构、城乡结构、产业结构、社会结构变化调整的过程，其结果反映了国家的经济社会发展状况。城镇化水平的提高与经济发展相互促进，经济发展到一定阶段，特别是工业化发展到一定程度，城镇化水平也随之提高。我国目前正处于工业化中期并向重工业化转型时期，城市化进程应该是处于由初期阶段向中期阶段的过渡期，对城市化建设资金的需求也处于上升期。

从世界范围来看，经济增长快的一般都是那些投资率比较高的国家和地区，而从我国的国情看，投资对经济增长也作出了重要贡献；同时，我国客观上存在巨大的投资需求。我国目前正处在经济起飞阶段，这一阶段的重要特征是向工业化和城镇化转变，这一过程会产生大量的投资需求，它不仅要求政府直接进行大量的投资，还需要鼓励企业投资。

当2008年世界经济危机冲击中国的时候，尽管经济总量已经跃居世界第二，中国经济增长的幅度位居世界最前列，但整个基础设施的水准和规模尚有很大差距，这就是采取4万亿投资拉动经济的道理所在。投资对我国经济增长具有重要意义，政府必须把投资放在首位，拉动经济增长，提高综合国力。

中国的消费需求一直是平稳增长的，但是，中国的老百姓，向来有勤俭持家的习惯，重视存钱消费和投资，甚至存钱不消费。据国际货币基金组织的统计显示，这几年中国国民储蓄率大体在59%左右，而世界平均储蓄率为19%左右，美国仅为17%；央行也有一份调查表明，83%的城镇居民倾向于储蓄而非消费。这在某种程度上为中国的发展提供了宝贵资金，更使中国不会产生类似美国那样的金融危机。比如，中国的老百姓无论购房或投资股市，往往都使用自有资金，即使投资失误造成损失，也仅限于自身，而不会发生传导效应。

当然，消费是最终需求，也是最大的、根本性的需求，是推动生产发展的原动力。最终，我们要实现从投资依赖转向消费支撑，构建以消费为主要拉动力的经济持续平稳增长的新格局。只要出台合适的刺激政策，同时逐步建立社会保障体系，中国将保持较长一段时间的消费高速增长。特别是现正处于消费升级的关键阶段，新的消费热点层出不穷，绿色产品、健康、教育、服务等领域都是需求的"富矿"，蕴藏着巨大潜力，正在蓄势待发。可以说只要政策到位，就会很快出现一批消费热点，广大企业由此将迎来更多"掘金"机会；刺激13亿人的消费增长，则必将为我国经济持续健康发展注入强大动力。而西方这种消费拉动性经济到现在已经没有多大的提升空间了，相反，正如美国总统奥巴马所说的：美国需要减少消费，增加储蓄。

在对外贸易方面，我们需简略回顾一下新中国建立初期的情况。20世纪50年代，由于西方资本主义国家对我国采取敌视封锁的政策，我国对外贸易的主要对象是原苏联和东欧社会主义国家。本着"积极协作、平等互利、实事求是"的方针，积极开展对苏、东欧国家和其他友好国家的贸易和经济合作，不断突破西方国家的封锁禁运，对医治我国战争创伤、恢复发展国民经济起到了积极作用。

通过贸易和使用苏联贷款，从苏联和东欧引进156项重点建设项目的成套设备和技术，建设了一批钢铁、电力、煤炭、石油、机械、化工、建材等骨干企业，为我国的工业化打下了初步基础。

1978年，中国开始进入改革开放的新时期：大力发展对外贸易，成为中国加快现代化建设、改变落后面貌、促进经济发展和提高综合国力的重要途径。

从1979年颁发《中华人民共和国中外合资经营企业法》，1980年批准第一批3家外商投资企业以来，我国吸收外商投资经过1979年至1982年的起步阶段、1987年至1991年的持续发展阶段和1992年以来的高速发展阶段，逐步成为我国对外经济贸易的重要内容之一。

经过30多年的努力，中国通过扩大对外开放、吸引利用外资投资、引进先进技术、改造提升国内产业，在全面参与国际分工和竞争中，实现了对外贸易的跨越式发展。

改革开放后，中国全方位发展对外贸易，与世界大多数国家和地区建立了贸易关系，贸易伙伴已由1978年的十几个国家和地区发展到目前的231个国家和地区，欧盟、美国、东盟、日本、金砖国家等成为中国主要贸易伙伴。

货物贸易总量跻身世界前列。1978 年，中国货物贸易进出口总额只有 2063 亿美元，在世界货物贸易中排名第 32 位，所占比重不足 1%。2010 年中国货物贸易进出口总额达到 29740 亿美元，比 1978 年增长了 143 倍，年均增长 16.8%，其中出口总额 15788 亿美元，年均增长 17.2%，进口总额 13962 亿美元，年均增长 16.4%，中国出口总额和进口总额占世界货物出口和进口的比重分别提高到 10.4% 和 9.1%，连续两年成为货物贸易第一出口大国和第二进口大国。

货物贸易结构也发生了根本性变化。出口商品结构在 20 世纪 80 年代实现了由初级产品为主向工业制成品为主的转变。到 90 年代，实现了由纺织产品为主向机电产品为主的转变。进入新世纪以来，以电子和信息技术为代表的高新技术产品出口比重不断扩大。外贸经营主体除了国有企业外，还包括外商投资企业、民营企业等，后二者的进出口总额目前均已超过国有企业。

改革开放以后，我国的贸易方式不断增多，除原有的贸易方式外，我国采用了来料加工、来样加工等灵活多样的贸易方式，独家代理、租赁、拍卖、招标等多种贸易方式在具体业务也有采用。在技术进出口中还采用提供技术评估、顾问咨询等各种方式。在各种新型贸易方式中，加工贸易的发展最为突出，1998 年，加工贸易占当年全国出口总额的 56.9%，目前，加工贸易已占我国对外贸易的半壁江山，超过了一般贸易的发展规模。

经过 30 多年的改革，我国外贸体制发生了根本变化。一是行政直接干预大大弱化，外贸宏观管理逐步走向以经济法律调控为主的轨道。二是外贸经营主体多元化格局初步形成，自负盈亏的经营机制不断得到加强和完善，国有外贸企业从计划经济体制下国家计划的执行者，转变为社会主义市场经济条件下自主经营、自负盈亏、自我约束、自我发展的经营者。三是外贸政策的统一性和透明度进一步增强，涉外法规日益健全，世界外贸经营的领域和渠道进一步拓宽，总体效益和竞争能力大大提高。

中国贸易制度发生了根本性变革，开放程度越来越高，在贸易自由化的进程中走在了发展中国家的前列，并成为全球贸易自由化的重要推动力量。同时，中国贸易不断腾飞，特别是入世以后，对外贸易出现了更强劲的增长势头，在世界贸易中的排位不断上升。

入世后，中国平均关税从 2001 年的 15.6%，降到 2005 年的 9.7%，其中非农产品的平均关税降为 8.8%，农产品关税降至 15.3%，非关税措施大幅度削减或废止。

从1989年至2001年,中国用于出口退税资金累计6383亿元,同期征收进出口税累计11621亿元,两者相抵后,进出口环节为国家直接增加税收达5238亿元,推动了对外关系的发展,加快了开放型经济的形成。

作为世界第一大货物贸易国和第二大经济体,中国贸易政策的变化和新举措会对其他世贸组织成员的贸易和投资产生影响,因此中国的贸易政策和贸易做法,得到了世界贸易组织成员的高度关注。

在2014年7月1日和3日,世贸组织在日内瓦对中国展开了第五次贸易政策审议。世贸组织贸易政策审议机构主席玛丽亚姆·萨利赫在总结发言中说:"此次审议为我们提供了更好地了解中国贸易和投资政策的绝佳机会。"① 她说,世贸组织成员肯定了国际金融危机爆发后中国经济增长在推动全球经济复苏方面发挥的重要作用,并赞扬了中国坚定推进改革的决心。她还指出世贸组织成员赞扬了中国在推进贸易便利化方面作出的努力。

世贸组织成员肯定了中国在转变经济增长方式方面取得的成绩,重视中国经济发展和扩大内需对进口需求的推升为其带来的机会,肯定了中国在反对贸易保护主义、维护和加强多边贸易体制发挥的建设性作用。

中国以实际行动推动"南南合作",开展"促贸援助",给予最不发达国家产品零关税待遇,积极帮助其他发展中国家特别是最不发达国家的经济发展等做法,也得到了世贸组织成员的肯定,体现了一个负责任大国的胸怀和担当。中国已是世界上第一大货物贸易国,进出口额巨大,中国更好地执行世贸规则,能够为世贸组织其他成员起到表率作用,推动各方遵守世贸组织规则。这不仅符合中国利益,也有利于世界贸易的发展。

然而,改革开放以来,"中国威胁论"不绝于耳,"中国经济崩溃论"腆着脸唱到今天。像克鲁格曼那样的"大家",得过诺贝尔经济学奖,谈全球经济还挺靠谱,一预测中国经济就落空,这是因为他们一面对中国往往就失去了客观性。说到中国的进出口贸易,也有人唱衰中国,断言中国的出口黄金时代宣告结束。

过去30年来,中国已使全球制造业发生革命性变化。但随着工资上涨和劳工骚乱增多,中国经济正在改变。这是否意味着中国在全球制造业的统治地

---

① 陈建:《中国贡献获世贸成员充分肯定》,原载《经济日报》2014年7月7日4版。

位行将结束？英国《经济学家》信息部认为，尽管供给链出现新趋势，但新基础设施和生产率进一步提升等因素，会继续令中国保持竞争力。英媒认为，大量劳动供给、高水平基础设施投资、稳定的政治环境和良好教育，令中国超越美国成为全球产值最高的制造业大国。这使中国更加繁荣，同时也带来涨工资和改善工作环境的压力。但笔者认为，所谓劳动密集型生产商将离开中国寻找更廉价目的地的说法，是夸大其词。通过对更多新兴经济体2013年至2018年劳动生产率与工资上涨的对比，可以看出中国更具成本竞争力，且没有任何经济体的劳动生产率增幅会超越中国。①

这家英国媒体，分析了亚洲市场的孟加拉国、越南、印尼后认为，他们工资涨速与中国类似或稍快，但劳动生产率增速都相当缓慢。

其实，工资仅是工厂搬迁的考量之一。生产还受到成本、基础设施、相关配套产品、原材料、投入和市场经营风险，甚至劳动力的知识结构等多重因素影响。从他们绘制出生产率增速和经营风险的对比图看，大多数新兴市场的经营风险都大于中国，尤其是阿根廷、埃及和尼日利亚等。比中国成本更低但风险更大的是印度、印尼和菲律宾。英国媒体得出结论认为：未来几年，低成本制造商不会大规模离开中国而奔赴其他新兴市场。

未来几年，中国将通过进一步改善业已优良的基础设施和深层次工业实力，继续巩固优势。考虑到未来人民币升值的因素，其竞争力也将长期维持。而随着中国产业升级，高新技术出口的竞争力会更加明显。融合了巨额资金、高端技术和庞大规模人力的大型民用飞机生产，一旦技术成熟，其竞争力在世界上也是无人能及的。而且之前业已技术成熟的中国高铁走向世界已是指日可待，其竞争力更是不可估量。生物制药、精密仪器等每一项冲击世界顶级水平的创新项目，都将是组成21世纪中国希望的崭新元素之一。

6. 改革开放符民情、顺民意、惠民生、得民心、社会稳定是中国成功的基础

我们一直在讲"改革"，那么什么是改革呢？从字面上理解，改革就是变革、革新，现常指改变旧制度、旧事物。也就是把事物中旧的不合理的部分改成新的，能适应客观情况的。或者我们可以说，改革是在现有制度的基础上局部的调整。改革也是由统治阶级自上而下推行的，为了维护自己的统治，相对

---

① ［英］《制造业霸主仍将是中国》，参见《环球时报》2014年5月27日6版。

比较缓和。

中国的改革是从农村开始并率先取得突破的，而农村改革最重要的举措是推行了家庭联产承包责任制。农村搞家庭联产承包责任制，这个发明权是农民的。农村改革中的好多东西，都是基层创造出来的，我们把它拿来加工提高作为全国的改革指导。因此它具有符民情、顺民意、惠民生、得民心的社会基础。

20世纪五六十年代，农业合作化以后，农村经济体制和经营管理体制高度集中，统一经营，统一分配，农民毫无自主权和积极性，致使农业生产的发展缓慢，农民生活的改善基本处于停滞状态。到1978年，全国没有解决温饱问题的还有一亿多，广大农民急待休养生息。

1978年夏秋之交，安徽发生百年不遇的特大旱灾。这对本已十分贫穷的安徽农村，无异于雪上加霜。除长江、淮河外，全省绝大多数河川断流，土地龟裂，树叶凋落。由于秋季无收，秋后大批灾民涌现，离家乞讨。

面对此情景，1978年9月1日，安徽省委召开紧急会议，研究对策。时任安徽省委第一书记的万里在会议上动情地提出："我们不能眼看着农村大片土地撂荒，那样明年会更困难。与其抛荒，倒不如让农民个人耕种，充分发挥各自潜力，尽量多种保命麦，度过灾荒。"经过讨论，安徽省委作出了"借地种粮"的决定。① 将凡是集体无法耕种的土地，借给社员种麦、种菜；鼓励多开荒，谁种谁收，国家不征统购粮，不分配统购任务。

这一大胆决策，给广大农民下了场及时雨，极大地调动了广大农民的生产自救积极性，最终超额完成了秋种计划，扭转了被动局面。而这一"借"，诱发了农民"包产到户"的动因。

1978年12月，安徽凤阳小岗村18户没有外出的农民召开一次秘密会议，决定实行包产到户，20个农民在保证书上按了手指印或图章。他们连夜抓阄分牲畜、农具并丈量土地，一个早晨就分完了。

是年底，小岗生产队大丰收，全年粮食产量由原来的3万斤一下提高到12万多斤。这个"吃粮靠返销、花钱靠救济、生产靠贷款"的"三靠队"，1979年第一次向国家交出了公粮，还了贷款。这是小岗人做梦都没有想过的。

小岗一年大变，产生了极大的示范效应，许多地方纷纷自行仿效。邓小平

---

① 张广友：《改革风云中的万里》，人民出版社1995年版，第163页。

在1992年视察南方的重要谈话中说到，搞农村家庭联产承包，开始的时候只有三分之一的省干起来，第二年超过三分之二，第三年才差不多全部跟上，这是就全国范围而言。

到1983年初，全国农村实行包产到户、包干到户的生产队达到93%，其中绝大多数是包干到户。1984年初，宣布土地承包期延长至15年以上，生产周期长的开发性项目承包期还可以更长一些。

家庭联产承包责任制使农民获得劳动和经营的自主权，使农民的生产成果和利益直接挂钩，极大地调动了农民的生产积极性，实实在在得到了实惠，同时又迅速解放了长期被压抑的农村生产力，成为我国农村改革的突破口，又为城市改革准备了充足的劳动力市场。

在推进家庭联产承包责任制和进行体制改革的同时，国家还大幅度提高农副产品的收购价格，减免农业税收，恢复和扩大自留地，允许家庭副业生产，开放农贸市场，并对农村流通体制和产业结构进行了局部改革和调整，积极发展农村多种经营，走农、林、牧、副、渔全面发展，农、工、商综合经营的道路，使农业生产充满了生机与活力。

家庭联产承包责任制的普遍推行，"政社合一"体制的解体，农副产品统购派购制度的取消，大量剩余劳动力的出现，使得乡镇企业如雨后春笋，迅速崛起。

乡镇企业的崛起，成为我国农村经济改革过程中可以和家庭联产承包责任制相提并论的奇观。邓小平说："农村改革中，我们完全没有预料到的最大收获，就是乡镇企业发展起来了，突然冒出搞多种行业，搞商品经济，搞各种小型企业、异军突起。这不是我们中央的功绩。"[①]"发展乡镇企业不是我们领导出的主意，而是基层农业单位和农民自己创造的。"[②]

到1987年，全国乡镇企业从业人数达到8805万人，产值达到4764亿元，占农村社会总产值的50.4%，第一次超过了农业总产值。这是农村经济的一场深刻变革。[③]

城市经济体制改革是伴随着农村经济体制改革而开始并逐步全面推开的。中共十一届三中全会拉开了中国改革开放的序幕，开始几年的重点在农村，但

[①]《邓小平文选》第3卷，人民出版社1993年版，第238页。

[②] 同上，第252页。

[③] 汤应武：《1976年以来的中国》，经济日报出版社1997年版，第170页。

从1984年后重点转向了城市。1984年至1988年城市改革的全面展开及其取得的成就，冲破了旧体制和传统观念的束缚，使中国的社会主义开始焕发生机和活力。

1979年前后，全国一千多万知青大批回城，迫切要求安排工作。城市中大批新的劳动力也有不能充分就业的问题。由国家全部包下来是不可能的。正是这种情况使中央决心大力发展集体经济，并开始允许和鼓励发展个体经济。

1980年后，中共中央国务院从解决城镇就业、方便人民生活、补充国营经济不足等方面制定政策措施，引导、鼓励、促进、扶持积极发展多种经济形式和多种经营方式。在这些战略决策和具体政策指导下，我国城镇集体经济和个体经济获得较快恢复和发展，初步形成了以公有制为主体，多种所有制形式和多种经营方式并存的格局。

从1978年到1983年底，城镇集体所有制企业的职工人数由2048万人增加到2744万人，增长34%；个体劳动者由15万人增加到231万人，增长14.4倍。到1984年底，我国城镇集体所有制职工达到3216万人，城镇个体劳动者达到339万人。广东、福建等地开始出现中外合资、中外合作和外商独资的经济形式。①

1988年4月，七届全国人大一次会议通过《中华人民共和国宪法修正案》，在宪法第十一条增加规定：

> 国家允许私营经济在法律规定的范围内存在和发展。私营经济是社会主义公有制经济的补充。国家保护私营经济的合法的权利和利益，对私营经济实行引导、监督和管理。

至此，私营经济的合法地位正式载入国家的根本大法，得到法律的确认和保护。

增强企业活力是整个经济体制改革的中心环节。围绕这一中心环节，国家进一步扩大企业自主权，改革企业经营方式。

国家在财政上采取一系列减税让利政策，使企业留利大大增加，使企业改革从单纯地简政放权，发展到健全和完善企业经营机制阶段。

---

① 汤应武：《1976年以来的中国》，经济日报出版社1997年版，第173页。

除承包制外，一些小型国有企业还采取了租赁经营责任制的经营方式。还对股份制实行了探索。早在 1984 年，我国即出现了股份制企业。1985 年 10 月，深圳经济特区证券公司正式成立，专门从事股票的发行、转让及管理工作。随后沈阳、上海、北京、广州等地先后成立了证券交易所。1986 年 12 月，国务院在《关于深化企业改革增强企业活力的若干规定》中第一次正式允许"各地可以选择少数有条件的全民所有制大中型企业，进行股份制试点"。根据这一精神，股份制试点在一些地方铺开。

与扩充和完善企业经营机制相配套，对企业领导制度和劳动工资制度进行了改革。中共中央、国务院发出通知、颁布条例，把厂长负责制作为企业的基本制度肯定下来。1988 年 4 月，七届全国人大一次会议通过《中华人民共和国全民所有制工业企业法》，把厂长负责制以法律的形式肯定下来。

在劳动制度方面，实行劳动合同制，打破就业上的"铁饭碗"。在工资制度方面，普遍实行了国家核定企业的工资总额和增长幅度，企业内部分配由企业自主决定的方法，多种灵活分配方式，使职工的报酬和企业的经营成果及个人的劳动贡献紧密挂钩。

中国共产党从成立就举起一面旗帜，即全心全意为人民服务，这就是党的宗旨。始终代表广大人民的根本利益，而不是哪一个或哪几个利益集团的利益，这点从革命到建设，再到改革，一路走来从未改变。邓小平说：把人民拥护不拥护、赞成不赞成、高兴不高兴、答应不答应，作为我们中国共产党奉行的格言。在实践中，人民拥护的事、赞成的事，我们就坚决去做、主动去做。

随着改革发展的不断深入，党和国家把惠民生作为落实以人为本的科学发展观，建设社会主义和谐社会的重要环节。坚持发展为人民，发展成果由人民共享，在发展经济的基础上，持续提高人民物质文化生活水平。同时不断提高居民可支配收入水平，即通过扩大就业、保障劳动者合法权益，提高劳动者报酬占初次收入的比重，通过改善社会保障体系和公共服务体系，提高居民消费率。

改革开放以来，中央政府出台了大量保障民生的政策措施，为应对国际金融危机，中央曾先后出台了家电下乡、汽车下乡、家电以旧换新等一系列惠民的政策举措。这些政策措施取得了令人满意的效果。有些政策的效果比预期还要好。比如汽车购置税优惠政策，有效推动了我国汽车消费，带动 2009 年我国的汽车行业形成产销两旺的局面，全年汽车销量突破 1300 万辆，使得我国跻身汽车大国，有效带动了我国的经济增长。

改革开放起步的同时，党中央及时重申必须坚持四项基本原则，并将四项基本原则载入 1982 年的新宪法之中，作为我国的立国之本。这表明，我国改革开放和现代化建设一开始就有明确的政治方向，四项基本原则成为建设有中国特色社会主义事业健康发展的政治保障，当然也就保障了我国改革开放方向和社会的稳定，这也就是我国取得成功的基础所在。

（三）比较中西方制度，方知中国道路的魅力所在

东西方本来是个地域方位概念，一般是以地理标记来区分东西方，把各具特色的地区中最西端称为"西方"，最东端的称为"东方"。而全球著名历史学家，美国斯坦福大学历史学和古典文学教授伊恩·莫里斯在他的《西方将主宰多久》一书中指出，"对于究竟是什么构成了'西方'这一问题，我们大多数人的感觉是出于一种本能。有些人将西方等同于民主和自由，另一些人想到了基督，还有一些人想到的则是世俗的理性主义。"莫里斯接着说："事实上，历史学家诺曼·戴维斯找到了至少 20 种关于西方的学术定义，并用他所称的'弹性地理'统一在一起。每一种定义都赋予西方不同的形态，而这一定会造成混乱。"① 这样做毫无意义，我们选择另外的路径。

龚古尔研究成员，欧洲宗教科学研究院荣誉院长雷吉斯·德布雷认为，西方，这既是一个区域，也是一个组织，还是一项设想。区域指的是欧洲大西洋空间。这个"第一世界"相对应的是共产主义集团的"第二世界"以及第三世界。这里是基督教主导的区域以及一些信奉东正教的区域。从第二方面来说，西方是一个政治军事组织，具有扩张性和攻击性。这就是戴高乐所说的"美国霸权工具"的北大西洋公约组织。虽然名称叫北大西洋，实际上它已经在区域之外的非洲和中亚行动了。最后西方还是一项设想，体现着对全球予以现代化的一种意愿。这种现代化混合着自由市场、超级个人主义（个人为王，没有传统和从属这些消费者的束缚）以及良政（不搞政治的治理艺术，将国家像企业一样管理）。这并不是一项阴谋但却是一个乌托邦，一种狂热。它构成了西方化的基础。②

---

① ［美］伊恩·莫里斯：《西方将主宰多久》，钱峰译，中信出版社 2014 年版，第 4 页。
② 《西方价值观只是推行霸权工具》，参见《参考消息》2014 年 7 月 25 日 10 版。

东方，则主要指的是中国，因其位于东方，又对应着与西方不同的政治概念和价值观。

1. 中西方制度，在一定条件下还是可以比较的

中国改革发展的巨大成就，使得世界近年来对中国发展道路或发展模式的研究成为热点。有些观点认为，中国和西方是两种完全不同的社会，两种政治制度基本没有可比性，做这种比较没什么现实意义。这种认识值得商榷。我们要想评估中国道路的世界意义，离不开制度的比较。

如果一个中国人过去20多年里移民美国的话，当他今天再回到家乡，可能会强烈感受到中美两国命运的巨变。仅就物质生活而言，过去20多年来，多数中国人事实上经历了一场财富革命，那么他就会不无感慨地说，真是三十年河东、三十年河西啊！这个趋势看来还将继续下去。这岂不就是直观的比较吗？

所以，我们说能否比较，取决于你的视角和标准。比如，在国家权力的架构、运作方式和运作流程上，中西方政治制度的可比性就不那么显而易见；而在政治制度的功能、产出的绩效上，二者的可比性就很高。

又比如，体现统治职能的主要政治制度和基本政治制度，中西方的可比性就低一些；而体现管理职能的体制和机制层面的政治制度，中西方的可比性就相当强。因此，只要我们从可比性大的层面和角度入手，就可以评估中国道路的世界意义。

只有通过中西方政治制度的比较，才能从根本上揭示现代化中国发展模式的世界意义。这样也有助于在世界范围推动两种模式进行有效的"对话"，一方面使国际社会对中国模式的关切得到积极回应，使中国模式获得更加广泛的理解和认同；另一方面，我们可以利用西方模式这一参照系更清醒地认清自我，坚定不移地走自己的路，同时更全面、正确地看待西方模式的经验教训，从中借鉴有用和有益的东西。

一些西方有识之士的比较，可以给我们有益的启示。弗朗西斯·福山通过比较认为："中国模式有一些重要优势，是西方民主制度不具备的；过去十年中，中国人民享有较大的思想和言论自由，政府治理方式不断改进，纠错机制发挥了明显作用。"[①]《纽约时报》专栏作家弗里德曼则认识到："制度优势可以使得中国迅速凝聚力量解决议题，而这些议题在西方国家的讨论和执行，要

[①] 宁强：《比较中西方制度，方知中国道路魅力》，参见《环球时报》2014年4月11日14版。

花几年甚至几十年。"①

事实上，20世纪50年代后期西方殖民体系瓦解，一大批亚非拉新独立国家登上历史舞台，这种比较研究日益受到推崇。

2. 资本主义和社会主义的本质区别究竟在哪里

当我们讨论资本主义和社会主义时，事实上是在如何实现资本和劳动的利益平衡上作出一种选择而已，资本主义是一种选择，社会主义也是一种选择。

那么什么是资本呢？法国著名经济学家托马斯·皮凯蒂认为："资本指的是能够划分所有权，可在市场中交换的非人力资产的总和，不仅包括所有形式的不动产（含居民住宅），还包括公司和政府机构所使用的金融资本和专业资本（厂房、基础设施、机器、专利等）。"②

历史已经证明，人类社会不能没有资本。资本为劳动创造条件和机会，没有资本，现代意义的劳动就不存在。当然，也因为有了劳动，资本有了增值的可能。资本为劳动创造条件和机会，劳动为资本增值提供可能，这都必须通过市场来实现。

现在，我们来看看资本主义和社会主义的区别究竟在哪里。但我们不做大规模的讨论。

资本主义是以资本家占有生产资料和剥削雇佣劳动为基础的社会制度，亦称自由市场经济或自由企业经济。在资本主义制度下，生产资料大多为私人占有，主要是通过市场的作用来指导生产和分配收入的。毫无疑问，资本主义的基本逻辑是：以资本为出发点，通过为劳动创造机会和条件，生产出各种社会消费品在自由市场出售，最大限度地赚取利润，以实现资本增值。最后的落脚点还是资本。从资本到资本，大众消费的自由市场不过是资本赚取利润的一个中间环节。

资本主义制度是经过工业革命，由工场手工业过渡到机器大工业以后最终确立的。15世纪末的地理大发现以及随之而来的殖民地的开拓，使销售市场扩大了许多倍，加速了手工业向工场手工业的转化。资本主义工场手工业由于在工场内部实行劳动分工，比资本主义初期实行简单协作的手工业，大大地提高了劳动生产率。到18世纪，在英国等先进的资本主义国家，国内市场与世

---

① 宁强：《比较中西方制度，方知中国道路魅力》，参见《环球时报》2014年4月11日14版。
② ［法］托马斯·皮凯蒂：《21世纪资本论》，巴曙松、陈剑等译，中信出版社2014年版，第46页。

界市场的迅速扩大，越来越同工场手工业的狭隘的技术基础发生矛盾，资本家为了在竞争中获取更多的利润，要求进一步改进生产技术。在这种情况下发生了工业革命。工业革命诞生的机器大工业，标志着资本主义生产的物质技术基础已经建立。科学技术的不断进步和应用于生产，促进了生产力迅速发展，使资本主义生产关系扩展到一切生产部门。资本主义产生和发展，在各个国家具有共同的规律并带来类似的后果，但是各个国家由于具体的历史条件不同，也具有各自的特性。

有趣的是，资本为了赚取更多的利润，必须让更多的民众加入到消费市场中来，也就是说，必须让民众买得起各色消费品，大到房子、汽车，小到毛巾、肥皂，还有各种文化产品，如电影、电视剧、文学、绘画等等。所以聪明的资本家愿意从高额利润中，拿出一部分作为劳动的报酬，给了劳动群体，时刻诱导劳动群体购买各种消费品，把给劳动群体的钱又赚了回去。资本在追逐利润的同时，客观上——请注意仅仅是客观上，而不是主观上——为大众消费提供了丰富的商品。于是就有人认为这样的经济模式已经很好地解决了资本与劳动的利益矛盾。这就是资本主义。

那么社会主义呢？社会主义是以生产资料公有制和按劳动分配为主要经济特征的社会制度。社会主义一词来自拉丁文"socialist"，意即"社会的"，"共同的"。

在社会主义的科学概念形成之前，有关社会主义的学说和理论就已存在着不同的流派。马克思具有进行综合的才能，他把德国的唯心主义哲学同英国的政治经济学和法国的社会主义融合起来。马克思与其他思想家不同的是，他强调生产方式归根到底是历史运动的决定因素。马克思把他的学说称为科学社会主义，以区别那些被他称为空想社会主义者的学说。而空想社会主义同马克思主义有直接的思想渊源关系，它是马克思主义的来源之一。马克思和恩格斯认为，社会主义（或共产主义）社会是不断发展和变革的社会。在《哥达纲领批判》中，马克思明确地区分了共产主义第一阶段和共产主义高级阶段，并对第一阶段作了分析。

列宁在提到共产主义第一阶段时说："人类从资本主义只能过渡到社会主义，即过渡到生产资料公有和按每个人的劳动量分配产品。"[①] 在这句话里，

[①]《中国大百科全书（精华版）4》，中国大百科全书出版社2002年版，第3469页。

共产主义的第一阶段被表述为"社会主义"。列宁的《国家与革命》一书在说明马克思关于共产主义社会分为两个阶段的思想时,明确称共产主义的第一阶段(或低级阶段)为"社会主义",称共产主义高级阶段为"共产主义"。此后,"社会主义"一词用于表达社会经济形态时,即专指共产主义的第一阶段或低级阶段。社会主义制度在中国的建立和发展过程,是马克思主义中国化的过程,具有中国自身的特殊性。

社会主义是以劳动群体的福祉为出发点,有意识地鼓励资本为民众多创造就业机会,有意识地——是主观上,而不仅仅是客观上——增加劳动群体的报酬,有意识地让更多民众能加入到消费市场中,有意识地为民众拥有更多的财富创造政治、法律和社会条件,最终的落脚点还是劳动群体的福祉。从劳动到劳动,中间环节如投资、开厂、生产、销售、消费……几乎跟资本主义的逻辑一样。正如邓小平所说:社会主义也需要市场经济。所以社会主义跟资本主义的区别,只是出发点和落脚点上的不同。事实上,当资本主义发展顺利时,仅从过程来看,跟社会主义没有什么两样。只是当危机积累到一定程度时,两者的区别就比较明显了。今天发生在西方世界的金融危机,资本主义的解决方案就是保持资本,牺牲劳动。社会主义的解决方案就不应该是那样的了。因为人类社会既需要劳动,也需要资本。劳动和资本并不是势不两立的,所以资本主义和社会主义的两种逻辑也不是势不两立的。

事实上,今天在世界各国,资本主义逻辑中也含有社会主义因素,社会主义逻辑中也含有资本主义因素。我们坚持社会主义,但并不排斥资本主义因素。当然我们也不会强求别国也按照社会主义逻辑行事,社会主义是对内的一种政治诉求,而不是对外的政治诉求。社会主义区别于其他社会的本质特征,应该是公正与公平。

3. 中国梦比美国梦更精彩

习近平在当选中共中央总书记后不久,在参观《复兴之路》展览时阐述了"中国梦",这个"中国梦"一经提出,备受全国人民推崇。"中国梦"意味着"国家富强、民族振兴、人民幸福"。实现中华民族的伟大复兴,这是近代以来中国人民最伟大的梦想。习近平在提出这一思想时,确立两个经济发展的具体目标。到2021年,即共产党成立百年时,中国应该实现"全面建成小康社会的目标"。此外,到2049年,即人民共和国成立百年时,中国将已发展成一个"富强民主文明和谐的社会主义现代化国家"。"中国梦"是民族的梦,也是每一个中国人的梦,所有中国人都"共同享有人生出彩的机会,共同享有梦想成真的机会"。

实现中国梦的三个先决条件是:必须走中国道路;必须弘扬中国精神;必须凝聚中国力量。中国梦是中国结合自身国情,实现马克思主义中国化,开创出中国特色的社会主义道路。"既不走封闭僵化的老路,也不走改旗易帜的邪路"。

在实现民族复兴的壮丽征程上,在改革发展的火热实践中,在全民同心共筑中国梦的洪流中,靠的就是弘扬中国精神来凝聚共识,激发创造活力,就是以爱国主义为核心的民族精神,以改革创新为核心的时代精神。

人总是需要一点精神的,一个国家和民族更是这样。没有人的精神的有力支撑,就没有全民族精神力量的充分发挥,一个国家一个民族就不可能屹立于世界民族之林。物质贫乏不是社会主义,精神空虚也不是社会主义。中华文明源远流长,中国精神生生不息,成为照耀我们民族奋进的灯塔。而爱国主义始终是把中华民族坚强团结在一起的精神力量。凝聚在爱国主义旗帜下,个人命运才会与民族命运紧密相连,滴水之微才能汇聚成无坚不摧的磅礴力量。家是最小国,国是最大家,中国梦的本质内涵就是国家富强、民族振兴、人民幸福。

事实上,正是这种精神力量,使得偌大一个中国,在短短三十年就创造了跻身世界第二大经济体的奇迹。仅就物质生活而言,多数中国人经历了财富革命,人均 GDP 超过了 3000 美元,有 4 亿多中国人摆脱绝对贫困,这种巨变,每个中国人都有强烈的切身感受。

我们在全民努力实现中国梦的过程中,不由间接地想起"美国梦"。中国梦和美国梦都包含生活和政治两个层面。在生活层面,两者应该差别不大,两国的百姓大都相信通过诚实劳动,自己的生活可以变得更加美好。但在政治层面,中国梦和美国梦存有相当的差别。美国梦强调美国人自己界定的民主、自由、人权等保证了生活版美国梦的实现,而中国梦则强调"国家富强、民族振兴、人民幸福"的整体观,强调今天所选择的道路是实现中国梦的最佳途径。

现实中的问题是美国梦遇到了不小的挑战。过去 20 年来,美国多数人的收入不是增加了,而是减少了。诺贝尔经济学奖获得者约瑟夫·斯蒂格利茨做了这样的评估:尽管有经济复苏的迹象,但现在美国经济的规模仍比 2008 年金融危机前小 15%。他认为 GDP 不是衡量成功的好指标，更相关的指标是家庭收入。美国今天的中位数实际收入比 1989 年（即 25 年前）的水平还要低；全职男性员工的中位数收入还不如 40 多年前的水平。他感叹：美国自称"机会之地"或者至少机会比其他地区多，这在 100 年前也许是恰当的。但是，至少 20 多年来的情况不是这样的。①

法国经济学家托马斯·皮凯蒂在他的新著《21 世纪资本论》一书中更明确地指出，大历史数据的分析结果显示，在奉行自由市场经济的美国，流入顶层 1% 的国民收入份额的变化曲线是一个巨大的 U 形。在第一次世界大战前，美国顶层 1% 的收入占国家总收入的份额是五分之一；到 1950 年，这一份额被削减至不到原来的一半；但是，自 1980 年起，顶层 1% 的收入份额又一次大幅上升，并回到了一个世纪前的水平。对收入不平等趋势的详细分析还显示，1980 年以来，拥有资本所带来的收入远远超过劳动收入的增长水平，也就是说，富者愈富，穷者愈穷，而白手起家、劳动致富的可能性在不断降低。②

与美国梦一路下滑的情况相比，中国梦则展现出强劲上升的势头。过去 30 年中，至少已有超过美国人口总数的中国人实践了这样的梦想。中美两国命运的巨变已为一些民调所印证。美国皮尤中心 2013 年跨国民调表明，85% 的中国人对自己国家的发展方向表示"非常满意"，在美国这个比例为 31%。英国的 WWP 集团发布了《中国梦的力量与潜力》调查报告，认为"中国梦的吸引力未来可超越美国梦"。受访中国人中有超过 1/3 认为，美国是当今世界的"理想国度"，但这种看法仅限于当前，有 42% 的中国民众认为，再过 10 年，中国将会成为"理想国度"。

财富的不均等乃民主之敌，而资本独大，使美国梦被"出卖"。托马斯·皮凯蒂指出：民主社会的根基在于崇尚奋斗的世界观，或至少是通过奋斗而实现价值的信念，即社会普遍认为，财富不均等应由能力和努力程度决定而不是遗产和租金。这种信念和希望在现代社会中发挥着重要作用，原因很简单：在民主体制中，尽管公民的生活条件有着巨大差别，但全体公民都享有平等的权利，因此要想克服这对矛盾，那么社会的不公平就必须由理性和普世真理造

---

① 张维为：《中国梦比美国梦更精彩》，参见《环球时报》2014 年 4 月 9 日 14 版。
② 参见《光明日报》2014 年 6 月 23 日 12 版。

成，而不是由不可抗拒的偶然性造成，因此，不公平性必须符合正义，而且对人人有用，至少从道理上说是如此，在现实中则尽量做到。①

而美国因其制度本质，从资本出发落脚到资本，使资本回报率高于经济增长率导致了不平等，使贫富差距在不断拉大，财富集中到越来越少的人手中。皮凯蒂研究中注意到，"1980年以来，美国国民收入中有相当一部分（大约15%）从最穷的90%人口转向了最富的10%人口。如果我们考察一下危机发生前30年（即1977—2007年间）美国经济的增长情况，就会发现最富的10%人口占据了增长总额的3/4，这一时期最富的1%人口就独自占据了国民收入增长的近60%。因此，对于剩下90%人口，收入增长率每年不足0.5%。很难想象，在社会群体之间存在如此极端分化的情况下，这个经济和社会如何能够持续运转下去。"②

而2014年8月美国人口普查局提供的最新证据显示，美国十年来贫富差距进一步扩大，富人更富、穷人更穷。人口普查局公布的研究将美国人分成5组，从最富有到最贫穷。从2000年到2011年，最富有家庭的净资产中位数上涨了11%，达到630754美元；次富有的组别净资产也上涨了。由于大多数美国人的财富缩水，该国家庭净资产中位数下跌了约7%，至68828美元。2009年衰退后的股市反弹和房地产价格回升，帮助较富有的美国人重新获得财富。但是20%低层的美国人资产负债更多，他们在2011年比2000年更贫穷。在2011年，最穷美国人的净资产中位数为负6029美元，而10年前则为负905美元。要知道，资本就是制造这种不平等的最大因素和变量。

在种族与年龄之间也存在差别。2000年至2011年之间，整体白人的净资产中位数获得增加，而黑人及拉美裔美国人则减少。55岁以下人群的净资产中位数下跌；65岁以上人群的净资产中位数上涨；而55岁至64岁人群则基本没有变化。人口普查局在评估净资产时涵盖了股票、银行存款、房产价值、退休账户和其他资产，还考虑了账户债务，例如房贷、车贷、信用卡债务和助学贷款。③

在美国，不仅这种从资本出发再落脚到资本的制度制造了贫富差距的拉大，同时，资本拉大也绑架了民主。2008年华尔街五大投行全军覆灭，但高

---

① 参见《参考消息》2014年8月6日10版。
② ［法］托马斯·皮凯蒂：《21世纪资本论》节选（三），参见《参考消息》2014年7月9日10版。
③ 参见《参考消息》2014年8月23日6版。

盛集团的政治献金仍然高达数亿美元。由于政治力量对资本力量的臣服,从而使得资本处于无监管状态:不出问题,仍然可以保持繁荣;一出问题就是全局性的,崩溃性的,这也是美国产生次贷危机,进而演变成全球经济危机的原因。

金融危机前倒闭的安然公司,是小布什最大的金主之一,71位参议员和187位众议员曾收过安然公司的政治资助,就连小布什时期联邦能源管制委员会主席,也是在安然公司的总裁推荐下才获得这个职位的。这样的公司谁还能管得了?只能等到它自己玩完、彻底毁灭。这也是曾任美国纳斯达克主席的投资大亨马多夫为什么能够在美国行骗多年、撑起500亿美元骗局的原因。就连他自己在监狱中也一再声称怎么也没想到自己可以骗这么久。

由此可见,是不是政治版的美国梦出现了什么问题?两位普利策新闻奖获得者唐纳德·巴利特、詹姆斯·斯蒂尔于2012年出版了《被出卖的美国梦》一书,他们认为美国的政客、政府、富人、大公司之间的权钱交易动摇了美国梦的基础,使得普通美国人成功的机会越来越少。美国政府替富人减税,理由是富人能给美国创造大量的就业机会,但这种局面基本没有出现。富人不热心把利润汇回美国国内,而是更多地把钱财转移到开曼群岛等逃税天堂。

由此我们不难看出,美国的民主制度,基本上已经被各种充分组织和动员起来的利益集团所绑架,强大的资本力量似乎可以左右美国的许多制度安排。一个良好的政治制度应该能够确保在一个更大的范围内,实现政治力量、社会力量、资本力量之间的平衡。这三股力量严重失衡,资本力量独大,这就是美国梦被"出卖"的主要原因。

而在中国,社会主义制度决定了我们从资本出发,是有意识地从劳动群众出发,资本的落脚点是为劳动群众造福祉。中国模式下的政治力量、社会力量、资本力量的动态平衡,特别是中国政治力量的相对强势和中立,在受到社会力量和资本力量必要制约的同时,大致维持了自己规范和领导资本力量和社会力量的能力,这也是过去30多年中国崛起比较顺利的一个主要原因。经过比较,我们可以推论:如果中美两国都继续沿着各自的道路走下去的话,多数中国人实现自己梦想的前景和机会应该好于多数美国人,换言之,中国梦的前景总体上将比美国梦更精彩。

中国所致力追求的国家富强、民族振兴、人民幸福的中国梦,与持久和平、共同繁荣的世界梦是相互联系、彼此互通的。随着综合国力的不断增强，中国将在力所能及的范围内承担更多国际责任和义务，在客观上为世界梦的实现提供有力的支撑；同时，中国高举和平、发展、合作、共赢的旗帜，致力追求的世界梦，必将推动国际关系民主化，促成建立更加公正合理的国际政治经济新秩序、国际关系新体系，推动持久和平、共同繁荣的和谐世界的实现。中国的和平发展，将打消世界对中国作为大国崛起的疑虑，使中国成为促进世界和平的更加积极的因素。中国梦不仅是引领中国实现现代化和民族伟大复兴的精神旗帜，同时也是推动实现包括中国人在内的全世界人民美好梦想的长久动力。

4. 中国政治制度具有独特优势

政治制度是指治理国家所施行的一切措施。制度是为了满足特定情况下的需求而建立起来的，是一定历史条件下形成的法令、礼俗等规范。一项制度的建立要与其政治制度相适应，也要与其不断变化的环境相适应，但制度建立的关键是要确保国家政治、社会和资本三种力量达到一种有利于绝大多数人利益的平衡。我们欣赏英国政治哲学家埃德蒙·伯克，他一贯的观点认为，任何制度的变更一定要从自己的传统中延伸而来。因此，有时需要不断调适，使其与时俱进，否则，当旧制度无法适应不断变化的环境，就会导致政治衰败。但是这里还要强调需尊重自己的文化。

美国斯坦福大学民主发展与法制研究中心高级研究员弗朗西斯·福山曾指出：美国林业局的成立是美国在 20 世纪初的进步时代建设国家的绝好例证，当时人们的想法是，管理公共土地、负责部门人员安排的应该是林业领域的专业人士而非政客。这个想法是革命性的。然而今天，许多人认为林业局是个发挥不了功能的官僚机构，用不恰当的工具去完成一个过时的使命。它已经失去了很多自主权。它的工作受到来自国会和法院多个相互矛盾的命令的制约，耗费了纳税人的大量金钱。如果说林业局的成立是现代美国国家发展的例证，那么它的衰落则体现了国家的衰败。[①]

政治学家塞缪尔·亨廷顿在其经典著作《变化社会中的政治秩序》中，就用"政治衰败"一词来解释"二战"后许多新兴独立国家出现的动荡。亨廷顿认为，社会经济的现代化给传统政治秩序带来了问题，导致新社会群体被

---

① [美] 弗朗西斯·福山：《衰落中的美国》，参见《参考消息》2014 年 8 月 22 日 10 版。

动员起来，而这些群体的参与却不能被现有的政治制度所容纳。由于制度无法适应不断变化的环境因而导致了政治衰败，因此，衰败在很多方面就成为政治发展的先决条件：破旧而让位于新。但这个转型过程可能是非常混乱和暴力的，也没有人能保证旧的政治制度会不断地、和平地适应新的条件。

按照亨廷顿所言，制度是"稳定的、宝贵的、反复出现的行为模式"，其最重要的功能就是便于集中采取行动。没有某种明确的和相对稳定的规则，人类便不得不在每一个决策关头对他们的行动重新进行研判。这种规则往往是由文化决定的，并随社会和时代的不同而有变化，但制定遵守规则的能力是与生俱来的。因循守旧的天性使得制度具有惯性，是使得人类社会能够实现任何其他动物都无法实现的社会合作的原因。

对于美国宪法所信奉的麦迪逊式的民主而言，制度的稳定性恰恰是其政治衰败的根源。自由民主几乎全都与市场经济联系在一起，而市场经济往往会有赢家和输家。当经济上的赢家谋求将自己的财富转化为不平等的政治影响力的时候，这就有了很大的问题。理论上，民主的政治制度有一套让其进行改革的自我纠正机制。但它们将阻碍进行必要改革的强大利益集团的活动合法化，这就最终必将走向衰败。这也正是近几十年来美国所发生的事情，正如弗朗西斯·福山所言，"美国的许多政治制度都已经变得越来越失常"。

在美国，用金钱交换政治影响力的交易已是司空见惯，其形式完全合法，也更难根除。互惠利他主义在华盛顿盛行，是利益集团腐蚀败坏政府的主要渠道。在华盛顿，利益集团和游说团体的爆炸式增长是惊人的：游说企业的数量从1971年的175家增加到10年后的大约2500家，到了2009年，13700名说客花费约35亿美元。通常情况下，利益集团和说客们的作用不是刺激新政策的出台，而是让现有的法律更糟。① 资本已经在很大程度上左右着"民主"。

经济学家曼库尔·奥尔森在其1982年的《国家的兴衰》一书中，对利益集团政治对经济增长以及民主造成的不利影响，提出了一个最著名的论断。他认为，在和平与稳定的时代，民主国家往往会积聚越来越多的利益集团。这些利益集团非但不从事创造财富的经济活动，反而利用政治制度为自己谋取利益或寻租。这些租金对于集体来说是无益的，对于整体公众来说是有成本的。但是公众并不能像银行业或玉米生产者那样有效地组织起来，以保护自身利益，

---

① [美]弗朗西斯·福山：《衰落中的美国》，参见《参考消息》2014年8月22日10版。

其结果是随着时间的推移，能量渐渐向寻租活动转移，最终只有被大的冲击如战争或革命终止。

政治学家莫里斯·菲奥里纳提供了大量的证据表明，美国的"政治阶级"远比美国人民更加两极化。但是支持中间道路的绝大多数人对此不以为然，而他们大多是无组织的。这意味着，政治是由那些组织严密的活动家来定的。这些组织不会产生妥协的立场，而是带来两极分化的政治僵局。

美国的政治制度已经随着时间的推移走向衰败，因为传统的制衡制度越来越根深蒂固，越来越僵化。在政治两极化的背景下，这种权力分散的制度越来越难以代表大多数的利益，使利益集团和社会组织的观点获得过多的表达。今天，美国再一次受困于其政治制度。弗朗西斯·福山认为，美国人不信任政府，所以他们不愿意把决策权交给政府。国会制定复杂的规则，削弱了政府的自主性，导致决策缓慢且成本高昂。然而，政府又不能很好地执行，更进一步证实了人们对政府的不信任。他预言，美国政府的衰败可能还会继续，直到某种外部冲击催生出一个真正的改革阵营并且付诸实施。

一个国家实行何种制度，与这个国家的具体国情和历史文化条件密切相关。作为文明型国家，中国有着自己独特的历史传承。在过去2000多年的历史长河里，多数时期是统一的儒家集团执政。超大的人口规模、广袤的国土疆域、悠久的历史传统、深厚的文化积淀，意味着治理这样的大国需要考虑诸多复杂的因素，需要应对人口和疆土规模带来的巨大挑战。正因为如此，在过去2000多年的时间里，中国是一个比欧洲更和平、更繁荣、更发达的国家。

中国共产党充分汲取了历史上儒家执政集团所长，总结了中国近代史的经验教训，并借鉴世界上其他执政党兴衰成败的经验教训，基于中国的基本国情，坚持独立自主，选择自己的道路，创造性地走出了一条既不同于西方国家也不同于苏联等国家的成功发展道路，形成了一套符合国情、设计独特、客观科学、有力推动中国发展进步的社会制度体系。使自己在治国理政方面取得了巨大成功，引领中国在全球竞争中脱颖而出，迅速发展。

中国共产党从本质上是一个"国家型政党"，就是说这个党是代表整个国家和全体人民整体利益的政党。这个"党"和西方的"党"的内涵可以说完全不同，西方认为一个社会由不同的利益集团组成，各个利益集团都应该有自己的代表，然后通过竞选和票决制，一个多元的社会就这样从"分"走向了"合"。但非西方国家一旦采用了西方的政治模式，往往水土不服，社会"分"

了之后大都再也"合"不起来了。从伊拉克到阿富汗，从泰国到乌克兰都是这样的例子。现在就连美国等一些西方国家也面临同样的挑战。今天的美国就是分裂的，共和与民主两党尖锐对立，使美国的各种体制改革步履维艰，甚至使政府瘫痪关门。用弗朗西斯·福山的话说就是"极化"政治成了主流，"否决政治"盛行，使必要的改革措施无法实施，美国整体实力也随之不断走向衰弱。

随着欧美金融危机、债务危机和经济危机的发展，西方国家民众对自己国家现状呈现出越来越多的从希望到失望或持续失望的心态。根据美国皮尤中心所做的民调，美国民众在 2009 年和 2012 年对自己国家现状满意程度分别是 30% 和 29%；英国为 30% 和 30%；法国为 32% 和 29%；意大利为 25% 和 11%。如果西方国家还拒绝"与时俱进"的改革，西方整体走衰的趋势估计还会加速，甚至不能排除一些西方国家滑入"第三世界"的可能，像希腊这样的国家似乎正在整体滑向"第三世界"。

西方的政治制度安排基本上把选举国家领导人的任务，每四年或五年一次，交给选民。而选民却有先天的局限和缺陷，特别是受制于个人的眼界和利益局限，往往无法看到自己社会整体和长远的利益。政客只要有足够的金钱和作秀能力，就可以迎合大众的短视和局部利益。比方说，选民喜欢高福利的"偏见"，政客就打"高福利"的牌，结果西方国家一个接一个地陷入了高福利引发的债务危机。

而在中国实践中产生的"群众路线"，是民主的另一种体现形式。在深入群众、相信群众、依靠群众的过程中，选贤任能，靠走"群众路线"完成民意的沟通及群众对行政的监督，避免了竞选式民主常常在发展中国家引发的社会动荡及族群对立。作为中国经验的"群众路线"，和人们熟知的"人民代表"制度与"政治协商"制度一样，为发展中国家探索了一种新的民主形式。

三十年来，中国特色社会主义制度为实践发展提供了坚强保障。政治制度促进了社会主义民主政治蓬勃发展，人民当家做主权利得到更好保障，人民群众的积极性、智慧和力量得到充分发挥，政党关系、民族关系、宗教关系、阶层关系、海内外同胞关系更加和谐。经济政策总体来看没有特别地倾向任何一个利益群体。经济制度促使各种所有制经济平等竞争，相互促进新格局的形成，统一开放、竞争有序的现代市场体系得以建立，推动了社会生产力的快速发展，使我国综合国力迈上新的台阶。

在战略规划方面，中国政治制度可以制定国家长远发展规划和保持政策的稳定性，不会受立场不同、意识形态相异导致政党更替的影响。其战略规划和执行能力可以说是世界各国中出类拔萃的。顺利制定和成功执行一个接一个的"五年规划"，就是很好的例证。那些个西方国家根本没有国家发展的战略规划。这是因为西方的多党竞争制度决定了一个政党所制定的规划，换了一个政党来执政，就难以延续了，所以根本不可能谈什么稳定性。因此，中国政府在制定政策时总是看得很长远，而"美国的问题在于政策都是短期的，没有人知道接下来会发生什么"。

随着金融危机、债务危机、经济危机的扩散和深化，世界将越来越体会到中国的社会主义市场经济明显优于西方的"市场原教旨主义"。西方在新自由主义经济学基础上形成的"华盛顿共识"，其核心观念是市场这只"看不见的手"可以自动恢复经济平衡，不需要政府进行任何干预。其实在现实世界中，没有一个国家奉行这样的市场经济。

美国农业是高度补贴的，中国公司要并购美国公司遇到不少困难，华为公司要进入美国遇到很多障碍，即使起诉了奥巴马政府，仍然不会为你开绿灯。1997年亚洲金融危机的时候，美国要亚洲国家放弃政府干预，让市场决定一切；而2008年美国金融危机爆发之际，美国政府自己却进行了大规模的救市，其无论采取银根紧缩还是量化宽松政策，难道不是政府对市场的干预？足见其霸道与虚伪。

美联储前主席格林斯潘在金融危机爆发后曾反思，他说他处于"极度震惊和难以置信"的状态，他"不敢相信自己对市场的信念和对市场是如何运作的理解是错误的"。其实，今天这个世界上，"看不见的手"还包括大量的虚假的"看不见的手"。全球化经济中，世界上用于投机的资金数十倍于世界贸易总额。像中国这样的国家，如果没有必要的政府干预和保护，所有资产可能被西方投机大鳄洗劫一空。

幸亏我们有"社会主义市场经济"理论，其核心是将政府这只"看得见的手"和市场这只"看不见的手"有机地结合起来，把计划和市场有机地结合起来，把国有经济和民营经济有机地结合起来。从过去数十年的实践来看，我们的"社会主义市场经济"模式，虽然还需要不断完善，但已经显示了其优越性，带来了中国的迅速崛起。

我们可以理直气壮地说，中国政治制度的独特优势造就了国家的迅猛发展和国际地位的提高。中国独特的政治制度及其明显的优势，将是实现中华民族伟大复兴中国梦的最重要制度保证，它必将极大地丰富整个世界的政治制度文明，并深刻影响世界格局的未来走向。

（四）中国道路的世界意义

1. 昭示了仁人志士和中国共产党人"寻路"的艰难历程及其历史的必然

道路本是人们行走的路线，是人们达至目的地要遵循的。道路一旦与政党、国家、民族、人民相联结，就与党和国家的事业发展、与民族命运和人民幸福安康密切相关。正因如此，我们常常把所走道路正确与否同事业兴衰联系在一起。"道路决定命运"，是"最根本问题"；道路问题"关系党的事业兴衰成败"，是"党的生命"。

新中国走过了 65 个春秋，波澜壮阔，成就斐然。我们由一穷二白、积贫积弱的"东亚病夫"，发展到今天经济社会繁荣、综合国力强盛，令国人骄傲，国威日隆，让世人惊叹。取得如此迅猛发展和优异成就，谱写了光彩夺目的新篇章，其最根本的原因是在中国共产党领导下，经过亿万人民艰苦努力和不懈探索，为中华民族寻找到并成功走上了中国特色社会主义道路。

这条道路从历史深处走来，凝结着近代以来 170 多年中华民族的艰辛与悲壮。当 1840 年西方列强的炮声击碎了"大清帝国"的安宁和美梦，中国向何处去，走什么道路，怎样救亡自强，就成为中国人不得不面对的现实课题和严峻考验。由此肇始，一代又一代仁人志士抛头颅洒热血，奔走呼号，中国国人开始了"寻路"的艰难历程。从鸦片战争开始，经过洋务运动、戊戌变法特别是辛亥革命，在诸多道路都走不通的现实背景下，"十月革命"的胜利和中国共产党的诞生，使"走俄国人的路"成为必然。

这条道路凝结着中国共产党诞生 90 多年的顽强奋斗。中国共产党走上中国革命的历史舞台，即义无反顾地勇往直前，率领全国各族人民奋起反抗帝国主义、封建主义、官僚资本主义，不断取得武装斗争胜利，使建立社会主义新政权、亿万人民"走上社会主义道路"成为必然。

这条道路凝结着新中国成立 60 多年的探索与成就。在社会主义新中国建立后，我们完成社会主义改造，积极探索社会主义建设规律，在总结由于照抄照搬和指导思想失误而经历曲折坎坷的教训中，使社会主义建设必须"走自己的道路"成为必然。

这条道路凝结着改革开放 30 多年来的创新与辉煌。我们党实现工作重点转移，全面实行改革开放，大力推进经济社会建设和各项事业发展，不断探索并丰富发展"自己的道路"的内涵与外延，取得举世公认的巨大发展与进步，我们成功地走上了"中国特色的社会主义道路"，同样是一种必然。

我们寻找到并成功走上这条中国特色社会主义道路，是近代以来由鸦片战争导致中国突遭变局，内外交困的社会现实引发的，是几代中国人上下求索、不懈求取救国图存方略和自强途径促进的，是中国共产党人应时势而作为、合规律而进取、顺民意而奋发，在浴血奋战、艰辛探索、高歌猛进中争取民族独立、实现国家富强的伟大实践中完成的。我们探寻这条道路的过程，这是一段充盈着血与泪、贯通着生与死、裹挟着悲与喜的难忘岁月，是一个连接着得与失、容纳着顺与逆、涵盖着进与退的不凡历程。这是一段难忘岁月与不凡历程，特别是它经过长期积聚、积累、积淀而结出了丰硕成果——中国特色社会主义道路。

在探索这条道路的历程中，我们党始终着眼于三个根本问题。一是无论我们党为获取政权还是作为执政党，其根基在于顺应民意；二是民意的有效表达在于民主；三是民主的终极目标在于民生。

民意，即人民群众共同的心声或意愿。民意的广泛形成与有效表达，既是人民群众不断提升民主意识的过程，又是充分体现公民权利的自主行为。对民意的分析、判断能力，可直接反映出一个执政党的执政理念及政治敏锐度；对民意的理解和顺应程度，可直接判定出一个执政党的执政能力及执政根基。

密切联系群众是我们党最大的政治优势。新民主主义革命时期，正是由于在党群关系问题上有不同立场、不同态度和不同行为，国共两党的政治力量和政治影响才在最初悬殊的对比中逐步发生了逆转，进而最终实现了领导权的更迭。中国共产党的历史，说到底就是一部在密切联系群众基础上不断发展壮大并从胜利走向胜利的历史，是一部努力实现好、维护好、发展好最广大人民群众利益的历史。

党群关系是世界上任何一个政党都要特别关注的一种政治关系。对于执政党来说，不断倾听民众的声音，努力满足民众的意愿，更好地处理党群关系，是巩固执政根基、扩大执政影响、提高执政能力的必然选择。可以说，执政党对人民群众的感情越深，对民意的关注度就会越强烈，执政的地位就会越巩固。

"民主"在西方普遍认为是从希腊语的"人民"和"统治或权威"等词根演变而来的观念，最初就有一种强烈的"权利"内涵及"民众"倾向。在我们东方，"民主"一词有更早的应用，它虽然有别于今天的概念，但其民本思想却在今天仍然具有现实意义。

在人类的发展史上，不同时代、不同种族的人们对民主都有共同的向往和追求，可以说它是超越社会制度层面的人类政治文明的共有成果。随着这些成果从概念向理念转化，从理论向实践发展，作为国家制度的民主，其核心内容便可确定为人民当家做主权利的实现和国家权力的运行，其中的政党制、选举制、协商制以及监督机制的形成与完善，使民主的形式越发具体化和多样化。

我们党在探索这条道路的历程中，早已洞悉民意的有效表达在于民主。在延安时期，著名的"窑洞对"，毛泽东当时对黄炎培"国家兴衰周期率"的提问所作回答是，"我们已找到新路，我们能跳出这周期率。这条新路，就是民主，只有让人民来监督政府，政府才不敢松懈。只有人人起来负责，才不会人亡政息。"这一明确的作答，缘于共产党人对未来执政期间关于新路的设计，源于对民主作用的预期及对民主制度的自信。这种主权在民、人人负责、监督执政的政治理念，对全面准确地解析人民群众与执政党的关系，具有长期的指导意义。

一个社会制度的好坏，最重要的衡量标准在于是否能有效地解放和发展生产力，以及是否将其成果有效地惠及民生进而不断增进广大国民的福祉，而这些标准不以民主为前提是根本无法达及的。而高度的民主又是目的与手段的统一：民意的充分表达过程，就是广大人民群众着眼于现实，对未来的生产、生活及相关权利不断提出更高要求的过程，本身就是民主的重要体现。与此同时，若是民意得到充分表达并在此基础上逐步变为现实，又必须依靠真正的民主政体及有效的实现途径。

我们说"民生"，是指广大民众的基本生存和生活状态，及其基本权益的保障状态。民生与民主息息相关，紧密相连。一方面，民主是民生的基本保障和存在前提，没有民主就没有民意表达的途径，民生就没有充分实现的可能；另一方面，民生又是民主的目的与最终归宿。人们追求民主的终极目标就是要以社会主人的地位和权利，当家作主，实现社会和个人的充分发展、和谐发展，并在此基础上，享受主人应有的发展权利与幸福生活。民生问题在现实中表现为老百姓的吃穿住行、就业、医疗、养老、教育等基本内容，它涉及每一位社会成员的切身利益，因此，必然得到民众最广泛的关心与关注。而发展经济的根本目的，在于提高人民生活水平，而不是为了简单追求经济高速增长的数据。惠民生比高增长更重要，我们不能因为走得太远，以至于忘了为什么出发。

着眼于民主、民生，设身处地地从百姓意愿出发，实实在在地为他们解决困难和问题，是我们党一贯的宗旨，无论是土地革命还是社会主义改造和建设，都是以百姓的根本利益为出发点。特别是改革开放三十多年来，让6.6亿人快速摆脱贫困，被誉为"中国奇迹"。全球贫困人口数量减少的成就大部分来自中国，在世界减贫史上铸刻下"中国成就"。2014年，又将每年的10月17日设为"扶贫日"，充分体现了我们党对贫困地区贫困群众的格外关心，对民生问题的高度重视。改革开放后，允许一些地区、一些人先富起来，是为了最终达到共同富裕，所以要防止两极分化。邓小平曾指出："少部分人获得那么多财富，大多数人没有，这样发展下去总有一天会出问题。分配不公，会导致两极分化，到一定时候问题就会出来，这个问题要解决。过去我们讲发展，现在看，发展起来以后的问题不比不发展时少。"他还反复强调："社会主义的目的就是要全国人民共同富裕，不是两极分化。"这些论述，既是对未来可能发生的问题的一种预警，又是对未来发展道路及发展目标的一种超前设计。

党的十八大以来，以习近平为首的党中央严厉开展"老虎苍蝇"一起打的反贪、整肃官场的同时，在全党开展群众路线教育实践活动、改变工作作风、解决"四风"问题，实实在在为群众解决困难，使人民群众真正能够公平地分享改革成果。同时，不断强化民生理念，把人民群众的柴米油盐、衣食住行、安危冷暖、生老病死等实际问题放在心上，作为政治大事来抓，抓牢、抓实，使我们党在关注民生、保障民生、不断改善民生的过程中，体现出全心全意为人民服务的根本宗旨。

2. 一个文明型国家的"超大型崛起"史无前例，注定特立独行

中国是一个文明型的国家。我们之所以这样说，是因为我们使用的是历史悠久、生生不息的汉语。一个民族的语言文字是本民族文化的精神血脉，也是民族认同的利器。保持了汉语言文字，就保持了中国文化的根。

中国具有自己独立的思想体系和文化内源性，在人类主要知识领域内都有自己自成体系的东西，政治、哲学、宗教、语言、建筑、文学、美术、音乐、军事、教育、体育、医学、饮食等都是这样，因此，中华文明是一个主体文

明。中国具有海纳百川、融汇多样性为一体的能力。如佛教从印度传入中国，与儒家文化、道家文化融合发展，最终形成了具有中国特色的佛教文化。中国可以吸收其他文明的所有精华，但决不放弃自己，最终在更高的基础上实现优势整合与超越。

中国具有独特的政治文化观。"得民心者得天下，失民心者失天下"，中国政权的合法性来源于"民心"，而"民心"指的不是一时一刻的"民意"，而是指实现人民的整体长远利益。这使我们更能够克服今天西方民主制度所带来的民粹主义和短视主义等弊病和危机。

中国这个古老文明的国家，又因其超大规模对国家现代化的以往经验构成了诸多挑战，中国的发展路上横亘着一些以往成功国家所不曾见过的巨大障碍。中国的崛起对世界的潜在影响力几乎无上限，由此而产生的预测和未雨绸缪在逐渐增多。

中国作为"超大型"社会这一事实，是这个国家崛起路上各种重大问题的发散和汇集中心。超大型人口、超大型工业化、幅员辽阔的国土疆域、超大型文明转型等等，中国恐怕不能回避自己"超大型"必然导致的独特性。我们以为能借鉴外部的经验，但到头来发现，那些经验都无法当做"成套设备"引进，它们的作用更多是启发和参考性质的。

"人"是一流国家的重要标志。"一个国家如果没有足够多的人口来创造和利用国家力量的物质基础，就不可能跻身世界一流国家行列。"美国著名政治学家汉斯·摩根索曾这样看人口与大国的关系。从历史看，大国、强国多拥有庞大的人口数量，大国竞争的背后也是人口的较量。

摩根索研究称，美国国力的历史性增长，部分归功于1824—1924年间涌入的1亿移民。同一时期，在国土面积和发展水平上与美相当的加拿大和澳大利亚，人口不到美国的1/10，加、澳因此一直是二流国家。

美国当前人口3.185亿，位居中、印之后，是人口最多的发达国家。美国人普遍认为，正是由于人口的增长，美国才具备了"从大洋到大洋"、占据广袤国土并成长为超级大国的原动力，也正因为有充足、素质较高的劳动力，美国才有机会在工业、农业、科技和军事等领域全面发展。

人类此前的大国崛起都以当时的较大型社会为基础，它们之间"大"的规模是循序渐进的。欧洲后崛起国家人口更多。到了美苏争霸时期，人口上了亿级规模。以往的国家崛起很多通过对内对外的野蛮方式实现，几乎每一个成功大国的"原始积累"都有不堪入目的记录。比如美国就曾侵占其邻国墨西哥55%的领土——比此前美国全部土地的半数还多，增加了全美面积的60%。历史上被评为"这类战争史上最大的一次土地抢夺行为"（不过美国史学家贾斯廷·史密斯在他的著作中宣称"它不是为了征服而进行的战争"）。墨西哥也并非不想收回，只是实力不济罢了。而英国崛起的时候，英国本土人口才一千多万人，但它已经有了比自己领土大几十倍的庞大的殖民地，英国可以把自己的问题都"出口"到外部世界，例如，把犯罪"出口"到澳大利亚，把失业者"出口"到非洲，把持不同政见者"出口"到美洲。这些事例已不言自明。

人口与国家发展的关系，这是历史上人口研究争议最大的一个问题。最初，很多人认为人口发展是几何形的，经济发展是倍数的，地球承载力有限，所以人多不好。后来出现反面意见，慢慢占据主流，认为如果消费刺激了需求，就进而刺激了生产，人多供给就上来了，发展就起来了。这种争议持续至今。多少人口适合国家发展，只是想象的一个理想数据。适度人口理论只能是一个区间，最终要根据经济社会和资源社会的条件来决定。

中国的崛起具有截然不同的性质。中国太大了，其"超大型"是国家规模前所未有的跳跃，中国崛起甚至很难说是一个国家的事情，还是应看作"人类一大块"的行动。所有人对13亿人社会的现代化都不熟悉，我们容易把它想象成300个挪威或20个法国的总和，但它不是，它甚至不是4个美国的相加。

中国崛起是什么，比它不是什么更难回答。我们需且行且总结。我们现在只能做一些哲学层面的分析：它必须是对以往大国崛起模式的超越，而不能是模仿、复制。实现经济增长的关键是，在充分利用人口数量优势的同时，实现人力资源质量的转变。发挥人口红利是一个很有挑战的课题。要把人口这个客观条件变成真正发展的基础是有条件的，需要政府改革教育系统，需要好的劳动力以及好的市场规模效应。此外，由于"超大型"本身就蕴藏了力量，保持中国崛起进程的平稳可能比什么都重要，这一进程或许会带来很多今天看来严重问题的意外解决。而对于许多发展中国家来说，如果没有合理的政策，人口问题也会带来负面影响。

而中国这个13亿人口的大国，伴随着这30多年的迅速崛起，从内部消化了各种问题，实践已经证明，中国可以应对各种各样的挑战。以这些年春运为例,一个短短的春节就有30亿人次上路,这大约等于把整个南、北美洲、整个欧洲、非洲、俄罗斯、日本的人口都在一个月里挪动了一下。世界上没有任何一个国家面临这样人口规模带来的巨大挑战和机遇。想必大家都看到过印度铁路运输的电视画面,设备陈旧、人员混乱、事故频发,与我们不可同日而语。

中国"超大型"的另一个特点是有幅员辽阔的国土,这使我们具有其他国家难以比拟的地缘优势和战略纵深。但是随着改革的深入,我国经济迅速发展,尤以东部沿海地区发展更为迅猛。随之东部发展资源不足的矛盾日益突出。由于我国资源的分布特点是西丰东贫,若没有西部资源广度和深度上的开发,东部经济发展就会受到一定制约,全国经济的持续、稳定、快速发展也将会缺乏后劲。同时,开发西部有利于发展民族地区经济,缩小东西差别,有利于安定团结。如何加快对西部地区的开发就成为一个较紧迫的问题。

世纪之交,党中央、国务院根据国际国内政治经济形势新的变化,审时度势,统揽全局,作出了实施西部大开发,加快中西部地区发展的重大战略决策。

西部大开发,是实现小平同志提出的解决地区发展不平衡战略构想的一个重大举措,是对我国经济发展布局进行重大战略调整,同时也是党中央在新世纪对西部地区人民的一个重大政治承诺。

2000年1月6日,国务院印发《关于成立国务院西部地区开发领导小组的决定》,党中央、国务院23个领导部门负责同志组成领导小组,从而拉开了西部大开发工作的序幕。

西部是华夏文明的发祥地,那里曾孕育了秦汉的赳赳雄风,大唐的盛世。西部地区范围包括重庆、四川、贵州、云南、西藏、陕西、甘肃、青海、宁夏、新疆、内蒙古、广西等12个省、区、直辖市,面积685万平方公里,占全国的71.4%,陆地边境线占全国的80%左右,总人口3.56亿,占全国总人口的28.6%,占全国少数民族人口的75%左右。

20世纪末前后,西部地区的人口与东部沿海地区的上海、江苏、浙江、广东和山东五省大体相当,国内生产总值却不到五省市总和的4%,西部地区人均国内生产总值,仅相当全国平均水平的60%左右,尚未实现温饱的3000多万贫困人口大部分也分布在这一地区。

因此,加速西部发展是缩小地区差距、实现共同富裕的中国特色社会主义的本质要求；是进一步扩大国内需求，保持国民经济持续健康快速发展的客观要求；是改善全国生态环境，实现可持续发展的急迫要求；也是保持全国社会稳定、民族团结和边疆安全的迫切要求。

实施西部大开发以来，中央投入力度不断加大，西部地区经济社会发展加快。西部大开发"十大工程"得以实施，交通、水利、电网和通讯等基础设施条件明显改善。辽阔的国土优势，使我们可以在超大规模的范围内进行空间战略布局，推动大规模产业梯度转移，从西部地区"十大工程"到青藏铁路的建成，天路穿越雪域高原；从西气东输铸就能源大动脉到西电东送工程开创中国电力新格局的稳步实施；从西部地区大规模的机场建设到铁路、公路建设的全面启动；从大规模的城市基础设施建设到大面积的退耕还林还草试点，再造西部秀美山川，我们可以实现人类历史上罕见的现代化工程，实现资源的优化配置。

中国的"超大型崛起"在大国史上特立独行，它堆积了大量战略问题。当然，我们从横向比较的角度来说，每个国家都是独特的，都有自身不容忽视的"特色"。这种独特性表现在，各国都具有不同的历史经历、文化传统、自然地理条件和资源禀赋，它们处在不同的发展阶段，人民拥有不同的思维和行为习惯，因此，相同的政策在不同的国家施行，往往会产生十分不同的结果。这正是中国为什么要坚持走一条符合自身国情的发展道路，而不是简单照搬西方国家的既定体制、机制与政策安排，这一选择已被事实证明为正确的。每个关心这个问题的人，甚至是国家，都可以从这一事实中获得深刻教益。

对自身特性进行深刻认知和深入把握，并在此基础上制定符合自身特性和条件的发展道路，实施与之相应的具体政策，是中国过去30多年取得成功的一个基本原因和基本条件。它的一个核心启示是，在任何时候，我们都不能脱离自身的实际条件，去追求貌似很好，但并不现实的目标。

我们在看到"独特性"的同时，还要看到中国与世界所具有的十分重要的共性，不要掉入"本国例外论"的陷阱。典型的是"美国例外论"。从历史传统、地理环境、资源禀赋、民族构成、宗教文化、经济特性、社会心理等方面，美国具有不可否认的、深刻的独特性，但由于这种特性而走向"例外论"，则可能导致一种自以为是、故步自封、在发展道路上不谦虚、在与他国打交道时心态傲慢的表现，这对于一国的长远发展不利。

同样，我们不要因其特色而走入"中国例外论"的思维误区。当然，独特性意味着各国发展道路在表现性形式上有其丰富性。同时，各国在发展过程中面临着许多共性问题，包括生活水平的提高、社会公正的实现、稳定的社会秩序、优良的自然环境、人与人以及人与自然之间的和谐，等等。各国在解决这些问题上的初始条件、具体方式会存在差异，但不同国家的做法之间具有很大的相通性，从而具有重要的相互借鉴的价值。

在全球化和相互依存的时代背景下，和平、发展、合作、繁荣，对各国人民来说是共通的追求。中国提出的亚洲安全观，对于亚洲人民就是共通的。"一带一路"的构想，也是要建设与沿线国家、沿线人民共通的发展道路、区域合作模式，实现各国人民共同希望的和平与繁荣。中国过去的发展经验中，有很多具有深刻普遍性的内容，如果不是这样，中国经验就没有被人重视和借鉴的必要和价值。

总之，我们应该从"超大型"的独特性和与世界具有的共性这些角度探寻中国今天的处境和未来，它会成为我们看清内部问题，准确调控对外交往的一把钥匙。只有这样，世界才能更好地理解和接受中国，中国才能更好地在世界上发挥积极的、建设性的、甚至引领性的作用。

3. 中国道路具有非同一般的世界意义

一个国家走什么样的发展道路，决定着这个国家的根本方向和命运。现代化这一世界历史进程是由西方开启的。西方国家都经历了从不发达到发达的历史过程，分别走过了不同的发展道路。

以美国为首的西方发达国家，在20世纪下半叶，热衷于向发展中国家推销他们看似统一的发展模式，这就是所谓的"华盛顿共识"。在他们看来，发展中国家如果偏离西方模式，其现代化就没有成功的可能性。因此，那些输出和主张复制西方模式的人士，对于中国另辟蹊径，坚持走自己发展道路极力否定，一再花样迭出地鼓吹"中国崩溃论"。

然而中国道路成就了中国崛起。中华民族开始了伟大复兴，世界发生了戏剧性变化，世界经济重心开始东移。林毅夫教授在他的《从西潮到东风》一书中，就深刻阐释了这种趋势。从经济增长看，1979年到2012年，中国的经济增长率平均为9.8%，是世界同期的3倍多；中国经济规模在30年内翻了四番，目前经济总量跃居世界第二。中国大大提高了世界五分之一人口的生存发展条件，按照每日1.25美元生活费的贫困线标准，中国自1981年以来贫困人口减少6.6亿，这在人类经济和社会发展史上是史无前例的。

毫无疑问，中国特色社会主义道路的成功实践，证明了它是实现我国社会主义现代化的必由之路，是创造人民美好生活的必由之路。这条道路既坚持以经济建设为中心，又全面推进经济建设、政治建设、文化建设、社会建设、生态文明建设以及其他各方面建设；既坚持四项基本原则又坚持改革开放；既不断解放和发展社会生产力，又逐步实现全体人民共同富裕、促进人的全面发展。这条道路，具有深厚的历史渊源和广泛的现实基础，既不是传统的，也不是外来的，更不是西化的，而是我们独创的，是一条人间正道。

(1) 中国的发展道路或发展模式实现了对西方发展模式的成功突破

中国开创的这条具有自己特色的发展道路，可以说，是当今世界性的话题，具有不可低估的世界意义和历史意义。美国哈佛大学教授本杰明·史华兹就指出：中国问题研究是人类探讨自身问题的智库和博大实验室，有助于深化和丰富对人类发展经验的认识。

今日之中国正成为改变世界经济格局的重要推动者，中国道路对世界最直接的影响是使人类发展重心开始东移。何以对世界影响如此之大？这主要是：中国是一个世界大国，其13亿人口超大规模能与现代化结合，其世界历史意义无论怎么估计都不过分；事实已经证明，中国这个东方文化的主要代表，其文化精神不仅能够成为现代化的动力，更为重要的是其独特的人文资源将为矫正资本主义的缺陷提供很好的药方；中国既是社会主义国家，也是发展中国家，其成功的道路不仅是社会主义发展进步的旗帜，也为当今广大发展中国家提供了可资借鉴的经验。

西方发达国家向世界大力推销西方模式，他们把"华盛顿共识"作为标准处方推销给发展中国家和转型国家，结果给这些国家带来了灾难性后果，比如拉美陷阱、俄罗斯东欧的转型失败等。诺贝尔经济学奖获得者约瑟夫·斯蒂格利茨对此批评道：一个不容置疑的事实是，某种经济学思想导致了世界近半数人口遭受痛苦。世界文化是多元的，人类文明的道路也应是多样的。存在差异，各种文明才能相互借鉴、共同提高；强求一致，只会导致人类文明失去动力、僵化衰落。

而立基于东方文化之上的中国道路真正使西方模式走下神坛，解构了西方中心主义的话语体系，丰富了人类发展的道路。中国道路更深层的历史意义是它将打破西方中心主义，真正彰显人类发展道路的多样性。

目前，一些国外学者也看到了中国道路是对西方的挑战和竞争。白宫经济咨询委员会前高官克里丝汀·福布斯这样说道:"中国既是西方最大的希望,也是西方最大的恐惧。"从整个人类文明来观察中国崛起,他觉得这是人类的希望;而站在西方文明的立场,则感到了恐惧。新加坡外长杨荣文在《基督教科学箴言报》上说:"随着世界陷入骚乱中,长期以来西方模式首次遇到了一个真正的对手。"美国学者史蒂芬·哈尔珀说,中国模式"通过悄悄削弱西方价值观的影响力""让西方越来越小"。中国道路将给世界带来巨大的示范效应,更多的具有自身特色的发展道路将会出现,一个多元竞争的时代已经到来。

经过30多年的发展,中国经济发展进入了新常态。所谓新常态,就是按科学发展理念,注重经济发展方式转变、结构调整和可持续性,而不是一味追求超高速发展。据测算,要实现到2020年人均收入翻一番的目标,每年2%的增长速度就够了。有人担心,中国经济增速会不会进一步回落,能不能爬坡过坎?我们可以明确地回答,风险确实有,但没有那么可怕,中国党政领导集体对此都有清醒的认识。中国经济的强韧性是防范风险的最有力支撑,中国创新宏观调控的思想和方式,以目前确定的战略和拥有的政策储备,完全有信心、有能力应对各种可能出现的风险。中国正在协同推进新型工业化、城镇化、信息化、农业现代化,这有利于化解各种成长的烦恼。

在新常态下,中国经济虽然放缓,实际增量依然可观。经过30多年的高速增长,中国经济总量已经今非昔比。2013年一年中国经济的增量就相当于1994年全年的经济总量,可以在全世界排到第17位。即使是7%左右的增长,无论是速度还是体量,在全球也是名列前茅的。未来超过美国,大概只是时间早晚的问题。

在新常态下,中国经济结构优化升级,发展前景更加明朗。经过近几年的调整,中国经济结构正在发生深刻变化,质量更好,结构更优。

在新常态下,中国经济增长更趋平稳,增长动力更为多元。随着西部开发战略的实施推进,中国经济更多依赖国内消费需求拉动,规避了依赖出口的外部风险。

在新常态下,中国政府大力简政放权,市场活力进一步释放。简言之,就是放开政府这只看得见的手,用好市场这只看不见的手。

当然,新常态也会伴随有新问题、新矛盾的出现,中国党和政府会通过全面深化改革,激发市场蕴藏的活力;通过创新拓宽道路;推进高水平的对外开放；通过不断增进人民福祉，促进社会公平、正义等措施加以解决。

中国道路或发展模式无疑是成功的。我们讲究的民主未必仅仅体现在"一人一票"直选上。我们在追求民意方面，不仅不比西方国家少，甚至还要更多。西方某个政党往往是某个阶层或某个方面的代表，而我们必须代表全体人民。为此，我们要有广泛的民主协商过程，而且要几上几下。但是中国模式不可能取代西方民主选举模式。这是因为中国从不把自己的政治模式普世化，也从不热衷于向外输出。其重要意义不是为世界提供一个标准的模式，而在于证明世界民主的多元化。中共执政正在见证一个时代的落幕。

而西方把某一种民主模式化、普世化，傲慢地向世界强行推行他们的模式。教条化的民主已经过时，正从内部吞噬民主，民主正陷于"一次选举，长期后悔"的周期怪圈。大多数民主选举的国家都在贫困和战争中挣扎。世界上只有一种政治模式是荒谬的，所有社会都只有一种归宿，这是错误的、不负责任的、乏味的。

当然，中国在前进的道路上还有这样那样的问题，比如腐败问题，虽然尚无法根除，但相信清廉指数会逐步提高。特别是 2014 年北京举办 APEC 会议期间，发表了《北京反腐败宣言》。这是首个由中国主导的国际性反腐败宣言。

中国把握"主场优势"创新议程设置。北京宣言以追逃追赃为主题词，彰显了国际反腐败去政治化的大智慧，使一些站在道德高地上的贪官外逃国家只能以关闭"避罪天堂"为选项。北京宣言内承国内高压反腐之新政，外启国际合作反腐之新风，对于建构亚太乃至全球反腐新秩序具有示范性。特别是以零容忍态度将反腐败进行到底，开展对腐败、贿赂、洗钱和非法贸易犯罪的调查，起诉和资产返还等务实合作，让引渡和遣返、出入境监管、司法协助等硬招"落地"，将对各种贪官形成震慑，显示了中国治理腐败的决心和定力。

我们可以预见，此次北京宣言的横空出世，以及亚太经合组织反腐执法合作网络的成功亮相等，将有助于打破政治壁垒、制度障碍和意识形态鸿沟，激发国际反腐败合作领域的进一步合作。北京宣言为接踵而至的澳大利亚布里斯班 G20 峰会上取得的成员间反腐新突破奠定了基础。

由此，我们更清楚地看到，中国道路无疑是成功的，为世界各国证明了民主形式不是单一的，而是多元的，各国都可以在本国找到适合自己国情的政治制度和发展道路。

（2）开物成务，道路选择对一个国家的发展至关重要

我国古代《周易·系辞上》云："夫《易》，开物成务，冒天下之道，如此而已者也。"其意是指通晓各种事物的道理，按理行事，就能得到成功。一个国家的发展要想成功，选取什么样的道路至关重要。

中国道路的成功已为理性的实践所证明。道路何以如此重要？这是因为一个国家的发展事关国家富强、民族振兴、人民幸福。前提是有目标方向、实现途径，能齐心协力共同奋斗。倘若一个国家搞不清楚向何处去、一个民族不知道走哪条路，何谈发展和前进呢！同时，事关经济发展、社会文明、文化繁荣、生态优良，各项事业的发展需要统筹与聚拢，需要相互支持、同向共为，需要朝向共同的目标并沿着共同的路径前进，因此一个国家要成功发展，必须选择一条适合国情的正确道路。

我们还可以从道路彰显出的多方面重大价值中窥见其重要性。我们都懂得，目标方向是前行奔走的指引，是追求向前的希望，也是不竭动力的源泉，于人选定目标后须臾不可或缺，于政党国家、民族更是至关重要。目标方向蕴含在道路之中，而道路则充分展示未来与前程。因此，我们说道路引领目标方向。选定了目标和方向，还要靠实际行动，靠正确途径。道路提供达致未来目标的实践途径，与目标方向相连接，必然会解决好过河的"桥和船"的问题。因此，我们说道路提供实践途径。探寻道路必定是一个过程，既有付出也有收获，既有曲折也有前进，既有经验也有教训。但凡找到一条正确道路，必然凝结着实践经验，凝结着真理认识，凝结着思维智慧，以此构成正确道路的支撑。因此，我们说道路凝结着经验智慧。

寻找道路的过程一般来说就是聚拢人心的过程，道路一经被找到并确认，就会指引人们共赴目标共奔前程。道路既集聚民意、鼓舞士气，发挥巨大的动员作用，又能够充分增强民众自信，强化自豪感和凝聚力。因此，我们说道路集聚民意自信。探寻道路要遵循规律，在这个过程中总结、把握并展现规律。道路昭示并呈现的发展规律，既是历史前进的内在逻辑和运行规则，又是民众及其先锋队的自觉追求和正确选择。因此，我们说道路昭示发展规律。选择一条什么样的道路，也就选择了什么样的未来，道路与命运、前途息息相关。古今中外许多国家、民族、政党因道路选择的正确与失误，导致了截然不同发展结果的例证，历历在目，清晰可见。因此，我们说道路决定命运前途。

(3) 美国的道路探寻也充满艰难与牺牲，昭示了经验与智慧

我们都知道，今日的美国就是当年北美洲的 13 块英属殖民地发展而来。走过一路血泪、步步艰辛的殖民春秋，到 1775 年前后这 13 块英属殖民地已经发展成一个颇具规模的社会实体，人口将近 300 万，农业日渐发达，工业开始起步，本地精英阶层羽翼渐丰，辽阔的疆域上潜藏着无限的生机。然而，这些殖民地仍附属于万里之外的英国，时时处处忍受着英王和殖民地业主们的肆意遥控；各殖民地之间又彼此猜疑、一盘散沙，政治前景黯淡无光。而经过"七年战争"的胜利，大英帝国更加骄横跋扈，其殖民政策愈加失去理性，变本加厉地盘剥压榨殖民地人民。

1776 年 1 月，费城的政论家托马斯·潘恩发表了《常识》一书，生动鲜活地分析了北美的形势，旗帜鲜明地指出北美殖民地人民只有拿起武器，与英国决裂，创造独立自主的民主共和国，才能彻底摆脱英国的奴役和压迫。该书很快便风靡北美殖民地，3 个月里发行了 12 万册，极大地鼓舞了殖民地人民的抗英斗争，从思想上武装了人民，在舆论上为独立作了准备。

1776 年 1 月，华盛顿将军第一次表达了独立的可能性。此后北卡罗来纳等几个州的议会代表先后在大陆会议上要求宣布独立。6 月 12 日，大陆会议任命了由托马斯·杰斐逊等 5 人组成的独立宣言起草委员会。7 月 4 日，大陆会议投票通过了《独立宣言》，7 月 9 日在费城公布，庄严宣告北美 13 个殖民地脱离英国，成为独立和自由的国家。北美殖民地人民的武装起义从此正式转变为一场民族国家争取独立与自由的国际战争。

1777 年 12 月 17 日，法国公开宣布承认北美合众国独立，并于次年 2 月签订《法美同盟条约》，保证与美国并肩作战。随后，西班牙和荷兰也相继承认美国，先后于 1779 年和 1780 年对英国宣战。美国独立战争变成了一场国际战争。

1781 年 10 月，北美独立战争取得了决定性的胜利。1782 年 2 月，英国议会以多数票建议结束在北美的战争。1783 年结束战争的《巴黎和约》正式签署，英国正式承认美国独立，并划定了与加拿大的边界。

北美战争的胜利为北美 13 个殖民地打通了建国之路，此后，《联邦宪法》代替了初期生效的《联邦条例》。而《联邦宪法》在美国中央政府中建立了平等而又彼此独立的立法、行政、司法三个部门，分别将立法权授予国会，行政权授予总统，司法权授予各级联邦法院，确定了三权分立而又相互平衡制约的

政府机构。由此,建构了美利坚合众国,确立了美国的道路。

在探索这条道路的过程中充满了艰难与牺牲,1776年华盛顿集中18000兵力防守纽约城,同年5月华盛顿军队在长岛惨败,退守曼哈顿岛。后又被迫再撤,当越过特拉华河到宾夕法尼亚,部队只剩3000人。在探索这条道路的过程中,在独立战争时期,英美经济实力相差悬殊,加之战时耗资甚巨,英国又封锁其北美港口使美国对外贸易水平大幅下降,美国通过同法国、荷兰和西班牙贸易协定的签订,战时经济制度的执行,国内借贷,以及外交活动,从欧洲取得更多的财政援助,彰显了智慧和经验。而三权分立的政府结构更为西方民主模式的成功奠定了基础,由此使美国有了百年辉煌。

(4) 新加坡也走出了一条适合本国国情的成功之路

我们再举个成功的范例。新加坡国家很小,面积仅有618平方公里,人口380多万,外来工作者及永久居民有100多万,1965年独立。新加坡隔着窄窄的柔佛海峡,往北开车几个小时就到马来西亚,朝南眺望可看见印尼,几乎毫无屏障保护可言。没有纵深与腹地的新加坡,自然资源严重匮乏,自身市场有限。曾经"一穷二白",却能"每十年上一个台阶",新加坡短短49年走完发达国家100多年的工业化进程,跻身发达国家行列,年人均GDP达到了5万多美元。世界经济论坛2014年9月公布的国家竞争力排行榜,新加坡在全球144个国家和地区中排第二,仅次于瑞士。新加坡是如何发展起来的?

新加坡选择了一条完全适合本国国情的发展道路。诚如新加坡总理李显龙所说,"要发展就必须向外发展;要有经济规模,就要超越极限"。

新加坡扼守太平洋与印度洋之间的航运要道——马六甲海峡,被称为"东方十字路口"。20世纪60年代,新加坡利用西方发达国家向发展中国家转移劳动密集型产业的机会,吸引外国大量资金和技术,重点发展劳动密集型加工产业,短时间内实现了经济的腾飞,它也因此被称为亚洲"四小龙"之一。

1997年的亚洲金融危机给东南亚地区致命一击,再加上中国和印度等国家的崛起,"四小龙"原有的发展模式遇到前所未有的挑战。危机中的新加坡开始全面的产业转型——从出口导向的劳动密集型产业向技术密集型产业、高附加值的知识密集型产业转移;促使加工贸易向高附加值和高技术层次水平发展;发展以生物制药、新能源等高科技产业为核心的主导产业,实现了由制造业基地向研发中心、区域总部的转变,成为东南亚重要的金融中心、运输中心、世贸电子产品中心。

"曾经的战略局限，如今是让我们引领思潮和拥有竞争优势的源泉。"如李显龙总理所说，新加坡在很多领域实现了逆转和突破。

新加坡毫无石油资源，但充分利用其扼守能源通道——马六甲海峡的特殊位置，发展了炼油工业和石油化学工业，并一跃成为仅次于鹿特丹和休斯敦的世界第三大炼油中心，也是仅次于纽约和伦敦的世界第三大石油贸易中心。

这个岛国能够创造世界瞩目的高速发展奇迹，还有一个重要原因是"人才立国"。新加坡把人才战略作为国家经济发展战略的一部分，教育经费占政府预算的20.5%，排政府预算第二位。因此，新加坡之所以吸引到一些跨国公司将远东总部设在这里，除了稳定的社会政治环境、备受赞誉的法律体系外，更关键的是有足够的金融人才帮助外国投资者。

新加坡为议会制共和国，由单一政党人民行动党统治。新加坡前国父李光耀在他的著作《新加坡赖以生存的硬道理》中强调，新加坡成功的关键是政府强有力的治理和高效率的（国家）机构。为打造一个清廉高效的政府，新加坡在1960年起就颁布《反贪污法》，为确保执政党人民行动党国会议员不涉入权钱政治，该党制定了一整套"操行守则"。新加坡的繁荣离不开这个几十年来一直执政的强力政党。新加坡立法机构为一院制议会，议会中多数党领袖以总理身份行使行政权。"新加坡模式"无疑是成功的，这表明新加坡一党执政的政治体制和经济发展的道路是与其本国国情、文化传统、民情民意相适应的。

对一个国家而言，道路与命运、前途息息相关，在纷繁的世界，道路选择的正确与失误，是一个国家成功与失败的决定性因素。今日的乌克兰、伊拉克、利比亚、阿富汗、埃及等众多国家陷入了混乱，人民遭受痛苦，这再一次证明，世界上只有一种政治模式是荒谬的，所谓西方的普世价值是不存在的。而有的国家可以成功，有些国家则失败，证明道路选取的重要性不言而喻。

过去西方的所谓普世价值，只是建立在西方成功的基础上，而且除了西方之外没有其他成功的例子，正如中国人民大学国际关系学院王义桅教授所言，"好比没有看到黑天鹅，就认为白天鹅大概是普世的"。今天中国道路的成功，各种"颜色革命"和"阿拉伯之春"的惨痛教训，"这就提醒我们，要把西方当作问题来对待，而不是希望。走出西方，才能成为自己"。①

---

① 王义桅：《要把西方当作"问题"，而非希望》，参见《环球时报》2014年11月24日15版。

（5）中国道路、制度模式呈现广阔前景，对人类社会发展具有独特的宝贵价值

中国道路、制度模式的最大特点是理性实践，也就是在"实事求是"的思想指导下，一切从实际出发，不搞本本主义，不断总结和汲取自己和别人的经验教训，推动大胆而又慎重的体制改革和创新。探寻道路的过程，同时是经历、比较、确认以及坚信的过程。有着深厚历史渊源和文化内涵的中国特色社会主义道路，其最终形成并被充分验证，主要得益于改革开放以来36年的伟大实践，同时也得益于包括改革开放历程在内的新中国成立65年的艰辛探索。无论是改革开放以来的理性实践，还是新中国成立以来的努力，都充分印证和检验了中国特色社会主义道路的合理性、正确性、科学性。

理性实践使中国避免了一个又一个政治和经济陷阱，特别是避免了休克疗法、全盘私有化、金融危机、伪"民主化"导致的国家解体等重大陷阱，实现了中国今天的全面崛起。

中国模式的相对成功确实对西方模式形成了某种挑战。正如复旦大学特聘教授张维为所言，"从政治上看，中国模式最终可能会给世界带来一种范式变化，即从'民主与专制'的分析范式转向'良政与劣政'的分析范式，而良政可以是西方的制度，也可以是非西方的制度"。中国模式将激励越来越多的国家大胆探索自己的道路，进行体制创新，追求良政善治。

中国道路具有独特的价值，我们先从经济上看。第一，中国的发展真正坚持了以人为本，很好地发挥全体国民的经济潜能，实现了发展动力源的最优化，而不是如西方经济学仅仅把人看作一种普通的生产要素。第二，中国实现了社会有机体的协调一致，尽可能减少发展成本，避免了自由主义模式的弊端，形成整体发展合力，而不同于西方自由决策与自发调节的经济模式。第三，中国以"实践论"为基础，理性地走出了改革、发展、稳定相互协调的制度成长之路，保证了发展动力激励机制和高效性，而完全不同于西方经济学对制度的机械理解与制度成长上主张的激进方式。这就是中国发展的内在动因和强大优势。与此相比，欧美经济模式在逐渐衰微。美国的次贷危机、欧洲的主权债务危机，使人们对西方的经济模式产生了更大的质疑。

中国道路具有独特的优势，这一点我们可以从政治上来看。中国政治制度的一个优势是，以能力为基础的全国性干部选拔，长期有意识地培养和历练、年龄的限制、定期的更替、行政和立法机构的差额选举等等。对于党政干部的

任命和晋升，有教育水平和工作经验的要求，且级别越高，要求越严。一般来说，官员要做到高层必须先从基层做起。公务员要升到副部级的岗位，至少需20年。一般要经历职位轮换与培训，全国平均14万干部只有1人能升至省部级。国家高层领导人必须经过一连串的绩效考核且积累几十年广泛且多样的行政经验。所以中国更易出能干的领导人。从政治实践看，这种机制要优于西方模式。在西方，影响领导人选举的因素很多，如宗教信仰、性别、种族、形象，特别是是否有足够的金钱等，而最重要的能力却被边缘化了。由于不同政党的相互攻讦，整个国家的政治人才被切割，与政党共进退。由此带来政策的非连续性，当然就会给国家的长远战略决策带来损害。

中国道路具有独特的文化基因。我们从世界上来看，任何发展道路都不是凭空产生的，从根源看都是自身文化渊源的延续。中华民族具有5000多年连续不断的文明历史，创造了博大精深的中华文化。这个灿烂的文化拥有世界最丰富的典籍，源远流长的各个思想流派，独特的文学艺术，在世界历史上占有重要一席的科学技术成就，影响超越国境，泽被东亚，已铭刻在人类史册上，具有独特的优势：

其一，中华民族的血液中没有侵略他人、称霸世界的基因，中国坚定不移走自己的路，走和平发展道路；坚持国际关系民主化，坚持和平共处五项原则，坚持国家不分大小、强弱、贫富都是国际社会平等成员，坚持世界的命运必须由各国人民共同掌握，维护国际公平正义，特别是为广大发展中国家说话。而西方文明是一种竞争性文明，国家之间的利益冲突与实力竞争构成了西方世界体系的基本模式。这使中西方形成了鲜明的对照。

其二，中华文化的整体思维方式源远流长，影响深远。不仅表现在分析自然现象等方面，同时也体现在工程、建筑、医学、艺术等实践中，对推动现代科学技术的整体化、综合化发展，都将产生深远的影响。以分析为基础的西方文化将随之衰微，代之而起的必然是以综合要素为基础的东方文化。

其三，中国的人文思想丰富。中国文化强调人的自我修养、自我提升，注重人的自律与自觉，明"人伦"、讲"中和"、求"致和"，蕴含着协调人际关系，讲究心态平衡的深刻思想。随着西方宗教社会功能的下降，更加凸显了中国人文思想的价值。

其四，中华文化具有高度的包容性，既崇尚"和为贵"，又主张"和而不同"，其他文化的种子都可以在中华文化的母体内找到自己发展的土壤。这种高度的包容性无疑对未来世界多种文明共存，民主形式的多元化具有现实意义和深远的历史意义。

中国道路包含着富有生命力的价值观念、制度模式，对人类文明进步将提供更加宝贵的精神资源。正如英国著名历史学家阿诺德·汤因比指出："西方观察者不应低估这样一种可能性：中国有可能自觉地把西方更灵活、也更激烈的活力与自身保守的、稳定的传统文化融为一炉"，"如果中国能够在社会和经济的战略选择方面开辟出一条新路，那么它也会证明自己有能力给全世界提供中国和世界都需要的礼物。这个礼物应该是现代西方的活力和传统中国的稳定二者恰当的结合体。"

中国道路是现代化的世界进程多样性的一个样本，也就是说中国道路只是当今世界各国众多发展道路中的一种。与其他各种道路相比较，中国道路具有特别的内涵，它形成、展开的历史与现实条件有自己的特点。多样性展现的是各种发展道路或发展模式的特殊性，所以就此而言，世界上没有放之四海而皆准的发展道路或发展模式，任何道路或模式都只有在特定的历史和现实条件下才能获得成功。基于这一认识，我们反对照抄照搬其他任何发展模式，同时也不谋求输出中国道路或模式，不要求其他国家复制中国经验；同样是基于这一认识，我们认为西方发展模式的确是西方国家推进现代化的经验总结，但它只是当代世界多样化发展模式中的一种，不能作为普世模式输出到世界各地。

中国道路成就了中国崛起，因此中国经验受到了全世界的重视。中国道路的出现改变的不仅仅是世界格局，还将改变人们的思维和生活方式。正如诺贝尔经济学奖获得者科斯在"中国经济制度变革30周年国际研讨会"上所说：我是一个出生于1910年的老人，经历过两次世界大战和许多事情，深知中国前途远大，深知中国的奋斗就是全人类的奋斗！中国的经验对全人类非常重要！

（五）苏维埃社会主义共和国联盟解体令"历史终结论"者欢呼雀跃

法国著名政治理论家托克维尔曾预言，"民主将在全世界范围内普遍到来，这一过程是不以人的意志为转移的"。纵观西方民主300多年历史，这一过程却是漫长的。民主最终成为西方的核心价值和外交工具。长期以来，欧洲和美国始终在这方面走在世界的前头。它们继承了强大的中世纪法典。19世纪，它们引进了基于能力的文官制度。在创造了高效的国家机器后，它们引进了普选权。究其历史我们知其原因：

一是人民发起的声势浩大的运动，迫使西方资产阶级不断做出让步。英国妇女作为最后一个得到选举权利的群体，是在付出暴力、绝食、自杀等代价，以及在第一次世界大战时作出巨大牺牲和贡献后才得到的。瑞士则到20世纪70年代才给予女性投票权，实现了西方所宣扬的普选。法国大革命被认为是人类历史上最伟大的革命，也和英国一样，100多年过后，随着财富的增加和人民的暴力反抗，这一民主国家才不得不作出让步，建立保障体系，扩大选举权，最后发展成为今天的模样。而美国黑人用暴力或和平的方式争取自己的权利，到1965年才得到了公民权和选举权。

二是西方对民主加以限制，比如提出"宪政民主、代议民主、程序民主"等修饰词，以确保私有财产的底线。民主的内涵被阉割和驯化乃至篡改。

三是通过一段时间的普选实践，他们发现媒体和财富仍然在他们的控制之下，自己的权力不但没有受到损害，反而更增加了政权的合法性，更可将社会不安定因素消除于无形，特别重要的是并没有出现多数人对少数人的暴政。在这种背景下，民主变成了显学，成了西方统治最为有利的工具。

然而，西方的民主由于其资本主义制度的本质，在实践中无法通过自身拥有和能够产生的手段，解决世界范围内现代化进程迅猛推进所带来的种种基本问题——尤其是涉及公正、平等和正义的基本问题。在二十世纪初的俄罗斯发生了革命，也即1917年十月革命。它建立了苏俄政权（1922年以后则成为苏维埃社会主义共和国联盟，亦即苏联），这是人类历史上第一个社会主义国家。俄国的革命，确实曾带来过历史的震荡与转折。苏联的出现，对于资本主义制度的冲击是巨大的，并通过国际共产主义运动的扩展，对资本主义的世界性统治提出了颠覆性的挑战。

当马克思和恩格斯的理论通过列宁和斯大林所领导的实践，从书斋中的学问转变为一种席卷世界的实际运动时，人们再也不能将资本主义制度当做人类通向现代性的唯一可行之路了。这成为整个二十世纪资本主义本身深刻而广泛的变革历史的一个基本动因。肇始于此的全球冷战，不仅是不同社会制度和意识形态之间的对抗，也是关于通往现代性的不同道路和选择之间的竞争——是对不同"道路"和"选择"本身在何种意义和程度上更能够改善自身的历史性测试。

俄罗斯革命，本身有过巨大的历史正当性，其本质，则是对于走向现代性"替代性选择"的追求。革命的理念和想象，为苏维埃国家建设提供的，是一种意在同近代以来出现的"民族国家"范式相对抗并取而代之的含有普遍性意义的新选择。但历史的力量比任何想象都更为强大。苏联的国家建设从一开始又是在继承俄罗斯帝国文化、疆域、人民和其他许多遗产的历史环境基础上发生并发展的。苏俄在革命中产生，但在自身战略和政策的制定中，在坚持"革命"名义的同时，面对着有强权政治统治并对苏俄高度敌对的外部世界，往往在不经意间，帝国的遗产便成为国家建设的参照和资源。

如果说，在列宁时期，关于"世界革命"的遐想在苏联政策制定中多少还占有一席之地的话，那么，在斯大林"一国建设社会主义"的实践中，关于"革命"的想象越来越被"帝国"遗产的巨大阴影所笼罩，苏联的国家建设也越来越落入帝国的俗套。对此，伦敦政治经济学院教授弗拉季斯拉夫·祖博克在《失败的帝国》一书中作了详尽透彻的描述：斯大林将"革命"话语和具有"帝国"特质的实践糅合在一起；随着他权力的巩固，苏联也成了一个披着"革命"的外衣，却保留着"帝国"的内瓤的怪物。

以"革命"想象及相关叙事为基础的苏维埃国家的合法性，曾为它带来一种带有"超越性质"的普遍意义，也曾是它的力量之所在。苏联的名称，同地域和民族没有任何特定的关联，有的只是各加盟共和国的"自由结合"。俄罗斯是联盟的最大成员和实际上的核心，但在联盟的框架中，同其他加盟共和国应该是平等的。从道理上来说，每一个加盟共和国既然是"自由"加入联盟的，当然也可以自由地退出。构成这一切的底蕴和愿景，是关于"世界革命"的遐想——总有一天，革命会席卷天下，苏维埃国家联盟是要涵盖世界的。

在苏维埃国家的蜕变过程中，越到后来它就越失去了最初曾有过的理想主义特质以及人们对它的内在认同和接受。同时它也面临着绕不过去的种种根本性悖论的挑战。作为"加盟共和国自由结合"产物的苏联，却难以取代现实中人们仍然以民族、地域、历史、文化和宗教为基本参照的国家认同。更何况，革命的憧憬和想象，似有明显的乌托邦性质，因而难以面对并经受住普通人日复一日、年复一年持久的日常生活经验的考验，也就难以产生持久性的动员效应。同时，其蜕变不断抽去曾经构成苏联"帝国"合法性表述底蕴的"革命"层面的普遍性意义，使得它面对来自冷战后期自身不断获得改善的国际资本主义的挑战时，越来越陷入守势。

反斯大林时期，苏联领导人越走越远，对中国搞大国沙文主义，撕下了苏联帝国的"革命"外衣。此后，中苏之间爆发意识形态大论战。1968年8月，苏联入侵捷克斯洛伐克，彻底抽去了苏联在其自身合法性叙述中给"革命"及其普遍性意义留下任何空间的可能性。这也就难怪毛泽东给其戴上了"社会帝国主义"的帽子。这对整个国际共运的冲击是巨大的，模糊了冷战不仅是大国之间的军事与战略对抗、更是不同制度与意识形态之间竞争的特质，也在实际上改变了全球冷战最后二十年间的走向。

此后苏联领导人，面对着一系列的"机会"和挑战，走出了包括入侵阿富汗在内的一步步错棋和险棋，其结果使得苏联帝国越来越深地落入过度扩张的陷阱。

政权与制度合法性的问题，决不是一个依靠国家所掌握的强力和强制手段便能解决的问题。历史已经证明，到头来，苏联国家与制度本来便已经处于危机之中的合法性基础，也因此陷入了更为深刻的危机。

最终，当戈尔巴乔夫所推动的改革达到了既不为苏联体制内的保守派所能容忍、又日益失去体制内外更为激进的改革派支持的地步时，在改革过程中积累起来的矛盾都通过1991年8月由保守派发动的政变爆发出来。政变失败了，但这并不是戈尔巴乔夫及其改革路线的胜利。

在这样的背景下，苏联作为"社会主义国家联盟"的根基出现了动摇。随着戈尔巴乔夫所倡导的改革进程越来越陷入危机，长期受到压制的种种否定联盟的声音和力量被释放出来，并日益溢出了戈尔巴乔夫和苏共领导层能够控制的范围。联盟最薄弱的环节之一波罗的海三国出现了分离主义的强大声音，触发并加剧了各加盟共和国同苏维埃联邦的分离现象。戈尔巴乔夫和叶利钦之间的对立，又加速了"苏联"和"俄罗斯"之间的对立和分离。到头来，给苏联的存在以最后致命一击的，正是叶利钦。

1991年底，当存在了七十多年的苏维埃社会主义共和国联盟正式瓦解时，持续近半个世纪的全球范围内的冷战也正式走向结束。戈尔巴乔夫在不经意之中，"谋杀"了苏联。他在短短几年内，在没有战争和饥荒的和平时代就把一个世界超级强国解体，把俄罗斯带入历史上最黑暗的时刻，俄罗斯人民自然对之无法接受。所以1996年，不甘心政治生命结束的戈尔巴乔夫参加总统选举，结果仅获得羞辱性的1%的选票——尽管他还有诺贝尔和平奖光环，全球高知名度和美誉。

就其深层次原因而言，在对抗和竞争中，苏联和苏联帝国并不是被自己的对手在真枪实弹的战场上所击倒的，而是由于自身的内在缺陷和自己在实践中的一再失误，才最终倒下的。是经过几代人的逆向清洗和思想灌输，在西方价值观的攻击下腐蚀和蜕变，在政治腐败化的进程中背叛社会主义原则，导致连同体制外的人才也扼杀得差不多了。这不仅使得苏联国家本身失去从不同政见的批判性意见中汲取改善自身的思想资源，也使得知识分子在自身的思想理想破灭的同时和政治舞台疏远了。在位者不谋其政，民间组织又发挥不出影响力，只能看着国家一步一步走向未知的断崖。

美国斯坦福大学教授弗朗西斯·福山的《历史的终结》1989年在美国保守杂志《国家利益》发表后不久，柏林墙倒塌。当时他年仅36岁，他的观点迎合了西方必胜的信念情绪。到苏联解体时，他的看法似乎已成"先见之明"。

2000年，超过100个国家的代表在华沙齐聚一堂，参加世界民主论坛，宣布"人民意志"乃是"政府权威之基础"。美国国务院发布报告，"现在看来，民主取得了最终胜利"。人们可能会相信国际新秩序取代了冷战的两极体系。它曾被乔治·布什总统难忘地称为"世界新秩序"。

（六）中国道路的成功，给世界民主政治秩序以重要启示

1. "有为政府"和"有效市场"是现代经济快速增长的保障

历史已经证明，中国道路或中国模式是成功的。自1978年改革开放以来，我国经济取得了连续35年年均9.8%的高速增长，从一个人均国内生产总值不及非洲国家平均数1/3的贫穷落后国家，变为世界第二大经济体、第一大出口国。一个人口这么多、底子这么薄的国家维持这么长时间的快速增长，取得了这么多成绩，是人类经济史上不曾有过的奇迹。

中国的改革开放并没有照搬西方主流的新自由主义理论所倡导的"休克疗法"，试图以"私有化、市场化、自由化"一次性地消除计划经济时代的各种制度，而是根据我国社会的承受力、可动员的条件等情况以双轨渐进的方式推进，随着条件的成熟，不断深化改革，逐步建立起完善的社会主义市场经济体系。

早在20年前，世界银行前首席经济学家林毅夫和蔡昉、李周三人出版了《中国的奇迹》一书，他们预测了中国若坚持以渐进双轨的方式解放思想、实

事求是，与时俱进地推进改革，按购买力平价计算，中国有可能在 2015 年超过美国成为世界最大经济体，当时多数学者把这样的预测当作天方夜谭。而根据世界银行和国际货币基金组织公布的研究数据，中国已经在 2014 年底提前一年实现了这一预测。此一成绩的取得是中华民族伟大复兴的一个重要里程碑。不过中国并没有对世行这一数据予以确认，我们清楚，中国人口是美国的 4 倍，按人均来计算，即使我们经济总量超过美国，我国的人均国内生产总值按购买力计算也只有美国的四分之一；若按市场汇率计算，人均国内生产总值只有美国的八分之一。我们还必须维持一段较为快速的增长，才能赶上欧美发达国家人均国内生产总值的水平。

技术的不断创新和产业的不断升级是现代经济快速增长的决定因素，对发达国家是这样，对发展中国家当然也是这样。林毅夫教授认为，在这一点上发达国家和发展中国家有点不同。发达国家从 18 世纪的工业革命以后，一直处在全世界技术和产业的最前沿，它的任何技术创新和产业升级都必须靠自己研发。研发的投入非常大，风险非常高。发展中国家所用的技术和现有的产业都是在世界技术和产业链的内部进行，它的技术创新和产业升级可以用模仿、引进、集成来达成，其成本和风险远低于自己研究，这就是所谓的后发优势。我国在经济快速发展的道路上不正是这么走过来的吗？最典型的事例，就是我国的高铁技术。不过我们在引进、模仿、集成的过程中，更加注重创新发展，走出了完全适合中国国情的道路，以至于制造出拥有完全自主知识产权的成套技术装备。

我们从工业革命以来，尤其是第二次世界大战结束以后，乃至中国和其他发展中国家经济发展的成败经验中总结出，必须按照比较优势不断进行技术创新和产业升级，才能充分利用后发优势。而进行技术创新和产业升级，林毅夫教授认为一方面要有有效的市场，另一方面政府要发挥有为作用。有为政府实则就是强政府，不仅有利于我国经济按比较优势来进行技术创新和产业升级，同时能克服这一过程中必然存在的外部性和协调等市场失灵的问题，以因势利导产业升级。改革开放初期，我国还是一个低收入、资本短缺的国家，大多数产业不符合比较优势，像家电、汽车、造船、大型装备业等，现在已经符合比较优势，其产品在国内外市场已具备了竞争力。

在现代经济增长过程中，强政府的作用是至关重要的。我们以中泰铁路合作为例。2013 年，中泰两国就对铁路合作达成共识，并形成了"大米换高铁"

的构想。泰国国内政治动荡使得中泰铁路合作被迫搁置,直到巴育政府上台后,铁路合作项目才被提上议事日程。泰国照搬西方的选举民主体制,在很大程度上撕裂了泰国社会共同体意识,使得各派力量形成了非此即彼和"为反对而反对"的政治偏执,严重制约国家改革与发展进程。泰国巴育政府在决策过程中更加重视长远的国家发展利益,并且有很强的执行力。巴育政府从再次将项目提上议事日程,到内阁批准运输部预案,再到国家立法议会批准中泰铁路合作谅解备忘录草案,最后到中泰双方正式签订协议,前后仅用了不到半年的时间,从而有效避免了选举民主体制下派系的、缺乏稳定性的决策导向,以及在利益冲突影响下相互掣肘、彼此拆台的政府低效甚至无效窘境。

由于发展中国家市场化水平有限,存在许多缺陷和弊端,因此在战略层面的项目合作中,采取政府间直接合作,而不是简单照搬西方市场化运作、迷信国际招投标程序,将有助于获得更高效率和更低成本。正如巴育所言,"采用政府对政府的模式进行,意味着将不由企业经手,不存在腐败,更不是为一己私利,完成建设后对国家发展最有利。"①

2. 民主化进程中同样存在"后发优势"

长期以来,西式民主一直被一些人视为足以"终结历史"的理想政治体制。但审视现代民主制度进程的历史和现实,透过现象看本质,西式民主本身存在着若干结构性缺陷,有其"软肋"与"硬伤"。

西式民主的核心是所谓"自由选举",但表面上的"一人一票"很难真正实现"人民当家做主"。应该说,限制金钱对政治的影响是人类政治文明发展的大趋势。然而,令世人大跌眼镜的是,2010年1月21日,美国最高法院竟然通过了一项史无前例的法律裁定:废除大企业提供政治献金的上限,允许他们随意资助总统选举和国会选举的候选人。最高法院这一公然逆历史潮流的裁定不仅震动全美,更是轰动全球。而2014年4月2日,美国联邦最高法院宣布取消个人对联邦候选人及政党参选活动的捐助总额上限,意味着为金钱操作民主选举进一步铺平道路。西式民主政治强调分权制衡、多党竞争、权力至上等,这些成分使其民主制度的维系往往以牺牲效率为代价。用邓小平的话说就是,"对内自己打架,造成麻烦"。

纵观世界转型国家,希腊的危机、乌克兰的动荡、泰国的乱局、伊拉克的

---

① 周方冶:《中泰铁路合作的"变"与"不变"》,参见《环球日报》2014年12月22日第15版。

内战，整个资本主义世界的躁动不安，似乎都昭示着这样一种现象：成也民主，败也民主。西式民主自身的软肋和硬伤，决定了它还只是一种低级的民主，还处在民主进程发展的低级阶段，未来社会一定会扬弃和超越资本主义低级民主，这是民主发展的一般规律。

我们说制度与实践是理论的体现。政治制度不只是独立构想出来的理念得以实现的工具，这些制度自身就是理念的具体表现。西方的制度模式就体现了"华盛顿共识"的理念构想。应该说，当今世界许多国家都在探索民主制度，当后来者摒弃把西方民主当作千年不变的圣经的理念，汲取世界民主化进程中的经验教训，扬长避短、规避其结构性的缺陷，克服其"软肋与硬伤"，避免国家被选举民主、金钱民主所绑架，避免泛民主主义大行其道，根据自己国家的国情文化，走出与之相适应的民主化成功之路，这就是民主化进程中的后发优势。

中国民主化的道路无疑是成功的。要想对中国道路的成功有深刻理解，就要充分认识民主形式的多样性，打破对西方的制度迷信。中国作为社会主义国家，社会主义的根本制度决定了中国的民主与西方民主有着本质的区别。七十年前，当黄炎培提出共产党人如何避免"其兴也勃焉""其亡也忽焉"的周期律时，毛泽东以人民民主走出此周期律自信作答，并谨慎地进京"赶考"。

美国著名学者罗伯特·达尔指出，民主的一个关键特征是政府持续回应其公民的偏好。而中国共产党和政府对公民的诉求的确有较强的回应性。因此，中国特色社会主义民主所信奉的"人民主权"不仅仅是一个形式，更是在实质上使人民真正成为主权者，因而真正具有广泛性和人民性，是一种实质性的民主。更为重要的是在这种民主模式下，中国实现了倾听民声，广集民智，做到政治稳定，决策有效，确保了经济繁荣，社会发展，展现出了中国民主的强大生命力。

人民政协是在中国历史发展中形成的，这种协商民主丰富了世界政治制度的形式，为世界政治制度增色添彩。它是中国共产党和中国人民的伟大创造，是中国社会主义民主政治的特有形式和独特优势，是党的群众路线在政治领域的重要体现，具有鲜明的中国特色。这一制度产生的历史必然性既与当时国民党垄断政治权利、武力镇压共产党与打压各民主党派有关，也与垄断资本与民争利、强取豪夺经济资源有关，还与西方式的议会道路、"两党制"与"多党制"在民国初年的失败和不符合中国国情有关；既与中国共产党"立党为公"、对人民革命实行了正确的政治领导、制定和实施正确的统一战线方针政策有关,更与中国共产党与各民主党派的政治智慧和社会各界的理性选择有关。这些因素共同作用的结果,使中国人民政治协商会议这一广泛的爱国统一战线组织得以建立,五星红旗从中国人民政治协商会议升起,它提供了当代中国国家权力的合法性来源。

当代世界政治运行的主流形式是政党政治,政党对于一个国家的内政外交起着决定性作用。而政党政治制度的机制运行,主要体现为处理政党之间的关系、政党与政权之间的关系、政党与社会之间的关系,现代世界许多国家通过国会选举或行政官员选举,直接体现和调整政党关系,以在国会所占席位的多少或总统职位的输赢,决定政党执政或在野。

我国政党政治的运作机制与西方不同,我们是通过人民代表大会和政治协商会议来体现。我国的人民代表大会是国家权力机关和立法机关,人民代表大会不体现党派关系,各级人大代表,不论是何党何派抑或无党派人士,在人民代表大会中均是以人民代表的身份出现,这就真正体现了"人民主权",因而也就具有了真正的广泛性和人民性,也体现了实质上的民主。而我国的人民政协是多党合作的重要机构,是体现党派关系的重要载体。

共产党的领导和多党派的合作是我国政党制度互为条件的两大要素,执政党和参政党互为支持,构成多党合作的制度架构。这就避免了西方党与党之间相互掣肘、攻讦的弊端,为建立"强政府"或叫"有为政府"奠定了制度基础。而政党之间的协商、政府协商、政协协商、人大协商、基层协商、人民团体协商,乃至社会组织协商,通过推进协商民主,进一步改善我国的民主化进程,这就规避了泛民主化的大行其道,昭示了我国政党制度的生命力和应对挑战的方式和能力。当代中国的和平崛起,社会经济的发展,综合国力的提升,就是对我国多党合作制度优势和功能效用的有力佐证。

我国的人民代表大会以地域为单位组团,在一定程度上具有代表地方利益的因素,而人民政协以界别为构成单位,代表社会各界的方方面面的利益要求。人民代表大会与人民政协同为代表民意的机构,同为国家政治制度的重要构成因素,任何一个因素不可或缺,相辅相成、互为补充。这两种制度体现的协商民主和选举民主,作为国家层面上的民主形态,共同构成了我国主体化全方位的民主制度结构。

公民广泛的政治参与和理性交流是协商民主的核心内容。人民政协的民主协商体现出的制度合法性、主体广泛性、过程规范性、意见包容性、效果显著性等巨大优势，能够把社会各方面愿望的表达和诉求，纳入民主和法制的轨道；能够把群众中分散的、个别的呼声汇聚成系统的、集中的意见，便于执政党和政府了解民情、把握民意；能够就一些综合性、前瞻性、战略性问题深入开展调查研究，有效地促进党和国家决策的科学化、民主化。

而在西方，正如英国前首相托尼·布莱尔所言："如今民主国家的日子不好过。许多国家的民主制度机能失调：美国国会、英国联合政府以及许多欧洲国家的政府都遭遇了困境，难以做出必要的决策以使经济恢复增长。在满足本国公民需求方面，一些羽翼未丰的民主国家似乎不如专政国家有竞争力。""导致人们对民主政府大失所望的真正原因是，人们认为生活中迫切需要的改变迟迟没有发生。这是一个很实际的挑战。人们往往有另一套说法，他们说政府不倾听民众的声音。但实情往往是，政府在倾听，但民众的声音却是杂乱分化。通过强势领导有效进行决策的能力，正是民主制度所缺乏的。"①

当今世界瞬息万变，政府体制的更新就显得格外重要。而西方却坚守着自己的制度，加之强大的利益集团阻拦其进行实质性的必要改革，政党又竭力维护自己集团的利益，西方民主体制产生的最高领导人很难有什么作为，用布莱尔的话说就是产生了"功效"挑战。他把民主制度遭受到挑战，称为"功效"挑战。在风云变幻的世界中，国家、社区、企业都必须不断调整自己去适应这些变化，民主制度显得迟缓、官僚而又脆弱。

解决社会经济问题需要一个强有力的国家。中国经济奇迹的创造体现了"有为政府"或称"强政府"的关键作用，而中国民主制度的建立为建设"有为政府"创造了条件，同时中国民主化进程中的后发优势，规避了西方民主制度的"软肋与硬伤"，走出一条成功之路，对人类社会发展具有独特的宝贵价值，为世界民主化进程开辟出新的路径，影响深远。

3. 中国道路的成功，使"历史终结论"者为民主重新排序

美国神学家莱因霍尔德·尼布尔在冷战巅峰时期曾概述"把我国文化极为偶然的成就视为人类存在的最终形成和规范"。尼布尔评论的是一种影响西方世界观长达一个世纪的正统派信念：西方单一民族独立国家和自由主义民主制度将逐渐在全世界推广，工业资本主义造就的志向高远的中产阶级会带来有

---

① 引自《英国前首相布莱尔：民主已死?》，参见《参考消息》2015年1月1日第10版。

责任感、有代表性和稳定的政府——简言之，每个社会都注定会像西方那样发展演变。①

这类人何以有这种坚定的信念和价值观？从历史上看，美国从大英帝国手里接过全球领导者的权杖，再往前的霸主是法国、荷兰和西班牙。西班牙由于15世纪发现美洲大陆，最先开启全球化进程。这意味着美国领导的世界已被西方的制度和价值观塑造了500年，它不仅为西方广为接纳，而且在全球也多有知音。同时，我们从西方民主成功建立的基础上看，首先西方至少在两个世纪的时间里支配着世界，这带来巨大的经济优势，并赋予其政治精英重要地位和声誉。其次，西方民众在一个很长的时期中享有不断提升的生活水平，也正是这些因素使西方视其价值观为"圣经"，不可改变，并加倍增强了一种根深蒂固的谬见：自由主义民主如今可以用武力在桀骜不驯的社会中培养起来。

然而，经历了民主化道路漫长进程后，西方逐渐发现，他们所推崇的民主价值观并不是放之四海而皆准的真理。英国《经济学家》周刊的两位主编约翰·米克尔思韦特和阿德里安·伍尔德里奇在其合著的书《第四次革命》一书中断言，"迄今为止，21世纪对于西方模式来说是极为不幸的一个世纪。"这句话出自两位主编之口显得非同寻常，因为该刊是英国自由主义的旗手，一贯坚称西方以外国家只有通过西式妙方才能实现繁荣稳定。

但是，他们并没有料到，世界历史的复杂性超乎想象，其主要原因在于政治制度的质量。就连弗朗西斯·福山也不得不承认，在一个缺乏能力的国家，无论是民主还是市场，都不能正常地开花结果。20世纪中期在欧洲帝国废墟上诞生的大批单一民族独立国家，其精英阶层认可了效仿欧洲进步过程的必要性，展开了对西式财富和力量的狂热追求。如今，种族仇恨和流血冲突蹂躏着人们原本指望会受自由主义民主和资本主义民主共同主宰的世界。

西方理想化形象越来越受到质疑。2014年一起又一起事件无情地揭示了这种浅显的道理。正如印度知名作家潘卡杰·米什拉指出的，俄罗斯的自由市场资本主义试验巩固了一个笃信俄罗斯至高无上的统治政权。连印度、以色列、斯里兰卡、泰国和土耳其等貌似民主的国家，其政治也充斥着独裁专制的领导人、反民主的抵制情绪和右翼极端主义。

---

① ［印度］潘卡杰·米升拉：《西方模式丧失塑造世界力量》，参见《参考消息》2014年10月20日第10版。

这种坚信西方能够塑造全球事件并永远自我庆幸的顽固分子忘记或者掩盖了这样一个事实：20世纪最重要的事件是非殖民化以及新生的单一民族独立国家在亚洲和非洲各地出现。他们几乎没有注意到一个事实：自由主义民主在他们的殖民地子民看来带有活脱脱的帝国主义色彩。

解决社会经济问题需要国家，而建设一个国家却是困难的。福山认为创建成功国家有两种类型的失败。第一种是制度未能跟上社会的变化，其典型是拉丁美洲各国。他举出巴西政府在经历了20世纪80年代的一系列改革后，政府成为一盘大杂烩，一流的政府部门与庇护制残余同时存在。第二种类型的失败是制度的整体性失败。他认为从本质上来说，"阿拉伯之春"的失败就是政府能力的失败。在埃及，穆斯林兄弟会错误地理解了赢得选举与赢得全部权力的区别。因此，这个国家的中产阶级不情愿地再度接受了权威主义。

对于一个国家或是一个社会在多大程度上实行了民主，按照美国密执安大学哲学教授卡尔·科恩的说法，民主不是由结构形式来确定的。结构可能有助于，也可能无助于实现真正全民参与的决策过程。他认为"过程就是行为，民主过程就是某一种行为。这就是为什么民主永无完成及完善之日的理由。民主是一种做事的方式，这种方式会比较充分或不怎么充分地在做的当中体现出来"。"因而，任何社会的民主不可能是静止的……民主永远处于尚待改进的状态，而改进的过程永远也不会完成的"。①

然而，在西方却视其制度为永远不变的信条。在许多方面，美国的官僚机构已经不再是一个充满活力的高效的组织，其人员也不是因为能力或者专业知识而被选中。福山指出，整体来说，官僚系统已不那么看重绩效：联邦机构招募的新员工中，45%是国会任命的退伍军人，而非来自于名校。

本来社会经济的现代化给传统政治秩序带来了问题，导致新社会群体被动员起来，而这些社会群体的参与却不能被现有的政治制度所容纳。由于制度无法适应不断变化的环境，因而导致了政治的衰败。加之，自由民主几乎全部与市场经济联系在一起，而市场经济往往会有赢家和输家，当经济上的赢家谋求将自己的财富转化为不平等的政治影响力的时候，这就有很大的问题了。

正如英国前首相布莱尔讲到的，"在我们的体制中，产生了强大的利益集团，它们能阻拦我们进行实质的、必要的改革"。"公众能够感受到，我们的

---

① [美]卡尔·科恩：《论民主》，聂崇信、朱秀贤译，商务印书馆1988年版，第40页。

社会早该改革却迟迟未动。人们需要更好的服务，有更高的期望，但任何政治家都会告诉你，没人愿意为此埋单。改革的缺失是一项巨大的挑战——在政府预算吃紧的今天尤其突出。所以现代治国面临一道离奇的悖论：要满足公众日益提升的需求，改革必不可少，但公众很容易被动员起来反对这些改革。所以在变革面前，西方政治家们往往退避三舍，导致选民对民主政治的进程大失所望。"①

用金钱交换政治影响力的交易已经通过后门溜了进来，但其形式却完全合法，也更难根除。互惠利他主义在华盛顿盛行，是利益集团腐蚀败坏政府的主要渠道。这些利益集团非但不从事创造财富的经济活动，反而利用政治制度为自己谋取利益。

而美国的政治制度描绘出一幅复杂的画面，其中制衡原则过度地制约了决策过程。美国的政治制度已经随着时间的推移走向衰败，正如福山所言，传统的制衡制度越来越根深蒂固，越来越僵化。在政治两极化的背景下，这种权力分散的制度越来越难以代表大多数的利益，使利益集团和社会组织的观点获得过多表达。

西方不择手段地推销着自己的价值观，其配方仍不断造成苦难。正如巴希尔·戴维森在《黑人的重负：非洲与单一民族独立国家之祸》一书中所说，帝国主义使他们没有了资源去追求西式经济发展，它还将破坏性的意识形态和制度强加给千百年来形成了自身切实可行的政治单位和社会结构的国家。

印度知名作家潘卡杰·米什拉更明确指出，西方理论家在冷战期间荒谬地美化"民主的"西方崛起。反对共产主义的长期斗争需要制造很多合宜的假象。因此，千百年来的内战、帝国掠夺、残酷剥削和种族大屠杀被隐瞒，得以公开的描述则证明西方人缔造了现代世界并以其自由主义民主制成为其他所有人都应当赶上的优越民族。詹姆斯·鲍德温在冷战期间的 1963 年告诫说："所有西方国家都被戳穿了谎言——他们所谓的人道主义的谎言，这意味着他们的历史毫无道义依据，西方毫无道义权威。"② 潘卡杰·米什拉认为"西方模式丧失塑造世界的力量"。

美国的西式民主在泰国遭到抵制，在台湾已沦为民粹悲剧。英国前首相布

---

① 引自《英国前首相布莱尔：民主已死?》，参见《参考消息》2015 年 1 月 1 日第 10 版。
② ［印度］潘卡杰·米升拉：《西方模式丧失塑造世界力量》，参见《参考消息》2014 年 10 月 20 日 10 版。

莱尔认为"民主已死"。弗朗西斯·福山对西方民主传达出了"失望感",他认为,让美国成为一个成功的现代民主国家的政治制度正在走向衰败。权力的分散总是在为僵局创造可能性。但是,两大变化已经让可能性转化为现实。一是政党在意识形态方面的两极分化,二是强大的利益集团在遇到他们不喜欢的政策时对于否决权的行使。美国已经堕落为一个"相互否决"的国家。不仅几乎无力解决众多的严肃问题,甚至还有可能退化为福山所说的"新世袭民主制"社会。在这样的社会中,世袭王朝握有大量的选票,政治内幕的交易者用权力换取支持。

福山诠释了他对政治衰落的理解:"一个国家是否真正有能力在政治动荡和政治合法性受到威胁之前扭转这种局面,阻止这种衰落,是该国能胜出的关键。"① 由此,我们不难看出,福山因多国民主失灵反思,对美国政治衰败的失望,使他从《历史的终结》一书走出,撰写了《政治秩序和政治衰落》一书,他体会到行之有效、负责任且不受个人影响的机构对自由民主的重要性,知道它非常难以创建,不再相信所有国家都不可避免地终将成为自由民主国家。他已经懂得,即便是包括美国在内的成熟民主国家,也可能经历政治衰落过程。

近几年,福山对东亚最感兴趣,特别是对中国,他认为中国产生了一个能高度胜任的政府,其政府职位皆由经过笔试选拔且能够管理庞大帝国事务的一流文职官员担任。福山写道:"我们现在所有看到的发生在中国的事情,正是这种传统在经历了一个世纪衰落后的复兴。中国共产党正在回到历史中去以证明自己,即便没有西方民主和法治的传统所带来的好处,它也能创建一个有能力的政府。"②

中国的成功,备受国际社会关注。继美国之后,中国跃居为第二个"10万亿美元俱乐部"的成员。国家统计局最新数据显示,2014 年 GDP 为 636463 亿元人民币,首次突破 60 万亿元,亦首次突破 10 万亿美元大关,不仅继续稳居全球第二大经济体,更成为"10 万亿美元俱乐部"的另一成员。

值得强调的是,中国经济规模提升之迅速,甚至可以用蜕变来形容。从经济规模跨入"万亿美元俱乐部",到跃居成为"10 万亿美元俱乐部"的一员,

---

① 《福山思考"强政府",说明了什么?》,参见《环球时报》2014 年 10 月 15 日第 7 版。
② 《福山新作传达出"失望感"》,参见《参考消息》2014 年 10 月 13 日第 12 版。

中国仅用 14 年时间。反观作为全球第一大经济体的美国，其 GDP 在 1970 年为 1 万亿美元，而到 2001 年才达到 10 万亿美元，其间用了 31 年。换言之，中国所用时间不到美国的一半。

以中国为代表的新兴国家崛起后，美国主流思想界分裂。福山从民主到国家能力、国家建设的观点转移，可以说是美国学者在中国崛起后的新一轮自我反思。同时，中国成功模式促使西方学界修正观点。

英国剑桥大学政治学教授戴维·朗西曼在英国《金融时报》撰文，为推荐福山的新书时指出："福山的分析为评估世界新兴大国的政治健康状况提供了一份清楚明了的清单。比如，印度因殖民历史而拥有法治和民主问责，尽管前者有官僚主义和效率低下的缺点，后者也显得混乱和繁琐，但印度中央政府的权威太弱。新上任的印度总理莫迪正试图改变这样的状况。中国因帝国历史而拥有强大的中央政府，但法治和民主问责方面较弱。中国在 3 个条件中满足了 1 个半，但顺序是正确的。"① 福山将中国当作一个长期拥有现代官僚体系的强政府范例。

西方越来越多的学者关注中国的发展，它表明中国这些年的成就不是违反规律的"撞大运"，而恰是对全球普遍性政治规律的正面印证。这恐怕就是福山修正自己的观点为民主重新排序的原因吧！所以福山在其新书《政治秩序和政治衰败：从工业革命到民主全球化》中称，秩序良好的社会离不开三块基石：强大的政府、法治和民主问责制。他强调，三者的顺序至关重要，民主并不是第一位的，强政府才是。他分析，尚未获得实施有效统治能力就进行民主化的政府无一例外地都遭到失败，非洲许多地方就是在这里出了问题，一味强化民主，而不是修正现存的问题。

二、未来世界的民主形式必将多元化共存

（一）文明之间需要交流互鉴

在人类漫漫的历史长河中，世界各民族创造了自己的灿烂文明。在文明的发展过程中，任何一个民族的文明都是在与其他文明的交流互鉴中不断发

---

① 引自《福山思考"强政府"，说明了什么》，参见《环球时报》2014 年 10 月 15 日第 7 版。

展的。

我们说，在文学的视野中，"文明"是与"自然"相应的一个概念，指人类在应对自然的过程中所形成的物质、制度、精神等成果的总和。文明、文化、历史这三者之间密不可分。文明和文化，都是文治教化之义，在一般意义上，文明与文化是同义语，都是指人们在社会历史实践过程中所创造的物质财富和精神财富的总和。但在严格意义上，文化特指精神财富，如教育、科学、文艺等深层的、无形的、机理性的东西。毛泽东在《新民主主义论》中指出："一定的文化（当作观念形态的文化）是一定社会的政治和经济的反映，又给予伟大影响和作用于一定社会的政治和经济。"而文明更多地指称外在的、有形的、可感的成果。人类历史和人类社会可以说就是由众多的文明形态在空间上的并存和在时间上的继起而构成的活生生的画面。这些文明形态之所以能够发展和延续，主要是由其内在的文化精神支撑的。所以历史负载着文化，人只有在文化中才有自己的历史，否则历史将没有任何意义。

由于各民族遭遇外部环境的挑战不同，文化禀赋不同，思维取向不同，因此不同的民族呈现出不同的文明景观，也导致任何民族的文明都不是完美的。这就使各民族把自己的文明推介、分享给其他民族的活动过程就是文明交流。对这一过程德国历史学家雅斯贝尔斯给出了"轴心期"的理论，他认为公元前800年至公元前200年之间，尤其是公元前600年至公元前300年间是人类文明的"轴心时代"。这短短的几百年时间，是人类文明精神的重大突破时期，本来是相互隔绝的各个文明都不约而同地出现了自己的伟大精神导师，如古希腊有苏格拉底、柏拉图、亚里士多德等，以色列有犹太教的先知们，古印度有释迦牟尼，中国有先秦诸子百家，他们提出的思想原则塑造了不同的文化传统，决定了后来这些地区各自迥异的文化形态。雅斯贝尔斯实际上揭示了不同民族如何"分有"了自己的文明精神，形成了自己的文明路向。

各民族环境的不同，使各自文明发展路径走向偏执，陷入所谓的"相对真理"的困境。因而，文明的交流、互鉴甚至整合就变得尤为重要。英国著名历史学家阿诺德·汤因比在研究人类文明的起源、成长、衰落、解体，以及文明之间的接触、规律、前景时对此都有较深刻的论述，他在《历史研究》一书中就指出了，埃及文明见证同时代的米诺斯文明、苏美尔文明、印度河文化——消亡，让位给新一代的后继文明，一些后继文明又相继消亡，埃及社会依然存在。在文明的交流史上，各种文明之间会交流、碰撞、互鉴。当然，每一种文化都有其存在的理由，都曾在或者正在对人类历史的发展做出自己的贡献，因此，每一种文化都有其独特的价值，这种价值是与其特殊的环境相配的，不同种类的文明形态在价值上是平等的、多元的、相对的。

在人类社会漫漫长河中，曾经有人类完全融于自然的时候，虽然那时候人也的确比较艰苦，风餐露宿，和其他动物平起平坐地竞争。后来人脱颖而出，不断进步。尤其在最近一万多年里，进展的速度似乎一下就从步速变成了音速，又从音速变成了光速。人获得供养的活动由单纯的采集和狩猎扩展到了驯养和种植，人类开始定居，有了村镇和城市，有了国家。

有了国家或者说建立了政治秩序、政治社会，这是人类进步飞速发展期的关键一步，也是各民族创造文明的关键一步。它首先保障了一个政治社会的和平，也大大扩展了人的力量。而文明把陌生人联系在一起，把生活在一起的人们划分成各具特点又相互依赖的群体。他们的生活各不相同，但全部依赖于物资和服务的交换，一方面受制于习俗规则，另一方面又受制于人口和物资在供求上的限制。

历史学家威廉·麦克尼尔在他的《人类简史》中写到农业文明的时候，给人以这样的印象：似乎人类进入农业文明之后的生活还不如做采集者的生活，更不要说后来的工业文明了。然而，历史车轮总是滚滚向前的，看来人类一旦进入政治社会，也就必须往前走，致力于不断改善这种社会状态，而不是返回原初状态，或者动辄全盘打破和改造现状。这就使文明之间不断发生交流、融合，乃至有的文明在碰撞整合中消亡。自人类文明出现以来，文明世界的社会复杂性就一直在延续。直到今天，几乎全人类被纳入到一个全球体系中，到处都在快速地交换信息，颠覆传统的生活方式……

人的生命活动的丰富性、开放性，决定了文明交流的无限可能。两种异质文明既可以和谐相处，又可以在此基础上形成一种新的思维方式或生活方式。习近平同志在访欧的演讲中有一个精妙的比喻："正如中国人喜欢茶而比利时人喜欢啤酒一样，茶的含蓄内敛和酒的热烈奔放代表了品味生命、解读世界的两种不同方式。但是，茶和酒并不是不可兼容的，既可以酒逢知己千杯少，也可以品茶品味品人生。"

各种文明在交流过程中，有融合也有创新。一个民族如果缺失了兼容创新的动力，那么它只能是"一条道走到黑"。遥望人类文明的星空，有多少文明灿烂无比，但最终却黯然陨落。阿诺德·汤因比在《历史研究》一书中认为，文明的起源在于"挑战与应战"；文明的生长在于"精神的自觉与自决"；文明的衰落在于"自决能力的丧失"；文明的解体在于"社会体的分裂与灵魂的分裂"。历史上没有任何一个文明在应对外部挑战时是常胜的，未来也不会有哪个文明敢断言自己能引领世界，成为最后的终结者。"万物并育而不相害，道并行而不相悖"，只有在真切的对话交流中，才能携手应对共同的未来。

按理说，今日世界的各种文明，历经漫长的交流互鉴、浪里淘沙、沙里澄金，相对应该比较完美了。然而，人类历史在不断发展、日新月异，面对未来的应对，生态问题的破坏问题，气候环境的异常问题，生物技术的风险问题，数据时代的伦理问题等等，所有这些人类面临的共同问题都需要打破地域和民族的局限性进行深度合作，在文明层面相互启发与借鉴。因为任何全球性问题的产生都有其文明的根源，而其最终解决也必须诉诸文明的突破。因之我们说，各种文明都没有最好，只有更好。

况且文明自身都固有一种傲慢与偏见，又天然对已有的文明有着"路径依赖"，再加上西方发达国家进入现代社会后，严重的现代性危机也随之出现，其内容是多方面的，其中一个重要方面和一个重要原因是个人主体性过度发挥和不正确发挥，个体权利过度膨胀，权利被绝对化，权利与责任之间的关系严重失衡，滑向权利本位的极端。在现代西方，相对于社会整体利益而言，个人的权利是绝对的和至上的，个人自由、社会福利等权利几乎被绝对化。结果造成个体之间、个体与社会之间、群体之间、人与自然之间发生尖锐的冲突，引发严重的现代性危机。历史证明，个人主义或个体本位的文明价值无法化解现代社会日益严重的种种冲突，这就暴露了西方文明价值的缺陷。但是西方固执己见，这注定他们即使对自身文明的缺陷有所认识，亦不会去解决弥补。所以，所谓"知人者智，自知者明"，只有在文明交流中知己知彼、互鉴包容、扬己之长、补己所短，才有可能形成应对未来的新思维。

今天，中西方的沟通既是关乎未来梦想的沟通，又是历史与文化的沟通。一种文化和一个民族只有参照另一种文化和另一个民族，对观各自的历史经验与文明特点，才能更深刻地了解自身的问题。对于当今全球化趋势下文明之间的对话，一种来自"异域眼光"的思考或许能提供一种新的视角和方法。特别应该注意的是，将他者的文化与自身文化同等对待，将其平等地视作各自具有其合理性的文明形态加以对照和审视，要避免交流中赋予自身文化传统中的历史思维一种优先性，或者以己方史实和价值标准为坐标来简单地裁量另一方。这是因为人类历史就是一部跨文化互动日益增强的历史，而且互动的范围和规模越来越大。这样"跨文化互动"就成为理解全球史的一个核心概念。所以，习近平同志指出："历史是现实的根源，任何一个国家的今天都来自昨天。只有了解一个国家从哪里来，才能弄懂这个国家今天怎么会是这样而不是那样，也才能搞清楚这个国家未来会往哪里去和不会往哪里去。"而文明交流的直接原因在于现实中不同民族梦想的差异性，甚至排斥性。文明交流的深层原因在于通过历史的沟通达成对现实的理解、和解。

我们提出"文明交流互鉴"，"互鉴"就要求参照对方文明，吸取对方优长，克服自身短处，推动不同文明的丰富、前进。如佛教的中国文化，即是参照印度文明，让中华文明迈上一个新台阶，为推动人类文明交流互鉴做出了卓越贡献，为未来的文明交流树立了样板。

习近平同志提炼概括了文明的三个基本特征：文明是多彩的、文明是平等的、文明是包容的。包容是这三个特征的落脚点，是文化多元、利益多样的前提，是人类社会平等共处的保障。"文明和谐"为人类不同文明的相互关系指明了理想目标。中国历史上儒、佛、道"三教合一"，中国汇集了汉语、藏语和巴利语三系佛教，是"文明和谐"理念的最好例证。

重视文化传承，更要勇于创新。中华文明是世界上唯一不间断的连续文明，中华文明在与其他文明的交流互鉴中善于吸纳外来文明的优长，同时也对其他文明作出了贡献，且有所创新。创新是中华文明的本质要求，《诗经》云："周虽旧邦，其命维新。"佛教主张"依法不依人"的原则，把真理的权威置于个人权威之上，倡导既要"如理如法"，又要"契理契机"，体现了理论与实践结合的精神。

精神生活是中华文明、人生和社会理想的重要方面，人类创造的各种古老文明，不仅具有历史意义，也具有现代意义。我们强调物质文明和精神文明的均衡发展，提出要让不同文明"蕴藏的精神鲜活起来"。

中国历史和现实都表明，我国各种传统文化和传统宗教发挥了净化人心、稳定社会的作用。当代中国人应该在创造高度物质文明的同时，以优秀传统文化为基础，构建高度的精神文明，为人类社会作出更大贡献。

我们都知道，全球化、现代化是世界历史的大趋势，这一发展不应是盲目的，应该有精神的指引和推动，未来的世界也必将是多种文明交流互鉴的，让中华文明同世界各国人民创造的丰富多彩的文明一道，为人类提供正确的精神指引和强大的精神动力，中国人民要做出较大贡献。

当今人类文明的发展，呈现这样一个鲜明的特征：即古老文明相继复兴，实现着从传统向现代的转型，推动着人类文明不断向前发展。历史表明，最早开始复兴的是以古希腊、古罗马文明为代表的欧洲文明，中华文明的复兴是继欧洲文明复兴之后推动人类文明发展的重要力量。当前欧洲文明与中华文明复兴形成合力，正在成为引领人类文明加速发展的强大动力。随着中国梦的实现，中华文明复兴对人类文明发展的影响更加深远。

亚洲文明曾长期走在世界前列，为推进人类文明进程做出了卓越贡献。早在公元前100多年，中国就开辟了通往西域的丝绸之路，中国的丝绸，改变了西方人的穿着；而西域的物产和音乐，也改变着中国人的日用习惯和音乐风格。中国的儒学，影响了日本、朝鲜的学术文化发展；南亚的佛教，也影响了中华文化。汉唐时期对域外文化的吸收消化，促进了汉唐文明的出现；而唐宋时期中华文化的远播，也影响了东南亚诸国的发展进程；元代更把中华文明远播至西亚和欧洲，推进了欧洲文明的相互交流。15世纪初，明代著名航海家郑和七次远洋航海，到了东南亚很多国家，一直抵达非洲东海岸的肯尼亚，留下了中国同沿途各国人民友好交往的佳话。时至明清之际，尽管官方实行"海禁"政策，但民间交往却日盛，不仅有贸易交往，甚至有百姓到世界各地定居，成为今天海外华侨的祖先，为远播中华文明做出了重大贡献。

20世纪50年代以来，亚洲各国通过自身努力，在经济与社会发展方面取得了显著成就，在国际和地区事务中的影响力日益上升。经济发展迅速，成为世界最具经济发展活力的地区之一。特别是中国改革开放30多年来经济发展创造了奇迹，社会稳定、人民生活大幅改善，已经成为世界第二大经济体。中国把握全球一体化的发展脉搏，找准地区国家的利益契合点，适时提出了打造"丝绸之路经济带"和21世纪"海上丝绸之路"，中巴经济走廊、孟中印缅经济走廊、中国与东盟"2+7合作框架"、亚洲基础设施投资等一系列重要倡议。

在人类结成命运共同体的今天，和平与发展成为世界人民的共同诉求，推动世界各种文明的交流互鉴、互学包容，是解决当代人类发展的共同难题，增进世界理解今日中国，让世界变得更加美丽，各国人民生活更加美好的必由之路。

面对今日世界共同的难题,中国文化中蕴藏着解决当代人类难题的重要启示。中华文化中"道法自然"、"天人合一"是实现和谐生态的必然途径;"己所不欲,勿施于人"、"出入相友,守望相助"是建立健康国际关系的基本原则;"以民为本,仁者爱人"是公共治理的重要基础;"和而不同,求同存异"是确保我们生活的世界既和平稳定又丰富多彩的根本保证。

数千年来,中华民族走着一条不同于其他国家和民族的文明发展道路。今天我们选择走中国特色社会主义道路不是偶然的,而是历史传承和文化传统所决定的。国家富强、民族振兴、人民幸福的中国梦深植于中国的文化土壤,我们沿着自己的路奋斗追梦,具有无比深厚的历史底蕴,具有无比强大的前进定力。

文明如水,润物无声。文明因交流而多彩,文明因互鉴而丰富。面对世界新的机遇和挑战,我们应当做出符合世界发展大势和时代潮流的战略选择,坚持文化的多样性和文明对话,推动不同文明相互尊重、和谐共处,让文明交流互鉴成为增进各国人民友谊的桥梁,推动人类社会进步的动力,维护世界和平的纽带。

(二) 世界在变化中加速调整

2015年是"二战"胜利70周年。这70年西方学者分为"冷战时期"、"后冷战时期",而近几年世界又变得一个"乱"字了得。就连一直骄横的美国也力不从心,这种乱局给西方更给世界各地的人民带来不安和疑惑。

1945年到1991年这46年中,世界发生了很大变化。一是殖民地、半殖民地国家和人民举起了"民族独立"、"主权平等"的大旗纷纷独立。当时社会主义思潮很盛行,在新独立的国家中,有的走社会主义道路,中国走得最成功,至今巍然屹立在东方;有的想走类似社会主义道路,如印度等,不大成功;有的试图全盘西化,希望用西方政治制度来彻底改变落后现状,大多不成功。二是所谓"冷战","冷战"的实质是西方要用自己的价值观击败苏联的意识形态,也就是用资本主义战胜社会主义。他们认为以个人主义为基本伦理的自由市场经济和多党议会民主是世界上唯一的普世真理,苏联的崛起和强大是最大的危险。苏联的解体,让美国自我感觉极好,兴奋不已,认为打赢了"冷战","历史终结"了,但新的历史一刻没有停歇地开始了。

从1991年到现在的24年,十分具有戏剧性,"9·11"事件和两场打不赢的反恐战争以及金融危机，使西方从"冷战"的狂欢一下子跌落到了沮丧，世界秩序并没有按照他们的愿望建立，反而陷入了金融危机，茫然不知所措。

生活永不停息，历史车轮在滚滚向前，然"逝者如斯夫"。近几年世界在急剧变化之中，令人眼花缭乱。2010年2月，亚努科维奇赢得了大选，合法地担任了乌克兰总统。可是一贯标谤强调程序合法性的美国和西方并不尊重这个选举结果。从他们的利益出发，在西方眼里，亚努科维奇的上台，成了北约和欧盟东扩的障碍，他们下定决心搬开这块石头。西方趁机鼓动乌克兰的橙色革命，从1991年开始，美国投入了50多亿美元帮助乌克兰追求"其应有的未来"。这项工作的内容之一是，美国政府为乌克兰全国维护民主捐赠基金会提供资金。

它资助了60多个意在扶持乌克兰民间机构的项目。后来更是露骨，美国助理国务卿纽兰直接打电话安排乌新政府总理人选，而参议员约翰·麦凯恩干脆参加了乌反政府示威活动。乌克兰的危机至今仍在继续，看不到解决局面的丁点希望。大概其颜色革命已走上"不归路"。

在阿拉伯世界，美国和西方没有想到，一个疯狂的"伊斯兰国"会突然冒出来。美国本想赶紧从伊拉克、阿富汗抽身，把一个烂摊子推给当地人。但这个"伊斯兰国"就像"反恐战争"打开了潘多拉盒子从中逸出来的魔鬼，他们建立了一个新的哈里发国来同西方文明较量。而这个"伊斯兰国"军力的骨干力量就是原来在伊拉克被打散的萨达姆军队。

对利比亚战争，英国《独立报》网站在2014年9月27日发表迈克尔·哈里伯顿同基辛格的一段谈话："基辛格说：'利比亚是一场灾难。几乎可以肯定，所造成的生命的损失要比卡扎菲统治下多——这是一种可怕的结局'，我对他说，卡扎菲当政时期我曾在利比亚旅行，使我感到不安的是，我发现夜间在的黎波里外出比在世界上任何一个城市都安全。"早知如此，悔不当初？迄今由谁来为这场大灾祸承担责任呢？

"二战"结束以来，世界经历了苏联解体和冷战的结束，美国的单极化，加速和升级的全球化，新兴大国的成长，非国家行为体的复杂而大量的增长，使得世界更加复杂，急需处理的问题太多：中东地区除了以巴问题长期存在外，叙利亚局势未改善，清除IS的努力仍未见明显成效，再加上也门问题搅动着沙特与伊朗的关系；欧洲国家在致力于本国及地区的经济复苏时不再以美国马首是瞻；乌克兰问题引发的美俄角力不断加剧。美国深深地感到由他主导的世界秩序正在瓦解。小布什曾在西点军校气势汹汹地说要"先发制人",而奥巴马在同一讲台告诫说要"慎用榔头"。美国外交学会主席理查德·N·哈斯在美国《外交》双月刊 2014 年 11/12 月号上写道:"由于美国霸权渐弱而又没有继任者等候接棒,现行国际体系可能会让位于自主权更大的多个权力中心。冷战结束后的秩序正在瓦解。"而普京却另有话说,他在 2014 年 10 月举行的瓦尔代国际辩论俱乐部上说:"美国在冷战后的所作所为不负责任,像个暴发户,不会妥善支配从天而降的财富,想按自己心愿重新安排世界。"不论怎样讲,其实战后国际秩序早已面目全非。

新世纪以来,地球并没有按照美国新保守派的愿望转动,许许多多国家都在根据本国条件探索走自己的路,其中,成绩斐然的中国所展现的互相尊重、合作共赢的形象令世界耳目一新。中国正以自己不懈的努力为世界树立一个榜样。满怀自信努力圆中国梦的中华民族,正在为人类的共同梦想带来希望。

中国的"一带一路"计划是实实在在地贡献国际公共产品,比之美国的"重返亚太"计划更受世界的欢迎。在"提供更多的中国解决方案"和促进"新型全球治理"的思路下诞生的多边发展机构,如新发展银行和应急储备库、亚洲基础设施投资银行等,为亚洲各国和全球其他发展中国家提供了实实在在的发展援助。

目前,世界秩序将逐步演化到一种不同于"二战"后国际秩序、冷战对抗、冷战后美国单极霸权的多边合作的新型世界秩序。无疑,中国代表着世界秩序中新旧力量的协调者和新世界秩序的催生者。

一方面,中国主张和推动国际金融组织的改革,试图使新兴力量拥有更大的发言权;另一方面,中国也在推动足以解决全球问题的新的替代性全球机构。作为旧秩序的特殊成员,中国并不赞同美国在世界秩序中的霸权地位;而作为主导新秩序的一员,中国积极务实地努力,是全球包容性的新世界秩序的建设者。中国提供国际公共产品就是为了一个公正的、多边的新世界秩序和真正的、包容性的、协商性的全球治理。一个提供更多国际公共产品的中国正在帮助塑造着新的世界秩序。

(三)美国将不得不接受中国和其他新兴国家的崛起

2015 年是"二战"结束 70 周年,19 世纪和 20 世纪的某一时期,英美先后在单极格局中拥有绝对主导地位,因此被称为"英国世纪"和"美国世纪"。纵观人类发展史上各个国家的兴衰史，盛衰似乎有其发展的规律。

1. 美国霸权衰落是大势所趋

我们知道，英国是世界上第一个发生工业革命的国家。工业革命时期，英国经历了一系列科技创新，特别是蒸汽机的发明，使其在19世纪40年代完成了工业革命。工业革命时期，虽然失去了北美13块殖民地，但英国加强了海外殖民扩张，到工业革命完成之时，英国已经是世界上最强大的国家，拥有庞大的殖民帝国。

但是，工业革命结束后不久，盛世英国就步入了相对衰落的进程。19世纪，当资本主义工业化进入以重工业为主和以电气为动力的新时期，英国面临美、德等国的强劲竞争。第一次世界大战后，英国工业实力排位进一步下降。到20世纪60年代，经济发展缓慢，通货膨胀、失业率高、国际收支危机多发，逐渐丧失了工业领域的垄断地位。当德、美、法等国工业得到快速发展时，英国仍实行其惯性的自由贸易政策；保留着王室制度浓厚的封建社会因素；保守的社会在技术创新和管理方面，墨守成规、不思进取；大量人口移民海外，人口增长变缓，本土劳动生力军缺乏；庞大的海外帝国需要有足够的军事力量保护，军费开支过大，影响了经济发展；当殖民地逐渐摆脱英国控制获得独立时，英国的大国地位注定下降，那个不可一世的"日不落帝国"毫无例外地"由盛转衰"。而到2015年英国大选时引人瞩目的是，竞选中外交与国防议题几乎没有候选人提起，对于一个曾统治世界将近1/3疆土的帝国来说这令人不可思议，也成为"日不落帝国"最后一抹余晖"逝去"的完美注脚。

当英国由盛转衰之际，特别是"二战"时期美国由于在战时巩固新政的基础上军事国家垄断资本主义得到巨大发展，战后初期，美国的经济、军事实力在全世界处于绝对优势。从经济方面说，它虽只占有全世界6%的人口和土地面积，却占有资本主义世界工业生产量的2/3，外贸出口额的1/3，黄金储备的3/4。1947年6月，英国外交大臣欧内斯特·贝文感慨地说，美国"今天正处在拿破仑战争结束时英国的地位。拿破仑战争结束后，英国掌握全世界财富的30%，而今天，美国则掌握大约50%"。

从军事方面说，到1945年，美国的武装部队总人数高达1212万（1939年为33万多）。美国的空军是当时世界上最庞大最先进和最具有威力的。美国的航空工业在产品数量和技术方面都在世界上遥遥领先，拥有超级空中堡垒B—29远程战略轰炸机和世界上唯一能横跨大洋的航空力量。它的15000架远程飞机使它几乎完全垄断了洲际空中运输，控制了资本主义世界的全部空中航线。到1947年，美国的商船吨位超过所有资本主义国家商船吨位总和；海军舰艇吨位达380万吨，大大超过英国的150万吨，一跃而成为世界上最大的海上强国。美国在海外建立了484个军事基地，世界上每一海域几乎都被美国所霸占。总之，战后初期，美国的军事力量不仅在资本主义世界处于无与伦比的地位，与前苏联相比，也明显处于优势，尤其是战略核力量前苏联更是望尘莫及，美国已成为全球性军事强国。

随着战时和战后初期美国经济、军事实力的急剧扩张，美国追求世界霸权的野心越来越大。在对外政策上，从战前的孤立主义，迅速转向全球扩张主义。美国前总统赫伯特·胡佛宣称："目前，只有我们掌握着原子弹，我们能够把自己的政策强加给全世界。"① 当时美国总统哈里·杜鲁门甚至一再扬言，美国负有领导世界的责任。

美国谋求世界霸权的活动，是从在资本主义世界建立政治经济霸权开始的。

为谋求建立"符合美国最大利益"的战后世界秩序，美军早在1939年就着手准备，计划建立类似美洲国家组织的国际机构。1945年4月25日，来自50个国家的282名代表在美国旧金山召开联合国国际组织会议。6月26日，参加会议的50多个国家代表签署了《联合国宪章》。美国总统杜鲁门在闭幕式上发表演说，称赞这个宪章"实现了30年前那个伟大的政治家——伍德罗·威尔逊的理想"和"第二次世界大战中那个英勇的领袖富兰克林·罗斯福的目标"。② 10月24日，中、美、英、法、苏和其他多数签字国递交批准书后，《联合国宪章》开始生效，联合国正式成立。

美国一开始就操纵联合国，企图把联合国变为美国称霸世界的政治工具。联合国原有51个创始国，其中有34个在西欧和拉丁美洲，它们都是支持美国的。只有11个来自亚洲和非洲，它们绝大多数也是亲西方的。来自苏联集团的只有6个。安全理事会5大常任理事国中美国控制着4票。这种情况，使战后初期美国在联合国处于绝对优势。《纽约先驱论坛报》指出，美国在联合国内已经"形成一种独断专横的力量"，操纵一个多数票集团，"在一个世界性

---

① 刘绪贻主编：《美国通史》（第6卷），人民出版社2002年版，第13页。
② 同上。

会议上横行霸道"。① 的确，二次世界大战后，美国已取代西欧成为资本主义世界的政治中心和堡垒。

美国在筹建联合国、争夺国际霸权的同时，还积极策划在战后世界经济领域中建立美国的霸权地位，打算从金融、投资和贸易3个方面对外扩张，以确立美元的霸权地位。当时，妨碍实现美元霸权地位的主要障碍是英镑区——一个拥有数十个国家和地区的货币集团。

1944年7月，参加筹建联合国的美、英、苏、中、法等44个国家的代表，在美国新罕布尔州的布雷顿森林举行国际货币金融会议（简称布雷顿森林会议）。这次会议以美国财政部长助理哈里·怀特草拟的联合国稳定基金与联合国协同国家复兴银行计划案（通称怀特计划）为基础，通过了这两个协定，总称布雷顿森林协定。其主旨是以美国作为国际金融的中心取代大英帝国的世界金融霸权。

国际货币基金会协定确认了美国政府规定的35美元等于1盎司黄金的官价，各国央行可按官价将持有的美元向美国兑换黄金，并规定其他会员国货币按其含金量同美元定出固定比价，不能随意更动，由于美元同黄金直接挂钩，美元就成为与黄金相等的储备货币和主要的国际支付手段，取得凌驾于其他货币之上的特权，从而形成了以美元为中心，实行固定汇率制的资本主义世界货币体系，确立了美元的**霸权地位**。美国联邦储备委员会简直成了资本主义世界的中央银行。

由于美元成了资本主义世界主要的国际储备货币，美国就可以通过美元的发行，通过信用的扩张和收缩，通过它控制的国际金融机构的业务活动，对资本主义世界的国际金融进行操纵。就此，美元成了战后美国谋求世界霸权、推行干涉主义外交的有力工具。

20世纪60年代是美国经济和军事实力继续增长的时期，也是美国霸权迅速衰落的时期。这种矛盾现象的产生，首先是由于世界力量的对比发生了深刻的变化。欧盟的建立与欧元的诞生、中国影响的扩大和第三世界国家的崛起，使美国的国际地位相对下降。其次是由于美国的全球扩张政策恶性发展，在60年代以越南战争为中心而达到顶点，结果大大加深了美国霸权主义野心和实力限度之间的矛盾，而9·11之后借反恐为名发动的伊拉克和阿富汗战争更

---

① 参见《美国先驱论坛报》1945年5月2日和15日。

使美国深陷泥坛,还制造出"伊斯兰国"这一恶魔,使美国在经济、军事和政治上都陷入难以自拔的困境。再次是因为新政式国家垄断资本主义的发展,开始进入一个由盛而衰的历史转变时期,美国社会正面临着新的更为深刻的危机威胁。这样,就使美国的霸权呈现江河日下的衰落之势。

战后美国的霸权地位是以经济实力为基础的,但是到60年代末,美国不仅经济增长速度减慢,而且国际经济地位严重恶化。最突出的表现是国际收支逆差增大。1980—1954年平均每年逆差为17亿美元,到1965—1969年这一数字猛增至34亿美元。国际收支状况的恶化,除因私人对外投资和外贸盈余减少外,主要是战后美国奉行对外扩张政策的结果。美国在"二战"之后连续愚蠢地卷入了朝鲜战争和越南战争。这两场战争使美国耗费巨大,尤其是越南战争。越南战争期间美国差不多花掉了八千亿美元的军费。随着战争花费越来越大,海外驻军和种种外援,使美国政府负担过重,力不从心。

随着国际收支逆差增大,美元地位不断下跌。1950—1970年,外国的政府、中央银行和私人握有的美元,从84亿增加到430亿,而美国黄金储备则从243亿美元下降到163亿美元。到1971年8月,美国人手里的黄金大概还有8800多吨,美元危机频繁发生,资本主义世界货币体系摇摇欲坠。此外,西欧和日本经济的高速发展,使美国外贸顺差每况愈下。60年代前半期,外贸顺差平均每年为54亿美元,60年代后半期下降到30亿美元,1968年仅为83700万美元,是1937年经济危机以来的最低点。再加上有些人给美国人制造新的麻烦,比如法国总统戴高乐,他不相信美元,他与财政部长和央行行长沟通后,要他们把大概22—23亿美元的储备,一分不剩地全部交给美国人,换成黄金拿回来。法国人对美国人的这一击,对其他国家产生了示范效应,其他一些外汇盈余的国家纷纷向美国人表示,我们不要美元,我们要黄金。这样逼得美国人无路可走。于是,在1971年8月15日,时任美国总统尼克松宣布关闭黄金窗口,美元与黄金脱钩。这就是布雷顿森林体系瓦解的开始,也是美国人对世界的一次背信弃义。

按照美国人的愿望,布雷顿森林体系确立了美元的霸主地位,虽然这一体系从建立到美元与黄金脱钩这27年,并没有让美国人真正拿到霸权,但是对于整个世界来讲,美元成为国际流通货币、结算货币、储备货币已经实行了20多年,人们已经习惯使用美元。美国人利用世人的惯性和无奈,在1973年10月迫使石油输出国组织(欧佩克)接受了美国人的条件:全球的石油交易必须用美元结算。至此美元与石油挂钩，美元就伴随美国开始了一个新的历程。

战后美国金融垄断资本曾一度进入黄金岁月。它一方面靠武力挟持全世界，维持其金融帝国秩序，另一方面靠一纸美元操控世界。然而物极必反。美国在虚拟经济领域春风得意时，不知不觉把实体经济都转移出去了，美国经济内瓤一天天空虚起来。美国虽然打造了世界上无可匹敌的战争机器，但在核恐怖平衡时代和经济相互依存时代，军事手段的实际效益大打折扣。金融帝国单靠武力难以为继。

美国霸权衰落不是外因造成的，而是其金融帝国内在固有矛盾发展的必然结果，是金融垄断资本食利性、寄生性发展的必然结果。英国著名历史学家阿诺德·汤因比说过，"帝国的衰落来自于对外的过度扩张和社会内部扭曲的扩大。"美国霸权的衰落根源于连年征战对美国战略资源的过度透支，以及虚拟经济泡沫的破灭，而并不是美国想象中的外部"挑战"。

美国霸权衰落将是一个较长过程，百足之虫死而不僵。即使衰落了，美国仍将是一个重要世界大国，只是不能再像过去那样吆五喝六了。近几年，奥巴马执政下，美国国内政治左右"极化"的趋势并无好转，两党相互攻讦、掣肘、否决，严重制约了政治和经济革新。美国对全球政治事务的影响力明显下降。究其原因，一是美国的欧洲盟友实力受损，日本经济长期低迷，西方整体力量及影响力下跌。当2014年美欧等西方七国首脑在荷兰海牙会议上决定将俄罗斯开除出八国峰会时，俄罗斯对被开除出G8的不屑，再次证明G8已是明日黄花，在世界政治和经济中已失去了影响。西方国家无法扮演"第一小提琴手"的角色，无力制订世界游戏规则。当俄罗斯退出G8后，不排除G7将面临很快衰败的命运。二是中国等新兴大国力量和国际影响力快速上升。三是在网络化时代国家权力分散下移，全球治理问题日益复杂，美国在反恐、气候变化、网络安全等问题上掌控国际规则的能力受到削弱。四是美国集中精力于国内事务，干预外部事务的核心和动力减弱。近来美国经济更多依靠的是内需而非国际市场，这更加强了美国的"内向"趋势。

美国不会放弃它的全球霸权图谋。奥巴马说，美国"决不做老二"，恰恰说明美国已焦虑地意识到成为"老二"的现实和可能性已经出现。综观美国的盛衰过程，与当年"日不落帝国"何其相似乃尔，大概这应是历史发展的规律，美利坚走向衰落岂不是大势所趋！

2. 新兴国家时代已到来

2015 年世界以不同方式纪念了第二次世界大战胜利 70 周年。中国人民也举行了包括阅兵在内的盛大纪念活动，纪念世界反法西斯战争胜利暨中国抗日战争胜利 70 周年。忘记历史就意味着背叛，铭记历史是为了面向未来的超越。这 70 年世界发生了深刻的变化。今日之中国正告别历史的悲情，它正塑造中华民族新的自尊，向世界展现我们由内到外的自信。

中国已是世界第二大经济体，我们最终成为世界第一大经济体也非遥不可及。中国同时是第二大军费国，我们的整体军力以及国家综合竞争能力都已经位居世界前列。任何外部力量想像 19 世纪下半叶或 20 世纪上半叶那样用实力威逼中国，都已是幻想。中国的成长必然会引发世界的一些格局性变动。这会造成某种外部的不适应，我们也会从外部感受到难以区分临时性或者战略性的排斥和挤压，这必然会让我们不快，刺激我们的诸多联想。对此我们必须搞清：这些外部压力的出现不是因为中国太弱了，而是因为我们在逐渐成为世界性力量。

中国发起创办亚投行，有 57 个国家包括西方一些大国成为创始成员国。中国提出的"一带一路"发展战略赢得瞩目。1840 年以来，中国历尽苦难，沧海桑田，今日的中国与一个半世纪前中国的对比令人感慨万千。

中国和新兴国家的不断崛起，令世界格局也在变化。2001 年由于中国、俄罗斯、印度、巴西经济的高增长速度和活力，高盛集团发明了"金砖国家"这一别称，同金砖国家对应的是其他集团如欧元区以及强大的美国。这些新兴大国的力量之一是打造了这样一种世界性称号，按裕利安怡集团首席经济学家卢多维克·叙布朗的说法就是"每个大洲都有一个代表国家"。2011 年，原始的金砖四国增加了南非而成为金砖五国，就是这种雄心的反映。

在一个寻求治理的世界，这个集团尽管存在分歧却能成立一些对话机构。这是布雷顿森林体系之后的首次。在 2013 年迪拜峰会上，当时没有人看中这五个成员国之间的对话，也不看好它们达成一致成立"金砖国家银行"的能力，两年以后，当开发银行还没有开展业务之时，该集团已经走到下一步，也就是成立评级机构。

通过这些机构的恰当上马，新兴大国事实上成为所有正在形成的新兴经济体的代言人。他们已经在多边机构中成功地发出自己的声音。在他们的推动下，八国集团成为 20 国集团。他们的步骤每一次都找到了构筑共同政策基础的最小共同点，同时在吸引那些无声的、更小的新兴国家。这些被归为"新兴市场"的新国家尽管还没有加入开发银行，但是他们已经在多边机构中有了更好的地位。

墨西哥、哥伦比亚、尼日利亚、印度尼西亚或土耳其成为这些新的新兴国家的领头羊。这些国家践行政权交替，并通常发展长期的政策。他们除了经济健康外，在未来的岁月尤其诸如巴黎气候大会这样的场合将重返第一线。面对这些挑战和多年来的承诺，新兴国家将发出越来越洪亮的声音。

金砖国家和其他的新兴国家经济全面崛起，使美国面临了更加复杂的外部挑战：一是俄罗斯的强势战略复兴以及中国的经济与战略上的崛起，对美国构成冷战结束以来最棘手的地缘政治挑战。二是欧盟、以色列和日本等盟友越来越自行其是。三是美国与伊斯兰世界的矛盾无解。伊斯兰国的崛起是恐怖势力掀起的新一波浪潮。四是美国主导的国际机制的功能在退化，世界需要新的国际治理机制和新的国际秩序。现在美国在国际上面临的挑战更棘手和多元，这使得它要有效应对成为几乎不可能的任务。这也在一定程度上反映出美国的弱势，显示出美国对国际事务主导能力的下降。过去数年中，其他国家在联合国投票行为不一致的比例在上升，美国的实力在下降。金融危机重创了美国发展模式的吸引力，国内政治僵局使其政治制度的影响力大打折扣，斯诺登事件使美国的国际道义形象黯然失色。这些情况共同导致美国的国际地位处于多年来的最低点。

中国和金砖国家以及其他新兴国家的崛起，美国和西方国家的衰落，一涨一消，使世界的重心在向新兴国家一边摆动，这个新世界从整体上看，按购买力平价计算，占据着全球财富的近70%，因此，我们肯定地说，世界迎来了"新兴国家"时代。

3. 美国无奈，不得不接受中国崛起

诺贝尔经济学奖得主约瑟夫·斯蒂格利茨在美国《名利场》杂志2015年1月号上发表的《中国世纪》一文中说，按照购买力平价法计算，中国的国内生产总值在2014年超过美国，成为"世界第一"，从2015年开始世界进入"中国世纪"。[①] 而根据世界银行和国际货币基金组织公布的最新研究数据，中国已经在2014年底提前一年实现了中国有可能在2015年超过美国成为世界最

---

① 参见《参考消息》2014年12月20日，第4版。

大经济体的预测。此一成绩是中华民族伟大复兴的一个重要里程碑。不过中国政府保持了较清醒的头脑，并没有确认世行的数据和斯蒂格利茨的说法。

俄罗斯科学院远东研究所高级研究员，中国问题专家雅科夫·别尔格尔认为，"2015年完全可以被认为是'中国世纪'的开端，世界领袖角色逐渐转移给中国的时代已经开始，在与美国的角逐中，中国的优势将逐渐拉大。"他还指出，"在世界范围内出现并越来越广泛使用'中国世纪'的提法具有极为重要的历史意义。这一提法的实质是人类社会承认这样一个事实，即人类历史长河中，美国在全球各领域占有绝对领先地位的时代逐渐结束，世界领袖角色逐渐转移给中国的时代已经开始"[①]。

习近平主席2014年访问欧洲时受到的隆重接待，超乎之前国际观察家的想象。习主席在中法建交50周年纪念大会上的讲话中提到拿破仑将中国说成"睡狮"的著名比喻，他说："中国这头狮子已经醒了，但这是一只和平的、可亲的、文明的狮子。"中国领导人时隔两个世纪对"睡狮"比喻的直接回应耐人寻味。

习近平在欧洲的访问，使中国的新形象也在欧洲穿行。对中国的惊世变化，外界显得比中国更敏感。在中国人最开始用马克思主义的视角观察世界时，欧洲国家统统是我们眼里的典型"列强"，如今中国反成欧洲人眼里的巨人。

对于中国这头"睡狮"也好，"巨人"也好，还是"世界领袖角色"也好，我们都有清醒的看法。毫无疑问，领袖更替不会瞬间完成，这需要相当长的时间，有时所需时间以数十年计算。在一些情况下，这种过渡甚至长时间无法被人们完全意识到。譬如，美国在走上世界唯一超级大国的道路过程中就遇到过这种情况，这一进程早在1872年就开始了，那一年美国经济总量首次超过英国。但是在此后很长时间内，这种领先地位表现得不太明显，也没有完全转化为某种对国际事件产生的影响。

我们在谈到"中国世纪"时，应清醒地认识到，即使我国在2049年实现第二个百年任务，"建成富强、民主、文明、和谐的社会主义国家"，美国也并不必然因此就失去超级大国地位，仍会保持相当大的国际影响力，但是美国的影响力已经不再占有绝对优势。

---

① 参见《参考消息》2015年3月2日11版。

清华大学当代国际关系研究院院长闫学通认为，国际格局由大国实力对比和大国战略关系两大要素决定。从综合国力角度讲，我国的国力构成要素是不平衡的。我国经济已具有全球影响力，政治和文化则主要影响西太平洋地区，军事实力最弱，仅是周边防御性的。

从"硬实力"和"软实力"的角度讲，我国对世界的影响力主要靠硬实力中的经济力量。我国的软实力不仅与美国有较大差距，甚至可能弱于德国。从大国战略角度讲，我国仅好于俄、日，但不如美、英、法、德。

政治实力是综合国力的基础，闫学通院长给出了一个方程：综合国力 = 政治实力 × （军事实力 + 经济实力 + 文化实力）。用这个方程我们可看出当我国 2010—2014 年 GDP 增速呈下降趋势，但从 2012 年起我国综合国力上升却快于前几年。在 2014 年东亚峰会和 G20 峰会的正式集体照中，我国领导人首次被东道国安排在比美国总统更重要的位置上。2014 年出现的"中国国防建设威胁美军"和"2015 年将是中国世纪元年"的说法，说明外部世界感到了我国国力上升加快。

今天的国际斗争，无外乎政治和经济两方面的博弈，当代主要是守成大国即美国与当代后起大国即中国之间的关系，与历史上的新老大国关系既有相似之处，又有根本区别。

美国自 19 世纪末崛起以来，虽然也遇到过若干挫折（如朝战、越战），但没有在根本上受过挑战，或者说没有失去过霸权地位。它把自己取代英国，打败德、日、苏，都视作其价值观和制度的胜利。特别是苏联的解体，更认为是"历史的终结"。美国欲利用其软实力优势占领道义的制高点，将我置于舆论和制度的负面地位。但恰恰是美国滥用霸权，引起包括其欧洲盟国在内的国际舆论的批评。特别是美国在中东和前苏联地区连续策动颜色革命，输出美国模式，结果造成这些国家长期战乱不休。可以说，美国每搞一次颜色革命，就陷入一个泥潭。反而促使其软实力下降和战略被动，让世界质疑其所竭力推行的价值观。

美国的自信让它认定 21 世纪中国崛起只是以往历史的循环重复，美国只要把以往打击后起大国的手段集中起来，就足以压制中国，滞缓其崛起进程。因此，美国难以根据新的历史条件制定应对中国崛起的战略，其思维定势难以打破自己原有的认识，因此，从根本上说，美国对待中国崛起的策略是落后于时代的陈旧战略。也就使我们容易找到应对良策。

美国企图以国际关系来管制、约束中国，以此来干预中国内政、改变中国制度。这个办法对于封闭僵化的苏联体制模式曾经有效，最终加速其解体过程。但是对于中国基本无效，因为中国本身在不断的改革开放进程中，而且越来越深刻地融入现存国际体系。相反，用《民主杂志》主编之一，斯坦福大学学者拉里·戴蒙德在2015年1月报道的话说："自从约2006年以来，世界一直处在温和但长期的民主衰退过程中。""以美国为首的老牌民主国家，似乎表现越来越糟糕，越来越缺乏在国外有效推动民主的意愿和自信。"[1] 美国本身成为现存国际体系的破坏者，甚至企图另搞一套规则体系。中美处于参与当代全球治理的同一起跑线上，而且中国还同金砖国家一起改变着西方治理体系。美国不得不接受中国参与国际规则制定的新常态。

在全球市场经济体系中，今天的国际斗争，表现为一些掌握技术经济的国家，压迫和剥削着那些只开展资源经济的国家。无论是以技术经济为主体的国家还是以资源经济为主体的国家，都有着与生俱来、天然的组织和动员能力。那么在这样的情况下，世界爆发大规模战争，和平被破坏的危险或许比任何时候都要严重。

今天，世界的经济发展模式，被扭曲成只能是人文技术经济一个模式处于主导和统治地位，物本经济丝毫没有其应有的地位。实际上人类社会的经济本应平等地以物本资源经济与人类技术经济相互叠加合作为基础来发展。物本资源经济和人文技术经济并不存在谁更高贵的问题。由于两者既有互为依存的一面，又有能够各自独立发展的一面，所以不应该任由其中一方出现投机性的活动。今天我们不难发现，物本资源经济和人文技术经济在世界上出现了按区域分割的现象。一些技术发达国家，明明自己的国家内还有一些资源，但他们为了自身的利益居然采取限制开采的政策，主要的资源都来自于掠夺技术欠发达的发展中国家；而那些缺乏技术的发展中国家都被诱导大量开采自然资源。这样的破坏已经到了极其严重的局面，技术经济国家的贪婪和自私当为祸首，发展中国家少数人的短视和愚昧也难辞其咎。

当今，世界经济的失衡导致了世界的失衡。这个失衡就是在金融危机之后，奥巴马高调宣称要重返实体经济之因。实际上奥巴马要重返的是新的高科技经济。

---

[1] ［澳］《西方民主为何令世界失望》，参见《参考消息》2015年3月25日第10版。

美国的崛起，没有世界大战给它的机遇，几乎是不可想象的。世界财富和优秀人才因躲避战乱竞相流入美国，像爱因斯坦这样的一大批科学家最终在美国落户生根。美国总标榜自己是一个有梦想的国家，客观地说，今天的美国梦是建立在抓住了别人梦魇所带来的机会之上的。

历史告诉我们，当美元是世界财富的标志时，资金才会源源不断地流向美国，世界一流人才才会源源不断地涌向美国去淘金，而只有这样美国才能再次夺得高科技的制高点。眼下，由于世界崛起了一批新兴经济体，对于美国而言，财富和人力的聚集，比以往任何时候都困难了，凭借历史经验站在美国立场不难发现，美国为了继续充当人文技术经济的旗手，就想方设法挑起了乌克兰危机。

如果北约和俄罗斯打起来，无论结果怎样，只要战火在欧洲再次燃烧起来，必然和上一次大战一样，资金和人才仍然会源源不断地流向美国。美国要聚集全世界力量再次夺取科技发展制高点就很容易了。所以，乌克兰打起来，把欧洲都卷进去，只要战火不燃烧到美国本土，无论结果怎样对美国而言都是胜算。难怪美国朝野一片喊打，还迫不及待地要提供重武器给乌克兰，他们巴不得乌克兰快打、大打、全面打，并且那么急于打破原有国际秩序。

随着世界逐步向多极化发展，所有国家都应该推动国际事务的公平与公正。中国在这方面正在或也能成为全球领导者。中国应该推动国际关系更加民主化。中国共产党抓住历史机遇，"中国模式"创造了奇迹，开辟了独一无二的发展道路，取代了对优越的"美国模式"的信仰，标志着其终结。而中国的统治体系30多年来都非常成功。在这个体系之下，发生着现代史上最伟大的经济转型。

在西方，民主是政权合法性的唯一来源，这已经几乎成为一条公理。但这是错误的。中国的合法性深藏在其中。在中国历史上，"家"与"国"是两个最重要的系统。至少在两千年的时间里，国家被视为中华文明的维护者和化身。这就是其合法性的重要来源。

国家的其他一些特征也同样有着深刻的根源。这些特征包括对能人治国的强调、强大的国家机器以及用家庭概念来理解国家与人民之间的关系。共产党在最近几十年里取得的成就主要在于它再造了中国，并在现代背景下恢复了中国主要的历史特征——它的中枢地位、实力、能人治国、合法性和效率。

在西方眼中唯一真正的改革是让国家朝着西方模式发展。实际上，中国治理国家比西方更成功。畅销书《当中国统治世界》的作者马丁·维克指出：
"中国政府自 1978 年以来一直在经历大规模和持久的改革，这场改革远比美国或英国发生的改革要伟大。如果中国没有经历深刻的改革，它能规划如此巨大的经济转型会是难以想象的。这个过程将继续，或许会更加激烈地继续下去。""按照过去 30 年的标准来看它取得了非同寻常的成功，世界将越来越认识到，它必须向这个体系学习。"①

马丁·维克还认为："我们一直没有从历史角度来看西方民主制，而是将它视为对国家治理问题某种永恒和理想的解决办法。然而现实很明显，美国的民主制度日益变得机能失调，只顾眼前，充满对立并且深受利益集团操控，尤其受到属于百分之一的少数派的那些人的操控。西方民主国家可能面临一个艰难和不确定的未来，这种看法受到历史的有力支持。"②

西方正在衰落，欧洲尤甚。有人估计，到 2030 年中国可能占全球产出的三分之一，其经济规模将扩大到美国经济的两倍。以实力论，那时的美国只是今日美国的一个苍白的影子。此外，随着一些有力证据表明美国和西欧很多人的生活水平已经难以提高，前景将是不确定的。

崛起中的国家会享有更多民众支持，而衰落中的国家则会引起民众的不满。因此，国家治理问题在西方将变得比在中国更加尖锐。

当今世界，一个令人遗憾的实际情况是，大部分发展中国家无法实现可持续发展这一目标。原因有很多，如严重依赖自然资源和缺少资金等，这也是那么多贫困国家仍困在低收入陷阱中的原因。中国的"一带一路"计划的主要目标，便是帮助这些发展中国家显著改善国内的基础设施，这是优化它们的发展道路必不可少的一步。

一个很好的例证是，中国最近承诺向南亚的铁杆盟友巴基斯坦投资 460 亿美元，帮助盟友完成"国家建设"进程，这一进程因巴基斯坦国内的分离主义和内部动荡而迟迟难以完成。由于受到内战和其他类型的冲突折磨，这是许多发展中国家常见的问题。没有稳定和平的国内环境，这些发展中国家根本不可能集中精力发展经济。所以，在这方面，中国可以利用自己的丰富经验，帮助这些国家建立有效的行政管理制度。换句话说，中国可以使所谓的"失败

---

① 参见《参考消息》2014 年 10 月 24 日第 14 版。
② 同上。

国家"重新运转起来，推动亚洲等地区其他发展中国家实现可持续发展的目标。

我们如今生活在信息经济时代，这对发展中国家来说确实是一大福音。从某种意义上说，世界如今其实是扁平的。这为发展中国家摆脱"资源陷阱"和在互联网的帮助下创造知识型新产业提供了绝佳的机会。中国正在努力成为创新型经济体。过去20多年来，中国成功培养了像阿里巴巴和腾讯这样拥有全球竞争力的新兴科技巨擘。现在中国通过"一带一路"与其他发展中国家分享自己成功和失败的经验，以创新型经济推动其他发展中国家的经济持续发展。

长期以来，西方政府一直利用双边援助和世界银行贷款，在国际舞台上获取利益以及对贫困国家国内政治施加影响。全球金融的基本现实是，发展中国家从发达国家获得的资金太少。这并不是资金匮乏造成的，因为全世界的资金是充足的。关键问题是发达国家的资本所有者不愿在大部分发展中国家进行风险投资。毕竟，资本主义是追逐利益的。但是，多年来美国操控世界银行和国际货币基金组织遏制了发展中国家的经济发展，美国本应积极改革增加新兴经济体的发言权，却无视发展中国家的利益，只考虑自己的利益，使国际金融秩序完全不能适应今天的国际经济发展，由此，中国倡导成立亚洲基础设施投资银行（亚投行），获得世界积极支持。使创始成员国达到57个，远远超出预想。自1945年以来，英国一直是美国最亲密的盟友，但这一次，英国无视美国压力加入亚投行这一地震般的决定让所有人惊呆了。中国是"游戏改变者"。可以说任何一个欧洲国家无不因为中国的崛起而受到影响，对中国的态度也发生改变。这是一个不断前进的过程：最初是怀疑和质疑，随后是越来越大的兴趣和好奇心，最后达到认同、参与和热情。

以第一个主要西方国家的身份加入，而且在美国极力反对的情况下，英国的义无反顾更表现出其决心。英国加入亚投行这一决定的后果远远超出了东亚、亚太或亚洲。一个中国主导的多边机构正在迅速吸引全球会员，并将为世界金融秩序和经济发展带来美好前景。

亚投行是中国在该地区经济大国地位和影响力的经典体现。美国为这一地区提供的更多是军事力量。但从长远来看，经济实力会胜过军事实力，这也是我们亲眼目睹的事实。随着全球经济重心从发达国家转移到发展中国家，西方国家必须重塑自我，而且要想法成为发展中国家的代表。

然而，国际货币基金组织和世界银行的改革步伐越是受到耽搁，其影响力和公信力就越发下降和崩溃。与此同时，美国拒绝加入中国主导的机构，如亚投行，就会发现自己变得更加孤立。随着时间的推移，越来越多符合更多人需求的新机构将会出现。

美国在全球市场体系中压制中国、掌控全球资源的局面已经被打破。表现为，一是中国已经成为世界最大的进出口国，依赖中国的大多数国家不可能参与对中国的封锁禁运，即使低力度制裁也难以做到。二是中国将成为最大资本输出国，连美国也不能拒绝中国的大规模资金流入，中国资本与美国资本乃至全球资本融为一体，这是世界金融市场的最大变化。三是中国本身的自主创新能力迅速提高，西方其他国家对中国的技术转移，都将打破美国对中国的技术控制政策。这种政策维持的时间越长，美国的损失越大。四是人民币国际化进程最终将打破美元作为世界货币的垄断地位。德国媒体文章报导，人民币静悄悄迈向世界货币。而西班牙《起义报》网站2015年4月30日文章《世界正为美元垮台做准备》认为，"美国对世界经济的控制已经明显减弱。美元作为世界储备货币的地位正在缓慢下降。这一点众所周知。"因此，人民币、欧元和美元构成三足鼎立的格局不可避免，甚至美元与人民币平分秋色也是可能的。美元只有与人民币合作维护国际货币体系的稳定，才可能避免重蹈"二战"前后英镑没落的老路。故此，经济领域的中美合作将比其他领域更早实现。

美国几乎无法选择与中国进行战略摊牌，无论是军事上还是经济上，这种摊牌的后果都是难以承受的。也就是说，美国不得不接受中国的崛起。五角大楼欲在南海采取激进行动，美国的鹰派不接受中国的崛起，但美国社会与日益强大的中国的交往继续朝着纵深迈进，美国的对华关系存在明显的两张面孔。

中国也需要构筑两张面孔，准备出两手。在中国继续发展的路上，维持中美合作的局面必须以中国能在美对华冒险时让其付出相应代价为条件。如果美国一定要在南海验证中国的这种能力，那么中国就应毫不含糊地将这种能力展示给美国看。

用中国的两手对付美国的两手。中美和平共处看来是需要用软硬两手共同争取的，单一的示好和单一的强硬都不可能达成中美之间的战略稳定。这或许是中国做大国必须学习的一课。

（四）民主的多元化将较长期存在

如今，经济和社会以数倍于工业革命时期的速度发生改变。特别是进入

21世纪以来，经济活力和经济世界的中心正明显向繁荣的新兴经济体转移。资本主义在危机中求生存，西方衰落催生权力分享新时代。而中国的崛起，奇迹般地创造了"中国模式"，经济基础决定上层建筑，中国开启了世界民主形式的多元时代。

1. 西方衰落催生权力分享新时代

人类两千多年来在国家治理和全球治理方面，有过许多经验、方法和制度，但现在似乎都不大管用了。2013年前，世界经济论坛主席施瓦布对记者说："人们绝对可以说，当前形式的资本主义制度不再适应当今社会。"三年过去了，美国想建立的一统天下的霸权没有成功，西方资本主义国家内部积弊很深，改革艰难。资本主义经济制度和政治制度曾是西方的骄傲，尤其是在20世纪90年代，很多人以为美国赢得了冷战，从此只要照搬西方现成的制度——多党议会民主和自由主义市场经济——来治理，世界上的一切问题都会迎刃而解，因此，"历史终结"了！

可惜，事与愿违，在过去20年里，世界的变化令西方瞠目结舌：国内遭恐怖袭击，擅自发动的反恐战争似赢却输，经济陷入危机，占领华尔街，种族冲突……这一切都毫无良策，无法应付。

即便如此，西方许多政治和商界精英仍普遍相信自我陶醉的陈旧思想"例外主义"——一种令人难以置信的傲慢观念，认为西方力量具有独一无二的优越性，将自己定位为被效仿的典范，并制定别人必须遵守的规则。美元成为世界储备货币，英语成为商务和科学的通用语言，西方政治和经济思想成为要认真接受的唯一思想。于是出现了至今仍统治世界的国际惯例。

然而，21世纪西方暴露了在政治和经济上的失败。就连曾因"历史终结"论而声名鹊起的弗朗西斯·福山也讲，"近年来，全球民主国家的差劲表现有目共睹。最成功的民主国家（如美国和欧盟成员）经历了20世纪20年代以来最严重的经济危机。""美国分别于2001年和2003年侵略和占领了阿富汗和伊拉克，随后美国在两国组织民主选举，产生新的民主政府。然而，阿富汗和伊拉克均没有发展成现代国家。"他还不得不承认，"很多新兴民主国家和已有的民主国家没能跟上公民对国家治理能力的要求，反过来引发民主的合法性丧失。相反，中国和新加坡等国家能够提供高质量服务，这使得它们在世界各地声望不断提高。"①

西方领导人的失败导致世界其他地区的许多人相信,一个分享权利的新时代到来了。一个明显例子就是中国倡议建立的两个新开发金融机构:亚洲基础设施投资银行(亚投行)和新开发银行。一个时代变化的迹象是,美国最忠诚的盟友英国公开脱离队伍,作为创始成员加入亚投行。尽管华盛顿公开指责英国,还是有10多个西方国家跟随英国的脚步。国际货币基金组织(IMF)总裁拉加德也公开表示,IMF将与这个新投行合作。

亚投行的设立,在某种层面上,是对亚洲基础设施开发融资需求的急需回应。但这也是非西方国家失望的结果,它们对于现有机构不能改变规则以反映新的现实以及十数年来受到西方多变制裁和带附加条件援助感到失望,而更是"一带一路"体现中国全球战略创新所必要采取的措施。

习近平在2013年9月和10月访问中亚四国和印度尼西亚时,分别提出建设"丝绸之路经济带"(简称一带)和21世纪"海上丝绸之路"(简称一路)构想的"一带一路"战略。同时提出了"2+7"的合作框架。所谓"2",就是在两个议题上达成共识:推进合作的根本在深化战略互信,拓展睦邻友好;深化合作的关键是聚焦经济发展,扩大互利共赢。提出"7"项建议:积极探讨签署中国——东盟国家睦邻友好合作条约;启动中国——东盟自贸升级版进程;加快互联互通基础设施建设;加强本地区金融合作与风险防范;稳步推进海上合作;加强安全领域交流与合作;密切人文、科技交流等合作。

中国的"一带一路"战略已全面铺开。习近平2014年3月底在德国访问了由重庆始发的"渝新欧"国际铁路列车的终点站杜伊斯堡,被外界视作是为中国中西部建设中欧铁路桥和丝绸之路经济带正式拉开序幕。而义乌—马德里货运专列正是中国"一带一路"战略的一部分,这一战略目标是在全世界,尤其是欧亚地区建立密切的贸易联系。

"一带一路"或将永远改变全球经济,它体现了中国的全球战略创新。我们知道,从马可·波罗穿越欧亚大陆来到中国的神奇故事开始,丝绸之路一直让世人着迷。如今,撒马尔罕、巴库、塔什干和布拉哈这些古老的城市再次激起了世人的想象。

---

① [美]弗朗西斯·福山:《为何民主在全球表现如此差劲?》,参见《参考消息》2015年3月28日第3版。

中国正在创造全世界最大的经济发展和建设工程：新丝绸之路。用美国《时代》周刊作者罗伯特·伯克的话说，"该项目的目的不亚于全世界经济地图的革命性转变。""这一雄心勃勃的项目旨在使古老的丝绸之路得以复兴，并成为从上海延伸到柏林的现代化的运输、贸易和经济走廊。"①"丝绸之路经济带"将跨越中国、蒙古国、俄罗斯、白俄罗斯、波兰和德国，延伸80000多英里（1英里约合1.6公里），创造一个长度约为地球周长三分之一的经济带。

根据设想，沿线将建设高速铁路、公路、输配电网络及光纤网络。沿途的城市和港口将成为经济发展的目标。

该计划有一个同样重要的部分，那就是"21世纪海上丝绸之路"，它与陆上项目一样雄心勃勃，把中国与波斯湾及地中海连接起来。

一旦完工，像古老的丝绸之路一样，该计划将连接三大洲：亚洲、欧洲和非洲。一系列的基础设施项目将产生全世界最大的经济走廊，覆盖44亿人口，经济产值达21万亿美元。

该计划预计将持续数十年，耗资数千亿美元计，这对世界经济和贸易的意义几乎是难以想象的。中国与世界很多国家正专注于发展有史以来最大的经济发展项目，其推进可能对整个世界经济产生引人注目的连锁反应。

想想这个涉及众多地区、持续几十年的建设项目可能创造多少就业机会。实际上在几乎每个领域，贸易和商业复兴的前景都是巨大的。

如今的世界，经济增长不冷不热，欧洲仍在苦苦面对全球衰退的影响，再加上中国的增长放缓，还有什么地方能找到可带来这么多机会的项目呢？而中国秉承合作共赢平等互利的原则，为了各国人民共同的利益着想、为了这个世界的安宁和谐，提出了"一带一路"大战略，为世界人民谋福祉。而"共商、共建、共享"是"一带一路"的精髓和成功的主元素。这使人想起老子的那句哲言："以其不自生，故能长生"。这是中华的胸怀，也是"一带一路"的历史胸怀。不似某些国家整日为自己的霸权、利益盛气凌人，不惜以武力无理介入别国内政，唯恐天下不乱，致使其越来越失去盟友的信任，其霸权越来越衰落。所以，当面对前景诱人的经济项目，难怪英国义无反顾与西方那么多大国一起，愿意与中国共创"亚投行"，为未来美好的世界携手共进。从中我们

---

① 参见《参考消息》2015年5月25日第14版。

还可以看出,欧洲国家纷纷决定加入亚投行实际上是国际秩序的一种转轨。这一方面自然是因为亚投行的商业机会,另一方面更反映了国际社会对一种新型的多边民主合作构架的认同。

对于整个世界而言,关于新丝绸之路的决定绝对是十分重大的。这个规模巨大的项目可能给商业、工业、发现、思想、发明和文化带来可与丝绸之路媲美的新复兴。

西方霸权的结束对世界乃至西方来说并不一定是件坏事。寻求控制和保持特权是愚蠢的,当西方竭力想保持不可持续的现状时,它正在迅速失去可信度和朋友。相反,它应该接受世界经济和政治重心将继续向东转移的现实,寻求建立一套新的机构,成为其中的平等成员,而不是霸主。思想更自由的传播,西方与世界其他地区更平等的交流,更密切的政治、经济和文化关系,这一切都将伴随着伙伴关系而非霸权主义而产生。

2. 21世纪的民主形式多样性将共存

亨利·卢斯是美国《时代》周刊和《生活》月刊的创始人。1941年在《生活》月刊的一篇社论中,卢斯敦促美国参加第二次世界大战,以便捍卫民主价值观并"开创第一个伟大的美国世纪"。由此,宣告了"美国世纪"的到来。

"美国世纪"这个词概括了美国大致从"二战"结束开始占据地缘政治主导地位的整个时期。从美国世纪诞生之日起,美国人就为其地位受到威胁和挑战而烦恼。20世纪50年代,在苏联发射第一颗人造卫星,以及美苏地缘政治对抗十分尖锐的那些时刻,苏联似乎一心要埋葬美国;80年代,日本人眼看要以勤奋工作胜过懒散的美国人,惹得美国人无比焦虑。

如今,日益崛起的中国是美国的一大对手。2013年对39个国家的皮尤民情调查发现,大多数人认为中国已经是或最终会成为世界主要超级大国,受访者包括约一半的美国人。

美国诺贝尔经济学奖得主约瑟夫·斯蒂格利茨称,2014年中国的国内生产总值超过美国,2015年是"中国世纪元年"。这岂不也会招致美国人的忧心?

美国哈佛大学教授约瑟夫·奈出版了《美国世纪结束了吗》一书,受到国际战略学界广泛关注。约瑟夫·奈竭力为美国延续面向全世界的影响鼓与呼。他提出了这样一个问题:一国的自然盛衰周期是怎样的?

他认为，一个世纪通常是人类寿命的极限，但国家是社会学概念。罗马在公元117年达到权力巅峰后过了300多年才灭亡。在美国1776年取得独立后，英国政治家霍勒斯·沃波尔哀叹说，自己的国家已沦落到和撒丁岛一个级别了，但当时英国即将开启为其第二个世界强国世纪提供动力的工业革命。约瑟夫·奈，以今日全球化、信息化欲比古罗马时代，岂不是自欺欺人的自我安慰？

他还对美国20世纪70年代对苏联的估计和80年代对日本的估计追悔莫及，以为太夸张了。如今，一些人宣称"中国世纪"，他以为美国世纪不会因中国崛起终结。

作为软实力理论的先驱，美国政治家中的泰斗，约瑟夫·奈熟谙地缘政治。他一再强调美国的地缘政治优势远未被超越，它坚实如初并将持续下去。诚然，美国如今依然是全球巨擘。它的经济规模仍然居全球首位，世界银行称，2013年，美国的人均GDP为53042美元，中国只有6807美元。重要的是，美国经济依然是全球金融体系的基础。全世界逾80%的金融交易是用美元进行的，87%的外汇市场交易亦然。

美国的军事优势地位依然无可匹敌，其军事支出占全球总额的37%，是中国的4倍多，而且支出总额超过排在其后的8个国家的总和。美国海军控制着海洋，该国军人遍布每个有人居住的大陆。美国在陆地、海上、空中和太空均占主导地位。

美国的创新能力依然最强，世界九大技术企业有八家的总部在美国。如今，美国是世界最大的石油和天然气生产国，在很大程度上得益于水力压裂法的开发。

当然，我们坦率地承认，如果不出大的意外，美国仍将在很长时间里是全球综合实力最强的国家。但是就连奈也不得不承认，"美国经济实力的相对衰退似乎显而易见。以某种标准衡量，中国已经超过美国成为世界最大经济体。"就美国影响世界的方式来看，其全球角色的性质都将逐渐嬗变。未来不会再有国家取代美国全盛时代的位置，帝国的政治基因在过去的半个世纪里不断式微，它今后不可能通过逆生长重新回来。

对于美国世纪，其内核还包括西方文化和西方文明。现在一些人津津乐道的西方文明，大抵都是美国文明或美国式的文明。美国虽然得天独厚，经济发展水平较高，但它的文明并非西方文明的原型，而是英、法文明在美洲新大陆的支脉，也是各国移民带去的形形色色文明的综合。

美国一个建国仅有短短300多年历史的移民国家，何来代表西方世界的美国文明？第一次世界大战被看作是西方文明内部的大厮杀，深深地震撼了欧洲思想界，知识分子对他们向来标榜的西方制度和西方价值表示了怀疑，在思想界产生了西方文明衰落论。针对这种悲观情绪，较少遭受战争创伤的美国首先接过西方文明的大旗，继续鼓吹西方价值的优越性，实际上是为维护西方的霸权而做意识形态的解释，也是领导西方世界的需要。冷战发生后，西方文明史话语更是成为以美国为首的所谓"自由世界"与以苏联为首的"东方专制社会"相抗衡的意识形态工具。其次，同化外来移民。从19世纪末开始，美国又兴起一股持续的移民潮，这次移民潮的主力是南欧、东欧和犹太人。面对族群多元的社会，美国实行了熔炉政策，试图将外来移民同化为内部一致的美国人，而"西方文明"的概念抹去了美国内部认同的差异性，成功地使外来移民获得了均质化的美国认同。背负着如此沉重的使命，美国文明史致力于塑造一个本质主义的西方特性，通过构建国民的优越感区别于外部世界。

所以，一部西方文明史就是在诠释一个绝对本质主义的"西方"定义。在西方文明史的话语中，自由、民主、平等、理性等价值化的概念被西方霸占，成为构建西方完美形象大厦的基石；专制、奴役、愚昧这些概念完全抛给了非西方世界。而西方历史上极其负面的奴隶制、专制主义、种族主义、殖民主义、帝国主义却在西方的定义中找不到任何影子，在西方文明史书写中讳莫如深，偶有涉及也仓皇回避。西方的价值观并非始终是西方文明的组成部分，它们经历漫长、血腥的历史之后才被人们总结和认同。西方历史上同样充斥着暴力、专制、不平等、不正义、奴役、愚昧和践踏人权。

西方的起源、发展、蜕变，都是一系列内外力量碰撞的结果。研究其历史不难发现，西方文明的母乳是北非和中东的遗产；中世纪的历史离不开伊斯兰世界的影响，正因为伊斯兰世界的存在才形成了基督教欧洲的认同；始于公元1500年前后的海外扩张影响了世界，同时也使欧洲社会发生了根深蒂固的变化。

今天，在全球化的时代，我们迫切地需要了解西方，了解西方的历史和文化。我们当从西方历史本身破除西方中心主义。

1991年10月，刚刚在第一次海湾战争中获胜的老布什在联合国公开发言，宣布美国的目标是建立一个"世界新秩序"。

当下，中东被教派冲突的烈火吞没，欧洲的国界受到爆发战争的威胁，中国开始在亚太地区展示力量，显而易见，世界进入了动荡期。世界秩序并没有按照美国的愿望建立。

美国右翼新保守主义的主要理论家之一，布鲁金斯学会高级研究员罗伯特·卡根在 2014 年 5 月 26 日发表题为《超级大国们不要退却：我们疲惫的国家仍对这个世界负有什么义务》的文章，呼吁西方振作起来。他写道："人民制定法律，警察执行法律，法官和陪审团伸张正义，监狱官员执行处罚。但在国际领域，美国人不得不充当法官、陪审团、警察，在军事行动中还充当刽子手。是什么使美国有权代表自由主义的世界秩序行事呢？事实上，没有任何东西起到这种作用，除了一种信念，即自由主义的世界秩序最公正的。"[1] 这就是说，因为自认为最公正，所以就合法，这就是美国的逻辑。其实，这也正是美国霸权的"阿喀琉斯之踵"。

基辛格在他的新书《世界秩序》中对美国十分自豪地"通过传播民主原则实现和平"的理念提出质疑。他看到，美国一贯坚信"民主和自由市场的传播会自动创建一个公正、和平的包容世界"，但近 20 多年来发生的事情难以证明这一点。

美国政治评论员，前共和党总统候选人帕特·布坎南更呼吁"美国不再需要新帝国主义的废话"。他认为，"美国需要一种植根于今日之现实而非昨日之冷战或明日之全球民主梦想的新外交政策。正如土耳其的雷杰普·塔伊普·埃尔多安提醒我们的，在他所在的这个地区，民主是一辆到了站就可以下去的公共汽车。"[2]

他还指出，在伊斯兰世界，维克多·雨果的格言也是应验的：当一个观念时机成熟时，全世界的军队都阻止不了它。从中非到南亚，撕裂国家的两股力量——伊斯兰原教旨主义和种族民族主义并不是美国海军海豹突击队所能解决的。

布坎南甚至很明确地指出，"让我们停止干涉活动，让我们呼吁终止无休止的欺凌。其他国家如何管理自己并不关美国的事，如果有建国的工作需要完

---

[1] 詹德雄：《用新思维推动全球治理变革》，参见《参考消息》2015 年 4 月 3 日第 11 版。
[2] ［美］帕特·布坎南：《美国不再需要新帝国主义的废话》，参见《参考消息》2012 年 7 月 26 日第 10 版。

成，让他们自己开始好了。"①

美国之所以那么快地从顶峰跌落到困境之中，就是因为强行推行自己的"民主"。哈佛大学教授斯蒂芬·沃尔特在《外交政策》杂志网站2014年7月1日发表文章说："冷战后美国的三位总统都犯下了不少错误，但他们都有共同的根源：自由理想主义在美国外交政策中发挥了无所不在的影响力。"

美国意欲利用自己的霸权建立"世界新秩序"，但却功败垂成。新华社世界问题研究中心研究员詹得雄认为，推动世界变化的是两大力量，一是实力，二是适应经济基础变化的思想变化，也就是价值观变化。前者是基础，后者是它的表现。对于实力的变化，大家都看得清楚。而至于价值观的变化，现在越来越成为突出的世界问题。

其实理想的秩序从来就不存在。美国的秩序无外乎就是通过强制传播他的民主原则，把世界框在他的圈子里。美国教条化的民主已经过时，让世界上只有一种政治模式，所有社会只有一种归宿，这是不可能的，会使文化变得单一，思想受到禁锢。我国宋代文学家苏轼做了一个精彩的比喻，一片肥沃的土地，可以生长各样的植物，相同之处是它们扎根的土地，不同之处在于这些草木各自不同。但只有一种土地上可长出统一的植物，那就是盐碱地，即"荒瘠斥卤之地，弥望皆黄茅白苇"。这对于我们现在社会最大的启示就是包容。马克思因为普鲁士的书报检查令而愤怒，他说："你们赞美大自然令人赏心悦目的千姿百态和无穷无尽的宝藏，你们并不要求玫瑰花散发出和紫罗兰一样的芬芳，但你们为什么却要求世界上最丰富的东西——精神，只能有一种存在的形式呢？"

20世纪的很多旧概念很可能描述不了我们所处的21世纪，这一点值得美国精英思考。历史经验确立了一种思维方式，思维方式不能作为数理定律来坚持。历史的变化往往比旧角度看到的更加深刻。由此，我们可以断定，21世纪既非中国世纪也非美国世纪。

英国伦敦政治学院亚洲研究中心客座研究员、《当中国统治世界：中国的崛起和西方世界的衰落》的作者马丁·雅克认为，中国"非常胜任自己的角色，能战略性地思考问题，又很务实和勇于尝试"。他表示："从更广义上说，

---

① [美] 帕特·布坎南：《美国不再需要新帝国主义的废话》，参见《参考消息》2012年7月26日第10版。

我们所面临世界和之前的完全不同，过去，我们总认为西方占据世界主导，现代化进程就是西化，但是中国的崛起让人们意识到，向中国学习变得越来越重要。"

马丁·雅克还表示，我并不认为中国的治理体系可移植，但是不同的国家可以从中受到启发。中国政府是一个非常独特的机构，有着独特的历史和现实背景。中国不可能采用西式民主。

当然，中国一党执政、多党合作选举与协商相结合的民主形式独特、稳固、持续。中国从不把自己的模式普世化，也不可能用它取代西方民主选举模式，中国民主模式的成功充分证明了世界民主形式的多元，扩展了世界多元模式的生存空间，毫无疑问，未来的世界是多种民主形式包容互鉴、和谐共存的时代。

中国高举和平、发展、合作、共赢的旗帜，已在世界上吹起了一股新风。只要我们扎扎实实地把自己的事情办好，把中国特色社会主义建设好，从而为世界树立一个好的榜样，别人就会向我们靠拢，主动向我们学习。这个过程也就是世界秩序渐变的过程。"远人不服，修文德以来之。"这是我们的老传统。这个老传统使我们的文明延续 5000 年不断，也会在将来为世界文明做出更大贡献。

三、西方须再民主化

丘吉尔曾断言，民主是最不坏的政治制度。这既是西方政治自信的流露，也体现出西方政治的无奈。[①]

西方特别是欧洲经历了各种政治思潮和社会运动的涤荡而选择了民主制度，这种"民主的发明"及其"共同价值观"就成为西方制度优越感的源泉。然而，民主制度只能避免最坏，无法追求最好。时过境迁，这个世界已不再是西方一枝独秀。"今天的西方民主制度就像一个被宠坏了的孩子，只是因为有祖上留下的家产，还可以继续挥霍一下，但在这个竞争日益激烈的世界上，这种情况恐怕将越来越难以为继。"[②]

---

① 王义桅：《海殇·欧洲文明启示录》，上海人民出版社 2013 年版，第 120 页。
② 同上，第 121 页。

德国历史学家米夏埃尔·斯蒂默尔在德国《世界报》网站发表文章认为，西方民主成为"过时货"。他非常直白地说："欧洲民主国家有过比较好的日子。美国也同样有过好日子，而且依靠着世界的影响力，美国曾比欧洲民主国家过得更好。但现在'政府关门'在那里令公共生活瘫痪，表明民主所需的基本共识已然终结。民主的弱点和缺陷可以列出一张很长的单子：持反对意见的人阻挠乃至勒索无法管理，国家债台高筑，政党分崩离析，国家分崩离析的可能性也不再能排除。此外，还有个致命的恶习，那就是寅吃卯粮，花自己手里没有的钱，以儿孙的福祉为代价换取自己的一时之乐。"①

曾经在20世纪90年代宣称资本主义制度是"历史的终结"的弗朗西斯·福山，现在不但不再认为资本主义制度是"历史的终结"，反而特别地反思了民主政治制度，指出其效率低下，议会中的党派成员不是本着国家的利益投出赞成或反对票，而是基于党派甚至个人利益，为了反对而反对，从而形成一种"否决政治"之怪现状。②而今人们回忆起福山宣布的"历史的终结"时，心中有的只是嘲讽，而这一论调曾信者如云，并在政界为人们所津津乐道。

按照美籍奥地利经济学家约瑟夫·阿洛伊斯·熊彼特的观点，民主方法要取得成功，必须具备好几个条件，其一，是人的政治素质，即领导和管理政党机器的人，选出来进入议会和上升担任内阁职务的人，应该有足够优秀的水平；其二，是民主自制，也就是自我克制，而要做到这一点，选民和议会必须在智力和道德水平上有相当高度。③

今天，我们放眼欧美，不难发觉，真正具备这类条件的国家并不多。民主扭曲、错乱的例子却是俯拾皆是。几百年来运作的结果，使民主游戏化，甚至异化了。《纽约时报》的专栏作者大卫布·鲁克斯认为，问题的关键在于今天的民主已经扭曲，领袖不再像过去那样，小心抑制和平衡人性的自私欲求，而是不断地去迎合满足人们无穷的欲望。而民众也把欲望当成是应得的权益，失去了应有的自我克制，当领袖无法满足他们的欲求时，他们便会怒火中烧，要求从政者给他们种种免费的利益。如今，这种领袖和选民的变质，造成了恶性

---

① [德]夏埃尔·斯蒂默尔:《西方民主成为"过时货"》,参见《参考消息》2013年10月8日10版。
② 王义桅:《海殇·欧洲文明启示录》,上海人民出版社2013年版,第122页。
③ [美]约瑟夫·熊彼特:《资本主义、社会主义与民主》,吴良建译,商务印书馆1999年版,第421页。

的循环，政府作出了无法履行的承诺，导致决策机器的失灵。①

西式民主今日之退化和衰落，使其痛感日益玩不起民主游戏了，英国前保守党内阁大臣迈克尔·波蒂略为此提倡征收"民主税"。因之，西方的确需要再民主化。正如美国《新观点季刊》主编内森·加德尔斯所说：西方民主制度屈服于"即时新闻"和"一人一票"的"短期暴政"，导致民粹主义泛滥，这种制度缺乏长期思考、策划，缺乏持续统治的政治能力。西方应该好好考虑对自己政治体制进行改革，否则全面走衰的趋势无法逆转。②

挪威政治学家约翰·加尔通成功预言1989年柏林墙倒塌、1991年苏联解体，被国际公认为"和平学之父"，他再度惊世预言：美国将在2020年崩溃。他说："毋庸置疑，美帝国已危机四伏。同时由于国内经济、社会矛盾的涌现，美利坚合众国也面临着各种威胁。而美国可能会寻求用'大棒政策'解决全球问题，更多地压榨国外无产阶级；对持有大量美国国债的人进行恐吓甚至军事打击；继续坚持优先发展美国经济，而合理分配和我们共同拥有的自然资源的可持续发展则退居其次。如果做到这一地步，那么在全球范围内的经济、军事和社会矛盾以及犹太——基督教和伊斯兰教之间的文化矛盾将进一步激化、尖锐。"③ 约翰·加尔通分析了美国的经济、军事、政治、文化、社会方面的矛盾后指出："每减轻一个矛盾，美帝国将进一步走向衰落；每消除一个矛盾，美帝国将进一步走向崩溃。当四大权力范畴内的矛盾均被清除时，美帝国就会呜咽着解散，即使剩有残余，如在车臣的俄罗斯帝国影响力、在伊拉克——阿富汗的大英帝国余音，但终难成大器。""各种问题此起彼伏，矛盾深入发展。要想让它们消失，唯有改革基本制度。"④ "那么是轰然倒塌还是呜咽消亡？美国，选择权在你的手中。"⑤

（一）美式民主并不在真正运转

2011年，华盛顿自由广场上人山人海。人们聚集起来是为了占领华尔街，这是因为华尔街占领了整个国家。

---

① 王义桅：《海殇·欧洲文明启示录》，上海人民出版社2013年版，第123页。
② 程恩富、张维为、沈丁立、曲星、高祖贵等：《"钱主"左右"民主"会带来什么》，参见《人民日报》2011年12月22日。
③ ［挪威］约翰·加尔通：《美帝国的崩溃》，阮岳湘译，人民出版社2013年版，第56页。
④ 同上，第58页。
⑤ 同上，第59页。

美国资深记者比尔·莫耶斯在有关占领华尔街这一话题的一次演讲中说，很多人不解这些示威者为何不把他们的精力用在参与政党选举投票中，这是因为所谓的"民主"在美国并不在真正运转，两个党派的领袖们只是在维护最富有人群的利益，甚至连总统奥巴马也在一边口头上批评华尔街和金融决策机构，另一边却接受着大量的政治献金。

莫耶斯指出，"我们一边在进行着选举，一边却心知肚明这些选举很难产生惠及多数美国人的政策。我们不断进行口诛笔伐，但权贵们却对人民最急切的需求装聋作哑。我们高声疾呼，但这个世界、我们共同的地球、本应好好传承给后代的土地，却始终在遭受掠夺。"[①]

如今，美国所谓的"民主"只是政客们手中的玩物，真正当政的是金钱，两大政党只是在维护最富有人群的利益。据《华盛顿邮报》报道，奥巴马执政两年半的时候，华尔街金融机构的收获比在小布什执政8年期间更为丰厚，难怪会有持续那么久的"占领华尔街"运动发生。

诺贝尔经济学奖得主保罗·克鲁格曼对此直言，这里正在创造着"美式的寡头政府"，他在《纽约时报》的专栏文章中指出："我们的社会财富正日益集中在少数人手中，这种收入和财富的分配状况正在使我们的民主变成名义上的民主，因为收入的高度集中与真正的民主无法相容。"[②]

由于国会未能通过原本是例行公事的临时预算法案，美国联邦政府停摆，一些部门从2013年10月1日开始关门，引发一场全球范围内对现代民主制度的反思。美国民主制度在滑向选票的富翁游戏。美国南加州大学教授斯坦利说，美国两党都不愿做出让步，无论是联邦政府部分关门，还是愈演愈烈的债务危机，实质上都是美国两党全都在关键问题上各执己见，互不妥协。改变这种局面只有一种可能——那就是白宫和国会参众两院都由同一个政党占据，但这在短期内是不可能的。[③]

美国政治机器内耗弊端已是有目共睹，自奥巴马执政以来，以党划线的党派政治愈演愈烈。2010年中期选举后，共和党一举成为国会众院多数党，民主党仅在参院维持微弱多数，这一格局对奥巴马政府的执政能力形成极大牵制：民主党人提出的议案屡遭搁置，奥巴马的多项任命迟迟得不到批准，致使

---

① 参见《参考消息》2011年11月15日10版。
② 同上。
③ 参见《环球时报》2013年10月15日6版。

一些政府机构也因长时间群龙无首而无法正常运转。

美国国会参众院负有审核、批准总统任命人选的职能。参院共和党人主要通过"冗长演说"这一阻碍议事规则阻挠对奥巴马提名人选的批准。在参议院，当一名议员想要否决某个议案，却又担心无法获得足够的票数时，便会使用冗长演讲等方式拖延议会进程，从秀拳术到朗诵诗歌，从念电话号码簿到介绍家庭菜谱，参议院议事大厅上演这种夸张的戏码，使议案无法表决。自福特政府后的32年间，参议院出现了20次"冗长演说"。然而，奥巴马执政以来，参院出现16次"冗长演说"阻挠奥巴马任命人选的批准。共和党还千方百计设置障碍。在雅各布·卢出任财政部长的任命批准过程中，共和党人共向他提出444个书面问题，比此前7位财长获批期间被问问题总和还要多。共和党人对环境署署长候选人吉娜·麦卡锡提出了上千个需要回答的问题，吉娜·麦卡锡也是这一职位历史上被拖延批准时间最长者。凡此种种，美国政治制度中"相互制衡"等初衷早已演变为你死我活的党派利益竞逐。①

无论是政府关门还是阻碍总统任命人选，这些都是表象。如果一个政党仅仅凭借选民授予的并不算太多的权力，就能要求另一个政党撤销自己不喜欢的法律，否则就威胁关闭政府，照这样看来，既定法律将来也总会有被少数派废除的危险。届时，华盛顿将永久地处于瘫痪状态，而美国将被迫长时间地陷入不确定之中。

我们不难看出，自由之国正在变得似乎无法治理。美国的两党极化表演已达惊人的程度，而此问题在众议院尤为严重。美国许多州允许政客们自己划定选区，当然政客们会为自己划定超级安全的选区，这就意味着众议员一般不担心输掉大选，他们更担心在党内初选中被淘汰。因此，许多众议员选择迎合本党的极端分子，而不是与另一个政党达成合理的中间派协议。这当然不是管理国家的办法。

对于美国两党来说，其固有的矛盾得不到根本化解，这注定了美国整部政治机器的运转仍将磕磕绊绊，无法治理的状况似乎仍将继续下去。改革政治制度势在必行，该是少在悬崖边徘徊，多增加些理性常识的时候了。

---

① 温宪：《美国政治机器内耗弊端大》，参见《人民日报》2013年7月19日21版。

（二）西式民主在设计之初就先天不足

今天，民主仍然是最不坏的政治制度，可是被宠坏了。任何政府要有效治理国家，必须具备治国的能力。

而治国的首要能力是领导能力，不是取悦民众的能力。西方民选政府以民调治国，无法再担负领导的角色。一味迎合民众欲求的结果，是国家福利主义的重担最终压垮了国家财政。"西方国家的左派要福利，右派要自由，不少国家的政治家在选举时，一般会迎合选民的短期需要，许诺给公民更多的福利，故空口许诺的政治家和政党就容易执政。"这也导致"欧洲政党政治长期在左中右间轮回，政客不断在玩政治花招，破坏了经济社会自身发展逻辑"。① 这似乎与其民主设计缺陷不无关系。"大范围的民主，往往意味着多数选民缺乏成本和收益相关的意识，他们愿意让别人多支付成本，而自己多获得收益。"②

西式民主在设计之初，就与和平发展的国际秩序相抵触。因为它的运转建立在封闭排他的领土政治之上，可以合法地将国内政治系统内的负面因素放到国际政治中，置他国关切、感受和利益于不顾。比如，看到美联储通过一轮轮量化宽松货币政策转嫁危机时，你会再相信美国是一个负责任的国家吗？③

长期以来，美国在外交中努力将美国特色的民主打造成普世性的。其一个基本国策是用美国的民主价值观为借口来干涉他国内政，以达到美国的国家利益。

小布什执政时期未经联合国安理会批准而发动伊拉克战争，战争中4000多美国将士阵亡，花费上万亿美元，并没有发现大规模杀伤性武器。这一仗也拖垮了美国经济，伊拉克人死得更不计其数。伊拉克人迎接美军的不是鲜花，而是路边炸弹。美国在中东的战略地位不但没有加强，反而被削弱。

美国及西方干涉别国内政、输出民主，却不尊重其他国家的文化，是不会被接受的。在所谓的"阿拉伯之春"中，美国等西方国家用武力推翻他们不满意的政权后，扶植起来的反对派往往具有强烈的反美色彩。基地组织的原头目本·拉登也是美国一手扶植起来的，但他却成为美国最凶恶的敌人。"9·11"事件中近3000美国人的生命代价也没有让美国政治家们吸取教训。"穆斯

---

① 王义桅：《海殇·欧洲文明启示录》，上海人民出版社2013年版，第124页。
② 毛寿龙：《西方治理危机将长期存在》，参见《人民论坛》2012年第9期。
③ 苏长和：《西方需要再民主化》，参见《环球时报》2013年1月9日14版。

林极端主义者不会因为美国曾经是盟友而去接纳美国的民主。"①

大多数美国人可能非常惊讶,根据曾任美国国防部副部长保罗·沃尔福威茨的说法,在过去20年中,美国参与了"至少7场穆斯林解放战争",包括在科威特、伊拉克北部地区、波黑、科索沃、阿富汗、伊拉克和利比亚的战事。不幸的是,这些付出鲜血和财力代价的做法却没换来多少对美国的感激之情。②

美国国际问题学者斯蒂芬·沃尔特表示,非常保守地估计,在这些美国已"解放"的地区,美国的军事行动已造成28.8万穆斯林死亡。而这些干涉行动的财政成本是天文数字,据布朗大学的"战争成本项目估计,在阿富汗、伊拉克和巴基斯坦的军事开支最终将超过4万亿美元,达到美国国债总额的整整四分之一"。③而仅在阿富汗的几年战争就投入了930亿美元,牺牲了2250名美国人,现在开始与塔利班谈判,诸如尊重人权和公民自由等价值观似乎也石沉大海。

值得美国和西方反思的是,美国造成伤害却不知自省,而又一幕幕地重复着。华盛顿和纽约的外交政策讨论会上,国际问题专家针对那些他们从未去过的国家,针对其危机提出解决方案。他们从未见过住在这些国家的人,不懂这些国家的语言,也不了解这些国家的历史,然后妖魔化独裁者的行动就开始了,随后就是实施经济制裁和武器禁运,直至军事干涉。最终,在数以万计的人员死亡、成百上千亿美元被花费、当事国大部分地区被毁之后,华盛顿的政客、媒体人等将失去对当事国的兴趣。当事国的状况变得更为糟糕。

正如《古兰经》所说:"当他们被告知'不要在这块土地上制造伤害'时,他们说'我们只不过是和平的缔造者'。不,他们当然是制造伤害的人,但他们不知道。"④

(三)美国种族间的经济水平差距正在扩大

当美国创制现代民主政治制度60多年之后,法国政治理论家阿列克西·德·托克维尔对美国政治制度和社会生活的各个方面进行了长达9个月的考察

---

① 汪金通:《不改"民主化"国策,美国必自食其果》,参见《环球时报》2012年9月19日14版。
② [美]戈登·巴多斯:《干预外交让美国付出高昂代价》,参见《参考消息》2013年7月15日10版。
③ 同上。
④ 同上。

调研，于 1835 年出版了《论美国的民主》上卷，1840 年又出版了下卷。托克维尔对美国的政治制度在这两本书里给予了肯定。

美国新政以来国家垄断资本主义的发展，促进了美国的科技革命和经济发展，使大多数美国人的物质生活水平有相当程度的提高。但这种富裕社会，却使种族间的经济水平不断扩大。在美国的穷人中，最多的是黑人。尽管 20 世纪 50 年代中期以来，黑人争取种族平等的斗争在法律上取得越来越大的进展，但南部种族隔离制度的残余和北部事实上的种族歧视，仍然使黑人的经济和社会地位难以彻底改观。

20 世纪 50 年代以来，美国黑人以非暴力群众直接行动的方式，对美国种族歧视与隔离制度展开了广泛的斗争。1963 年 8 月 28 日，超过 20 万美国民众参加"进军华盛顿"游行，聆听马丁·路德·金发出非洲裔美国人的"梦想"。马丁·路德·金的演说激发无数美国人为更加平等的社会而奋斗。

1964 年民权法通过以后，南方的种族主义分子加强了对民权运动的抵制。在密西西比、亚拉巴马、路易斯安那和佐治亚州，人们举行了反对种族平等的示威。是年 7 月，3 名民权工作者在密西西比州被害。6 月到 10 月，密西西比州 24 个黑人教堂被炸或者被焚。①

现实情况使黑人群众逐渐认识到，法院斗争、非暴力群众直接行动和民权立法，并不能使他们获得真正的平等。60 年代中期他们开始走上暴力反抗的道路。1963 年伯明翰斗争、1964 年纽约哈莱姆区暴动，标志着黑人造反时代的开始。而影响巨大的是 1965 年洛杉矶市瓦茨区的黑人暴动。是年 8 月，警察以车速过快为由逮捕一名黑人青年后，瓦茨区的黑人与警察发生冲突，双方交火，黑人抢劫了白人的商店，焚毁建筑物。到暴乱被镇压下去时已有 34 人死亡、1032 人受伤、3952 人被捕，财产损失达 4000 万美元。它反映了城市黑人群众的不满和失望，是压抑多年的愤怒的大爆发。此后几年，黑人城市造反连年不断，几乎席卷了美国所有的大城市。1966 年，芝加哥、克利夫兰、旧金山爆发了大规模的黑人造反。另外还有 20 多个城市也发生了程度不同的种族动乱。

1967 年，黑人城市造反走向高潮，波及 128 个大城市。其中声势最大的是纽瓦克和底特律。在底特律市，政府出动 14000 名空降兵、国民警卫队和警

---

① 刘绪贻编：《美国通史》（第 6 卷），人民出版社 2002 年版，第 314 页。

察，使用坦克、机关枪和催泪弹，才把黑人暴动镇压下去。这次暴动使38人丧生，五亿美元财产被毁。1968年4月4日，马丁·路德·金在田纳西州孟菲斯市被刺。事件发生后，美国100多个大城市的黑人再次掀起大规模抗暴造反活动。在美国首都华盛顿特区，愤怒的黑人在距白宫不到3个街区的地方砸碎了商店的橱窗，波托马克河上空浓烟滚滚。美国记者路易斯·赫伦后来回忆说："街上吓得要死的人们发疯似地逃往市郊，就像这座城市遭到了入侵，正在被放弃一样。"①

马丁·路德·金不愧为民权运动的杰出领袖。他为黑人的自由和权利奉献了自己宝贵的生命。然而，无论是民权运动，还是后来的自发无组织的暴力行动，虽然震撼了美国社会，并未能给黑人带来真正的平等与自由。

2013年是"向华盛顿进军"、马丁·路德·金《我有一个梦想》发表50周年，美国现任总统也即第一位非洲裔总统奥巴马在相同地点发表题为《让自由之音鸣响》的纪念演讲。尽管50年间美国社会发生了巨大变化，但奥巴马在演讲中也承认当下美国在种族平等问题上仍需改善。

曾亲身参与当年活动的前美国国会议员助理马修说，几乎和半个世纪前一样，今天的非洲裔美国人及其他少数族裔依然在追求更加平等和公正的受教育、参加选举、影响政治等权利。他说，以他在国会的亲身经历，美国仍被"金钱政治"这个顽疾所困扰。②

而《华盛顿邮报》评论称，今天许多非洲裔美国民众依旧无法逃脱贫困、失业、歧视、社会忽视以及暴力等命运。③ 美国经济问题上的糟糕表现更让非洲裔美国人面临着居高不下的失业率，并不断扩大和白人间的贫富差距。美国的种族问题仍然是一道一碰就出血的伤疤。事实表明，即使在一名黑人总统治理下，非洲裔美国人的感受依然没有多大变化。

对于现代资本主义制度的种种弊端，教皇方济各在他的首部宗座劝谕书《福音的喜乐》中，措辞犀利地进行了批判。书中提及，现代资本主义是"一个新的专制"。英国《苏格兰人报》报道称，方济各在这本著作中提及"资本主义专制"将导致更广泛的社会动荡；由这个体制造成的不平等性将"不可避免地"导致崩溃和死亡。他表示，西方金融体制需要"全面整顿"，并指责

---

① 刘绪贻编：《美国通史》（第6卷），人民出版社2002年版，第315页。
② 廖正军、侯涛：《奥巴马承认"梦"仍未完成》，参见《环球时报》2013年8月30日5版。
③ 同上。

这个体制鼓励毫无节制的消费主义思想。①

（四）福利"瘦身"使西方福利国家模式遇到挑战

福利国家指的是在提供公益事业和救济保险等方面政府起主导作用的国家。这种制度发端于欧洲，传到北美地区，对世界较有影响。

他们有的以社会保险方式为主，有的采取社会再分配方式，老人的收入、病患的医治、工伤的康复等社会风险保障都由国家提供。"到本世纪初，绝大多数欧洲福利国家的社会开支都占到了国家 GDP 的 20% 以上，很多国家的社会福利开支占到了公共财政支出的 50% 以上，著名的北欧福利国家甚至占到 70% 以上。"②

这种福利国家曾经为防止社会危机、调整需求、扩大消费对经济发展产生了积极的刺激作用。然而欧洲主权债务危机爆发后，一些国家为应对债务危机采取的财政紧缩政策，直接导致这些福利国家的福利削减，有的国家甚至出现此起彼伏的群众抗议和政府更迭。

究其原因，是西方政党制度和政府通过举债用寅吃卯粮的方式维系福利国家，兑现各种社会承诺。而全球化的经济自由主义和国家化的福利形成了不对称的制度模式。"资本的流动和世界市场的开拓挑战了高福利国家的国际竞争力，雇主为限制劳工成本而采取灵活用工方式，威胁了福利国家的财源；移民的流动，冲击了高福利国家提供福利的能力，多国竖起了福利的准入门槛；人口结构变化改变了福利国家的收支情况；产业的小型化和智能化也削弱了行业工会等组织。……这一系列的变化从根本上动摇了福利国家的社会基础，挑战着福利国家的政治智慧。"③

美国在 20 世纪 70 年代以前，在福利方面与欧洲的差距并不大，教育福利制度更是长期领先。但是 70 年代以后，美国可以说是原地踏步。

"经合组织 2013 年 6 月底发布的一项报告显示，美国的大学毕业率持续下滑，与其他发达国家间出现了差距。""数据显示，超过七成的美国人被录取到四年制的本科院校，这个数据在经合组织 23 个成员国中排第七，但不到2/3 的美国人能从本科学校毕业——包括社区大学在内，美国的本科院校毕业率目

---

① 韩秉宸、刘浩然：《教皇书批判资本主义"杀人"》，参见《环球时报》2013 年 11 月 28 日 4 版。
② 周弘：《福利瘦身挑战西方政治智慧》，参见《人民日报》2013 年 8 月 22 日 23 版。
③ 同上。

前只有53%，在发达国家中，只有葡萄牙比这个数字更低。"[1]

这是因为越来越多的学生因为无法负担高昂的学费而退学。据20年前毕业于华盛顿声誉最高的综合性私立大学乔治敦大学的凯瑞讲，"当时自己每学期学费只有几千美元，但现在乔治敦大学的学费居然达到每年5万美元左右。"[2] 如此高昂的学费，即使可以贷款，也难以承受。

同时，美国名校在录取平民子弟上也并不公平。据《纽约时报》报道，美国最富裕家庭的子女中，24岁时具有大学学历的高达82%，而在贫穷家庭中，这一数字仅为8%。[3]

而在全民医保问题上，如此发达的美国却甚为落后。目前，国民医保覆盖率仅为85%，在西方国家中属"绝对少数派"。作为奥巴马政府的一项重要政绩，美国白宫一直在力推新的医保改革法案即《患者保护和平价医疗法案》，习惯上被称为"奥巴马医改"，其初衷是要覆盖3000多万没有参加任何形式医保的人群，从而实现美国式的全民医保。然而美国国会两党政策理念不同，互相掣肘，导致奥巴马倾尽全力推行的"医疗改革"计划困难重重。

凡此种种，都显示出美国及西方社会受制于民粹主义和政党权力纷争，今天的美国民主已不再保留一扇维护社会底层权益的窗户，其政治议程已与国家和民众利益渐行渐远。

2013年是美国第十六任总统林肯发表葛底斯堡演说150周年。林肯的葛底斯堡演说只有272字，却极为精辟，字字千钧，其中所阐释的"人人生而平等"和"民有、民治、民享"理念意义重大，激励了许多后人。

"人人生而平等"意味着肤色不是人与人之间的主要差异。但如果林肯活在现世，他也会看到，150年后的今天，他所呼唤的真正的人人生而平等远未实现。

（五）协商民主或是驱动美国及西方制度创新的途径

美国两党掣肘，导致联邦政府停摆，引起全球对现代化民主制度的反思。无论哪个党执政，美国这部政治机器的运转都会磕磕绊绊，西方民主制度的退化与衰落已是不争的事实。

---

[1] 李博雅：《高昂学费让梦想折翼》，参见《人民日报》2013年8月22日23版。
[2] 同上。
[3] 陈一鸣：《英美寒门子弟很难进名校》，参见《环球时报》2013年11月14日4版。

"据美国学者研究发现，征集选民签名才能让一项动议进入加州议会议程，其平均成本高达 300 万美元。只要有足够的资金去四处征集签名，感兴趣的问题就会被列入政府议程。而表决民主只是一种对'同意'的粗略计算，不在乎是否只取得微弱多数，也不在乎投票率，更无从知道表决者是否深思熟虑。这种机制上的缺陷让金钱和既得利益者控制了选举和决策。"①

标榜全球最民主的美国，到处推销民主，而它自己却暴露出种种弊端，已到了积重难返的地步。每届总统选举不平等、不民主、不节省、不公平，选举的结果并不能确保决策正确。

以代议制为核心的西方近代民主理论，为近现代西方民主制度的形成和发展奠定了坚实的基础。然而，随着国家的职能越来越复杂而政治规模越来越大，代议制民主理论越来越难以圆满解释和说明西方不断变化的社会政治现实。

如何寻求更公正、有效的民主原则，解决西方民主制度所面临的金钱挑战？协商民主理论或是驱动美国及西方制度创新的途径。

近年来协商民主理论的兴起，是对传统民主理论进行修正，以适应全球化与信息化时代的挑战，正是为了回应西方社会现实发展中产生的诸多病症："当代社会文化的后传统性日益突显；生活方式、宗教信仰和民族认同逐渐多元化；潜藏的深刻而持久的道德伦理冲突引发的矛盾越来越难以调和；国家、市场和市民社会的结构分化；全球化力量削弱了国家作为民主集体行动主体的重要性；种族文化团体之间认知资源不平等造成了多数人难以有效地参与公共决策。"②

协商民主理论认为，健康的公共协商能够兼顾人民意愿与公民权利，共享以宪法为中心的和谐生活。也就是说："决策合法性的来源不仅是票决的多数，还必须包括各利益相关主体或其代表间真正平等的对话、协商。协商无法让各方达成共识的情况下，票决才成为决策的手段，但围绕既定政策的磋商仍会不断进行。"③

协商民主理念在当今世界已为许多国家所重视，在中国、巴西就广泛重视，中国已经经过实践取得惊人效果。在加拿大、比利时这样的成熟民主国家

---

① 于君博：《协商民主或能驱动美国制度创新》，参见《环球时报》2013 年 10 月 30 日 14 版。
② 戴激涛：《协商民主研究》，法律出版社 2012 年版，第 31 页。
③ 于君博：《协商民主或能驱动美国制度创新》，参见《环球时报》2013 年 10 月 30 日 14 版。

也得到重视。协商民主理论，能够同现今世界各国广泛采用的代议制民主或直接民主兼容。

在美国政府决策体系中，竞争性的直接民主思维和制度安排已经固化。然而由于政府原有决策体制每遇紧急情况便出现两党掣肘，决策缓慢无法适应。"2005年卡特里娜飓风横扫新奥尔良后，由于政府原有决策体制在救灾和重建过程中威信尽失，协商民主才得以用于解决当地市、县一级的财政预算分配问题。"①

协商民主在美国一些地方也有成功的案例。"通过随机抽样的方式选取选民代表，与其他利益相关主体代表一起组成小组，以小组内的对话、协商来形成决策共识。协商民意调查帮助化解了**德克萨斯州可再生能源项目投资规模**、佛罗里达州电力短缺筹资方案、内布拉斯加州替代能源选择等议题引发的社会争议。如今，美国地方政府在决策机制中越来越多地引入协商民主的做法。"②

运用这种协商民主理论，在代议制民主中，**政治精英可以通过协商民主提升立法与司法过程的合法性**。普通公民也可以在协商民主的保障下，在票决前的决策过程中影响决策结果。"协商并非一种基础性的核心价值，而是一种广阔的视角来看待协商，听取公民对自己国家未来的看法。"③

协商是决策作出前的政治过程，"协商是一种政治过程，其中，参与者自由、公开地表达或倾听各种不同的理由，通过理性、认真地思考、审视各种理由，或者改变自身偏好，或者说服他人，进而做出合理的选择"④。尽管对"协商"的理解见仁见智，但"协商"的基础精神和理念是相同的："协商将会在许多不同方面促进公正。"⑤"协商是民主的，在一定程度上，它以自由平等的公民实现理性一致为基础。"⑥

这也就是说，当公民或其代表在政策道德议题上持不同偏好时，他们应该

---

① 于君博：《协商民主或能驱动美国制度创新》，参见《环球时报》2013年10月30日14版。
② 同上。
③ [美]伊森·布里：《美国民主的未来：一个设立公众部门的方案》，朱昔群等译，中央编译出版社出版2009年版，第35、102页。
④ 陈家刚：《协商民主引论》，薛晓源、李惠斌主编：《当代西方学术前言研究报告（2005—2006）》，华东师范大学出版社2006年版。
⑤ [美]罗伯托·加格瑞勒：《完全代表权、协商与公正》，[美]约·埃尔斯特主编：《协商民主：挑战与反思》，周艳辉译，中央编译出版社2009年版。
⑥ [美]詹姆斯·博曼：《协商民主与有效社会自由：能力、资源和机会》，王文滋、陈志刚译，上海三联书店2004年版。

在面对面的交流中,共同遵循相关程序规范,通过自由平等的理性对话、意见评估、辩论审议以达成共识。

"协商不仅是一种重要的决策机制,而且是一个基本的政治行为过程和政治文化观念,它是不同的行为主体为协商平衡相互之间的关系,共同商讨以达成协议,也是社会主体之间化解冲突、寻求共识的基本途径。"①

协商民主同代议制民主或直接民主的兼容性、公民自由平等理性对话解决问题的方法,日益受到理论界甚至决策机构的重视,受到有识之士的青睐。美国詹姆斯·费什金教授认为:"如果协商民意调查能够成为美国民主制度的一部分,我们每个人就有同等可能成为协商中的重要声音,而不是一张没有机会申辩的选票。"② 协商民主或能重新激发美国民众参与政治的热情与责任感,再次驱动美国民主制度的创新。

---

① 戴激涛:《协商民主研究》,法律出版社2012年版,第34页。
② 于君博:《协商民主或能驱动美国制度创新》,参见《环球时报》2013年10月30日14版。

第四章
西方民主的病在哪儿

"如今民主国家的日子不好过……导致人们对民主政府大失所望的真正原因是,人们认为生活中迫切需要的改变迟迟没有发生。这是一个很实际的挑战。"

——英国前首相 托尼·布莱尔

近代资本主义的政治是西方政治学的极盛时期。这一时期，绝大多数政治学家高举"主权在民"或"民主"的旗帜，把"自由、平等、人权"当作人人天赋的"自然权利"，把尊重和保护这些自然权力看作是统治者和政府的"理性"或"自然法"，是否具有这种"理性"或"自然法"成了判断政治家和政治善恶的基本标准。

在绝大多数政治家看来，只有推行三权分立和代议民主的共和政治，才能真正实现主权在民的根本宗旨。特别是二次世界大战以后，以美国为首的西方资本主义政治集团，把资产阶级的阶级权利当作全人类的普遍的自然权利，把代议制民主当作全人类普世的最好的政治制度，他们用超阶级的、抽象的形式表达了资产阶级的政治要求。冷战结束后，他们更是以"民主终结论"而欣喜若狂，不择手段地向世界推销他们的普世价值，意欲开创"世界新秩序"。

战后，美国确立了它在资本主义世界遥遥领先的地位。在经济上，形成了以美元为中心的国际货币金融体系即布雷顿森林体系、以美国为中心的国际贸易体系，以及美国主导下的以世界银行、国际货币基金组织、关贸总协定为依托的世界经济体系。战后初期在资本主义世界经济中，美国工业生产量占2/3，外贸出口额占1/3，黄金储备占3/4，美国经济盛极一时。

军事上，美国以长期高居世界总额一半以上的军事开支，建立了超饱和、超杀伤的战争武器，美国的核武库足以毁灭人类几十次，美国的核动力航空母舰无论在数量上还是性能上迄今在世界上无可匹敌。在政治上，美国还精心编制了一套以所谓"民主价值观"为核心，以维持美国领导地位和道德教主地位合法性的话语体系。

在美元、美军和美语（话语权）三大支柱的支撑下，美国建立了第一个世界性霸权，用美国自己的话来说，从来没有一个国家的实力像美国一样在全球无可匹敌，从来没有一个国家的影响力像美国一样无远弗届，渗透到地球每一个角落。特别是前苏联解体后，美国更是雄视天下，自认为"前无古人，后无来者"的美国霸权将是万年不朽的。

第二次世界大战刚刚结束时，美国置世界各国休养生息、医治战争创伤的紧迫需要于不顾，挟第二次世界大战之余威，发动了一场又一场的对外扩张战争。美苏长达半个世纪的全面冷战对抗以及较小的军事行动不算，从1945年到2008年60多年间，美国穷兵黩武，至少对外发动了30余场规模较大的战争，平均两年一场，包括对朝鲜、越南、柬埔寨、老挝、格林纳达、巴拿马、伊拉克、索马里、波黑、科索沃、阿富汗、利比亚、叙利亚等发动的战争。这种战争频率是可以记入吉尼斯世界纪录的。可以这样说，对外战争就是美国的生存方式。

"战争是政治的延续。"美国之所以嗜好战争，是其阶级利益集团的政治所需。我们知道，政治与经济紧密相联，政治也是经济的产物，最终是为经济服务的。任何政治权利和政治制度是建立在一定政治基础之上的上层建筑，它们归根结底取决于政治阶级的利益。在经济最终决定政治的前提下，政治也对经济产生反作用，极大地影响经济的发展。在马克思主义者看来，从来就不存在抽象的民主、自由、平等。国家是统治阶级的工具，代议民主不过是资产阶级最好的政治外壳，而自由平等则是资产阶级的阶级特权。资本主义的民主、自由、平等是极少数人的民主、自由、平等，对于大多数国民来说，具有虚伪的欺骗性，这也正是经济危机必然产生的原因。

美国一向强调"美国例外"论，但在扩张—衰落—再扩张—再衰落的历史规律上，美国不可能例外。这个自命不凡的"山巅之城"和上帝骄子，像历史上的其他帝国一样，一旦登上超级大国的宝座就变本加厉地对外进行军事扩张，对内激化各种社会矛盾，在战后的鼎盛时代就逐步积累了它衰落的全部条件。

美国政治制度的实质，说到底是资本配置权力，黑金主导政治，党争挟持政府。它不择手段向全世界推销兜售的所谓"普世价值观"，"民主、人权、自由、平等"是极其虚伪的。

近年来，一批新兴国家的崛起，不断动摇美国模式的绝对统治地位，终结了西方民主价值观的"唯一合法性"，也从另一方面揭露了西方民主的虚伪性。

严格来说，人权概念本身都是中国人传给欧美的，在欧美还在贩卖奴隶的时候，中国人陈胜已经喊出了：王侯将相宁有种乎？（乞丐当总统的萌芽版。）

在日本人把无劳动能力的老人自然丢弃山林的时候，百善孝为先已经深入中国人心。在欧美贵族把杀人当游戏的时候，中国人已经喊出了王子犯法与庶民同罪。（人人平等的具体贯彻。）

在博爱、平等这些单词还没有发明出来的时候，中国人已经会写仁爱、仁政、王道。在把权力关进笼子又不让一帮傻子膜拜、激动不已的几千年前，中国人已经说了：民为重，社稷次之，君为轻。

当中国人度过私有制几个轮回的时候，欧美才喊出了私有制神圣不可侵犯。

普世平等就是个笑话，非洲难民怎么就不能和奥巴马有平等的吃饭权呢！有位网友形象地说：地球是个村，村长是大老虎，而且太自私了。美国这个国家经不起研究，越研究越发现是万恶之源。

一、西方民主的双重标准

（一）美式民主是有限制的民主

美国一向标榜其民主具有普世的价值。我们知道，民主的核心是认可并接受多样性。"政治正确"的旗帜可以插在任何时间任何地点，而民主则要在时间、地点、人物、言论等各个方面受限。对美式"政治正确"而言，"共产主义"是禁区，"共产主义者"肯定处于"民主领地"的边界之外。

美国著名政治思想家乔万尼·萨托利耗费十年心血撰写的经典之作《民主新论》，被西方学界认为是至今民主理论研究的权威著作。他在对民主的标准做解释时指出，"作出这样的诠释的意思是，并且仅仅是，林肯的话为民主定了调子，首先是因为它出自林肯之口。我们了解林肯，所以我们知道他的意思。如果碰巧是斯大林首先想出了这句话，他不是也会使用它吗？他的统治是'for the people'从语法上完全说得通，他统治他们。很难证明他不打算为了人民进行统治。在斯大林的脑子里，'by the people（民治）'大可以意味着（因为它可以有任何含义）他和人民是一体的，是'公意'在通过他的意志在统治。因此基本的限制是，林肯的话不足以成为民主的定义——它之所以成为民主信条，是因为它出自林肯之口。如果换一个人说出来，它很容易产生林肯不希望或不打算让它产生的意义。"①

由此，我们可以看出西方理论的引领者美国排斥与自己不同但得到国际社会认可的其他政治力量。美国的价值体系和传统观念需要全世界来关注和思考。

2013年3月22日发生在美国的"名言事件"，值得回头看、仔细看。事

---

① ［美］乔万尼·萨托利：《民主新论》，冯克利、阎克文译，上海人民出版社2009年版，第47页。

情是这样的，美国的教育部很在意教育领域的"政治正确"和意识形态，美国教育部国家统计中心网站在这一天引用了毛泽东"对自己'学而不厌'；对人家'诲而不倦'"的名言，因此该网站受到谴责、攻击、惩罚和批判。从媒体的角度而言，网站因登出毛泽东名言而遭受围攻，无疑是一件值得关注的新闻事件。

"美国网站上的毛泽东名言"被美国网民发现后随即被分享到社交网站，并引起"高度关注"。从网民留言中可以看出，美国一些网民对教育部下属机构的网站登出毛泽东的名言很不满。他们还说，此事显然是"里根的修正主义成果"，显示出美国政坛主流价值观的混乱。

此事随后惊动了美国教育部。美国教育部代理新闻秘书表示："国家教育部统计中心网站的儿童专区的'每日语录'栏目今天选择登出的名言欠妥，基本意思是想强调教育和学习的重要性。这一专栏每天从我们 2007 年更新的数据库中自动生成一条与教育相关的警句。现在这一栏目已经暂停。我们正在核查数据库中的内容。"

此事还惊动了美国议员。针对美国教育部下属机构网站发布毛泽东名言一事，美国一位参议员声称，教育部必须解释为何引用"共产主义者"的话。可以看出，这位议员理直气壮的"要求"着实把一位网站编辑的认知水平爆炒成了一个惊动整个国家的"名言事件"。

在遭受八方围攻的强势压力下，美国国家教育统计中心网站被迫删除了毛泽东的名言，称"今日无警句"①。

在 21 世纪全球化浪潮席卷天下的今天，美国网民仍然固守着如此偏颇、狭隘的政治观念，脑袋里仍然充满不合时宜的冷战色彩。而教育部和议员的表态再次证明，麦卡锡主义在美国至今阴魂不散，它在美国政治、教育和文化等领域各个层面的影响至今可见。

同时，"名言事件"反映出美国民主自由、价值观念、意识形态等方面的真实状态。它让我们看到，"美式民主是有限制的民主；美式自由是设禁区的自由"。美国的"言论自由"是有禁区的，其中包括因人废言。它让我们对美国民主虚伪性的双重标准一览无余。事实还告诉我们，美国离一个民主而自由的国家相距尚远，并不值得肯定或膜拜。

---

① 汪嘉波：《"名言事件"切莫等闲看》，参见《光明日报》2013 年 4 月 7 日 8 版。

我们不妨再来看看中国网民对"名言事件"的议论和感慨：反华是美国的传统；美国人心胸狭隘；假装其不存在就是无知的表现；漠视历史就注定要重演历史；美国的舆论控制比谁都严；这就是所谓西方言论自由的真相；这就是号称"自由的上帝之国"的真实嘴脸。

（二）美国赤裸裸奉行"双重道德标准"

多年来美国每年发布人权报告评判他国，却自以为是地忽略自己国内的人权状况。后一种情况可能是长期系统性洗脑的结果。大多数美国人深信美国始终站在天使一边，因此根本不可能做错事。这种自信还包括，认为美国是一个特殊国家，上帝赋予其为世界带来美国式自由市场经济和民主的使命（"天定命运"）。在必要的情况下也可以使用炸弹和火炮。

"邪恶帝国"苏联解体后，美国自认其观念得到了加强，继而将灾难性的军事和经济战火引向世界多个地区。战争造成上百万人伤亡，尤其是平民。美国国内伴随这一发展出现的是民主和人权状况的恶化，直至出现了国家授意实施的虐囚行为。而当美国国务院每年发布全面报告、对世界其他190多个国家和地区的人权状况加以评判时，其厚颜无耻更是到了登峰造极的程度。

我们纵观美国国务院所发布的历年人权报告都一样，分析表明，其判断并不能权威反映一个国家的真实状况。报告撰写者只关心一个问题，一个国家是否追随华盛顿的外交政策方针。因此一点也不令人惊讶的是，在美国国务院列出的人权状况报告极差国家叙利亚名下可以看到诸如"恐怖的暴力"和总统"巴沙尔·阿萨德对本国公民实施残暴统治"的描述。相反从报告中完全读不到叙利亚大多数反对派部分出于宗教动机的残忍无情。对待伊朗的态度也一样，德黑兰政府被指责"威胁地区与世界和平"——尽管实际上是以色列和美国始终在做的。伊朗同时因"压制平民社会"受到谴责。

对于俄罗斯的人权状况，美国报告同样认为"令人深感忧虑"，因为莫斯科出台了一系列限制非政府组织活动和公民自由的措施。而对俄罗斯当局和总统普京作出的辩驳和解释，报告根本只字不提。

中国更是年年都会受到严厉批评，特别是因为中国针对"组织注册"发布了"令人厌烦的规定"。据说这阻碍了独立的政治、宗教和精神运动，人权组织和工会的有效建立，因为北京认为这有可能损害到自身权力。

相反，那些作为美国忠诚盟友立了功的国家则获得赞美之词，不管其国内的真实情况如何。"阿拉伯之春"运动结束后被暴力极端分子接管的利比亚受到称赞,因为该国司法部长"是一名人权运动的资深人士",以及利比亚人民几十年来首次得以参与具备多名候选人的选举。

更荒谬的是巴林。它是美国在波斯湾地区最重要的盟友之一并建有美国海军基地。当年"阿拉伯之春"蔓延到巴林时,巴林当局立即对反对派进行了镇压,而根据美国人权报告,占人口多数的什叶派成为沙特支持的逊尼派封建专制统治力量的受害者,责任在什叶派自己。报告指责巴林手无寸铁的示威者"对安全部队施加致命暴行",并为巴林当局残酷镇压反对派的行径辩护。相反,叙利亚反对派实际上装备着重型武器且行动肆无忌惮,但巴沙尔的部队为了保命进行自卫就已触犯人权。这种双重道德标准总是贯穿美国人权报告的始末。

(三) 劣迹斑斑的美国人权纪录

尽管美国政府以世界人权领袖自居,每年发布国别人权报告,对全世界的人权发展趋势和近200个国家的人权状况评头品足,但美国自身在人权保障的主要领域都存在着突出的问题,受到国内人权组织的不断指责和联合国人权机构的多次批评,就连美国国务卿克里也不得不承认"美国自身在人权问题上的纪录并不完美"。但是,美国对自己的糟糕的人权状况,毫无反省之意。大量事实表明,以"人权卫士"自居的美国,旧有人权问题不见改善,新的人权问题不断出现,自身人权状况更加堪忧,侵犯他国人权更加肆无忌惮,在国际人权场合被亮更多"红牌"。

联合国人权理事会普遍定期审议工作组2015年对美国人权状况进行国别审查,122个国家的代表在会议上发言,对美国在人权领域存在的诸多问题提出批评,场面可谓火爆。实际上,美国国内人权问题近年来始终是国际人权界关注的焦点。仅在2014年,联合国人权事务委员会等多家联合国人权条约机构、联合国人权事务高级专员办公室多位官员以及其他多个人权工作组和特别报告员,都对美国人权问题表达了关切和批评。

国际社会关注和提出的美国人权问题涉及方面广泛,其中包括:枪支暴力严重、执法人员滥用酷刑、死囚居留条件恶劣、对少数族裔进行种族定性和监视、死刑判决存在种族差异、境外反恐行动使用无人机缺乏透明合法理由、通过"棱镜"等项目监控美国境内外通讯、关塔那摩监狱尚未关闭等等。

面对众多批评和质疑，美国政府从未认真予以对待。在 2010 年 11 月 5 日联合国人权理事会对美国人权状况进行第一次定期审议时，所提建议达到创纪录的 228 项，主要涉及批准核心国际人权条约、少数族裔和土著人权利、种族歧视和关塔那摩监狱等等。但美国政府拒绝了其中 55 项，接受或部分接受了 173 项。

同样在 2011 年对美国人权的定期审议中，美国政府代表团承诺在反恐斗争中遵循国际法、保证关闭关塔纳摩监狱，并推进对联合国核心人权公约的批准进程。但时至今日，美国依然未能关闭关塔纳摩监狱，仍在"反恐战争"中严重侵犯人权；同时，美国政府也未能推动《残疾人权利公约》《消除对妇女一切形式歧视公约》《儿童权利公约》等联合国核心人权公约的批准进程。①

美国枪支泛滥，暴力犯罪猖獗，公民权利受到严重威胁。据美国有线电视新闻网网站 2014 年 9 月 24 日报道，发生在美国的谋杀案件中有 69.0% 使用枪支，抢劫案件中有 40.0% 使用枪支，严重暴力袭击案件中有 21.6% 使用枪支。据统计，仅 2012 年全美共发生 1214462 起暴力犯罪，比上一年上升 0.7 个百分点。美国 12 岁以上公民的暴力受害率从 2011 年的每千人 22.6 增加到 2012 年的每千人 26.1。美国平均 26 秒发生一起暴力犯罪，每 1.5 分钟发生一起抢劫案，每 35.4 分钟发生一起谋杀案，每 6.2 分钟发生一起暴力强奸案。美国是世界上监禁率最高的国家，每十万人中就有 716 人在监狱里。美国囚犯占人口比例比任何欧洲国家高 4—8 倍，是墨西哥的 4 倍，中国的 6 倍，日本的 14 倍。②

美国警察的过度使用暴力，无视人权，制造致命性枪击案仅 2015 年上半年就将近 400 起，日均枪杀两人。在丹佛的一条小巷里，警察开枪击倒了一名正开着偷来的车兜风的 17 岁女孩。在北卡罗来纳州郊区，警察向一名挥舞着枪的烈酒走私者开火。在亚拉巴马州伯明翰的一个高层公寓里，警察开枪击倒了一名老者，只因这名老者的儿子向警方表示想要确认老头子是否安康，而这位老者——77 岁的道格拉斯·哈里斯不巧拿着一把枪应门了。他们是 2015 年前 5 个月全美警察开枪打死的 385 人中的 3 人。据美国《华盛顿邮报》分析，

---

① 参见常健：《美对自身人权问题何其敷衍》，《环球时报》2015 年 5 月 16 日 7 版。
② 参见常健：《美对自身人权问题何其敷衍》，《光明日报》2014 年 3 月 1 日 8 版。

美国警察平均每天开枪打死两人。①

美国警察的过度使用暴力，引发民众强烈抗议。2014 年美国密苏里州圣路易斯市郊的弗格森小镇，手无寸铁的 18 岁黑人青年迈克尔·布朗遭当地白人警察达伦·威尔逊六枪射杀，当地警方对命案调查不透明，导致社区黑人走上街头游行示威。而当地政府却采取了一系列军事化行动来应对抗议群体，包括州长宣布紧急状态和宵禁令，警察用闪光弹和催泪瓦斯驱散人群，坦克横陈街头，甚至动用国民警卫队等等，把事态激化成一场严重骚乱。而密苏里州大陪审团和纽约州大陪审团相继作出白人警察无罪的判决后，据《纽约时报》网站 2014 年 12 月 25 日报道，这一判决引发全美超过 170 余座城市大规模的示威抗议运动。②

种族歧视是美国人权的痼疾。少数族裔面临就业和薪酬歧视，处于更加贫困的境地。2014 年，多起警察滥杀非洲裔事件引发大规模抗议浪潮，再次拷问美国的种族"平等"，增加了种族仇恨因素。

美国第三任总统、《独立宣言》主要起草人，开国元勋托马斯·杰斐逊曾悲观地指出，黑人永远不会忘记奴隶制时代受到的不公正对待，而占人口多数的白人永远无法克服对黑人"根深蒂固的偏见"。他还在其《弗吉尼亚笔记》一书中预言，美国黑人和白人之间将会爆发冲突。

事实上，美国种族歧视已成为撕裂美国社会的猛兽。执法和司法中双重标准的种族偏向性明显。相对于其他族裔人群，美国非洲裔更有可能成为警方枪击的受害者。警察执法杀害非洲裔几乎成为美国的"常态"。美国联邦统计数据分析显示，非洲裔青年男性被警察射杀的风险比白人同类要高出 21 倍。取自美国联邦统计数据的 2010 年至 2012 年 1217 个警察射杀案例显示，15 岁至 19 岁的非洲裔男性被射杀率高达 31.17%，而同样年龄段的白人男性则仅为 1.47%，2014 年几起引发全球关注的警察执法致人死亡案件，受害者都是非洲裔。③

少数族裔面临就业和薪酬歧视。美国劳工统计局数据显示，2014 年 10

---

① ［美］金伯利·金迪：《美国警察今年以来日均枪杀两人》，参见《参考消息》2015 年 6 月 2 日 3 版。
② 参见王传军：《弗格森骚乱为什么会发生》，参见《光明日报》2015 年 6 月 27 日 6 版。
③ 参见中国国务院新闻办：《2014 年美国的人权纪录》，参见《光明日报》2015 年 6 月 27 日 6 版。

月，白人失业率为4.6%，而非洲裔失业率为10.7%。在德克萨斯州，18岁至34岁的青年中，白人的失业率为7%，非洲裔的失业率则高达18%。在就业中，宗教信仰歧视严重。穆斯林就业申请者被雇主联系的可能性最小，无神论者和无宗教信仰者也不受雇主欢迎。几乎没有非洲裔和拉美裔在大科技公司的管理团队中工作。据调查22家公司的307位管理者中，只有6位非洲裔，占比仅为1%。在薪酬方面，据美国经济研究所发布的研究报告披露，在高科技产业中拉美裔每年的收入比非拉美裔同事的平均收入少16353美元。在计算机编程员和软件开发员这样的高科技职位中，亚裔的年收入比白人的平均年收入少8146美元，非洲裔的年收入比白人平均年收入少3656美元。"在雇佣程序的每一个环节，隐藏的偏见都会渗入。"①

种族歧视成为种族仇恨犯罪的社会土壤。美国南方贫困问题法律中心数据显示，美国国内的仇恨团体数量从2000年的602个增加到2013年的939个。虽然弗格森骚乱局面可能会得到暂时平息，然而导致弗格森骚乱的种族歧视却仍将在美国社会中存在。哈佛大学法学院教授安妮特·戈登里德在《金融时报》上撰文指出，美国仍未摆脱种族对立的历史阴影，"黑人还不是完全意义上的公民"。

有分析人士认为，美国社会的种族歧视将伴随着美国的民主法治继续下去，这种歧视，这种"根深蒂固的偏见"，稍不留意便可能会点燃另一个"弗格森"。

尽管美国有了一位混血总统，尽管马丁·路德·金发表鼓舞人心的讲话已有50年，但种族歧视仍然普遍存在。"弗格森事件"就是督查暴力执法侵权恶果的一次集中展现。更令人发指的是不公正的判决引发大规模抗议运动时，当局予以严厉打击，警察甚至攻击性地逮捕街头市民，弗格森地区的一些居民在回家的路上被警察非法逮捕和关押。据《芝加哥论坛报》网站2014年12月1日报道，2014年8月以来，大约300名弗格森当地居民、活跃分子以及外地来的组织者、记者被逮捕。对此，俄罗斯外交部人权、民主和法制问题全权代表康斯坦丁·多尔戈夫就弗格森事件发表看法，认为美国当局要求别国不要制止反政府抗议活动，但自己却对那些对不平等和歧视现象感到不满的民众毫不

---

① 参见中国国务院新闻办：《2014年美国的人权纪录》，参见《光明日报》2015年6月27日6版。

客气。

多尔戈夫说:"美国当局要求别国保障言论自由、不得镇压反政府抗议活动,在自己国内却毫不手软地对付那些积极表达对不平等现状、实际存在的歧视及'二等'公民地位不满的抗议者。就像我们这几天所看到的那样,正在履行职责的记者也被殃及。"

他还表示,"弗格森骚乱及当局严厉镇压'违法行为',后呼吁'恢复平静、开展对话'的反应,再次表明美国社会存在尊重人权和民主标准问题上严重的系统性问题。"①

联合国负责人权问题的高级官员都对美国当局的所作所为给予了谴责。

在公民自由权利保障方面,美国最突出的问题是大幅限制和缩减美国社会的自由空间,严重侵犯公民自由。2012年9月17日是"占领华尔街"运动一周年纪念日,在华尔街附近的示威者与警察爆发大规模冲突,据《纽约时报》2012年9月16日报道,有超过100人被逮捕。媒体都担心美国新闻立法会越来越严厉。据俄罗斯外交部网站2012年10月22日揭示,由于发表不同政治观点,美国记者失业的情况很常见。

美国警察因侵犯嫌疑人和服刑人员权利而遭受的投诉指控呈上升趋势。纽约市警察局卷入多宗诉讼案,其警察被控在执法过程中侵犯公民权利。据《芝加哥论坛报》2012年3月6日报道,51岁的尤金格鲁伯在被拘留期间遭受的暴力虐待致其全身瘫痪,4个月后不治身亡;同年3月21日又报道,7名北芝加哥地区警察对嫌疑犯达林·汉纳采用捆绑、电击等刑讯手段,使汉纳在一周后即因严重的身体创伤而死亡。美国有线电视新闻网2012年5月17日报道称,美国各州被关押期间受到性侵犯事件,比2008年增加了一倍多。在德克萨斯州监狱,许多犯人被关押在室温高达华氏3位数的牢房内,58岁的拉里·基恩·麦考伦、44岁的亚历山大·托贡尼茨、57岁的麦克尔·戴维·马尔托尼和52岁的肯尼斯·韦恩·詹姆斯于2011年死于中暑,另外有5名囚犯的死亡也与室内高温有关。②

而美国在关塔纳摩的监狱更是令世界震惊的酷刑中心。在那里,被拘押的人遭受极度的虐待和暴力。据维基解密揭示,被带到那里的60%的关押者与

---

① 参见《参考消息》,2014年8月21日8版。
② 参见中国国务院新闻办:《2012年美国的人权纪录》,《光明日报》2013年4月22日7版。

塔利班和基地组织都没有任何联系。尽管已有700多名被关押者离开了监狱，但仍有160多人被关押在该监狱内。2013年1月11日是美国第一次把在押人员转移到关塔那摩拘押中心的11周年。在美国和世界许多地方都举行了抗议活动。拉丁美洲团结联盟呼吁美关闭关塔那摩监狱，并将其归还古巴。联合国人权高专首席代表波莱在一份声明中说："对大量在押人员进行持续的无限期监禁，相当于任意拘留，这明显违反国际法。"2013年4月，关塔那摩监狱被押人员举行绝食抗议，一些绝食者被绑在椅子上在鼻孔中插入导管强制喂食。联合国人权高专办发表声明，重申美国对关塔那摩湾拘押中心的囚犯强制喂食是违反国际法的。

2014年11月12日至13日，联合国禁止酷刑委员会就美国履行《禁止酷刑公约》第三至第五次合并报告进行审议。委员会专家对美国滥用酷刑、军队和警察过度使用武力、中情局开展引渡、秘密关押和审讯项目并实施酷刑、强迫失踪、虐待移民、关塔那摩监狱侵权、公约在美国本土外不适用等问题表示关切。2014年11月28日，该委员会发布结论性意见，对美国警察的残忍暴行和对少数族裔、移民等过度使用武力深表关切，特别是"经常性、反复发生的针对手无寸铁的黑人个体的枪击或致命追击"，呼吁美国执法人员使用武器时保持克制，并建议设立独立机构，"对警察所有野蛮行为和滥用武力情况进行迅速有效和公平的调查"。禁止酷刑委员会还对美国监狱犯人人权受到侵犯表示严重关切，包括常有囚犯被强奸、怀孕女囚被迫带镣铐等。①

（四）民主还是反民主，取决于评判者的力量

苏联解体以后，乌克兰逐渐演变成西方与俄罗斯之间地缘政治博弈的前哨。克里米亚事变后，各方迅速"默认"了它的结局。而对乌东部局势的发展，乌克兰政府使局势迅速激化。2014年4月15日，政府军在乌东部城市克拉马托尔斯克发起针对"亲俄武装人员"的"反恐行动"，导致11人死亡，打开了政府军流血镇压东部城市亲俄反叛者的潘多拉盒子。

值得我们注意的是，基辅新政权出动军队镇压东部的反叛，与先前亚努科维奇下令向在首都占领议会的示威力量动手，颇有几分相似。当时部分示威者

---

① 参见常健：《美国人权状况饱受联合国人权机构批评》，《光明日报》2015年5月16日5版。

手里也有武器，打死了多名警察，首都的法治秩序几乎瘫痪。

然而完全不同的是，亚努科维奇对示威者"清场"，遭到西方排山倒海的谴责和威胁，它被描述成"血腥的"、"反人类"的。而对基辅从宣布要向东部反叛群众动武到真的发生流血冲突，西方舆论一片同情和理解的声音。对前亚努科维奇是"镇压民主"，对基辅在东部采取的"反恐行动"则被看成国家政权的正当权利。

什么是民主和反民主，什么是镇压或捍卫秩序，做这样的定性并不取决于客观的标准，而是取决于评价者是否拥有足够的力量，能够用自己的评价影响世界舆论。

西方的软实力使它拥有了在世界舆论中对各种冲突的政治定义权，西方对利益、而非对事非本身的是非曲直成为这些定义的第一出发点。因此虽然都有大量民众参加，都有武装人员卷入，都有外部力量支持，基辅前后事态得到西方截然相反的评价。

同样是骚乱，如果发生在与西方关系紧张的国家，就是"民主革命"，如果发生在政府高度亲西方的国家，示威者很可能被视为"激进分子"，西方对政府出手镇压就会沉默。在全球范围内，这样的双重标准一直被西方公开使用。

我们知道，民主，是人类共有的政治文明成果，也是当今时代最时髦光鲜的政治概念。各国在国内无疑都要建设实质的民主，不断发展改善人权，但是，由于西方的利益渗透到整个国际话语体系中，"民主"、"人权"这些词汇被包裹了太多西方试图强加给这个世界的东西。广大发展中国家面临使这些概念"脱西方化"的艰巨任务，恢复它们原本的涵义。

最近几十年，西方不择手段在兜售他们的"普世价值观"，所支持的"民主革命"，未见给国家带来繁荣、稳定的例子，然而非常清楚的是，这些"民主革命"扫除了西方实现地缘政治利益的一个又一个障碍。那些国家却混乱不堪，前途渺茫，而西方已经稳赚不赔。

当我们从地缘政治这个有些冰冷的视角，看懂了乌克兰究竟发生了什么的时候，你就悟出了世界很多地方，西方对类似事件有时高呼"民主"，有时又语焉不详的真正原因所在。你也就对以美国为首的西方利益集团推销兜售的"民主"双重标准的虚伪性有了清醒认识。

难怪，网络上曾盛传俄罗斯总统普京在 2014 年 3 月 18 日俄罗斯议会演讲时质问，乌克兰可以因"民族自决"脱离苏联，为什么克里米亚不能以同样的缘由脱离乌克兰？

他质问，对科索沃，西方向世界证明没有中央政权的允许也可以宣布独立，为什么克里米亚的独立就是违法？

他质问，美国人将自由视为高于一切的价值，为什么克里米亚人自由选择命运就不算至高无上的价值？

他质问，西德统一，连他们的朋友都远非全部赞成，俄罗斯坚定地支持了这一进程，为什么"俄罗斯世界"的统一就不能获得支持？

他痛斥，这不是双重标准，而是赤裸裸的厚颜无耻，是今天把它说成白的，明天把它说成黑的。

他痛斥，两极之后，以美国为首的"西方伙伴"把世界搞得那么地不太平，推行强权，为所欲为，需要时，把各种决议信手拈来，不需要时，便藐视联合国和安理会的权威。

他痛斥西方对南斯拉夫、阿富汗、伊拉克和利比亚的武装干涉，痛斥"颜色革命"带来的混乱，暴力和无休止的政变，痛斥西方把"阿拉伯之春"变成了"阿拉伯之冬"。

对这样的世界，普京充满了愤懑，于是他要去颠覆这样的世界。

普京说，俄罗斯真心想与西方对话，但一次次地被欺骗，一次次地被当成局外人，一次次地被接受既定事实。

苏联解体之初，俄罗斯曾一心倒向西方，希望与欧美建立"同盟关系"，却被当成跟班小弟，战略空间不断被挤压，核心利益不断被吞噬，即便加入了八国集团，也不过是个"二等公民"。9·11之后，普京第一个给布什打电话，布什桌上的19份阿富汗情报，有17份来自俄罗斯，可即便如此卖力，俄罗斯又换来什么？

由此，我们是不是更看清了西方利益集团所谓"民主"是多么虚伪的本质呢？我们要多一个心眼，要仔细甄别它们的纯度。乌克兰局势走到今天，已经完全无法再从民主或非民主的角度观察评判之。其实从一开始，这个角度就是西方舆论帮助虚构的。

（五）西式民主选举不具普世价值

现代选举制度，特别是西方国家的选举制度已经发展到高度完善和成熟的阶段。就法律规定和程序而言，经历了两百多年，美国等西方国家的选举制度自认为堪称完美。于是，这种衍生出的制度优越感导致在西方国家的主流认知中，西式民主体制具有普世性，不照搬西方的民主体制，就是反民主的国家。这是何等的自大专横！

选举被视同民主，是现代西方政治理念中的铁律。然而，我们发现当今世界的现实，却并非如此，当年委内瑞拉查韦斯是民选总统，共执政 14 年，是委内瑞拉任职时间最长的总统。虽然他发动过有利于延长自己任期的修宪，但他的民选性质彻头彻尾，他在委内瑞拉政治中的"一言九鼎"来自于他的反复竞选成功，以及委内瑞拉平民百姓对他的强烈支持。

然而美国和欧洲舆论常常把查韦斯描述成"独裁者"，就像查韦斯曾经公开称布什总统是"魔鬼"一样，美委的相互指责经常都很难听。在国际舆论中，最终吃亏的自然是查韦斯，因为美欧的话语权使其舆论的力量要强大得多，当他们一而再再而三宣布查韦斯是"独裁者"时，他在很多人的眼里就真的有点像了。

查韦斯被冠以"独裁者"的遭遇充分证明与美国友好还是作对、做它的盟友还是敌人，很可能成为政治人物声誉的分水岭。也是西方衡量这个国家是否是民主政治体制的标准。我们知道，世界上至今拥有实权甚至是世袭的那些国王们，显然更符合政治学关于"独裁者"的各项定义。但他们只要做了美国的盟友，就从不出现在西方舆论列出的"独裁者"名单上。

以美国为首的西方集团这种采取明显双重标准的评判，远不止是对委内瑞拉，倒真像是"普世标准"，以美国的利益为基准。然而有时候又让你摸不着头脑。俄罗斯总统普京有关克里米亚问题的讲话更像是自白或是高水平的内心独白，展现了他 15 年的心路历程。

普京曾表白，"俄罗斯真诚地希望与西方同行对话。我们经常建议在一切关键问题上合作，提高信任水平，希望我们的关系是平等、坦率和真诚的。但我们没有看到回应。相反，我们一次次地受骗，背着我们通过决议，把既成事实摆在我们面前。"这些话语都十分准确地表达了普京的内心屈辱。

2000 年 3 月普京作为总统候选人时，一心想获得西方平等伙伴待遇，试图与英美交好，先是以朋友之心结交布莱尔，在圣彼得堡盛情接待了布莱尔，以至于布莱尔返回伦敦后兴奋不已，其新闻处立即宣布，首相给七国集团的同僚打电话，告诉他们，未来的俄罗斯总统是个多么优秀的小伙子。

接着，普京又与小布什交好，他相信与小布什成了朋友。但情况却不是这样。当小布什和布莱尔 2002 年背着普京将包括波罗的海三国在内的 7 个国家收入北约时，他把这种行为称为背叛。布莱尔在回忆录中说，"普京得出结论，美国人不想给他应有的地位。"

普京认为前朋友们的举动是虚伪的，并指责他们，"以美国为首的西方伙伴更愿意奉行的不是国际法，而是强权。他们坚信自己的选择，坚信自己可以例外，相信自己可以决定世界的命运，他们一贯正确。"

美国人欧洲人不承认俄罗斯是平等伙伴让普京愤怒至极，他一直十分坦率地承认这一点。有一天，普京失望了，他的失望情绪与日俱增。实际上，还远不止于此。当普京在 2012 年再次竞选总统时，西方竭力唱衰他，并鼓励和支持俄罗斯反对派。俄罗斯虽然搞了实实在在的一人一票，民主化进程是不言而喻的，但西方一直很负面地评价俄罗斯选举，俄罗斯这方面的遭遇显示，与西方存在地缘政治竞争的新兴国家，不太可能得到西方在民主方面的正面肯定，俄罗斯是越搞民主越被西方指责"不民主"的典型例子。

2012 年 3 月 5 日，根据俄罗斯中央选举委员会对 99.97% 选票的统计结果，统一俄罗斯党的总统候选人普京以得票率 63.60% 当选新一届总统。西方却鼓励俄罗斯反对派不接受选举结果，他们期待俄罗斯发生有破坏力量的街头革命。

澳大利亚广播公司发出质问，"普京的胜利合法吗？"它在西方舆论中很典型。CNN 和美联社等西方媒体引述欧安组织赴俄国际观察团的声明说，俄选举存在"严重问题"，大多数西方媒体看上去故意忽略了该声明的另外一层意思：选举总体上是自由的，获胜者赢得了压倒性的选票。

然而，从苏联解体至今，美国对俄罗斯战略维持了削弱和打压的惯性，普京的执政给西方带来了阻力，特别当克里米亚回归俄罗斯后，"独裁者"的帽子一样戴到普京头上，"与民主对抗"就成了对俄罗斯的评价了。

由此，我们不难看出，原来你再怎么做所谓的"一人一票"选举，并不能铁定你是民主化进程，民主与否由西方的双重标准而鉴别，说你是你就是，说你不是就不是。

二、美国选举制度与民主的冲突

(一) 美国总统选举并不反映多数选民的意愿

200多年来,总统选举演绎着美国特色的民主政治。它一方面保障了政府政权的平稳交接,另一方面也揭示了美国民主的虚伪性,或少数选票者可以当选总统,使民主遭遇尴尬。

在2000年总统选举中,民主党候选人阿尔·戈尔获得了50996064张选票(国民选票率为48.5%)小布什获得了50456167张选票(选票率为48%),戈尔在全美国多获得约50万张选票,但最后小布什获得了271张选举人票,而戈尔只获得266张选举人票,小布什以多5张选举人票而赢得了选举。

这次选举第一轮竞选戈尔领先小布什约50万张选票,然而到了由小布什弟弟杰布统治下的佛罗里达州,他们之间的票数差距却发生了变化。在最初的统计中,小布什以1784票领先,在非法院的一轮复计后,布什的领先票数下降到了327票。出于对机器计票的不满,民主党要求对戈尔得票数有重要影响的县进行手工计票。提出这一设想的根据是国家使用的是过时的打孔器——卡片选票,选民们在卡上打孔来投票。如果选民未能在卡上成功打孔,那么这个孔可能会被一个小小的长方形碎片堵塞住——就是所谓的"孔屑",从而阻碍了制表机录入选票。根据佛罗里达州的法律,选举人员尽力希望对那些争议选票重新进行评估"来决定选民的意向"。这导致了审核委员会陷入了无休止的争议中。

在佛罗里达州的这次选举中,除"孔屑"外,在棕榈滩县也发生了一个问题,一份令人不解的两页"蝶形选票"导致了有些支持戈尔的选民(多数年龄较大)错误地把选票投给了戈尔的对手、改革党候选人帕特里克·J·布坎南,而他们的名字显然相差甚远。在佛罗里达的其他县及票数同样非常临近的俄亥俄州,非洲裔选民(多数是民主党的支持者)抱怨他们收到了恐吓和其他阻止他们进行投票的威胁。因此,很多州开始对迪堡公司所生产的投票机产生了质疑,迪堡公司是一家知名的机器制造商,据称其CEO与共和党有着密切联系。

这次大选在争吵喧闹5周后以最高法院9名大法官5∶4的判决,中断佛罗里达州人工重新计票,从而以小布什在佛罗里达州获其全部选举人票,超出戈尔 5 张当选而告终。大选结束后,美国各界反应强烈,来自 112 所法学院的 585 位教授联名在《纽约时报》上刊登政治声明,谴责美国最高法院 5 名共和党大法官对这次竞选结果的判决,认为他们背离了自己的天职,以党派偏见袒护小布什。助理法官斯蒂芬·布雷尔 2000 年 12 月 12 日针对结束 2000 年竞选中的佛罗里达州重计事件的裁决表示异议,"虽然我们也许没有绝对的把握知道今年总统选举的赢家是谁,但是输家却已十分明显,它就是这个国家作为司法公正守卫者的信心。"就连小布什也为自己能赢表示惊奇,在 2001 年 6 月 14 日的新闻发布会上说:"我能赢真是太吃惊了。我在与和平、昌盛和责任竞赛。"

从美国历史来看,除 2000 年这次选举以外,以选举团制度为问题焦点,以少胜多的总统选举还有两次。

最早的一次发生在 1824 年。那年有 4 位候选人角逐美国总统。按照国民选票数多少排序,他们分别是安德鲁·杰克逊获得了 99 张选票,而昆西·亚当斯以 84 票位居其后。威廉·克劳福特获得了 41 票,亨利·克莱获得了 37 票。他们 4 人中没有一人得到过半数的选举人票,即满足 131 票获胜的原则,因此,根据当时的美国宪法规定,由众议院投票决定。投票结果是亚当斯当选。约翰·昆西·亚当斯是首位其父亲也曾担任总统一职的总统,他和他的父亲一样都只度过了一届任期。选举结果刚一宣布,支持杰克逊的选民大怒,强烈反对这个结果,并声称是克莱和亚当斯做了交易,克莱以出任国务卿为条件,支持亚当斯当选。杰克逊也宣布这个结果非法,并第一次主张废除选举团制度。杰克逊的主张直接导致了后来美国总统候选人提名方法的重大改变,政党代表大会逐渐取代了政党核心会议,成为了提名总统候选人的主要途径。

第二次发生在 1876 年。北方的共和党候选人 R·B·海斯和民主党人 S·蒂尔登在总统选举中发生了争端,为解决这一争端由国会建立了选举委员会。民主党人自南北战争以来首次在普选中获得多数。当选总统需要 185 张选举人票,蒂尔登当时已获得 184 票,而海斯只有 165 票。佛罗里达、路易斯安那和南卡莱罗纳 3 州有 19 票未定,俄勒冈也有 1 票未选。海斯和他的竞选伙伴准备承认失败,而新罕布尔州的共和党领袖 W·钱德勒发现,如果海斯能把每一张未定票都拿到手,他可以 185 票对 184 票击败蒂尔登。两党都宣称在上述南方 3 州中取得胜利,并派观察员和律师分赴 3 州,以施加影响。解决分歧的责任应该由国会来担负。当时两党在国会内势均力敌。到各州的选举人预定要举行会议的 12 月 6 日，僵局仍未打破。次日国会举行会议，各州送来了互相矛盾的报告。

最后国会为解决争端于 1877 年 1 月 29 日建立选举委员会。委员会的组成是：众议院和参议院各出 5 名委员，4 名委员来自最高法院，14 名委员中共和党和民主党各占一半，另有 4 名法官推选其同事 J·布雷德利为第 5 名委员。他虽属共和党，但根据其过去经历，民主党同意接受。起初，布雷德利倾向于支持蒂尔登获得佛罗里达州的选票，但共和党的压力使他改变了态度，佛罗里达州的票便算到了海斯的名下，而海斯本来几乎是肯定得不到这些选票的。此后在完全以党划线的情况下，其他各州的选票也步佛罗里达州的后尘（俄勒冈州 1 票理应归海斯；两党在路易斯安那和南卡罗来纳都广泛地使用了欺骗和恐吓的手段），最后投票结果于 2 月 23 日报到国会。3 月 1 日国会在一片吵闹混乱的会议中核算选票，会议一直开到次日凌晨 4 点，才宣布海斯当选，这时离法定的就职日期仅剩两天。这场危机最终在南方民主党领导人和北方共和党的幕后交易中平息，共和党同意做出多项让步，包括停止在南卡州和路易斯安那州的军队重建任命南方民主党人入阁提供联邦资助等等。

美国的这一选举制度历经较长期的运行，虽然保证了国家政权的平稳交接，但其选举制度的内在机制安排充满矛盾，主要包括"选举人团制"、"相对多数票当选制"和"赢者全得制"。这些既是美国选举的独特之处，又是破坏民主的制度缺陷。"选举人团制"反映了美国国内两种民主原则之间的矛盾，一个是国民性原则，另一个是联邦性原则。前者主张强有力的中央政府管理，强调国民多数优先原则，主张一人一票，少数服从多数；而后者主张各州平等、相互独立和多样性。从以上事例已经看出，由于"选举人团制"的原则，导致国民选票少数获得者可以赢得选举，"一人一票"的平等投票原则在美国总统选举中并不能得到真正实现，它使当选者的合法性受到质疑，揭示了美国民主的虚伪性，给"一人一票"选举蒙上了阴影。其实当你进一步深层次研究就会发现，由于"赢者全得制"的施行，即使选举人票超半数法定票数而当选的候选人，也不能保证你在全国国民票数中就一定过半数，同样使当选总统的合法性令人质疑，这岂不是同样证明了美国所谓的民主的虚伪性吗？卢梭在《社会契约论》中告诉政治精英们的统治法则是：统治者只有把强力转化为权利，把服从转化为义务，社会才能获得真正的稳定，政权才能长治久安。现在选举制度正在把卢梭的法则变为现实。

（二）金融僭主世袭才是美国民主政治的实质

美欧西方理论世界往往标榜他们的民主精髓：选举政治、三权分立、决策开放透明、两党轮流执政等。

其实这些东西描述的是美国政治的表象，其民主政治的本质是金融僭主世袭体制，纽约美联储世袭股东才是幕后的权力核心，华盛顿的美国总统只是在前台活跃的一个表演者。

我们知道，一个国家的政治制度的建立与其历史惯性、文化传承、风俗习惯等都是密不可分的，鉴于美国独立战争、国内南北战争、推翻奴隶制的历史传承，美国的成长历程在探寻自身的发展道路中充满了艰难与曲折，也充斥着国际势力的干预和阴谋，其中尤以国际金融势力对美国的渗透和颠覆惊心动魄。

美利坚在民主政治制度的设计和建立之初，全神贯注地防范了封建专制势力的威胁，可以说在这方面也取得了可观的成效。但是民主政治制度本身对金钱权力这一新生的、也可以说是致命的病毒侵蚀始料不及。新生的民主政治制度对于国际银行家通过控制货币发行来控制整个国家，也就是"金权控制政权"这一战略主攻方向的判断和防御出现了严重漏洞。正如国际银行家梅耶·罗斯柴尔德所言，"只要我能控制一个国家的货币发行，我不在乎谁制定法律"。

在美国民主政治制度的建立探寻道路上，"金钱超级特殊利益集团"与美国民选政府在南北战争前后的100多年的时间里，双方在美国私有中央银行系统的建立这一金融制高点上进行了反复的殊死搏斗，前后共有7位美国总统因此被行刺，多位国会议员丧命。美国历史学家指出，美国总统的伤亡率比美军"二战"期间，诺曼底登陆的一线部队的平均伤亡率还要高！

我们现在当然都知道，美国联邦储备委员会简称美联储（Federal Reserve System 简称 Fed）相当于美国的中央银行，职能是金融体系，"联邦"多好听的名词，但是，它却是一个私人银行和大企业集团的组织，也就是说纯粹的私人组织，不受政府控制。美联储所有的高层都是这些集团的首脑，然后美国政府从这些首脑中"任命"主席。

我们所说的美元，每一张都是出自美联储之手，而不是美国政府，美国政府没有发行货币的权利，只有发行国债的权利。

美元的流通是由于美国政府向美联储"贷款"，所有的美元，让它作为货币在美国和世界范围内流通，而以美国国债作为抵押。

美国人民每年交纳的数量最多的税是个人所得税，而这些钱没有进政府的腰包作为财政预算，而是直接进入美联储的账户，作为美国政府"贷款"美元使用的利息。

货币发行权是一个国家最核心的权力之一，当美利坚的伟大先驱们用他们的智慧和深邃的目光审视着历史和未来时，他们在美国《宪法》第一章第八节开宗明义地写下："国会拥有货币的制造和设定的权力。"然而1913年通过的《美联储法案》，将美国货币发行权拱手交给了华尔街金融家族，私人家族窃取了公共权力，并由他们世袭，也真正开启了"金权控制政权"的所谓民主政治体制，这期间充满了血腥的搏斗。

北美殖民地政府和人民长期的金库货币奇缺和替代实物货币应用不便，促使当地政府跳出传统思维，开始了一种崭新的尝试，那就是由政府印刷和发行纸币来作为统一和标准的法币。新货币大大促进了社会经济的发展，商品贸易日趋繁荣。正如本杰明·富兰克林在1763年访问英国时，回答英格兰银行的主管有关殖民地兴旺发达的原因时所言："在殖民地，我们发行自己的货币，名叫'殖民券'。我们按照商业和工业的需要来发行等比例的货币，这样，产品就很容易地从生产者那里传递到消费者手中。用这种方式创造我们自己的纸货币，并保证它的购买力，我们（的政府）不需要向任何人支付利息。"

没有抵押的货币是银行家的天敌，因为没有政府债券作抵押，政府就不需要向银行借当时最为稀缺的金属货币，银行家手上最大的砝码一下子就失去了威力。

这种新的货币必然会导致美洲殖民地脱离英格兰银行的控制。

愤怒的英国银行家们立刻行动起来，在他们控制之下的英国议会于1764年通过《货币法案》，严厉禁止美洲殖民地各州印发自己的纸币，并强迫当地政府必须使用黄金和白银来支付全部向英国政府缴纳的税收。

富兰克林痛苦地描述这个法案给殖民地各州带来的严重经济后果："只一年的时间，（殖民地的）情况就完全逆转了，繁荣时代结束了，经济严重衰退到大街小巷都站满了失业的人群。"这恐怕也是引起美国独立战争的根由之一吧。

美国的开国奠基者们对此有相当清醒的认识。年仅33岁就完成了万古流芳的美国《独立宣言》，也是美国第3任总统的托马斯·杰斐逊有一句警示名言："如果美国人民最终让私有银行控制了国家的货币发行，那么这些银行将先是通过通货膨胀，然后是通货紧缩，来剥夺人民的财产，直到有一天早晨当他们的孩子一觉醒过来时，他们已经失去了自己的国家和父辈曾经开拓过的土地。"

今天，美国私有银行果然发行了国家货币流量97%的货币，美国人民果然欠着银行44万亿美元的天文数字般的债务，他们也许真的有一天一觉醒来就会失去国家和财产。

亚历山大·汉密尔顿是一个与罗斯柴尔德家族有着密切联系的重量级人物。1789年，汉密尔顿被华盛顿总统任命为美国第一任财政部长，他始终是美国中央银行制度的主要推动者。中央银行由私人拥有，政府的货币和税收必须放在这个银行系统中，银行负责发行国家货币来满足经济发展的需要，向美国政府贷款并收取利息。该银行总股本为1000万美元，私人拥有80%的股份，美国政府拥有剩余的20%，25人组成的董事会中的20人由股东推荐，5人由政府任命。

1791年12月，汉密尔顿的方案提交国会讨论，最终，参议院以微弱多数通过这项提案，众议院也以39对20票获过关。提案虽与《宪法》有冲突，在汉密尔顿的游说下，迫在眉睫的危机使华盛顿总统于1791年2月25日签署了美国第一个中央银行的授权，有效期20年。

国际银行家终于取得了第一个重大胜利。到1811年，外国资本占到了1000万股本中的700万，英格兰银行和内森·罗斯柴尔德成为美国中央银行——美国第一银行的重要股东。

第一银行后来与亚伦·波成立的纽约曼哈顿公司成为了华尔街的第一家银行，它在1955年与洛克菲勒大通银行合并成为大通曼哈顿银行。而从中央银行成立的1791年到1796年短短的5年时间里，美国政府的债务就增加了820万美元。

当杰斐逊当选美国第3任总统（1801—1809）之后，他不遗余力地试图废除美国第一银行，到1811年银行有效期满的时候，双方角力最终使得参众两院否决了银行授权延期提案，第一银行于1811年3月3日关门大吉。

这时坐镇伦敦的内森·罗斯柴尔德威胁："要么给（美国第一）银行授权

延期，要么美国将会面对一场最具灾难性的战争。"结果几个月之后爆发了英美之间1812年的战争，战争持续了3年，结果美国政府债台高筑，最终在1815年屈服，麦迪逊总统在1815年12月5日提出成立第二家中央银行，1816年诞生了美国第二银行。

美国第二银行得到了20年的营业授权，罗斯柴尔德仍然牢牢控制了银行的权力。

安德鲁·杰克逊在1828年当选总统后，决心废除第二银行。到他第二任期连任获胜后，面对银行经营权延期的提案时，参众两院成功过关，杰克逊总统毫无疑问地否决了第二银行的延期提案。1835年1月8日，杰克逊总统还清了最后一笔国债，这是美国政府唯一的一次将国债降到零，并且产生了3500万美元的盈余。

1825年1月30日，美国第7任总统安德鲁·杰克逊来到国会山参加一位国会议员的葬礼。一位来自英国的失业油漆匠理查德·劳伦斯悄悄跟随着杰克逊总统，口袋里装有两把子弹上膛的手枪。

当总统进入葬礼仪式房间时，他耐心等待时机。仪式结束后，在总统经过的一刹那，劳伦斯冲了出来，在距离总统不到两米的地方开了枪，但是手枪炸了膛，子弹没能射出。周围所有人惊呆了，而总统戎马一生并没有惊慌，面对穷凶极恶的凶手，本能举起手杖自卫。这时，凶手掏出第二把手枪开了火，结果仍然是臭弹。福大命大的杰克逊险些成为美国历史上第一位被刺总统，躲过一劫。

这位32岁的刺杀者，经法庭仅5分钟的审理就断定此人有精神病，没有追究其法律责任。

从此以后，精神病就成为让各种谋杀凶手脱罪最合适的借口了。

当第二银行的延期申请遭总统否决之后，第二银行主席比德尔对总统的"否决"就启动了。第二银行宣布立即召回所有贷款，停止一切新贷款的发行，欧洲主要银行同时收紧了美国银根，美国陷入了货币减量流通的境地，引发了"1837年恐慌"，经济陷入严重衰退长达5年之久，其破坏力之大前所未见。

亨利·克雷是汉密尔顿私有中央银行思想的重要衣钵传人，更是银行家的宠儿。身边聚集了一群支持银行业并受到银行家支持的议员，在他的组织下成立了辉格党，坚决致力于重新恢复私有的中央银行制度。

辉格党在 1840 年的总统大选中推出战争英雄威廉·亨利·哈里森，由于经济危机，民心思变，哈里森顺利当选美国第 9 任总统。

哈里森当选美国总统后，在系统阐述治国思路的文件中，与亨利·克雷主张的私有中央银行和废除独立财政的政策思路大唱反调，因而深深地刺痛了银行家的利益。

1841 年 3 月 4 日是个寒冷的日子，哈里森总统在寒风中发表了就职演说，结果受了寒。这对于戎马生涯的哈里森总统本人来说，本不算什么大事，谁知道他的病竟日渐严重，到 4 月 4 日竟不治而亡。总统突然辞世，这无论如何是一件非常令人可疑的事，有历史学家认为总统是被砒霜毒死的，可能下毒时间是 3 月 30 日，6 天以后，哈里森总统去世。

围绕私有中央银行和独立财政系统的斗争，因哈里森总统的去世更加激烈。亨利·克雷所主导的辉格党于 1841 年两次提出要恢复中央银行和废除独立财政制度，结果两次被哈里森总统的继任者——原副总统约翰·泰勒所否决。恼羞成怒的亨利·克雷下令将泰勒开除出辉格党，使其成为美国历史上唯一的一位被开除出党的"孤儿"总统。

到 1849 年，另一位辉格党总统扎卡里·泰勒当选后，恢复中央银行的希望近在咫尺。但泰勒在私下里明确表示："建立中央银行的主意是死定了，在我的任内是不会考虑它的。"结果，1850 年 7 月 4 日，泰勒总统参加了在华盛顿纪念碑前举行的国庆活动。当天的天气非常炎热，泰勒喝了些冰镇牛奶，又吃了几颗樱桃，开始闹肚子，到 7 月 9 日，这位健康魁梧的总统神秘离奇地死去了。

如此区区小病害得两位军人出身的总统死得不明不白，当然会引起人们的关注。据说，到 1991 年掘出遗体化验，发现泰勒的指甲和头发中还有砒霜，当局下了量少不足以致命的结论。没人知晓砒霜何来。

当美国和澳大利亚的黄金大发现打破了欧洲金融家对黄金供应量的绝对控制后，美国增强了市场信心，国家最重要的基础工业得到确定。国际金融家看到美国的实力越来越大，金融越来越难以控制时，挑动内战、分裂美国就成了国际银行家的当务之急。

美国历史上发生在本土的最大规模的战争当属南北战争。这场历时 4 年的血腥战争，南北双方参战人数多达 300 万人，占其总人口的 10%，其中 60 万人战死，无数人员受伤，大量财产毁于战火，战争给人民带来严重的创伤至今仍没有平复。

如果说战争是政治斗争的延续，那么政治利益冲突的背后正是经济利益的较量。南北战争的起源往往被认为是废除奴隶制的正当性之争，表面看是南北方的经济利益差异，其实是国际金融势力为分裂新生的美利坚合众国玩弄的"分而制之"的策略。"伦敦、巴黎和法兰克福轴心"的银行家们正是美国南北战争的幕后黑手。

没有钱就无法进行战争，而向国际银行家借钱，无疑是把绞索往自己脖子上套。于是林肯总统确定政府自己发行货币！这种新货币使用绿色的图案以区别于其他的银行货币，史称"绿币"。这种新货币的独立之处在于它完全没有金银等货币金属做抵押，并在20年里提供5%的利息。

在整个南北战争期间，林肯政府一共发行了4.5亿美元的新货币。这种新货币机制运行得如此之好，以至于林肯总统非常认真地考虑要把这种无债货币的发行长期化和合法化。而这一点深深地刺痛了国际金融寡头的根本利益。

1861年12月28日，英国政府和纽约银行协会宣布停止向林肯政府支付金属货币。纽约的一些银行还阻止了黄金储蓄者提取黄金，并宣布撤销用黄金购买政府债券的承诺。

林肯的绿币总共发行了4.5亿，其在美国货币系统中一直流通到1994年。

当战争到了最紧要的关头，林肯需要更多的绿币赢得战争，他为了获得第三次绿币发行的授权，不得不向国会的银行家势力低头，做出了一个重要妥协，签署了1863年《国家银行法》。该法案授权政府批准国家银行发行统一标准的银行券（除了发行银行的名称不同），这些银行实际上将发行美国的国家货币。至关重要的一点就是这些银行以美国政府作为发行银行券的储备金担保，实际上将美国的货币发行和政府债务死锁在一起，政府将永远不可能还清债务。

国际银行家把英格兰银行模式复制到美国的阴谋得逞了。从此偿还美国政府永久的和永远增加的债务利息，就像一根绞索牢牢地套在美国人民的脖子上，越挣扎越紧。到2006年，美国联邦政府共欠下8.6万亿美元天文数字的债务，平均每一个四口之家，要摊上11.2万美元的国债，而且国债总额正以每秒两万美元的速度增长！

林肯本来打算在1865年获得连任之后废除该法案，结果他在大选获胜之后仅41天就被刺杀。

1865年4月14日星期五晚上，度过4年残酷内战的林肯总统，终于在5天前迎来了南军将领罗伯特·李将军向北方格兰特将军投降的胜利消息，高度紧张的神经一下子松弛了下来，兴致颇高地来到华盛顿的福特剧院看表演。10点15分，凶手潜入没有守卫的总统包厢，在距离林肯不到两英尺的后方，用一把大口径手枪向总统的头部开枪，林肯中弹后倒向前方。第二天凌晨，林肯总统去世。凶手在众目睽睽下扬长而去。

林肯在解放了黑奴、统一了南方后，立即宣布南方在战争中所负的债务全部一笔勾销。在战争中一直为南方提供巨额金融支持的国际银行家们损失惨重，为了报复林肯，也更是为了颠覆林肯的货币新政，他们严密策划了刺杀行动。

1881年，在一片经济萧条之中上台的美国第20任总统詹姆斯·加菲尔德明确地把握了要害，他说道："在任何一个国家里，谁控制着货币供应谁就是所有工业和商业的绝对主人。当你明白整个（货币）系统非常容易地有少数人用这样或那样的方法来控制时，你就不用别人告诉你通货膨胀和紧缩的根源了。"这番话出口才几个星期，加菲尔德总统就被另一个"精神病患者"查尔斯·克托于1881年7月2日行刺。总统被击中两枪，最后在9月19日去世。

国际银行家们在整个19世纪中，成功地在欧洲"以神圣的金权取代了神圣的主权"，在美国"神圣的金权也逐步瓦解了神圣的民权"。国际银行家在与美国民选政府经历长达百年的激烈较量之后，已经完全占了上风。

当1863年《国家银行法》签署后，银行家们为建立完全控制美国货币发行的私有银行只剩一步之遥。1907年美国银行危机之后，七位华尔街大腕推动建立美联储活动加紧进行。由银行方面的运作高手保罗·沃伯格制定法案。保罗建议用联邦储备系统的名称来遮人耳目。美联储被设计成私人拥有股份，并将从中获得巨大利益。美联储的股份构成中，原来像第一银行、第二银行所持20%政府股份被拿掉了，它将成为一个"纯粹"的私有中央银行。由12家美联储地区银行构成整个系统，其总部设在政治首都华盛顿，远离金融之都纽约，以分散公众对纽约银行家的顾虑。

在谁控制联邦储备委员会的问题上，保罗设计得更有欺骗性，"董事会成员由美国总统任命"，但是董事会的真正功能由联邦咨询委员会所控制，联邦咨询委员会与董事会定期开会"讨论"工作。联邦咨询委员会成员将由12家联邦储备银行的董事决定，这一点被有意地向公众隐瞒了。该法案以模拟美国

《宪法》分权与制衡的面目出现，总统任命，国会审核，独立人士任董事、银行家做顾问，滴水不漏的设计！

1912年美国总统大选烽烟燃起之时，银行家们力推普林斯顿大学校长伍德罗·威尔逊竞选总统。其实远在1902年银行家已经在他身上投下重金，悉心"雕琢"，以备大用。后来成为威尔逊总统亲密智囊的怀斯在1910年新泽西州的演讲时明确预言："星期二，普林斯顿的校长将会当选你们的州长。他不会完成他的任期。在1912年11月，他将当选美国总统。1917年3月，他将连任总统。他将是美国历史上最伟大的总统之一。"

1913年6月26日，即威尔逊总统入主白宫仅3个月，由弗吉尼亚的众议员银行家格拉斯提案，他刻意避免了中央银行的刺激用词，代之以美联储。9月18日该提案在多数众议员不明就里的情况下以287票对85票获通过。

该提案被送到参议院后变成格拉斯—欧文提案，欧文也是一位银行家，参议院的提案，于12月19日获通过。

两份提案有待解决的分歧尚多，在银行家的催逼之下，绝大多数参众两院议员来不及细读修改之处，在一种仓促和压力之下于22日下午6点提交两院联席会议报告，此时大多数议员已经去吃晚饭了，会场上的议员寥寥无几。晚上11点开始表决，最后以198对60票获得众议院通过。

23日，圣诞节前两天，参议院表决以43对25票（27人缺席）通过了《美联储法案》。威尔逊总统为报答华尔街的知遇之恩，在参议院通过《美联储法案》仅一小时，就正式签署了该法案。

林德伯格议员在这一天对众议院发表演讲：

> 这个法案（《美联储法案》）授权了地球上最大的信用。当总统签署了这个法案后，金钱权力这个看不见的政府将会被合法化。人民在短期内不会知道这一点，但几年以后他们会看到这一切。到时候，人民需要再一次宣告《独立宣言》才能将自己从金钱权力之下解放出来。这个金钱权利将能够最终控制国会。如果我们的参议员和众议员不欺骗国会，华尔街是无法欺骗我们的。如果我们拥有一个人民的国会，人民将会有稳定（的生活）。国会最大的犯罪就是它的货币系统法案（《美联储法案》）。这个银行法案是我们这个时代最严重的立法犯罪。两党的头头和秘密会议再

一次剥夺了人民从自己政府得到益处的机会。①

从 1914 年美联储建立以来，无可辩驳的事实显示了银行家们操纵着美国金融命脉、工商业命脉和政治命脉，过去如此，现在仍然如此。而这些华尔街的银行家们都与伦敦城的罗斯柴尔德家族过从甚密。

银行家们通过美联储操纵着美国金融命脉、工商业命脉和政治命脉。但大多数美国人并不真正理解国际放贷者的运作方式。美联储的账目从来就没有被审计过，它完全在国会控制的范围之外运作，它操纵着美国的信用（供应）。

在整个世界现代史中，没有一个事件像刺杀肯尼迪总统这样明目张胆，毫无掩饰，无所顾忌地践踏了民主政治。

对于美国人来说，1963 年 11 月 22 日是一个不寻常的日子，肯尼迪总统在德克萨斯州的达拉斯市遇刺身亡。噩耗传来，整个美国都陷入了震惊和悲伤之中，世界也无不感到震惊。

究竟是谁、为什么刺杀肯尼迪至今仍众说纷纭。美国官方的沃伦委员会的最终结论是一个名叫奥斯瓦德的凶手单独作案，但是此案疑点太多，结果并不能令人信服，几十年来社会上流传着各种阴谋论。

第一夫人杰奎琳在她的遗嘱中说，在她死后 50 周年（2044 年 5 月 19 日），如果她最小的孩子已经去世，她授权肯尼迪图书馆公开一份 500 页的关于肯尼迪的文件。让她没有想到的是，她最小的儿子在 1999 年的一次飞机失事中丧了命。

肯尼迪的弟弟罗伯特，著名的民权运动推动者，在 1968 年当选民主党总统候选人之后，几乎肯定可以当选总统，但就在他欢庆胜利的时候，又是在大庭广众之下被乱枪打死。

在肯尼迪被刺杀的短短 3 年中，18 名关键证人相继死亡，其中 6 人被枪杀，3 人死于车祸，2 人自杀，1 人被割喉，1 人被拧断了脖子，5 人"自然"死亡。英国的一名数学家在 1967 年 2 月的《伦敦星期日时报》中声称，这种巧合的概率为 10 万万亿分之一。从 1963 年到 1993 年，115 名相关证人在各种离奇的事件中自杀或被谋杀。

2003 年，肯尼迪遇刺 40 周年，美国 ABC 广播公司搞了一次调查，70% 的

---

① 宋鸿兵编著：《货币战争》，中信出版社 2011 年版，第 75 页。

美国人认为刺杀肯尼迪是一个更大的阴谋。

我们已知美联储是被银行家所控制。而问题是，肯尼迪家族也是国际银行家集团的"圈里人"，肯尼迪总统的父亲约瑟夫·肯尼迪就在1929年股票崩盘时大发其财，后来被罗斯福总统任命为首届美国证券交易委员会（SCE）主席，早在20世纪40年代就跻身亿万富豪的行列了。如果没有这样显赫的家境，肯尼迪也不可能成为美国历史上第一位信仰天主教的总统。那么肯尼迪何以得罪了整个统治精英阶层，以至于落得杀身之祸呢？

肯尼迪是一位颇富雄才大略的人物，年纪轻轻的他，一坐上总统宝座，就碰上古巴导弹危机这样的重大挑战。他的表现坚定沉稳，可圈可点，面对和苏联可能爆发核战争的巨大危险而毫不妥协，最终逼退了赫鲁晓夫。肯尼迪还意气风发地推动了美国航天计划，最终使人类第一次踏上了月球，尽管他没能亲眼看到这一伟大的时刻，但他神奇的感召力却伴随着整个计划的实施。在推动民权运动方面，肯尼迪兄弟更是功勋卓著。1962年当第一名黑人大学生试图到密西西比大学注册时，引发了当地白人的强烈反对，全美国的目光都聚焦在了民权运动的这个焦点上。肯尼迪依然下令出动400名联邦执法人员和3000名国民警卫队队员护送这名黑人学生上学，此举震惊了美国社会，肯尼迪顿时深得美国人民的爱戴。在他的号召下，美国青年踊跃参加和平队，志愿奔赴第三世界国家去帮助发展当地的教育、卫生、农业。

肯尼迪在主政的短短3年中，耀眼的政绩、雄才大略的抱负、果断坚毅的心态、美国人民的热爱、世界各国的敬仰，注定了他不能做"傀儡"，不会任人摆布！

当肯尼迪越来越强烈地按照自己良好的意愿来运作这个国家的时候，他就必然与他背后的强大而无形的统治精英集团产生尖锐的冲突。当冲突的焦点涉及国际银行家最核心、最敏感的问题——货币发行权的时候，肯尼迪也许并不知道自己的大限已经到了。

1963年6月4日，肯尼迪签署了一份鲜为人知的11110号总统令，着令美国财政部"以财政部所拥有的任何形式的白银，包括银锭、银币和标准白银美元银币作为支撑，发行'白银券'，并立刻进入货币流通"。

肯尼迪的意图十分明显：从私有的中央银行——美联储手中夺回货币发行权！如果该计划得以实施，美国政府将逐步摆脱必须从美联储"借钱"并支付高昂利息的荒谬境地，而以白银为支撑的货币不是"透支未来"的债务货币，完全是基于人们已有劳动成果的"诚实货币"。"白银券"的流通将逐渐降低美联储发行的"美元"的流通度，很可能最终迫使美联储银行破产。如果失去控制货币发行的权力，国际银行家对美国这个最大的财富创造国将失去大部分影响力，这是关乎生死存亡的根本问题。

当肯尼迪签署 11110 号总统令时，美国流通着"白银券"（可直接兑换 1 美元等价银币）"美联储券"（即 1913 年美联储成立以来始发行，可以兑换等价金币），"黄金券"（对应相同数额等价金币），"美国政府券"（即林肯发行之绿币，有发行上限，流通量很少）**四种**主要货币，还有少量其他货币形式存在。林肯货币不被国际银行家视为重大威胁，三种主要货币都可以自由兑换白银。

此时，不废除白银的货币地位，国际银行家梦寐以求的通过通货膨胀这种更高效率的金融工具来神不知鬼不觉地掠夺公民财富的计划就会受到牵制。

随着第二次世界大战和大规模赤字财政的推行，再加上战后重建欧洲经济的庞大开支，以及朝鲜战争的卷入和越南战争的升级，美联储大规模发行国债货币逐渐被市场发觉，美国人民从 40 年代不断将纸币兑换成银币和银锭，导致财政部天文数字的白银储备急剧缩水。50 年代开始发展的电子工业和航天工业对白银的需求量急剧增长，更是雪上加霜，到 60 年代初肯尼迪入主白宫时，财政部的白银储备由 30 年代的 60 多亿盎司已锐减到 19 亿盎司。同时白银的市场价格猛涨，已经逐渐逼近其货币价值 1.29 美元。当"白银券"被兑成白银实物后，"白银券"也就自然退出流通，"劣币驱逐良币"的效应显现了出来。

这一切就是肯尼迪签署 11110 号总统令的大背景。

保卫白银和废除白银的货币地位，成为肯尼迪和国际银行家斗争的焦点。

肯尼迪这一果断措施，使市场银价向世界各地的白银生产厂家发出了明确信号，白银产量的上升和财政部的白银存量趋稳都是可以预期的事。白银公司的股票一飞冲天。

肯尼迪的这一行为颠覆性地破坏了国际银行家的图谋。

1963 年 4 月，美联储主席威廉·马丁在国会听证会上说："美联储委员会确信，没有必要在美国货币系统中使用白银。尽管有人觉得把白银从支撑我们的一部分货币系统中抽出可能会造成货币贬值，我不能认同这一观点。"

肯尼迪与国际银行家争夺的制高点就是白银的货币地位，整个战役关系着美国民选政府是否能够最后保留住货币发行权。一旦白银重新开始大量供应，肯尼迪就可以与西部白银生产州联手，进一步推动美元货币的白银含量重估的立法，加大"白银券"的发行量，"白银券"势必再度崛起。

到那时，1963年6月4日肯尼迪签署的11110号总统令就会立刻成为对付"美联储"的杀手锏。

这个深受选民热爱的总统几乎可以肯定会在1964年底大选中获得连任，如果肯尼迪再当4年总统，局面将变得无法收拾。

除掉肯尼迪成了唯一的选择。

当国际银行家中意的副总统于肯尼迪被刺当天在飞机上继任美利坚第36任总统时，他深知国际银行家们对他的期许是什么，他不能也不敢辜负这种"期许"。

1964年3月，约翰逊上台不久，就下令财政部停止"白银券"与实物白银的兑换，从而事实上废除了"白银券"的发行。

紧接着，约翰逊又在1965年6月下令稀释银币纯度，进一步降低白银在硬币流通中的地位。

到1967年夏天，财政部基本没有"闲置"的白银可供抛售了。

终结白银货币的大业终于在约翰逊手中实现。

美国总统英勇地和国际金融巨鳄进行了200多年的殊死搏斗，始终无法把货币发行权夺回来，所谓的自由和民主，没有了货币的支持也就成了一纸空文。今天，美国人民欠下的国债中在外国购买的国债不足2.5万亿美元（主要是中国和日本购买的），不要为这个数字惊讶，因为它并不大，美国人民欠美联储的债务为44万亿美元，而这笔债务会越积越多，永远没有还清的那天。

跨国金融家通过200多年不择手段的努力，最终控制了美国，其手段极其隐蔽。除了金融权力的控制和利用，再有就是对信息权力的控制和应用。美国的主流媒体都是被屈指可数的几家华尔街金融家所控制，重大报道受到幕后操纵者的审查过滤。2011年9月17日爆发的反金融家族的"占领华尔街"运动，两个星期以后主流媒体才轻描淡写地有所报道，由此可见一斑。

金融僭主世袭体制在美国已发展经历两个多世纪。从1776年美国独立开始，跨国金融家族和美国各派力量长期博弈，社会财富日渐集中，金融资本逐渐凝聚，后通过美联储操控银行代理人为主的政客集团，实现金融家族对美国的控制和幕后统治。现阶段的美国，1%的人控制了40%的财富，25年前这两个数字是12%和33%；1983年全美的媒体由50家大公司控制，而现在，6家大公司已经控制了超过90%的美国媒体。我们可以判断，金融僭主世袭体制在美国呈进一步加强态势。

国际金融集团通过美联储操控了美国的政治集团，操控着90%以上的主流媒体，他们玩弄美国民主政治于股掌之中，真正实现了"金权控制政权"的目的。金融僭主世袭才是美国民主的实质所在，它也使我们更进一步看清西方民主的虚伪性。

（三）美国难以摆脱"王朝政治"传统

美国最知名的历史学家之一小阿瑟·施莱辛格1947年写道："据推测，作为民主国家的美国应该能够消灭王朝式家族。"

众所周知美国的建立是"对王室特权和继承地位的叛逆"，每一个美国人从小就被告知：任何人长大后都可以成为总统。然而，纵观美国历史，从亚当斯到罗斯福，再到今天的克林顿和布什，共和制的美国似乎摆脱不了"王朝政治"的传统。家族政治正在促使美国政坛的核心权力范围向着越来越特定化的"畸形"模式不断前行。权力越来越集中在家族手中，权势家族和王朝已被普遍接受。

在民主外衣的包裹下，对金钱、社会地位、政商关系的世袭和继承奠定了西方门阀政治的基础。

西方经济普遍实行资本主义私有制，家族企业非常普遍。据统计，西方国家的二级市场上四分之二以上的企业都是家族企业，初级市场上三分之二以上的企业都是家族企业，美国的家族企业占美国企业总数的96%。罗斯柴尔德家族、杜邦家族、奥纳西斯家族、洛克菲勒家族、IBM沃森家族、高尔文家族、福特家族、马克思家族、迪斯尼家族、摩根家族这十大家族控制着西方的经济命脉。"金钱是权力的脐带"，"政治家是资本家的代言人"，与这些左右西方经济的豪门世家相对应，西方政治的豪门世家也非常普遍。

研究表明，过去400年，英格兰基本控制在1000个家庭手中，2500个家庭操纵着整个英国。而美国作家费尔南德伦德博格在《美国六十个家族》一书中指出，美国政治实际上是由最富有的60个家族控制着。在英国，埃奇坎伯家族在1945年之前几乎从未间断地向国会输送了20多名议员，曾三度出任保守党首相的索尔兹伯利勋爵，其家族从1868年至1955年间向英国政府贡献了十分之一的内阁大臣。在美国有 700 多个家族每个至少向国会输送了 2 名家族成员。BBC 著名主持人帕克斯曼在其专著《政治动物》中一针见血地指出：在英美政治上成功的第一法则是选好父母。亚当斯、汉密尔顿、塔夫脱、哈里森、罗斯福、肯尼迪、洛克菲勒，这些大名鼎鼎的姓氏贯穿于美国 200 多年历史中。

政治世家通过经营各种资源，按照隐性的游戏规则复制着一代又一代"权贵"，使家族的政治遗产得以绵延不断地传承。

表面看，美国总统都是民选的。其实，美国 200 多年的历史，也是美国特色的家族统治和门阀政治的历史。

美国政治研究机构数据显示，美国有 24 位总统起码和另外一位总统有亲戚关系。而且其中只有两位是通过婚姻找到政治大树的，其余 22 位是含着政治金钥匙出生。另外，有占比 70% 的 30 位总统有深厚的政治背景，其中 20 位是政治大腕的儿子，两位是政治人物的侄子或孙子。

就连现任总统奥巴马，也与杜鲁门、布什父子有亲戚关系，还与副总统切尼是表亲。再看父亲、兄长都曾是总统，自己也是总统候选人热门人选的杰布·布什，这种家族成员轮番竞选总统的景象更是美国家族政治的缩影。

和西方贵族政治一样，美国也存在着若干地位显赫、人脉深远的超级政治家族，他们通过各种政治运作手段不同程度地掌握国家权力，虽然不能够把手中的权力直接传给子孙，但是家族政治资源和影响力是可以传宗接代的。

目前，在美国政坛被广泛公认的五大政治家族："亚当斯家族"、"罗斯福家族"、"肯尼迪家族"、"布什家族"和新崛起的"克林顿家族"，几大家族中，都曾出现过美国总统。

"亚当斯家族"与美国民主体制的建立和发展紧密相连。塞缪尔·亚当斯被称为"美国革命之父"；他的儿子约翰·亚当斯是美国《独立宣言》的四个起草人之一，曾任第一届副总统、第二届总统；而他的孙子约翰·昆西·亚当斯，则成为第六届总统。有人戏称亚当斯家族是"美国历史上的第一王朝"，这并不为过，因为能与之相比的只有华盛顿、富兰克林、杰斐逊三位美利坚合众国的创始人，但他们都没有男性的合法继承人。

"罗斯福家族"在美国拥有强大势力的时间超过百年，家族中先后有西奥多·罗斯福和富兰克林·罗斯福出任总统。1901 年，年仅 43 岁的西奥多·罗斯福当选总统，后获连任，著名的"胡萝卜加大棒"的扩张主义政策便是他的"杰作"。1933年,他的堂侄富兰克林·罗斯福当选为总统,帮助美国度过了经济危机,打赢了"二战",成为美国历史上唯一连任3届,在任时间长达12年的总统。罗斯福家族的政治力量也在这一时期达到前所未有的巅峰。

备受瞩目的"肯尼迪家族"是从爱尔兰来美国的移民后裔,家族兴起于约瑟夫·帕特里克·肯尼迪时期。约瑟夫25岁时就担任波士顿一家银行的总裁,后通过政治联姻——迎娶波士顿市长的女儿成功跻身政界,后由于支持富兰克林·罗斯福成功当选而得以出任驻英大使。他共育有子女九人,四男五女。肯尼迪家族有一个长久怀有的梦想:总统之梦,这个家族中一定要有人成为美国总统。

约瑟夫有一次在教堂里祈祷时发誓:我已登上财富的最高峰,我要让儿子登上权力的最高峰。他的四个儿子,除了大儿子早年因飞机失事而身亡外,个个都是美国政坛的明星。约翰·肯尼迪先是担任参议员,后入主白宫。罗伯特·肯尼迪先后担任参议员和司法部长。最小的爱德华·肯尼迪也是参议员。对政治权力的孜孜以求成为肯尼迪家族延续至今的传统。在他们之后,肯尼迪家族中又涌现出一批政治新星,约有26人活跃在美国的政治舞台上。就在2012年,约翰·肯尼迪的侄孙乔·肯尼迪当选国会众议员,现任驻日大使卡洛琳·肯尼迪也是肯尼迪家族的新星,肯尼迪家族的传奇还在继续。

至于"布什家族",他们的从政经历至少可以追溯四代。小布什总统的曾祖父萨缪尔·布什是钢铁石油大亨,曾担任过胡佛总统的顾问。第一个在政坛站稳脚跟的是小布什的爷爷普雷斯科特·布什,他先经商后从政,当联邦参议员多年,结识了艾森豪威尔总统,为后辈从政打下了基础。普雷斯科特之子乔治·布什先后担任过国会议员、驻联合国大使、美国中央情报局局长等要职,在里根政府时期担任两届副总统,后来当上美国总统,在其任内,美国赢得了海湾战争,国力达到冷战以来的巅峰。他的两个儿子紧随其后,又成为美国政坛举足轻重的人物。长子乔治·沃克·布什(小布什)的发展轨迹与父亲十分相像,他耶鲁大学毕业后,进入石油业发展,后来担任德克萨斯州州长,曾在2000年至2008年担任两届美国总统。二儿子杰布·布什担任两届佛罗里达州州长,如今已经宣布参选,将延续布什家族的政治传统。

与其他政治家族相比,"布什家族"似乎更具延续"王朝政治"的潜质。从新英格兰到南部,从温和派到新保守主义,从纯正白人到通过婚姻融入的拉美裔血统,其演变完美映射整个美国政治基本版的分裂与重组。

"克林顿家族"作为美国家族政治的后起之秀,并非典型意义的家族。在比尔·克林顿和希拉里·罗德姆投身政治之前,双方家庭均未有载入史册的政界要员。民调显示,新一代美国人更看好"克林顿家族",他们认为,克林顿夫妇比传统的政治家族更了解美国,他们也清楚如何施政才能让美国发展得更好。比尔·克林顿从阿肯色州总检察长开始做起,后成为该州州长,1992年,年轻、充满活力、主打经济牌的克林顿一路高歌猛进,超越了老布什总统,在竞选中获胜,后又因出色的经济治理能力连任,被誉为"最聪明的美国总统",在美国民众中享有很高声誉。

他的妻子希拉里·克林顿在丈夫卸任总统后投身政坛,一举拿下了纽约州参议员的席位,并在2008年向总统职位发起冲击,虽然最后未能在党内胜出,但她出色的能力获得了奥巴马的认可,并被任命为国务卿。利用这一职位,她充分展示了自己的敬业精神与外交风采,成为奥巴马第一任期外交战略的主要设计者和推手,被民众誉为"劳模国务卿"。若2016年大选能够胜出,她不仅能够成为美国历史上首位女性总统,还能使克林顿家族成为美国历史上最新崛起的政治豪门。但也有分析人士指出,"克林顿家族"致命的劣势是人丁不旺,能传承家业的只有克林顿夫妇唯一的女儿切尔西,因此,"克林顿家族"的政治延续性比不过同样在当代美国人中具有广泛影响的"布什家族"。

纵观美国五大政治豪门,我们不难发现,政治世家的经营模式和豪门巨贾的家族生意有着异曲同工之处。雄厚的经济基础,良好的教育背景,庞大的人脉关系网络,较高的声望和关注度,一以贯之的参政意识和权力欲望,对政治智慧和经验的心口相传,是支持这些豪门"江山代有人才出"的根本原因。政治世家通过经营上述资源,按照隐性的游戏规则复制着一代又一代"权贵",使家族的政治遗产得以延绵不断地传承。对于这些政治豪门来说,投身政治与其说是一种事业,不如说是一种生意或是产业。

美国的家族政治的形成与金钱紧密相连。也就是说精英政治和金钱政治为政治世家的形成提供了便利。以美国的总统选举为例,翻开美国40余位总统的履历不难发现:要想当上总统,竞选双方候选人比拼的不只是政治主张,更重要的是各自的筹款能力。个人财富决定着一个人的社会地位,金钱是和权力划等号的。通常情况下,竞选资金的多少决定了选举的最终结果,金钱和权力被紧紧地捆绑在一起。美国的民主政治事实上成了"有钱人才能玩得起的游戏",决定美国政治走向的,只有占社会99%财富的1%的精英而已。

有政治学者尖锐地指出：美国实际上是由富人在制定规则、维护富人利益的社会。

如今，美国人不只接受了家族政治，甚至喜欢上了这一现象，政治家族在大选中屡次胜出就是最好的证明。这也就是说，家族政治已经稀释了美国民众普遍的民主观。

在家族政治现象影响下出现的掌权者，必将制定出对自己及其盟友有利的决策，而并非是从最广大民众的根本利益出发，这就大大降低了美国自诩的民主度。

在美国的制度设计中，一部分腐败行为被合法化了。不仅利益集团向候选人提供政治献金是合法的，当权者利用自己的一部分官职来回馈支持者也是合法的。总统能够完全按照自己的意愿组建自己庞大的幕僚团队，"一朝天子一朝臣"、任人唯亲的现象极为普遍。在小布什政府，从切尼、拉姆斯菲尔德到鲍威尔、赖斯，这些高官清一色的全是老布什的旧部。布什家族为他们提供的是迈向更高权力的机遇，而这些人毫无保留地奉献了自己对布什家族的忠诚，他们已经形成了和布什家族"一荣俱荣"的权力关系，和其他高官相比，这些人更像是布什世家的"家臣"。

在美国政治中，利益集团政治也是一个鲜明的特征。想要问鼎白宫，利益集团的支持必不可少。前共和党竞选战略家菲利普斯在《美国王朝：贵族统治、财富和布什家族的欺骗政治》一书中，揭示了布什家族通过强大的关系网、巨大的财富赢得了白宫宝座，并认为布什家族和金融、石油、军工企业以及情报机构结成了无形的同盟关系。事实上，小布什发动的两场战争，这些利益集团是直接的受益者。缺少了这些实力雄厚财团的支持，一个候选人很难问鼎白宫，而一旦入主白宫，当权者不仅需要回馈这些利益集团，还需要用实际行动与这些利益集团结成一种政商同盟的关系。一个总统在任期间所积累下来的这种信誉和口碑，不仅能为自己卸任后带来大量利益，还能够通过政治世家的权力传承，将这部分关系过渡给自己的下一代。而利益集团也急需寻找这种"稳定的代言人"，使他们在"下注"的时候"心中更有底气"，可以说美国的利益集团政治加剧了美国政治的世袭现象。

权势家族的重要性会让现代经济和政治理论的奠基人感到惊讶。人们原本认为：随着普通民众获得选票，政治王朝会逐渐消失。然而事实却证明，这种现象从未出现。随着"金权对政权的操控"，所谓的民主只是一种虚伪的假象。美国《纽约时报》估计，州长之子成为州长的可能性是一名生育高峰期出生的普通美国男性的 6000 倍，参议员之子成为参议员的可能性则是普通人的 8500 倍。权力与财富集中于一小撮精英人士手中引发了关于合法性的问题。①

由此，我们看出，西方的选举政治，越来越向着特定化的"畸形"模式发展，选举只是一种形式，它使我们进一步认清西方民主的虚伪性。

三、西方民主制度和"美国世纪"已面目全非

（一）从居里夫人的遭遇看法国民主的虚伪

我们知道，18 世纪法国资产阶级大革命对欧洲乃至美国的民主化进程起过很大的推动作用。西方总是标榜他们的"自由、平等、人权"状况，自以为是天赋权利，然而翻开他们的历史却都并不光彩。

玛丽·居里（1867.11.7 波兰华沙—1943.7.4 萨拉西沃）习称居里夫人。1891 年到法国深造，1893 年以优异成绩毕业于巴黎大学理学院物理系，1894 年毕业于数学系。1895 年与皮埃尔·居里结婚。

很多教材都把"居里夫人"奋斗半生发现了"镭"的事迹作为励志典型，却很少揭露出这个"励志"偶像的一生是怎样遭受着不公正、歧视和打击的。

玛丽·居里以第一名的成绩毕业于法国著名院校，却没有机会申请一个最普通的职位。以第一流的努力，作出了卓越的泽被后世的贡献，两次获得诺贝尔奖，却没有机会进入法兰西科学院，没有资格在科学院朗读自己的论文。甚至连她的实验室也归于她丈夫名下，她丈夫死后，她多方申请才重新获得了研究资格。

玛丽·居里在别人发现铀盐的放射现象以后，决心辨明其他物质是否也具有铀盐的这种性质，乃首创放射性一词。她发现钍也具有放射性，沥青铀矿则有着比铀盐高得多的放射性。她认为在沥青铀矿中一定存在着某种未知的、放射性很强的元素。于是，她和皮埃尔·居里在实验中，用化学方法和测定放射

---

① 引自英国《经济学家》周刊 2015 年 4 月 18 日一期《王朝》，参见《参考消息》2015 年 4 月 21 日 12 版。

性的手段，从数以吨计的沥青铀矿中提取少量的未知元素，结果在1898年发现了钋和镭。钋（polonium）的命名是为了纪念玛丽·居里的祖国波兰。玛丽·居里所开创的、用放射性进行化学分离与分析的方法奠定了放射化学的基础。因为对放射性研究的贡献，1903年居里夫人获得诺贝尔物理学奖，同年她获得科学博士学位。

玛丽·居里第一次获得诺贝尔物理学奖是大多数人都知道的一个常识，不过却很少有人知道，在由4个当时有名的科学家联合会提出的提名信中，连玛丽·居里的名字都没有提到。居里夫人"浮出水面"的主要功劳归结于一个叫贝克勒尔的出身化学世家的贵族科学家（据说这个贝克勒尔因发现铀盐放射性而同时获得诺贝尔物理学奖）。而皮埃尔·居里的作用在描述中语焉不详地形容为这个贝克勒尔的"助手"——如果不是居里的坚持，以及事实存在的巨大力量，这个贝克勒尔根本不会允许玛丽·居里，一个女人的名字和他同列在一起。

玛丽·居里，真正实至名归的人，其名字被署在最末一个。而这个贝克勒尔居然有脸在发言中说："居里夫人的贡献是充当了皮埃尔·居里先生的好助手，这有理由让我们相信，上帝造出女人来，是配合男人的最好助手。"

事实是：玛丽·居里独立完成了镭的提纯以及对放射性物质的探索和结论。皮埃尔·居里更多的是她的合作伙伴和助手。关于放射性存在的概念与理论，最早只是诞生于玛丽·居里那颗伟大的头脑中。贝克勒尔根本对这项工作没有任何实质性的指导或帮助，他只是依仗自己的身份和地位，作为居里夫人的引荐人，将他们带入了还为上流社会所把持的科学界大门。

幸而历史没有被蒙蔽。1906年皮埃尔·居里去世后，她接替了丈夫的工作，成为巴黎大学第一位女教授。玛丽·居里不仅仅具备着物理和化学的卓越天才，而且具有一个天才大放光明所必须具备的坚强意志。1910年她又提炼出金属态的纯镭。1911年，因发现元素镭和钋、分离出纯镭和对镭的性质及化合物的研究，又获得诺贝尔化学奖。这一次，获奖名单上只有她一个人了。在演讲中，她简洁地澄清了第一次获奖时世界对她的不公："关于镭和放射性的研究，完全是我一个人独立完成的。"事实也确实如此。在她第一次提纯镭的漫长4年中，皮埃尔·居里前两年一直在忙自己另外的课题，直到第3年才介入了她的研究，帮她改进了些许测量仪器，而这一向是他的强项。

玛丽·居里一生都是一个强悍的和伟大的女权主义者。她冷静地对自己的女儿说:"在这个由男性制订规则的世界里,他们认为,女人的功用就是生育。"她的女儿艾琳(婚后称 I·约里奥·居里)后来成为世界上第二位获得诺贝尔物理学奖的女性。

在第一次世界大战当中,玛丽·居里和她的女儿艾琳一起参加战地医疗服务,担负伤员的 X 射线透视工作。她积极提倡把镭用于医疗方面,使辐射治疗得到推广和提高,以造福于人类。直到 1922 年,她由于在放射性物质的化学及其医学上的应用的贡献而当选为法国医学科学院院士。由于长期从事放射性工作,她得了恶性白血病,在萨拉西沃附近逝世。

玛丽·居里一生中担任 25 个国家 104 个荣誉职位,接受过 7 个国家 24 次奖金或奖章,著作有《同位素及其组成》、《论放射性》、《放射性物质及其辐射的研究》等。

就是这样一位伟大的科学家,却受到法国人的不公正对待。最最让后世扼腕叹息的是玛丽·居里的爱情。当她丈夫去世后,玛丽·居里的生命一度陷入了冰河状态。直到保罗·朗之万——另一颗伟大而聪明的头脑,介入了她的生活。郎之万也是一个相当卓越的科学家,比她小五岁,完全可能成为她的助手、爱人、伴侣和战友,这个女人一生中的第二次青春因此降临,即使它是那样短暂,也足以让她焕发出前所未有的能量。郎之万本身的婚姻也存在极大的问题,他娶了一个陶瓷工人的女儿,她暴躁粗鲁野蛮,争吵中用花瓶砸破了自己这个法国最有见地的科学家丈夫的头,她也蔑视他的研究工作——因为那带不来现钱。

郎之万是热爱玛丽·居里的——但是,他的离婚失败了。同时,他却愚蠢地让自己的妻子拿到了玛丽·居里写给他的情书,这些情书最终被报社公布。玛丽·居里在 45 岁这年,陷入身败名裂的低谷。所谓天性浪漫自由奔放的法国人像豺狼一样朝他们的大恩人扑来(玛丽·居里制作和亲自操作使用 X 光机,在一战的战场上拯救了受伤的上百万的法国士兵,她本人和她的女儿最终因为过度经受 X 光及其他放射性照射而死于白血病)。他们袭击她的住宅,用石头砸毁她的窗户,声称要杀死她,要她滚出法国,而曾经热烈拥护过她,并且在科学上与她同路的一些法国科学家,也联名写信,要她离开法国,她最忠实的战友保罗·艾培也背叛了她,同意要她离开法国。原因无它,因为她在和情人通信时,居然表现出了自己具有强烈的性需求,并且试图满足它——而这个世界的规则是,女人根本不应当有这种需求,即使产生了,也应当是设法压抑和磨灭它。于是她被钉在这样一个名词上：波兰荡妇。

保罗·艾培的女儿，玛丽·居里最忠实的学生与支持者之一，因此与自己的父亲发生了巨大冲突，她站在自己的父亲面前一字一句地说道："如果你敢于赶她走，我将永远不会再见你，我的父亲。"她一生里没有顶撞过父亲，唯独在这件事上表现出了怒不可遏。她清晰地说了以下留给父亲也足以留给未来的话语："如果玛丽·居里是个男人，这一切都不会发生。"

众所周知，另一个同时代的伟大科学家爱因斯坦，不仅离婚、再婚，还有一个私生女。他把她直接送了人。而同样是这场婚外激情的主角保罗·郎之万，并没有受到冲击。他的凶恶的妻子在成功地煽动舆论毁灭了玛丽·居里之后，同意他另外再公开拥有一个女秘书做情人，并且以此挽回了婚姻，甚至再过多年后，她还同意丈夫又和一个年轻女学生搞在一起。为了养活这个女学生情人，朗之万甚至还请求玛丽·居里在研究所为学生安排了一个职位。

玛丽·居里在这场风暴中，走向了她生命的陨落。几乎三年的时间里，她的精神处在一种崩溃状态，她被她周围的强大的、恶毒的、残忍的敌意打垮了，不得不住进一所由修女开办的医院，以求得身体和心理的双重治疗。最终她恢复了过来。强悍的意志和工作热情让她再度站了起来，她继续工作了22年，继续为法国和世界做出了巨大贡献。

简单地说，如果没有她，就没有目前任何关于癌症的放射治疗存在；简单地说，是她启发启蒙了人类关于原子属性的探索，在她迈出了研究原子放射性——原子属性的道路基础上，别的科学家最终发现了其内部结构。

如果人类有原子时代的划分点，就应当从放射性被发现开始。玛丽·居里对科学的卓越发现，与她为这种发现所表现出的强悍意志，那种寻求公正、平等、自由和与歧视战斗到底的意志，持之以恒地对妇女权利以及无歧视教育的呼吁，这两者都是她留给这个世界的了不起的遗产，我们很难说，哪一样，更为珍贵。①

（二）西式民主离资本很近，离民主本质很远

在西方的民主主流舆论里，西式民主制度充分体现人民的意志，充分维护

---

① 本节相关资料来自：《居里夫人传记》《玛丽·居里的魅力世界》，《中国大百科全书》和网络文章。

人民的利益，充分保障人民的民主权利，是真正的"全民民主"、"纯粹民主"，自然而然具有"普世性"。然而，从当今世界来看，乌克兰民主公投而致国家动荡分裂，泰国民选总理英拉被宪法法院裁决下台，令世界反思西式民主的普世性。从美国来看，美国联邦最高法院的5位共和党法官，对2010年"公民联盟诉联邦选举委员会"案与2014年"麦卡琴诉联邦选举委员会"案的裁决，这两项历史性的裁决使得包括外国资金在内的秘密资金，现在可以无限制地流入美国的政治和司法活动。

美国前总统吉米·卡特在回答美国《赫芬顿邮报》网站主持人汤姆·哈特曼采访时说："这违背了美国政治体系的精髓，而这种精髓才使得美国成为伟大的国家。现在，美国只有寡头政治，无限制的政治贿赂成为提名总统候选人或当选总统的主要影响因素。州长、参议院和国会成员的情况也是如此。所以，现在我们的政治体系已经遭到颠覆，它只是用来为主要的贡献者提供回报。这些献金者希望并期待在选举过后得到好处。他们有时会得到好处……目前民主党和共和党的现任官员把这种不受限制的金钱视为向他们提供的巨大权益。国会大佬们会有更多途径来捞好处。"[①]

这位前总统的尖锐言论，真可谓是一针见血。

2014年9月在美国政治学协会出版的《政治学展望》杂志上有一篇调查研究报告。这份报告是美国社会科学领域进行的一项经验研究，调查在1981年—2002年该研究持续时期内美国到底是民主国家——领导人代表大多数人利益的国家，还是权贵政治（寡头政治）国家——政府行为反映最富有公民意志的国家。这份研究报告题为《测试美国的政治理论》。

这份报告在结尾时说："我们的发现显示，统治美国的不是大多数人——至少在实际决定政策结果的因果意义方面不是这样。"该报告还说："经济精英的偏好对政策变化的独立影响，远超普通公民的偏好对政策变化的独立影响。"换句话说，研究人员发现：统治美国的是富人。

这项研究详细分析了1981—2002年进行的一次针对广大民众的全国性调查。该调查要求民众对一个政策修改建议案给出"赞成"或"反对"的答案。然后这项研究又调查了相关的后续情况，以弄清楚民众的偏好是否已经转变成政策，还是相关企业游说团体的立场已经转变成政策——无论民众的愿望

---

① 参见《参考消息》2015年8月12日10版。

如何。

这项研究的持续时段——1981年—2002年，正逢1976年美国联邦最高法院一项里程碑式判决的余波阶段。关于"巴克利诉瓦莱奥"案的重要裁决开启了权贵政治对美国民主的攻击。

基本上，"巴克利诉瓦莱奥"案的裁决，以及美国联邦最高法院后续的一些裁决，使得权贵能收买和控制政客。

主要的"新闻"媒体已经为权贵政治所拥有和控制。"新闻自由"实际上仅仅是权贵控制"新闻"的自由——根据他们希望的方式操纵公共问题。由权贵指派的媒体经理人挑选编辑，而这些编辑在雇用记者来制造权贵们可接受的宣传，从而作为"新闻"出现在公众视野中。

现如今，在"巴克利诉瓦莱奥"案之后的世界中，从里根时期以来，权贵们还变得几乎可以自由收买他们想要的政治候选人。于是"恰当"的候选人，加上"恰当"的新闻——有关这些候选人的报道，带来了"恰当"的人，以便在新的美国"民主"中"代表"民众。正如卡特评论的那样："我们的政治体系已经遭到颠覆，它只是用来为主要的献金者提供回报。"这是对现状最适当的评论。

看看历史和现实，我们只能得出这样的结论：西式民主离资本很近，但距民主本质很遥远。

西方资产阶级借"人民主权"的旗号，实行所谓的"民主"制度。当他们登上政治舞台中心，就急不可耐地在"民主"前附加一系列词，如"代议"、"多元"、"宪政"、"程序（选举）"等等，把民主变为少数人通过"票选"来获得向绝大多数人实行统治的一种制度安排。"人民"完全变为"选民"。这也正如卢梭批判英国代议制所说的："英国人民自以为是自由的，他们是大错特错了。他们只有在选举国会议员期间是自由的，议员一旦选举出之后，他们就是奴隶，他们就等于零了。""民主"实际上成了资产阶级装点门面的强权话语和愚弄欺压绝大多数穷人的迷人光环与谎言。

剖析今日一些人认为最民主的美国，诚如前面所讲到的社会科学领域的调查报告那样，可知其民主仍是为资产阶级少数人服务的。在理论上不管是众议院还是参议院，其议员都由所谓选举而出的"代议人员"组成，即便是"代议"而"众"的众议院，也还由更为少数精英组成的参议院和拥有"帝国般权力"的总统所节制。这种两院、三权分立的制度设计的本意不是为了让民主覆盖大多数,而是为了限制民主,为了使少数人的财产权通过宪法得到永久性保护。在实际操作中,两院议员和总统的选举都是"钱举","钱举权张",结果必然是"钱权联姻"。如在小布什政府大选筹款中贡献最大的"先锋"俱乐部,竟有43人被任命要职,其中两位担任政府部长,19位出任欧洲各国大使;2001年小布什政府宣布退出《京都议定书》最重要的原因,就是石油天然气等行业大公司都是小布什竞选时的主要赞助者。2010年1月,美国联邦最高法院干脆取消了政治献金限制,使美国选举公然变为"钱举",把原来覆盖在程序(选举)民主上一层薄薄的温情面纱撕得破碎而荡然无存。2012年奥巴马和罗姆尼在总统选举中总共费用达60亿美元,成为美国"史上最烧钱的大选"。

斯蒂格里茨曾撰文指出,美国民主的实质就是"1%所有、1%统治、1%享用"。他说:"美国上层1%的人现在每年拿走将近1/4的国民收入。以财富而不是收入来看,这顶尖的1%控制了40%的财富。""当你审视这个国家顶尖1%者掌握的巨量财富时,就不禁会感叹我们日益扩大的收入差距是一个典型的、世界一流水平的美国'成就'。而且我们似乎还要在未来的日子里扩大这一'成就'。因为它会自然巩固。钱能生权,权又能生更多的钱。""事实上,所有美国参议员和大多数众议员赴任时都属于顶尖1%者的跟班,靠顶尖1%者的钱留任,他们明白如果把这1%者服侍好,则能在卸任时得到犒赏。""美国人民已经看到对不公政权的反抗,这种政权把巨大的财富集中到一小撮精英手中。然而在我们的民主制度下,1%的人取走将近1/4的国民收入,这样一种不平等最终也会让富人后悔。"果不其然,2011年9月美国爆发了声势浩大的"占领华尔街"示威抗议运动,示威者呼喊着"我们代表99%","华尔街须为一切危机负责","把金钱踢出选举"等口号。

对今日之美国的民主,值得注意的是,在西方也有不少学者对这种美式民主的"金权属性"或"资本属性"进行了深刻的揭示,如英国《金融时报》专栏作家爱德华·卢斯2014年4月6日在新加坡《联合早报》以"美国民主只为1%人口服务"为题,对美国民主的不良发展动向发表了自己的看法。他指出,2010年,美国最高法院开始赋予公司与公民一样的言论自由。不久的将来,美国最高法院可能废除"水门事件"之后对竞选资金所做限制的仅存部分,将可能取消个人向候选人和政党捐款的最高限额。他认为,在一个顶层1%人口占据全国财富三分之一以上的经济体里,这么做会侵蚀共和体制,人们对美国"1%经济"感到担心,但更应该担心出现"1%民主",即美国民主只为处于财富金字塔顶端的1%人口服务,使"一人一票"的大众民主变成"一元一票",变成"金权民主"。这是西式民主体制内人士的深刻洞见,也一针见血地指出了西式民主的根本局限。

其实,美国的这种金权民主,由来已久。1896年和1900年两度辅佐威廉·麦金莱当选美国总统的竞选经理马克·汉纳曾坦言:"要赢得选票,需要两个东西,一个是金钱,第二个我就不记得了。"

一百多年来,这种情况愈演愈烈。今天的西方,参选人拼的不只是自己的能力与水平,更是金钱。现代传播工具与商业模式的结合,使得金钱的投入轮番上升,陷入恶性循环。选举在变味,金钱成了形象打造成功与否的关键因素。

美国前总统卡特2007年感慨地说:"乔治·华盛顿和托马斯·杰斐逊要是活到今天,还能当上美国总统吗?!我们永远也不知道,有多少具备优秀总统潜质的人,就因为不愿意或者不能够采取一种能够募集到大量竞选经费的政策,而永远与总统宝座无缘。"

长期以来,美国法律规定私人政治捐款最大限额为2500美元。显然这样的限制已经与"金钱民主"的现实不相配。美国所谓的选举民主,在整个美国民主化进程的不断粹化过程中,使"金钱民主"不断地合法化,当2010年美国最高法院真正取消个人和公司政治捐款上限的时候,你就知道它是一种必然的结果,也是美国民主为少数人服务的标志。

世界上没有无缘无故的爱,也没有不带政治诉求的政治献金。"金主"的底气越来越壮,"民主"的成色就越来越差。民调显示,大多数美国人认为选战花费金钱过高,政治献金只会让富人对决策有更大的影响力。"金钱民主"做大的后果,就是中产阶级被架空,被边缘化。"占领华尔街"运动背后的99%与1%之间矛盾必将长期化,最终导致更大的危机。

美国《旗帜周刊》高级主编克里斯托夫·考德威尔指出,美国的政治早已被华尔街寡头牢牢绑住,民主党和奥巴马总统甚至比共和党人更加依赖华尔街金融寡头的资助。这种寡头政治的现实,意味着华尔街巨头面前,驴象两党中的任何一方都难以撼动他们坚固的根基。

"当鸟儿的翅膀被系上黄金,鸟儿就飞不起来了!"

印度诗人泰戈尔这一警句虽是在感悟人生,但用来形容西方"金钱民主"

的恶果，也是再精妙不过的了。

（三）教育不平等打碎了美国梦

美国梦的一个基本元素是平等的受教育机会，这是社会和经济流动性的润滑剂。然而这个梦已移居海外，因为从经合组织的研究来看，很多国家在教育流动性上做得比美国好。

解决教育系统的问题是我们这个时代的民权挑战，这也就是说在大众教育方面的公平与普及是一个国家民权的重要标志。平等主义教育曾经是美国的优势。欧洲国家擅长为精英提供一流教育，但是美国的大众教育领先。到19世纪中期，美国大多数州都会向绝大多数白人孩子提供免费的小学教育。与此形成鲜明对比的是，美国直到1870年也只有2%的14岁孩子在读书。

美国还是第一个实现让多数孩子上高中的国家，那是在20世纪30年代，相比之下，一直到1957年，英国的17岁孩子只有9%在读书。美国在大众教育上的优势一直保持到20世纪70年代，这也正是美国整体优势所在。美国哈佛大学的克劳迪娅·戈尔丁和劳伦斯·卡茨曾掷地有声地说，这是美国经济崛起的秘诀。

然而随着美国经济危机的大爆发和粹化成为少数人服务的所谓民主，把教育这台机遇的最佳升降机搞砸了。当前美国一代年轻人中，受教育程度低于其父母的（29%）要比高于其父母的（20%）更多。

在父母没有能读完高中的年轻美国人中，能够读完大学的只有5%，而在其他富有的国家，这个数字是23%。

据来自经济合作与发展组织的年度教育调查报告显示，美国在军事上投入数以十亿计的美元与俄罗斯抗衡，也许也该在教育上比一比。俄罗斯成年人中拥有大学学历的比例是所有工业化国家里最高的——这个位置曾经属于美国，然而现在这项排名，美国一直往下掉。

2000年美国持大学学历者在人口中的占比还排在第二位，现在已经跌到第五。在25到34岁这个年龄段——这一指标可反映将来的排名——美国排在第12位，曾经贫困的韩国排在第一。

皮尤的一项新调查发现，美国人认为对国家构成最大威胁的是贫富差距的拉大。然而这个教育系统，以地方物业税为依托，给市郊那些最不需要帮助的夫人孩子提供了最好的学校，给城市那些最需要拉一把的孩子提供不能正常运转的危险学校。美国的教育系统,有太多时候是在放大不平等,而不是放大机遇。

教育不平等,就不会给所有孩子的人生一个公平的起点。那么从这方面看,美国的民权状况实在令人堪忧。其实,现今的美国不仅仅在大众教育方面衰败不堪,在高等教育方面的"种群配额",对亚裔等族裔的歧视日趋严重,这也是明显侵犯人权的隐形做法。

当地时间2015年5月15日,共有64个华裔、印度裔、韩裔和巴基斯坦裔的社团和组织参加了亚裔团体就哈佛招生歧视进行维权的联合行动。这是近20年来美国亚裔在追求平等教育权益方面最大的一次联合行动。他们在华盛顿举行新闻发布会,宣布向美国联邦教育部和司法部民权机构投诉,指称哈佛大学等常春藤名校招生中存在针对亚裔美国人的种族歧视。亚裔组织指出,这种普遍存在的歧视现象违反美国宪法公平教育机会的精神,要求美国联邦教育部及司法部对哈佛的录取程序进行调查,促使哈佛大学等美国一流学府终止歧视性行为。

亚裔群体的投诉书指出,在过去20年里,哈佛和其他常春藤名校在招生过程中针对亚裔美国人的种族歧视越来越严重。许多亚裔美国学生在相当于美国高考的学术能力评估测试(8个月)中成绩近乎满分,高中平均成绩位列顶尖的1%,并且获得了很多奖励,各种课外活动优异,却经常被哈佛和其他常春藤名校拒绝,而同样情况的其他族裔学生却能够被录取。此外,亚裔男生进入哈佛和其他常春藤名校更加困难,最近数年这种情况越来越严重。投诉书引述了多位美国专家学者撰写的研究美国名校招生问题的专著、论文和民权组织的研究数据和资料,说明在美国最优秀的学生中亚裔约占三分之一,而哈佛大学亚裔入学比例在14%—18%之间。最近20年,亚裔是美国人口增长最快的族裔,而哈佛大学等名校亚裔入学比例却变化很小。

美国亚裔不再沉默,已引起美国媒体的广泛关注。近十年来,亚裔学生难入美国名校的残酷现实已引起美国学者和舆论的关注。普利策奖得主丹尼尔·金在《大学潜规则:谁能优先进入美国顶尖大学》一书中说,哈佛等美国大多数精英大学在招生方面一直有"三重标准":给亚裔学生定最高标准,其次为白人,最低的是黑人和拉美裔美国人。普林斯顿大学两名教授也在《不再隔离,未臻平等:种族与社会阶层对精英大学招生和校园生活的影响》一书中说,亚裔在任何一个SAT分数段的录取率都是最低的,在同样分数的情况下,录取率比白人低67%,比其他族裔则更低,"亚裔进一流名校SAT要比白人高140分,比西裔高270分,比非裔高450分"。《纽约时报》2015年曾披露一个颇具讽刺意味的消息,一个印度裔学生爆料自己15年前在申请名校医学院时曾剃光头,加入黑人学生会,并在申请材料中自称黑人。让他吃惊的是,这个恶作剧居然真的一试就灵,让他沾了"种族配额"的光,以相对低的分数申请成功。

2012年,还有美国社会活动家以"美国唯才是举的神话"为题披露说,1993年亚裔在哈佛大学的份额超过20%,达到最高,随后立即下降,"尽管亚裔人口自1993年以来增加了一倍多,但哈佛对亚裔的录取率基本保持稳定,停留在比20%低3到5个百分点这样的水平","哈佛对亚裔的相对录取率直线下降,在过去20年下降超过一半,类似的下降也发生在耶鲁大学、康奈尔大学和大多数其他常春藤大学"。

在过去20年亚裔学生增加了将近一倍、学生的素质大幅提高的情况下,常春藤学校对亚裔学生的录取比例基本持平,停留在14%至18%的固定比例。早在1978年,美国最高法院就禁止在学校录取中使用配额制。可以说,这些学校对亚裔的歧视和隐形配额制已形成对亚裔孩子成长和教育的最大枷锁,是亚裔和华裔在美国所面临的最大民权问题。

20世纪60年代美国的黑人民权运动促使著名的《平权法案》诞生,该法案保护少数族裔受教育、就业等方面的权利。此后美国一些学校和机构在招生中对非洲裔采取政策性保护措施。

向来沉默的亚裔此次集体发声,引起了美国社会的高度关注。此次申诉行动,并不是反对《平权法案》,而是反对高等教育中《平权法案》的错误实施。①

美国曾经被认为是机遇之地。而今天,与欧洲或其他任何有教育数据可查的发达工业化国家相比,美国儿童的人生际遇更多地取决于其父母的收入水平。美国曾经不辞辛苦地创造美国的机遇之梦。然而今天,这个梦已是虚无缥缈。在政界一心想着削减公共教育和其他提升底层和中层人群际遇的计划,同时要为顶层收入人群减税的情况下,这样的事情是不会发生的。

---

① 李大玖:《美国亚裔向哈佛招生歧视宣战》,参见《参考消息》2015年6月25日;章山歌、谷棣:《64个亚裔组织联手告哈佛》,参见《环球时报》2015年5月18日7版。

当大众教育的公平不再，贫富不均越来越严重的时候，美国不再是机遇之地。2001年诺贝尔经济学奖得主约瑟夫·斯蒂格利茨认为，美国的贫富不均处在一个世纪以来的最高点。那些处在顶层的人们正享受着国家蛋糕的较大份额。处于贫困线以下的人数在上升。中位数收入的人群与顶层人群之间的差距也在不断扩大。美国曾经自认是一个中产阶级国家，但已不复如此。

今天美国人的中位数收入低于15年前的水平，全职男性劳动者的中位数收入甚至低于40多年前的水平。与此同时，那些处在顶层的人们的收入却从没有这么好过。究其原因在于美国的政治制度制订了牺牲其他人群的利益而让富人受益的规则。美国曾经创造了机遇之梦，而今这个梦成为了一个神话。

（四）制度困境使西方民主沦为极化政治和金钱政治的代名词

西方民主制度实行几百年，先天缺陷的制度设计和后天墨守成规的不足，面对多元、多样、多变的时代，其政党逐渐蜕变成"选举机器"，制度困境越来越明显，致使西方的民主已沦为极化政治和金钱政治的代名词。

1. 选票至上，绑架政党

西方民主理论认为，只有实行竞争性政党制度，通过民意选择和政党博弈，才能产生出比较理想的执政党及领导人。然而，今天的西方政党已被选票绑架，政党政治成了选票政治，选票成为政客们获取权利和私利的敲门砖。在选票决定一切的情况下，政治人物为了自己的私利，拼命许诺选民，使尽各种招数讨好选民，可谓"好话说尽"，一旦敲开权力大门，或者使对选民的许诺变成一纸空文；或者导致用权力来重新分配公共服务，既造成了很大浪费，也培养了一部分人"不劳而获"的意识。如果经济、政治和社会权利不能回归平衡，民主很难回归正常运作。如此弊端，使得选举远离民主，徒有形式，政党成为选举政治的傀儡。正如约翰·奈斯比特在《大趋势》一书中所言，今天西方政党几乎仅是为了提供一种架构来提供候选人而已。西方只注重程序民主，将民主等同于选举和多党党争，而且将选举神圣化、简单化，一旦程序正义被绝对化，后果往往是程序非正义和结果非正义，那么就导致民主陷入制度性困境。选举并不能保证可以组建人民希望的政府，也很难保障民众民主权利的真正实现。

现行的西方民主制度已经暴露出一些深层次的缺陷，这些缺陷带有先天不足的因素，如果这些缺陷迟迟无法修补的话，最终历史有可能会证明，今天仍然在国际话语中暂时占有优势的西方民主制度,很可能只是人类历史长河中的一段插曲,甚至是昙花一现。这是因为从历史角度看,我们往前推2500年左右,当时在希腊有一些很小的城邦,实现了某些民主制度——先把妇女和奴隶排除出去,然后在达到一定条件的男性市民中搞一人一票,这种制度后来被斯巴达打败了。之后的两千多年中,"民主"这个词在西方基本上是一个贬义词,大致等同于"暴民政治"。近代西方国家在完成了现代化之后,开始引入一人一票这样一种民主制度。以美国为例,真正普选是从1965年才开始的,比较中国从1978年底开始的改革开放,两者时间上的差距不过13年。当然,两者的背后是西方文明和中华文明的差异。两种制度形成的时间差距并不长。那么,究竟孰优孰劣,尚难定论,不妨比较一下。

历史上的西方政治精英,包括美国的国父,在民主问题上都比现在西方的政客要谨慎得多。他们大都倾向于采用"共和"与"法治"来防止"民主"可能带来的"民粹"。但随着冷战的结束,随着福山宣布西方的自由民主制度代表了"历史的终结",我们不仅看到了西方国家在政治体制上的傲慢,也看到了这种傲慢给西方带来的巨大代价。

历史的复杂性超乎想象,政治制度的质量、市场的发展变化,随着经济全球一体化的进程、信息化等迅速发展,民主化的进程也应与时俱进。然而西方政治精英的傲慢与墨守成规,使选票越来越绑架了政党,往往使产生的政府缺乏能力,同时使民众的民主很难保障,这当然也是西方制度困境所造成的。其实,民主远不只是选举。这是一个权利、义务、权力和限制彼此交叉的错综复杂的网。民主如果不是自由个人共同行动的政治表达,那它就什么都不是。

2. 钱权交易大行其道,政党政治异化为金钱政治

金钱政治和腐败是与西方政党政治相伴而行的痼疾。金钱政治之所以历久弥坚,其根子仍在于西方政治制度的内在矛盾:民主靠选票,而竞选要靠金钱,金钱与选举的紧密挂钩,使一些无经费的人无法参加竞选,表面上平等的候选人之间,由于经费的多寡而不可能做到真正平等,靠金钱也不可能选出真正代表民众意愿的人,金权政治难以保持公正性和独立性。

西方政治人物与资本利益集团之间的权钱交易模式比较隐蔽,即利益集团影响政治人物,政治人物制定出偏向利益集团的公共政策,最终谋求各自的特殊利益。随着经济自由化,金融化不断发展,金融寡头如日中天,法力无边,日益成为西方经济、政治和社会的主宰。西方主流政党大都与资本寡头同坐一

条船，政客"傍大款"，政党与"金融大鳄"联姻，利益一体，"生死与共"。

德国《南德意志报》2010年4月6日的文章说："人们曾经这样认为：自由的民主政权与市场经济制度相结合是西方工业国的成功模式。这种结合当时不仅比计划经济和专制更有贯彻力，而且是唯一选项。"可是，今天美国、欧洲的现实却不能不使人另有想法。

人们在分析美国发生次贷危机的原因时，都看到华尔街游说集团的魔力和蛮横。他们可以威胁利诱议会通过有利于自己的法律，以便放开手脚在虚拟市场上兴风作浪。金钱可以操纵政治，这是西方议会民主的癌症。

美国《外交政策》双月刊2007年9/10月一期刊登了美国前劳工部长、加利福尼亚大学教授罗伯特·赖克的《资本主义是怎样扼杀民主的》一文，他写道："说得明白一点吧，民主的目的是要实现我们以个人之力所无法实现的目标。但是，假如公司利用政治来加强或维护它们的竞争地位，或者貌似肩负起它们实际上没有能力或权力去履行的社会责任，那么民主就不可能完成这一任务。这样一来，社会就无法兼顾促进经济增长和消除社会难题这两者。"

"占领华尔街"的运动就是对这种金钱霸权的抗议。但是这种霸权太强大又太隐蔽了，所以看似每个人手中都握有一张选票，却无法用它来改变现实。

美国次贷危机引发的国际金融危机本是华尔街的投机家们惹的祸，但美国政府却运用纳税人的钱，为华尔街巨亏买单。欧洲各主流政党无论信奉什么，无论是主张大市场，还是主张大政府，都不会免俗，纷纷与大资本抱团联姻。各政党的政策虽有不同，但大同小异，都不会得罪大资本。原因在于没有资本寡头的支持，他们谁都不可能上台。民主离不开金钱，竞选需要大量资金投入，仅靠个人口才和能力是远远不够的。原来西方的民主是可以用金钱买卖的。

英国2010年发生了这么一件事。媒体记者扮成企业老总去试探议员能否帮企业疏通官场以影响政策的制定。工党前内阁大臣、议员斯蒂芬·拜尔斯满口答应，并称自己像"一辆出租车"一样为人帮忙，不过车费可不低，要每天5000英镑。这约等于一般人三个月的收入。还有一位前大臣暗示，只要肯掏钱，他就有机会见到前首相切尼·布莱尔。在这场丑剧中一共有三名前大臣中招。

我们说，虽然金钱不可能完全决定选举的最终结果，有钱并不一定会选上总统，但筹措不到足够的竞选资金肯定当不了总统。金钱至上，这样的选举不过是金钱铺垫出来的民主，选票公平也只能是金钱基础上的公平，为了选票政党政治只能异化为金钱政治。

3. 只论党派不问是非，党派之争导致政治极化

西方设计多党制的主要目的是通过多党竞争来协调统治阶级内部的矛盾，防止统治阶级内部各集团的过渡不平衡，以各党制衡来遏制少数人滥用权力。这一政治设计虽在一定程度上达到了对权力制衡的目的，但协调内部矛盾提高政府效率的目标却很难实现。我们从美国的历史和现实来看，今天西方多党议会民主至少有三个致命伤，一是金钱对政治的操控；二是议员为了自己当选讨好选民而缺乏长远政治眼光；三是政党恶斗而使政治机器几近瘫痪。基于选票的考虑，议员往往立足于本党和地方利益，置国家整体和长远利益于脑后，将议会视为权力角逐和政治分肥的场所。

议会"党争"只论党派，不问是非，相互攻击，相互扯皮，导致议会立法举步维艰，效率低下，议会作用弱化，一些重大法案得不到议决，甚至出现议会会期停摆的难堪局面。2014年7月9日美国有线电视新闻网报道称，美国众多驻外大使提名人因民主和共和两党私下较劲被卡在参议院的关口。执政的民主党指责共和党不作为，而共和党则认为民主党不给其发声机会。面对大使"难产"的僵局，美国国务卿克里呼吁参议院尽快通过已提名人选的任命，并称大量外交官无法履新威胁国家安全。

美国总统奥巴马宣布驻马其顿、哥斯达黎加、阿塞拜疆等国大使人选，并将提名报参议院。但有报道说，这些提名人的候任时间可能长达8个月。据CNN报道，国务院提名的53名驻外外交官提名人正等待参议院的确认，其中有近2/3是毫无争议的职业外交官，但仍迟迟无法得到通过。当时有40个国家的美国大使馆在等待大使上任。据报道，这40个国家中，许多都有亟待美国大使解决的问题。例如，洪都拉斯和危地马拉的大量青少年跨入边境非法进入美国，正让美国头疼不已。阿尔及利亚、科威特和卡塔尔三国则对美国有重大战略意义。而在非洲，有大约1/4的国家没有美国大使。负责非洲事务的美国助理国务卿格林菲尔德说："向外国派驻大使当然是有原因的。他们为总统代言，为美国政府代言。缺少了他们，我们就无法传达需要传达给这些国家的信息。"

根据美国法律，政府提名驻外国大使人选后，还需参议院通过。尽管多国空缺的大使职位已有提名，但参议院却无法批准，原因在于执政的民主党和共

和党较劲。CNN 称，作为参议院多数党，民主党利用自身议席优势，修改了提名确认程序，以便清除阻碍，尽快通过奥巴马政府提名的大使人选。但共和党人对民主党"试图主导投票表决程序"满腹牢骚。为在大使人选上"发出自己的声音"，共和党故意与民主党唱反调，民主党想速战速决，共和党就消极拖延，使参议院迟迟不能进行全体表决、通过任命。内斗让美驻 40 国大使上不了岗。

不过有分析人士认为，虽然共和党"消极怠工"，奥巴马政府也应为驻 40 国大使职位空悬负责。白宫向来有提名竞选活动中的"金主"做驻外大使的传统。奥巴马政府此前提名的多名竞选"金主"因缺乏外交常识，受到共和党的责难。比如驻挪威、阿根廷和匈牙利大使的提名人选在出席参议院听证会时，对共和党参议员提出的有关三国首都局势问题一问三不知，并且三人都不会说派驻国语言，令奥巴马政府尴尬无比，也让共和党阻挠参议院表决程序的理由更加堂而皇之。

美国如此，其他一些欧洲国家亦如此。面对当前债务危机，欧洲一些国家的执政党和在野党都打危机牌，将危机视为打击政敌的机会，并不会真的坐在一起共商应对之策。另外，由于大党恶斗，达不成妥协，政府经常难产，甚至出现长期无政府局面，这些都表明资本主义政治制度存在弊端：三权分立、议会民主，实际上是各干各的，相互攻击拆台，但出了问题谁也解决不了。

美国两党轮替、三权分立的政治体制曾被西方视为最合理的政治模式，但近年来政治极化、党派对峙的美国"政治病"越来越严重。共和党与民主党在治国方略上针锋相对，许多主张明显对立。为什么美国政治日益激化呢？原因是金融危机下社会更加分化对立，利益冲突更加尖锐激烈，民众的利益诉求更加明确，特别关注自己的工作岗位、退休金等现实问题。为得到更多选票和献金，共和党和民主党不得不回到保守主义或自由主义的"原教旨"立场，倾向于极端口号来迎合选民需求。这就陷入一种制度性困境：竞选中观点越激烈，相互斗争越激烈，就越能吸引本党选民和政治献金者的关注，而温和、理性、折中的声音都得不到肯定。媒体与选民阵营相互呼应，形成强大的舆论攻势，使得本已对立的两大阵营形同水火，彼此缺乏理性沟通和宽容理解，媒体与受众之间相互影响进一步强化了政治分裂。党派之争引起拥护各自政党的民众对立、冲突扩大，发展下去，自然容易导致社会分裂。

今天的美国政坛呈现两大怪象：一是难以做出正确的政治决定；二是因政

党恶斗干脆做不出决定。美国《新闻周刊》2009年6月22日刊登法里德·扎卡里亚的文章说："现代民主制度的弊病是：它不能为了长远利益而将短期痛苦强加于人。20年来，最严肃的结构性问题——社会保障、医疗保险、移民——一直没有解决。"议员最关心的问题是自己下届还能不能当选。一味讨好选民，付出过高的许诺是他们的职业特点，结果是政府债台高筑，市场竞争力大降，人民的长远利益被放在一边。

与此同时，人们批评说："两党恶斗几乎让政府瘫痪，这个国家的领袖已脱离人民。"曾因提出"历史的终结"而著名的弗朗西斯·福山教授，也对民主政体提出了质疑。《纽约时报》2012年4月22日文章说："他（福山）的研究引导他针对美国当今的政治秩序提出了一个非常激进的问题，即美国是否已从一个民主政体变成了一个'否决政体'——从一种旨在防止当政者集中过多权力的制度，变成了一个谁都无法集中足够权力从而做出重要决定的制度？"

丘吉尔说西方议会民主是"最坏的，除了已经尝试过的以外"，其实他的意思是说，西方议会民主是在试了各种办法之后不得不接受的最不差的一个。既然并不令人满意，那就还得继续探索。今天，全球化已使各国的利益交合在一起，为人类长远利益计，还是希望西方能继续探索，开辟新的天地。

前进的第一步是自省，而不是自傲。民主不要挂在嘴上，而要付诸行动。大家疏忽了一个诡异的现象，大约从20世纪中叶起，人们忽然发现，西方几乎不再称自己是"资本主义"，而是自称"民主国家"。渐渐地，他们便登上"民主神坛"来指点芸芸众生，发号施令了。"资本主义"一词同"剥削"、"殖民主义"、"贪婪"、"奴役"脱不了干系，而用"民主"一词，则闪耀着迷人的光彩。现在是西方卸下光环的时候了。

（五）西方媒体并不自由

1."独立媒体"只为"1%"服务

"独立媒体"理念是西方新闻观的核心理念之一。所谓"独立媒体"，是指所有权和财政独立于政府、政党的私人媒体。西方新闻观认为，只有独立媒体才能免受政府和党派控制，保持"政治中立"，成为社会公器。

然而，2013年面对席卷全美的"占领华尔街"抗议运动时，美国主流媒体一改往日对别国同类事件嗜血般亢奋的态度，对这场"99%反抗1%"的运动表现出刻意的冷漠和消极，既没有及时报道，更没有大肆炒作。这岂不是咄咄怪事？透过这种现象，我们可以看到所谓"独立媒体"的真面目。

资本主义条件下的市场竞争，使西方新闻业不可避免地走向垄断，所谓"独立媒体"实际上集中在极少数人手里。

以新闻集团、美国维亚康姆公司、德国贝塔斯曼集团这几家当今世界最大的传媒集团为例，尽管它们的主管业务、媒体构成和经营特色各有不同，但是三者有一个共同的标志：家族企业。新闻集团由鲁伯特·默多克家族控制，维西康姆公司是萨默·雷石东家族的企业，贝塔斯曼集团实际上的唯一股东是摩恩家族。在这几大家族掌控的传媒集团麾下，聚集了一批重要媒体。美国付费发行量最大的财经报纸《华尔街日报》，美国四大电视网之一的福克斯广播公司，英国第一主流大报《泰晤士报》等，属于新闻集团。美国老牌电视网之一的哥伦比亚广播公司，覆盖全球几亿家庭的MTV电视网，以及覆盖86%美国收视家庭的联合派拉蒙电视网，归属维亚康姆集团旗下。欧洲最大的电视广播公司RTL集团，全球最大的图书出版商兰登书屋，欧洲最大的杂志出版公司古纳维尔，为贝塔斯曼集团所有。

此外，还有一批西方主流媒体在并购风潮中先后被大家族收入囊中。《纽约时报》和《国际先驱论坛报》归苏兹伯格家族控制的纽约时报公司所有，《华盛顿邮报》和《洛杉矶时报》分别由格雷厄姆家族和钱德勒家族掌握。全球四大通讯社之一的英国路透社，被汤姆逊家族企业兼并；英国老牌财经媒体《金融时报》和政经周刊《经济学人》，以及拥有欧洲最大电视网的培生电视集团，同属皮尔逊家族旗下的皮尔逊集团；英国另一份严肃大报《卫报》，则从1907年以来一直控制在斯科特家族手中。

这样的名单可以开得更长。这些媒体受众庞大、影响广泛，被视为全球最有权势的媒体，在国际传播领域可以呼风唤雨。但是，站在它们背后的，却是那么几个不为公众熟知的家族！

深入探究西方各大媒体的股权分布和管理层构成还可以发现，财团高管出任传媒董事，财团与传媒相互渗透的现象十分普遍。事实表明，真正掌握"独立媒体"的，不是西方社会的大多数，不是99%的普通民众，而是大家族、大企业、大财团，是西方社会最有权势、被称为1%的那个群体！

掌握在1%手中的媒体，能否像它们宣称的那样，代表99%的利益？这是"独立媒体"必须面对的最大质疑。事实上，"独立媒体"表面上可以独立于政府，独立于政党，却不可能独立于资本。在西方，政党和政府又和资本利益集团紧密相连，是利益集团的代理人，所以在本质上，"独立媒体"也并不能独立于政府和政党。

媒体不可能独立于资本唯利是图的本性。在"独立媒体"的体制下，赚钱对于媒体来说，既是手段也是目的，既是生存条件也是最高目标。默多克、《时代》公司老板卢斯等传媒大亨都曾不加掩饰地声称：报业只是一种生意。美国俄勒冈州波特兰市一家周报的主编明确说："广告生意就是权力，谁给我们广告生意，我们就给谁说好话。"

媒体不可能独立于老板的意志。早在1925年，《华尔街日报》的威廉·彼得·汉密尔顿就撰文写道："报纸是私人企业，它不欠公众任何债务，公众也没有赋予它特权，它完全是业主的私产。"耶鲁大学访问学者乔纳森·谢尔曾就"窃听门"事件撰文指出：在默多克家族控制的新闻集团，编辑独立性已让位于铁腕中央集权。卢斯也曾赤裸裸地威胁那些不满其报道方针的采编人员："我早就说过我是你们的老板，这就是说我可以开除你们中的任何一个人。"

媒体不可能独立于1%的利益。对近年来这场由华尔街金融大鳄们的贪婪无度酿成的国际金融危机，一向以"无所不在的监督"自诩的美国主流媒体居然一无所察，既无预警也无揭露。当"占领华尔街"运动呼喊出"我们是占总人口99%的普通大众，对仅占人口1%的人的贪婪和腐败，我们再也无法忍受"时，美国主流媒体居然认为这"没有新闻价值"。

美国新闻自由委员会早在20世纪40年代就曾提醒：对所有人来说，当一种最重要的工具（新闻媒体）变得只对少数人有用时，当它为极少数人所役使时，把持这种工具的少数人的自由就是危险的。透过"占领华尔街"运动中媒体的表现，我们可以清楚地看到这种危险。

我们都清楚地知道，资本主义制度设计的根本出发点是保护私有财产，维护资本利益。1%的这部分人，在自由竞争的资本主义制度下积累起巨大财富，是这个制度的最大受益者，他们对维护现行制度有着高度的自觉性和强烈的责任感。默多克曾经说过："世界上没有任何一种社会模式可与讲英语的国家发展起来的模式相媲美。……（这种模式）由普选、有限政府、法制、私有财产、自由市场等要素组成。"

由1%垄断的媒体可以"独立"地问责政客、指摘政党、批评政府，可以让某位政客落马、某个政党败选、某届政府下台，但它们绝对不会去质疑、批评、反对这个制度。这就是为什么当"占领华尔街"运动的矛头指向资本主义制度深层弊端时，西方主流媒体却视若无睹、充耳不闻、轻描淡写、冷漠消极的原因。

其实，西方国家的政府也是垄断资本集团的"打工者"。那些站在大财团、大企业、大媒体背后的"1%"，才是西方国家没有任何限制的真正统治者，政府不过是他们的"看门狗"和"守夜人"。如果"1%"不满意，政府就是可以几年一换的管家和仆人。"1%"对媒体的控制比对政府的影响更加直接，媒体批评政府，与其说是公众对政府的监督和批评，不如说是主人对仆人的监督和呵斥。这才是"独立媒体"的最大真相！

媒体为私人所有，这是媒体"独立"的前提，而媒体私有化的结果，必然是资本垄断，金钱垄断。这种理念与实践的悖论，在以私有制为基础的资本主义制度下，注定是一道无解的难题。①

2. 西方如何限制言论自由和对待民意

西方一直以来都在标榜其言论自由，但近些年，西方的言论自由正在死去。尽管大多数人仍然享有相当程度的言论自由，但对于那些持有争议的社会、政治或宗教观点的人来说，这一昔日近乎无上的权利已经变得界定模糊，也不那么可靠了。

现代社会不再能够容忍的事情似乎恰恰是不能容忍其他看法。

当然，言论自由往往等同于惹恼他人——挑战社会禁忌或政治价值观。

对此重点不在言论权利上，而在言论可能引发的反应上——这是西方对言论自由看法的根本转变。

由此通常针对如下四种言论加以限制。

一是对亵渎宗教信仰的言论受限制。

一些西方国家有一些由来已久的反亵渎宗教法。以爱尔兰为例，该国在2009年判定"出版或表达亵渎宗教言论"（且这种言论被认为"对一些宗教视若神明的事物极具攻击性或侮辱性"）的做法有罪。

西方政府似乎在传达如下信息，即言论自由权不会保护你。一个明显的例子就是：在YOU TU BE网站上传泛伊斯兰教影片的电影制片人纳库拉·贝兹利·纳库拉在2012年9月因涉嫌违反缓刑规定而被加利福尼亚警方逮捕。

---

① 郭纪：《西方媒体：1%掌管，为1%服务》，参见《环球时报》2011年12月16日14版。

就连奥巴马内阁也支持联合国人权理事会通过的一项决议，该决议制定了限制某些反宗教言论的国际标准。

二是对仇恨的言论进行限制。

在美国，仇恨的言论按说受到宪法第一修正案的保护。但是，反仇恨的言论通常将仇恨的言论重新界定为犯罪的行为。

其他西方国家则历来禁止仇恨的言论。

三是对歧视性言论加以限制。

或许对言论限制发展最快的领域是反歧视法。许多西方国家都将此类法律的适用范围扩大到了被视为侮辱或贬低任何组织、种族或性别的公开言论。

比如在 2014 年一起广受关注的案件中，法国一家法院裁定时装设计师约翰·加利亚诺在巴黎的一家酒吧发表歧视言论——加利亚诺在与一对男女对骂时使用了男性至上主义和反犹太字眼。

四是限制欺骗性言论。

对于那些骗钱或是骗取其他利益的人，政府可以宣布任何欺诈行为都是非法的，而不管说谎者是否获得经济好处。

一个例子是小布什总统在 2006 年签署的《反军事荣誉窃取法案》。该法案判定任何谎称自己得到过军队表彰的人违法。最高法院 2012 年推翻了该法案，但众议院随后推出新的立法，根据该法案，以获取任何未明确定义的"有形利益"为目的的欺诈行为都是违法的。

对于民主国家来说，政府要根据民意来设计和修改自己的政策和行动。曾几何时，美国人民在"把民主还给我们"的高昂呼声中，发起政治起义。它是美国历史上反复上演的最重要的主题之一。它是 1825 年之后安德鲁·杰克逊掀起整治旋风的动力，当时，约翰·昆西·亚当斯与亨利·达莱达成了一桩看似腐败的交易——众议院议长克莱在总统选举中不顾民意给亚当斯让路，换取国务卿的位置，而这个位置在当时是成为总统的最佳跳板。

这一主题还在 20 世纪之交推动了进步主义政治的发展，当时很多美国人认为，国家已经被工业和政治寡头控制。20 世纪 80 年代，它还成为罗纳德·里根进攻控制联邦系统管理者阶层的口号。

然而，今天民意与政府行动间日益扩大的鸿沟，却无法克服。让我们看看下面三个最突出的但绝非仅有的例子。

皮尤公司在一项调查中指出，美国人民不希望卷入乌克兰局势。56% 的受访者说，置身事外比对俄罗斯采取强硬立场更重要。只有29%的人说，采取强硬立场更重要。换言之，美国人民希望乌克兰和俄罗斯自己去解决目前的复杂局势，因为这对美国的核心利益没有什么影响。

然而，乌克兰危机在很大程度上，是美国乱管闲事造成的。在这次民意调查之前很长时间里，以负责欧洲事务的助理国务卿维多利亚·纽兰和美国驻乌克兰大使杰弗里·派亚特为代表的美国官员，就在怂恿异见人士推翻乌克兰总统维克托·亚努科维奇（顺便说一句，亚努科维奇是正式选举产生的总统）的政权。甚至在抗议运动发展成流血事件之前，纽兰就在背后运作，希望一旦亚努科维奇被推翻，他的继任者会是一位符合美国国务院要求的人。

但是，当纽兰在乌克兰弄权并声称美国应该在这场由她煽动的闹剧中表现出"去他的欧洲"（欧洲才是这场危机的合法参与者）的姿态时，她考虑过美国舆论吗？没有证据说明她有过这样的想法。相反，她就像一个美国管理者阶层的代表，认为自己可以凌驾于政治之上，不被国民情绪所左右。

我们再来看看关于国家安全局（NSA）的舆论，它的所作所为被爆料者爱德华·斯诺登公之于众，引发强烈反响。《华盛顿邮报》的一次民调显示，66%的美国人对NSA"收集和使用（他们的）个人信息"感到担忧。皮尤调查也得出类似的结论，而美联社调查显示，60%的受访者反对NSA收集美国人的电话和上网信息。

为了回应这些情绪，奥巴马总统宣布了一些旨在约束该局的有限的改革措施，但它仍旧是一个难以控制的机构，致力于收集和存储大量数据，而这些信息过去曾被视为个人隐私。因此，不管主流民意如何，现状并未改变。

在这里，我们再次看到民意与政府活动之间的鸿沟，而且没有任何迹象表明，政府活动将受到民意的约束。美国《国家利益》双月刊在2014年3月刊文指出，"美国人民对于自己可以对政策产生重大影响，也没有太多信心"。

最后，看看2013年5月昆尼皮亚克大学进行的一次调查，当时正值国内税收署（IRS）高层官员利用职权打压奥巴马政敌的丑闻被披露。一些国会调查报告说，这些官员有意刁难一些申请免税资格的非营利机构。在很多人看来，这样做的目的是，迫使这些组织退出2012的选举。

昆尼皮亚克大学的调查说明，美国人不希望一些冷酷无情的混蛋来管理IRS，或者是在IRS里横行霸道。他们希望关于TRS滥用职权的指控能有个说法。但是这样的说法似乎不会有，因为政府不觉得自己有责任回应主流民意。

众议院监督和政府改革委员会，共和党议员吉姆·乔丹写道，总统在国会的支持者知道，政府对此事的解释是"一派胡言"，但他们仍选择掩盖事实。

不管事实是否如此，无可否认的是，在这件事情上，政府正在压制民意。这又成为主流民意与政府行为之间鸿沟的一个例子。

《国家利益》双月刊刊登文章呼吁，"事情不能一直这么下去。要么人民拿起被赋予的民主工具起义，从失控的管理者阶层手中夺回权力，否则，我们将进入一个漫长而黑暗的民主严重倒退的时期"。①

3. 西方如何监管和限制媒体报道自由

媒体在西方社会被普遍当成"第四权力"，在以往传统社会里政府权力优势明显时，人们对"第四权力"给予了鼓励为主，甚至放任的态度。然而进入互联网时代，社会权力结构在嬗变，英国这样的社会也面临社会传统力量与舆论力量之间的再平衡。

2011年新闻集团旗下《世界新闻报》及其他子报刊电话窃听门丑闻被曝，以及一些社交网站之后在伦敦骚乱中的表现，刺激了英国社会围绕"言论自由"及媒体道德出现前所未有的困惑。英国首相授权列文森大法官进行调查，并依照调查报告建议设立新的媒体监管机构。此后，英国媒体和政府各自起草了一份关于设立媒体监管机构的皇家宪章草案，其中媒体的草案要求，修改宪章必须得到在注册机构的所有媒体批准，而政府的草案则认为议会2/3多数批准即可修改章程。

此后，枢密院以不符合列文森报告中"新机构应具备独立性"和"以仲裁解决冲突"等建议为由，拒绝了媒体制定的草案。

英国枢密院当地时间2013年10月30日晚间正式通过了得到议会三大政党支持的新皇家宪章。宪章由女王签署，规定新设一个监管媒体的专职机构，该机构有权对违规媒体处以最高100万英镑（约合978.5万元人民币）的罚款。

新宪章的通过也标志着英国报界抗争的失败。代表报界的报业标准财务委员会当天利用宪章通过前的最后机会两次向高等法院申请禁令制，称政府制定该皇家宪章的过程有失公允，并申请就枢密院拒绝采纳媒体拟定的宪章草案提出司法审核。但高等法院最终拒绝了报业的要求，枢密院也通过了新宪章。

---

① 《且看美国政府如何对待民意》，参见《参考消息》2014年3月26日10版。

英国文化、媒体和体育部大臣玛利亚·米勒指出，报业提出的草案也被详细讨论过，但是它们强调自律，所以无法消除媒体因窃听丑闻导致的民众对其道德和恶劣行为的担忧。

伦敦金斯顿大学新闻系教授布莱恩·凯斯卡特指出，窃听丑闻使立法者、受害者以及大众对媒体颇为反感，近年来的多项民意调查也显示，民众支持建立这一机构规范媒体行为。新的监管机构不仅有助于支持言论自由并保护正常的调查性新闻报道活动，媒体也应该借助这个机会重新树立道德标准，获得民众信任。当今世界，互联网彻底削弱了各国政府对舆论的主导能力，增强了舆论的政治动员力，并且为少数派力量对抗社会主流声音提供了方便。

英国大概意识到该国舆论界的一些动向对法律形成挑战，"擦边球"越来越多，因此成立官方监管机构虽然会引起一些抗议，但女王还是签署了它。

我们说，社会秩序同发布信息的自由是一种微妙关系，成熟的社会一直在根据自身的实际，调整二者的关系。鼓励自由发布信息会刺激社会的活跃，增加公众的承受力，但这种鼓励在任何国家都有大致相同的边界，那就是不能破坏社会的运转，不能损害现有法律体系的权威。

在双重标准作祟下，西方社会一边意识到自身在互联网时代面临新挑战，一边对第三世界国家媒体的出格行为给予鼓励。某个西方国家为维护法律和社会稳定，出台一些监管措施，搞一些"潜规则"，如果出现抱怨和反对声，一般限于该国内，不会形成西方舆论共同的口诛笔伐。而如果同样的事情出现在非西方国家，比如出在中俄，西方舆论必然群起而攻之。

媒体往往是一国各种力量中最活跃的，但怎样让媒体的正面作用发挥到最大，尽量避免舆论开放的负效果，只有相关国家自己才能有最真切的感受，以及最准确的把握。对于我们的启示，正如《环球时报》评论员单仁平所言，"英国'特许状'提供了一个信息发达国家加强媒体监管的案例。以超越意识形态的实事求是态度观察它，我们就可能透过别人的问题，获得对自己有价值的收获"。

美国也限制媒体的报道自由。据《俄罗斯报》2013年11月26日报道，白宫记者协会集体"炮轰"美国政府限制报道自由，尤其是对奥巴马总统的摄影与摄像报道。包括美联社、美国广播公司、《纽约时报》在内的30多家知名媒体在这封递交白宫新闻秘书杰伊·卡尼的公开信上签名，坚决要求就奥巴马履行公务及会谈给予更多的摄影报道自由。

公开信抱怨说，记者经常被要求关闭镜头，从而无法以独立视角报道政府的工作。公开信还提到，白宫经常以"私人"性质为借口，禁止记者参与白宫的活动。因此，媒体往往只能采用社交网站上政府官方上传的有关会谈的照片与视频。公开信强调，这是偷梁换柱行为，是企图用官方新闻稿取代独立的摄影报道，这违背了宪法所赋予的新闻报道权。

在杰伊·卡尼举行的新闻发布会上，《纽约时报》的一位记者把新闻处的工作方式称作"苏联式"的——只向官方摄影师提供拍摄国家元首的权利。

抗议书还列举了2013年7月到9月间记者被禁止参加的7次会议活动，其中包括总统夫妇会见巴基斯坦著名的维权少女马拉拉。

让记者们愤怒的是，这些会谈并不涉及敏感信息，却横遭干涉。他们直言不讳地要求白宫提供更多的报道自由。

不过，恪守民主价值观的白宫似乎并不打算"投降"。发言人约翰·欧内斯特回应称："发布私人性质会谈活动照片并非取代记者的工作，而是对记者工作的补充。这样美国人就能看到政府私底下所发生的一些事情。有时禁止记者参加是因为活动场所空间有限，容不下所有媒体，有时是因为其他一些原因。因此，我们采用新技术（意指利用互联网和社交网站）发布大量有关总统工作的照片。这对美国人是好事。至于我们同记者之间的一些小分歧，这也是我们工作的一部分。"

由此，我们不难看出，西方所谓自由只是一种政治宣传而已，或者说那只是对非西方国家的"别有用心"。[①]

四、战争文化让美国成为暴政国家

（一）美国满世界找敌人意欲何为

人类拥有共同的价值，但各国利益不同，世界政治依然充满了国家利益博弈的刀光剑影。在捍卫自己的国家利益方面，美国动用了包括政治权力、意识形态权力、军事权力在内的各种手段，但效果日益衰减。

---

① 白阳：《英王室授权设立媒体监管机构》，参见《光明日报》2013年11月1日21版；《美记协炮轰白宫限制报道自由》，参见《参考消息》2013年11月27日9版。

所谓政治牌，就是美国在冷战后大举推行的旨在实现其意识形态权力的民主化战略，比如伊拉克、利比亚等国的现实让世人已经不再相信美国手中的自由民主牌了。

除政治和意识形态手段外，美国试图以军事手段实现"大中东民主"。在此之下，萨达姆、卡扎菲成了美国无可匹敌的军事实力的牺牲品，美军也显示了自己全球军事霸主的实力。但是，碎国家易，建国家难。结果，无序的中东自然滋生出"伊斯兰国"，沉渣泛起。谁之过？地球人都知道。

当美国针对叙利亚和伊朗爆发全美反战游行时，曾在2002年至2005年任美国国务卿鲍威尔办公室主任的劳伦斯·威尔克森预测，"如果美国再犯此类'失误'，例如针对叙利亚和伊朗（动武），**将给该地区甚至全世界带来灾难性后果。**"目前，威尔克森是美国威廉—玛丽学院政府与公共政策专业客座教授，作为美国陆军退役上校，他自述"一生中最大的错误"是2003年美国发动伊拉克战争时，他为国务卿准备了为什么要动武的演讲稿。无论是伊拉克战争还是"棱镜"事件，都让美国的国际形象严重受损，这也成为美国军政等界深思的话题。而威尔克森在接受媒体专访时表示，处于持久战争状态和情报被严重政治化，让美国成为一个"暴政国家"。

威尔克森在接受美国"真实新闻"网采访时表示，斯诺登曝光的"棱镜"事件显示出美国的一种病态，病因是"无休止的战争文化"，并用"残酷"、"暴政"等词形容美国政府。

威尔克森还表示，美国现在并非一个纯粹的民主国家，而且从来都不是。美国是一个"民主联邦共和国"。由于所谓的反恐战争，这个"共和国"已将战争看成自己存在的真谛。持久的战争状态会滋生暴政。爱国者法案、外国情报监视修正案、美国国家安全局的监控项目，以及法律允许军队参与国内执法等，所有这些都是暴政行为。

美国人看这个世界，看到的是无穷无尽的威胁：中国好似在野心勃勃地崛起；俄罗斯具有侵略性；伊朗对美国的盟友造成威胁；曾经为之依赖的中东各国战火纷飞，正在陷入混乱；拉美的领导人好似更反美；恐怖分子正占领地盘并发动令人毛骨悚然的暴行。美国人一边考虑与埃博拉病毒斗争，一边还在防止中美洲的儿童偷渡美国。

事实上，这是美国臆想出来的世界，美国并没有强有力的敌人。美国不仅安全，而且比现代历史上任何一个大国都更安全。

美国布朗大学沃森国际问题研究所访问学者斯蒂芬·金泽认为,"美国的安全优势独一无二。地理优势是我们(美国)最大的保障。无边无际的大洋使我们远离那些进攻者。我们广袤的国土富饶而多产。世界上没有哪个大国能有这种安全优势。另外一个优势是我们的潜在对手很弱。中国还要过几十年才能对我们造成严峻的挑战,而且也没有证据显示中国会这样做。俄罗斯现在实力衰弱,遭受严重的经济困难,虽然该国对邻国不总是那么友善,但不会对美国的安全构成任何威胁。中东地区令人心碎的暴力活动并不会给美国的安全产生严重影响。至于美国国内的恐怖主义,对美国人的威胁更是微乎其微:你死于恐怖袭击的几率比在自己生日那天被闪电击中的几率还小。"

大力宣传一个危机四伏、敌人遍地的世界,给美国人带来一种"安全神经焦虑症"。由此,美国会把别国的国防行动看成是对它的威胁,它甚至会把美国推向战争,因为,它总想先发制人地应对某种威胁。而实际上这些威胁根本不存在。

武器制造商从这种"安全神经焦虑症"中获得的利益可能比军事分子更直接。美国人认为庞大的军费理所当然,并为其他国家没有如美国这么大规模的武装系统而感到难过。对于某些人来说,找出新的威胁总是有利可图。

为此,美国设在海外军事基地数量惊人。根据美国国防部及其下设的国防人力数据中心所提供的官方信息,目前美国在德国仍派驻了约4万名军人,设有179个军事基地;在日本的驻军人数超过5万人(基地109个);在欧洲各地还有数以万计的驻军和数以百计的基地。目前美国在韩国的85个基地内共有2.8万多名军人,而且是从1957年就开始在韩国驻军。

根据国防部发布的最新《基地结构报告》,美国共在至少74个国家设有基地,派驻军人可以说遍及全球。美国派驻军人的数量不等,多的成千上万,少的只有一人(比如,可能是一名武官)。

美利坚大学人类学副教授戴维·瓦因在即将出版的《军事基地国家:美国海外军事基地如何危害美国和全世界》一书中,详述了对美国在海外的军事力量作出评估的难度。

瓦因解释说:"基地有各种规模和类型,从在德国和日本的大块场地,到在秘鲁和波多黎各的小型雷达站。甚至在像托斯卡纳和首尔这些地方设立的军事度假休闲区也是一种类型的基地。美国军队在全球各地有170多块高尔夫球场。"

大多数国家的美军基地似乎都不算密集（少于 10 个）。相比之下，德国有 179 个，波多黎各有 37 个，意大利有 58 个。海外驻军规模最大的地方仍是美国曾在"二战"中攻打过的国家，而在它近年来爆发冲突而派驻军队的地方——比如中东——的军力则有所减少，至少从基地数量上看是在减少。

瓦因写道："五角大楼说它在海外只有 64 个'活跃的大型军事设施'，它们大多数基地都是'小型设施或场所'。不过它所定义的'小型'是指造价不超过 9.15 亿美元的基地。换句话说，小型基地或许不那么小。"

关于美国海外驻军的信息也不十分清晰，使得要判断美国军事影响力的真实程度并非易事。

在这里我们不禁要问，美国口口声声标榜自己是民主国家，向世界兜售推销其价值观，难道民主靠武力？竭力宣扬"人人平等"，国家与国家不平等，怎么体现"人人平等"呢？海外驻军有悖民主！

事实上，自 1947 年以来，美国军方就一直主导着安全政策。冷战结束后，美国安全政策甚至成为外交政策。这是五角大楼凌驾于国务院的一个原因。再者，五角大楼每年获得 5000 亿美元资金，而国务院获得资金尚不足 500 亿美元。如此悬殊的对比，更表明军方为什么能主导外交政策。不幸的是，正是由于这种主导地位，使发动战争成为"美国存在的理由"。这种在全球范围内"以暴制暴"是错误、适得其反和不道德的。

然而，我们发现，美国对世界的武力挑衅却越来越有兴趣，借口航行自由强闯别国禁区。五角大楼 2015 年 3 月 25 日称，美军 2014 年开展航行自由行动，挑战包括中国和阿根廷在内的 19 个国家的海上权利主张，无视这些国家对其施加限制的努力，维护美国的通过权。

五角大楼发布的 2014 年度《航行自由报告》称，美国军方 2013 年开展的航行自由行动挑战了包括中国、阿根廷、巴西、印度等 19 个国家的海上权利主张。行动次数增加在一定程度上是因为对拉丁美洲的关注增强。在拉美地区，美国挑战了 6 个国家的权利主张，包括阿根廷、巴西、委内瑞拉和尼加拉瓜。

美国开展航行自由行动的手段，是派海军等舰艇和军机进入某个或某些国家试图以某种方式加以限制的区域。这种行动旨在表明，国际社会没有接受其权利主张。

此类行动始于 1979 年，由美国国务院和国防部协调进行，意在与《联合国海洋法公约》保持一致——尽管华盛顿并未正式批准这一公约。

我们知道，20世纪90年代以来，在中国沿海发生的一系列中美海上摩擦，都与美国实行自由行动有密切关系。这包括2001年4月的南中国沿海撞机事件和2009年3月的"无暇"号间谍船对峙事件等。

美国有漫长的海外军事行动历史，而且大多数情况下，美国总统并不会经议会批准，而是会利用宪法所赋予的权力自己作出行动决定。那样的话，他们会在没有国会批准的情况下向海外派出军队、实施空袭或让美军人员参与盟友的行动。据美国之音电台网站2013年9月3日报道，粗略计算过去50年中，美国共进行了50多次重要的军事行动——平均每年一次还多——从越南战争、伊拉克和阿富汗战争到对波斯尼亚、利比亚、格林纳达、海地和巴拿马等地的程度较轻的袭击。

（二）美国曾推翻七个政府

美苏冷战期间，美国中央情报局试图把"他们的人"安置到国家元首的位置上。一些国家的领导人，无论是独裁者还是靠民选上台的人物，这一地位最终让他们丢掉乌纱帽（有些人甚至赔掉了性命），美国政府已经公开承认这些秘密行动的其中一些。

美国《外交政策》双月刊网站2013年8月19日的文章，介绍了已经得到中情局在全球插手政变活动的案例。

在下面提到的七场成功的政变中，美国秘密参与遗留下来的问题，使得美国的隐秘之手很容易就被说成是如今政治紧张局势中的可怕推手（更不用说美国对敌对政权实施的系列军事干预、美国支持的叛乱武装集团以及暗杀未遂行动，其中包括用一支爆炸雪茄行刺菲德尔·卡斯特罗）。即使是现在，尽管美国在开罗的影响力减弱，在埃及比比皆是的阴谋论声称，无论是穆斯林兄弟会还是军方支持的政府，都是与美国同流合污的。

伊朗，1953年：虽然人们一直对中情局在1949年的那场让军政府在叙利亚上台的政变中所发挥的作用进行猜测，但是推翻伊朗首相穆罕默德·萨摩台是美国政府承认的最早的冷战政变。1953年，当了近两年首相的萨摩台被赶下台，然后被捕，余生都遭到软禁。在就任首相期间，他挑战沙阿（伊朗国王）的权威，将以前由英国经营的伊朗石油业收归国有。根据刚刚解密的中情局撰写的这一行动的历史报告："在冷战处于高峰，美国在朝鲜卷入了一场未宣战的战争，着手对付苏联和中国支持的军队之时，伊朗可能会受到苏联侵略，迫使美国筹划和执行了 TRAJAX（这次政变行动的代号）。"

危地马拉，1954 年：尽管美国最初支持危地马拉总统哈科沃·阿本斯——美国国务院认为，他利用美国训练和武装的军队而上位，这将是美国的资产——但当阿本斯尝试实施的一连串土地改革威胁到美国联合果品公司控制的非生产用地时，双方之间的关系变糟了。1954 年的政变把阿斯本赶下台，接下来军政府取而代之。中情局参与推翻这位危地马拉领导人的机密细节在 1999 年遭披露，其中包括美国武装叛军和准军事部队，同时美国海军封锁了危地马拉海岸。

刚果，1960 年：在美国支持的比利时军队对刚果——后来的刚果（金）——进行的军事干预中，刚果首任总理帕特里斯·卢蒙巴被总统约瑟夫·卡萨武布罢黜，这一暴力干预的目的是为了在该国去殖民化运动之后维持比利时的商业利益。但是卢蒙巴坚持武装抵抗比利时军队，在与苏联接触请求物资供应之后，他被中情局盯上了。中情局认定他对新成立的蒙博托政府构成威胁。美国在 1975 年成立了一个由 11 名参议员组成的教会委员会，负责监督美国情报部门的秘密行动。该委员会发现，中情局"持续与那些表示想暗杀卢蒙巴的刚果人进行密切接触"，而且，"中情局官员鼓励并且向这些刚果人提供援助，帮助他们对付卢蒙巴"。

在利用一条下了毒的手帕对卢蒙巴行刺未遂后，中情局把卢蒙巴的所在位置通报给刚果军队，并且指出要封锁的道路和潜在的逃跑路线。卢蒙巴在 1960 年底被俘，并于次年 1 月被杀害。

多米尼亚共和国，1961 年：拉斐尔·特鲁希略在多米尼亚共和国实行了残暴的独裁统治，包括对生活在这个国家的成千上万海地人进行种族清洗，以及试图对委内瑞拉总统行刺，最后他遭到政治异见人士的伏击，一朝丧命。虽然向特鲁希略开枪的人坚持说"没人让我去杀掉他"，但这位枪手事实上得到了中情局的支持。教会委员会发现，"形形色色的异见人士得到了物质上的支持，包括三支手枪和三支卡宾枪……"美国官员知道这些异见人士图谋推翻特鲁希略，或许是通过暗杀行动。

南越，1963 年：美国在 1963 年时已经深深陷入南越的泥潭之中。随着该国领导人吴庭艳镇压佛教徒异见人士，美国与吴的关系日益紧张。根据五角大楼的文件，在 1963 年 8 月 23 日，阴谋政变的南越将领们就他们的计划与美国官员接触。美国对此是忽冷忽热,又犹豫不决了一段时间。这些将领最终在美国的支持下于当年 11 月 1 日抓住并杀害了吴庭艳。根据一些描述,美国提供了 4 万美元的经费。五角大楼的文件声称:"对于针对吴庭艳的军事政变,美国必须承担其责任,从 1963 年 8 月开始,我们批准、认可和鼓励了越南将领的政变努力,并且表示全力支持一个继任政府……我们坚持在政变的筹谋和实施阶段与他们秘密接触,谋求修改他们的行动计划,并就新政府提出建议。"

巴西,1964 年:按美国大使林肯·戈登的话说,由于担心巴西总统若昂·古拉特的政府将会"使巴西成为 20 世纪 60 年代的中国",美国在 1964 年支持了时任巴西军队参谋长的温贝托·克斯特略·布兰科领导的政变。在政变的前几天,中情局鼓励举行反对政府的街头集会,向那些支持军方的人提供燃料和"非源自美国的武器"。根据美国国家安全档案馆获得的解密政变记录,时任美国总统林登·约翰逊对筹划政变的顾问们说:"我认为,我们应该采取可以采取的每一个步骤,随时做好需要做的一切准备。"巴西军方随后执掌大权直到 1985 年。

智利,1973 年:美国从来都不希望在 1970 年当选总统的社会主义者候选人萨尔瓦多·阿连德走马上任。理查德·尼克松总统对中情局说:"让(智利)经济惊声尖叫吧。"中情局曾与三个智利集团携手合作,它们都在 1970 年阴谋对阿连德发动政变,但在中情局对其代理失去信心后,这些计划土崩瓦解。美国一直企图对智利经济进行破坏,直到奥古斯托·皮诺切特将军在 1973 年领导了一场针对阿连德的军事政变。中情局对 1973 年 11 月 11 日皮诺切特夺取大权的官方描述指出,该局"意识到军方的政变阴谋,与一些阴谋者保持着情报收集关系,并且中情局不阻止权力接管,而且谋求在 1970 年煽动政变"。在皮诺切特 1973 年坐上头把交椅之后,中情局还发动宣传攻势支持皮诺切特新政权,尽管他们知道他有严重的侵犯人权行径,包括杀害政治异见人士等。[①]

(三)美国用"圣诞大轰炸"结束越南战争

圣诞节,通常带给人们的是温馨与幸福,可是在 40 多年前,为了从军事上压服桀骜不驯的北越政权,美国空军进行了一场前所未有的"圣诞大轰

---

① 参见《参考消息》2013 年 8 月 22 日 12 版。

炸。"在这场代号"后卫—2"的行动中，B—52 轰炸机密集投下了 2 万吨炸弹，导致越南首都河内"整个城市变成月球表面"。美国自认为正是这场轰炸，促成北越在一个月后的巴黎和平协议上签字，使自己体面地摆脱了越战泥潭。

1972 年 10 月，在越南征战 8 年多的美军早已没有当初卷入这场"反共圣战"时的自信，奉行多年的"南打北炸"策略未能使北越屈服，反倒使其进一步向南越武装渗透。美国空袭北越大后方的行动也变得更加艰难，由于中国和苏联的全力援助，北越防空力量迅速壮大，数以百计的美机被击落，飞行员被俘后变成北越的筹码，电视上经常出现美国战俘游街的画面。

在巨大舆论压力下，美国总统尼克松急于从越南脱身，可是美国与北越代表在法国巴黎进行的和平谈判陷入僵局，北越代表黎德寿拒绝在释放美国战俘问题上作出实质性让步。12 月 13 日，不耐烦的美国人单方中断谈判，尼克松决定给北越一点颜色看。

12 月 18 日至 12 月 29 日（12 月 25 日除外），美国空军发动了越战期间规模最大、也是最后一次空中战役——"后卫—2"，整个空袭由位于泰国的美军战役指挥中心负责实施，B—52"同温层堡垒"轰炸机和 F—4 鬼怪战斗机担负主要打击力量，集中攻击北越军重点保护的河内、海防和太原。仅在 12 月 18 日晚，就有 129 架 B—52 组成三个密集编队扑向河内。

现为英国广播公司越南语频道记者的何明当年才 10 岁，她清晰地记得与妹妹躲在住所楼梯下面，恐惧地听着机群由远及近的轰鸣声，"你可以听到声音从很远的地方传来，然后它们的身影若隐若现，还带着非常沉闷的嗡嗡声，真是太可怕了"。美军空袭河内多年，主要针对北越军队的燃料库和弹药库，但何明回忆说，这一回，B—52 是要用恐怖袭击来摧毁越南人的心灵。"以前的战斗机飞得很快，扔一两颗炸弹就飞走了，可是 B—52 却飞得很慢，它们持续投弹的时间更长，咚、咚、咚，炸了很长一段时间。"何明说。

"后卫—2"行动的第三天，美国与北越的较量白热化，美军从关岛和泰国派出 95 架 B—52 参与空袭，而北越军在苏联顾问指导下采取立体拦截方式。当天，北越防空军大秀了一把"导弹假发射特技"。作战中，北越军的地面指导站打开雷达天线，却不发射导弹，这个举动经常迷惑住美军飞行员，当一发现自己的飞机被地面雷达波探测后，美机就想当然地以为自己受到攻击，提前进行反导弹机动。可是在引导站的雷达屏幕上，北越操作人员很容易将这些高难度机动动作的战斗机与受其掩护的 B—52 战略轰炸机分开，因为后者不具备这样的机动能力，从而掌握美军作战飞机的阵形和位置。

至 12 月 29 日行动结束，美军累计被击落 15 架 B—52（北越宣称击落 34 架），另有 12 架其他类型军机被击落，至少 30 名机组人员丧生，20 多人失踪，另有不少人跳伞后被俘。北越方面，官方称约有 1600 名平民丧生，一般认为这个数字相对保守。

按照美国官方的说法，贯穿圣诞节的"后卫—2"行动令北越领导人失去继续拖延的勇气，最终在一个月后缔结巴黎协定，使美军得以体面地脱离越战泥潭。北越则将抵抗"圣诞大轰炸"的作战称为"空中奠边府大捷"，北越领导人黎笋称赞地空导弹是无与伦比的"升龙（河内古称升龙）火龙"。而当时指导北越军作战的苏联少将赫留鲁列夫说："空中奠边府战役"打响前，北越军保有 98 套 S—75/S75—M 导弹系统和 7500 枚导弹，战斗结束时已用掉 45 套发射系统和 4300 枚导弹。1973 年 2 月 7 日，北越国防部长武元甲在同苏联军事代表话别时强调："如果防空部队没有取得（1972 年底）河内空中大捷的话，（北越和美国之间的）巴黎和谈将向后推迟，也不会签订和平协议。换句话说，防空部队的胜利也是一个政治胜利。"

据美国国会的统计报告估计，按照 2011 年的美元币值计算，越南战争的总费用高达 7380 亿美元，而 1970 年以来支付给老兵及其家属的各项补偿就花掉 2700 亿美元。美军为 40 年前的越南战争支付的费用仍在增长。每年支付给越战老兵的补偿金超过 220 亿美元，几乎相当于联邦调查局年度预算的两倍。

2012 年，美军士兵枪杀 16 名阿富汗贫民事件，曾令世人震惊。其实，对美军来说，此类事件并不鲜见，在朝鲜战争初期，美军曾制造滥杀难民的"老根里惨案"。漫长的越战中，此类暴行更是不胜枚举，美国总统奥巴马就提到著名的"美莱村大屠杀案"。在"美莱村事件"中，约 500 名越南平民被杀，而最终被起诉的 20 多名美国军人中，仅一人获罪，而且是在自家公寓里服的刑。

屠杀暴行令人发指。1968 年 3 月 16 日，驻越美军一个步兵团的一个排，在排长威廉·凯利中尉率领下扫荡了越南广义省一个名叫美莱的小村庄。他们将大批无辜村民集合起来，用机枪扫射屠杀。据悉有 567 人被杀，大多是妇女、儿童和老人。这一惨案被美国军方隐瞒，直到 1969 年 3 月底，参与越战的美军士兵罗恩·赖德诺尔听说这起事件后，收集目击者的描述并给国会议员写信，才揭露了这起丑闻。1969 年 11 月 30 日，这一屠杀事件在《纽约时报》上被公开揭露。

在舆论的压力下，凯利及其所在分队遭到政府起诉，并在佐治亚州本宁堡军事法庭受审。审判于 1970 年 11 月 17 日开始，由一名军事法官主持，陪审团由 6 名陆军军官组成。由于案情复杂，它成了美国历史上审判时间最长的案件之一。

国内强大的支持和同情声音是案情进展缓慢的重要原因。由于有"民意"支持，加上自己的行动是上头指派的，更有甚者，军方和政治高层一开始就暗示凯利不用担心，审判就是走一下过场，包括凯利在内的被审判者因此显得非常轻松。

1971 年 1 月 29 日，法庭宣布撤销对参与大屠杀的所有士兵的指控，因为他们是奉命行事，同时撤销对师长科斯特少将企图掩盖屠杀真相的指控。3 月 29 日，凯利被定罪；3 月 31 日审判正式结束，凯利因屠杀 22 名越南平民被判终身监禁并服劳役。麦迪那起初被指控谋杀了 102 个越南平民，然而，这个指控后来被减为一项谋杀一名越南妇女的谋杀罪，最后又被宣布免受处罚。由此，在 26 名因屠杀以及掩盖屠杀而被起诉的军官和士兵中，只有凯利一人被判有罪。

但凯利在监狱仅待了 3 天就被减刑。美国时任总统尼克松签署命令说，凯利应当在家里而不是正式的监狱接受监督，并表示要对整个案件进行审查。尼克松之所以这么做，是因为审判结束次日做的一项民意测验显示，公众一边倒地（78%）反对法庭对凯利的判决。

1971 年 8 月 20 日，凯利的刑期被减为 20 年，1974 年进一步减为 10 年。1974 年 5 月 3 日，尼克松通知国防部长说，他已重新审核了这一案件，决定不再采取进一步行动。11 月 9 日，凯莉获得假释——在 3 年半的"公寓监禁"后，凯利重获自由。

被判罪后来又不了了之的凯利多年来一直避谈美莱村屠杀事件，2009 年 8 月 19 日，66 岁的凯利终于开口道歉。他在出席一场午餐会时说："我没有一天不为此感到愧疚，我愧对被杀的越南人、他们的家人、牵涉的美军及家属，我感到非常抱歉。"他还说，"假如你问我是否应该挺身而出，违抗（屠杀）命令，我只能说，我当时是个尉官，从上级接到命令并愚蠢地加以执行。"

2012 年，美国曾纪念越战升级 50 周年。那场冷战时期的战争中约有 5.8

万名美国官兵阵亡,远远多于死于伊拉克战争(约4000人)和阿富汗战争(截至目前约为2000人)的美军人数。奥巴马曾说,"越战是美国历史上最沉痛的篇章之一。"①

(四)冷战时期,驻德美军频练生化战

冷战高峰时期的1984年12月的一天,驻德美军的特种部队在德国南部上演了一场化学和生物演习战。

士兵们穿着防毒服,驾驶战车,向"敌军"发射化学武器……而假想的"敌军"就是苏联为首的东方阵营。这段历史,美国从没有披露过。目前,德媒曝光了美军在冷战时期以德国为试验场进行化学武器试验的历史真相。

"二战"后,美国作为唯一大规模秘密研制生化武器的国家,其生化武器的技术水平远远领先于其他国家。很快美国把研制成果付诸实践。在20世纪60年代至70年代初,美国发动侵越战争,期间在越南南部及老挝、柬埔寨土地上喷洒上万吨化学毒剂——橙剂,致使200多万人深受其害。

美国公然违反《日内瓦议定书》中"禁止使用有毒武器"的做法,遭到国际社会的严厉批评,甚至盟国也认为美国"食言"。美国曾怀疑越共拥有化学武器,但结果却相反。

随着苏联军队入侵阿富汗,美国情报机构认为,苏联正通过秘密渠道在阿富汗部署化学武器。他们不仅拥有化学武器,而且被确定将使用这些可能引发大灾难的武器。欧洲盟国也担心,以苏联为首的东方阵营,可能会向西方发起生化战争。如果真是这样,西方可能被打得措手不及。为此,美国军队制定了"苏联战术",决定加大在欧洲的化武研发和士兵防御训练,以便在"肮脏战争"中赢得先机。

在欧洲,美国最终选定德国作为实施"苏联战术"的大基地。这种决定的原因很多。首先,东西德是冷战的前沿领地。越过西德边境,就是东方阵营的领地。"二战"后,美军在西德建有多个军事基地,包括斯图加特、海德堡、维尔茨堡等基地。其次,西德拥有研制生化武器的强大实力。西德拥有一大批化学专家,像德国化学家弗里茨·哈伯被视为化学武器之父,1918年还

---

① 黄山伐:《美国用"圣诞大轰炸"结束越战》,参见《环球时报》2012年12月27日13版;金点强:《40年前,美轻判越战屠村官兵》,参见《环球时报》2012年3月15日13版。

被授予诺贝尔化学奖。西德还拥有巴斯夫·马沙尔等著名的化工企业。德国企业可以提供如氯或氰化氢等化学工业材料,使化学武器很快研制成功。

实际上,"二战"之后,苏联和美国就在争抢德国生产化学武器的设施和专家,积极研制和储备各种新型毒剂。50年代,美国研制出毒性更大的神经性毒剂,通过皮肤接触就能致命。60年代,美国研制出火箭发射毒气弹。该毒气弹中有许多个小球,每个小球可藏500克沙林,杀伤力极强。此外,美国在德国的化武研发基地里,还研制了可以检测空气中毒气的电子仪器。如果出现异常现象,可以自动报警。同时,美国和西德还大量制造防毒面具,甚至还有动物用的防毒设备。

除此之外,美国还在德国建起"化学兵团",要求士兵能够熟练使用各种化学武器,并进行大规模人员培训。为此,美国在德国建立起多个生化战基地,这些基地大多设在森林地区,许多附近的德国民众并不知晓其中的秘密,也不能随便进入这些"禁区"。一位住在上普法尔茨的德国老人回忆说,当时他们住处确实有"严禁入内"的基地,但却不知道是危险的化学武器训练基地。如果当时得知,民众可能会把美军赶走。

为了在实战中取得优势,美军还不断进行各种实战演习。

赖特在20世纪80年代曾是美军的防务官员。他回忆说,"一些化学武器,仅仅一滴就可以致命。而发射一颗化学炸弹,就可以让5000敌人死亡。"演习都是以苏联入侵并使用化学武器为假设背景,驻德美军"化学兵团"进行防御反击。不过演习中用催泪弹代替化学武器,但即使这样也非常危险。他们必须佩戴防毒面具和防护眼。各种化学地雷引爆、发射化学火箭等演习项目一个都没有少。尽管如此,士兵们经常有强烈的眼睛灼热感,鼻子和喉咙疼痛,咳嗽并不停打喷嚏。在演习基地附近,曾发生过多次动物被毒死的事件。

1984年12月3日,当震惊世界的印度博帕尔化学灾难发生后,"化学兵团"并没有停止训练。相反,他们发起了一次更大的演习。随后美军高层还在欧洲各地会见驻欧防护人员,讨论苏联可能的化学攻击的风险。美国人认为,苏联人囤积了化学武器。美国还对阿富汗的苏联毒气攻击进行了调查。对他们来说,博帕尔化学灾难更像是一次提醒,化学武器的危害大得惊人。美国不想失败,必须赢得苏联的生化战。

美国在德国大搞化学武器,也壮大了德国生化企业。西德企业卡尔·科比、马沙尔等公司也参与制造所谓的"杀虫剂生产厂"项目。实际上,这几家工厂都在生产化学武器。最终，苏联并没有发起生化战争。不过，资料显示，美军之后并没有放弃化学武器的研制和实战演练，以防自己在可能的生化战中落后于其他国家。①

（五）美国借反恐之名发动伊拉克和阿富汗战争

2003年3月20日，美国绕开联合国安理会，对伊拉克发动旨在颠覆萨达姆政权的战争。

2002年，在小布什治下的白宫开始大肆鼓吹入侵伊拉克之际，其他国家仍然沉浸在9·11事件以及随后的阿富汗战争的恐怖阴影中。

然而出兵的前提是危险而荒谬的：伊拉克拥有大规模杀伤性武器，能在45分钟内部署好导弹对准英国在地中海的军事基地，而其中最绝的理由就是，萨达姆和"基地"组织通力开展行动，并且有证据显示二者之间存在联系。

尽管中情局说萨达姆和基地组织并无关联，但白宫官员和其他新保守主义者还是言之凿凿，直到多年以后，解密文件最终揭开了真相。

这场战争是伊拉克国家和人民的灾难。尽管在经历两伊战争、科威特战争及随之而来的海湾战争后，伊拉克已经千疮百孔，但真正使伊拉克国家和人民陷入灾难性处境的还是这场伊拉克战争。

据美国布朗大学在伊战10周年调查报告揭示，伊拉克战争代价高得惊人。来自15所大学、联合国和其他组织的30名经济学家参加了《战争代价》项目。这份报告于2013年3月20日伊拉克战争10周年前夕发布。调查结果揭示，美国领导的伊拉克战争共夺去19万人的性命，并至少花费2.2万亿美元。

这一数字远远超过乔治·W·布什总统政府最初的预测——这场战争将耗费500亿至600亿。

根据这份报告，在死于伊拉克直接战争暴力的人中，超过70%是平民，约为13.4万人。在19万死者中，有一小部分是美国人：4488名美国军人以及至少3400名美国承包商雇员。

位于罗德岛的布朗大学教授，领导这项研究的凯瑟琳·卢茨说："伊拉克战争造成的惊人死亡数难以尽数。"

还有超过一百万名伊拉克难民流散到世界各地，伊拉克国内有超过三百万

---

① 青木：《冷战时，驻德美军频练生化战》，参见《环球时报》2014年3月4日13版。

人流离失所，他们被赶出自己的国家，被迫逃离教派暴力冲突。

而阿布格里卜虐囚丑闻、哈迪塞惨案以及其他违反美国军纪的行为，让美国政府无法在伊拉克开展"赢得民心"的行动，使美国作为军事超级大国的形象受到损害，还令美国为稳定该地区所做的努力付之东流。

这场10多年前的战争，在伊拉克许多事情都已经改变，伊拉克人认为，十年前"不幸福但安全"，十年后"民主乱作一团"，混乱和动荡还将继续，正如新华社在巴格达的雇员贾迈勒·哈西姆·艾哈迈德所言，"伊拉克人却越来越感觉到他们被美国出卖了"。

曾经推翻萨达姆雕像的"名人"卡杜姆贾布里也不满意现状。当初美军攻克巴格达后，在位于巴格达市中心"天堂广场"上的萨达姆雕像前，卡杜姆手举大铁锤，奋力猛砸雕像的镜头成为当时多家媒体的头条，贾布里也成为风云一时的人物。然而，10多年来的变化使贾布里后悔不已。他说："在萨达姆时期，巴格达还很安全，我们的生命还有保障，生活也还不错，电、水和燃气等必需品的费用也还负担得起。现在，到处都是杀戮、抢劫和教派间的暴力冲突，整个伊拉克变得一团糟。"

10多年过去了，入侵伊拉克的战争，随后的起义和教派冲突把过去安全的街区变成了战场。

根据政府的数据，伊拉克战争之后，成千上万的伊拉克平民遭到杀害。而非官方的数字则指出，超过100万人死于军事行动和教派冲突。

伊拉克战争还留下了约500万孤儿和100多万寡妇，约400万人流离失所。对于一个只有3000万人口的国家来说，这些数字是残酷的。

美国人把"基地"组织在全世界的恐怖主义活动，以及打击"基地"组织的战斗形容成是永恒的和具有历史意义的斗争。他们拒不承认"基地"组织可能只是一个暂时的和有限度的现象，有其存在的动机。

对于许多观察家来说，"基地"组织是伊斯兰世界与美国之间关系失衡的结果，也是缺乏和平方式来处理这种失衡状态的结果。

这场战争导致中东地缘政治力量严重失衡，给地区局势带来灾难性后果。历史经验显示，中东地缘政治四大力量（阿拉伯国家、伊朗、土耳其和以色列）间构成的相对平衡是中东地区局势稳定的基本条件。20世纪后10年，当时主导中东秩序的美国克林顿政府在此推行"西促和谈"（阿以和平进程）、"东遏两伊"（伊朗、伊拉克）的政策，同时两伊间又相互制衡，中东地区曾出现一段少有的相对平衡和稳定的局面，巴以和平进程还取得了明显的进展。但这种短暂的地缘政治力量平衡最终被"9·11"事件后美国在此的军事行动、特别是伊拉克战争所打破。中东地缘政治力量由此变得严重失衡，并成为影响伊拉克战争后中东局势的重要因素。

这场战争对于发动战争的美国本身也是一种灾难。战后10年来，越来越多的美国人认识到，伊拉克战争是美国一次"战略性失败"。全世界在美国遭受恐怖袭击后给予的深切同情也随伊战消磨殆尽。最后，伊战还加深了美国在内政上的分裂。

历史经验值得汲取。进入21世纪以来，以美国为首的西方直接发动和参与了对中东地区及世界局势产生重大影响的三场战争：阿富汗战争、伊拉克战争和利比亚战争。从战争的结果看，三场战争无一例外地都给当事国带来了严重后果。阿富汗迄今仍无安宁之日，在美军即将大规模撤出之前，塔利班又呈卷土重来之势；伊拉克局势持续动荡；利比亚也呈现地方割据态势，中央政府的权威难以真正建立；更有甚者是使恐怖"基地"组织进化成了"伊斯兰国"，且有不断坐大的趋势。由美军主导的、在伊拉克和叙利亚讨伐"伊斯兰国"组织的作战似乎看不到尽头。

在阿富汗战争中，美军在打击塔利班组织和"基地"组织残余武装人员的行动中，因手段强硬和行动频繁引起阿富汗人普遍反感。阿富汗一些地方部落首领曾数次抗议美军领导的联合国维和部队采取"铁腕"战术，尤其对美军不时动用飞机在夜间搜索武装分子表示不满。

2004年8月21日晚，阿富汗中部的一公路检查站发生美军士兵枪杀无辜平民事件。美军士兵向一辆没有在检查站前停下的敞篷小货车疯狂扫射，导致车内一家6口人中3人死亡，2人重伤，仅一名儿童幸免于难。美军不断杀戮无辜平民的恶性事件激起当地民众的愤怒。

阿富汗官员指责美军飞机2004年1月空袭乌鲁兹甘省目标时，导致包括4名儿童在内的11名村民丧生。

2003年12月5日夜间，美军在帕克蒂亚省东部一居民区内搜查武装分子的武器藏匿点时，推倒了一堵墙，6名儿童被活活压死。仅一天之后，美军A—10强击机轰炸加兹尼省一个村庄，9名儿童被炸死。虽然美军声称两次袭击的目标都是遭到通缉的武装分子，但没有一名武装人员在行动中被击毙或被捕。

窥一斑而见全豹，美军方事实上丑闻不断，包括海军陆战队队员向尸体小便的视频和美军士兵摆弄尸体残肢的照片，以及关于美军士兵焚烧《古兰经》的报道。损害公共形象，危及军事行动，使军方为这些丑闻频发伤透脑筋。它甚至让美国国防部长利昂·帕内塔越来越担忧美军士兵众多令人尴尬的不当行为，危及军事行动的顺利进行。

中国现代国际关系研究院副院长李绍先在研究分析了美国发动的伊拉克战争和阿富汗战争后说，"惨痛的事实再次告诉世人：凡是外来干涉、特别是外来军事干涉，毫无例外都必然带有干涉国本身强烈的政治意志，因此，也毫无例外绝不会给当事国带来积极的结果"。

（六）"颜色革命"致难民潮，美国是元凶

冷战结束以后，以美国为首的西方国家霸权野心日盛，那些不符合美国利益和价值观的国家，日益成为其围堵、制裁乃至军事打击对象。近年来，在美国主导世界能力下降、"硬实力"不足的情况下，其越来越多地通过间接手段或低烈度军事干预策动政权更替，以实现地缘扩张目标。

进入 21 世纪，政权更替和"颜色革命"成为美国等西方大国谋求霸权利益的主要"法宝"。2000 年的塞尔维亚，以后格鲁吉亚（2003 年）、乌克兰（2004 年）、吉尔吉斯斯坦（2005 年）都是这方面的"经典"案例。2001 年"9·11"事件后，美国更是制定了"颠覆数国政府"的计划，包括阿富汗、伊拉克、叙利亚、黎巴嫩、利比亚、索马里、苏丹、伊朗等。在此背景下，阿富汗、伊拉克政府先后被武力推翻。2011 年中东地区的政治动荡之初，便被西方媒体抢先冠名为"阿拉伯之春"，视其为兜售自己"民主价值观"的难得契机。突尼斯、埃及等国政权更替，背后即暗藏西方干预的阴影。利比亚的卡扎菲更是被内外敌对势力里应外合以武力所推翻。

叙利亚地处阿拉伯世界心脏地带，是各种地区问题的交汇点。西方国家为一己之私利策动政权更替，使叙利亚由治到乱。自危机爆发以来，人员伤亡惨重，近半数人口背井离乡，其中 400 万逃往国外，还有 760 万在境内流离失所。同时，使叙利亚经济损失巨大。据总理哈勒吉表示，内战给叙利亚造成约 300 亿美元的损失。叙利亚政策研究中心 2014 年 3 月 25 日报告称，内战使叙利亚经济倒退 40 年，生产部门被破坏殆尽，公共债务占 GDP 的 125%，失业率上升 59%，叙镑与美元兑换比例由 47∶1 贬值至 200∶1，旅游收入下降 95%。

青少年无法接受教育，大量拥有熟练技术的人才出逃，使叙利亚失去经济恢复的人力资源。

更糟糕的是恐怖主义势力更趋泛滥，境外宗教极端分子纷至沓来，西方为尽快推翻巴沙尔政权，不惜纵容、利用极端宗教势力，使叙利亚逐渐成为全球圣战分子的目的地。叙新闻部长祖阿比 2013 年 4 月称，在叙作战的武装分子中，外国人超过 80%，来自 29 个国家。美国国务卿克里也坦承，叙境内可能有 800—1200 个反对派武装，其中 15%—25% 的武装团体是"坏家伙"。简氏防务咨询机构称，叙境内约 10 万名反对派，其中近半数是极端分子。

随着叙利亚国内冲突升温，很快就演变为地区教派对峙，形成"逊尼派 VS 什叶派"的教派对立政治格局。沙特、卡塔尔、土耳其等国大力支持逊尼派反叛势力。伊朗、真主党等什叶派国家和势力则力挺巴沙尔政权。可以说，叙利亚危机引发什叶派大国伊朗与逊尼派大国沙特、土耳其之间的"文明内冲突"，并重新点燃了伊拉克、黎巴嫩、也门的教派激情。"在伊斯兰教 1400 多年的历史中，曾经周期性大爆发的教派对立再次隆隆而来。"

叙利亚的战乱导致近些时日大规模难民潮对欧洲的冲击，其规模之大，令人瞩目，巴尔干半岛首当其冲成为迁徙通道，受到困扰也更早、更直接。难民问题持续成为当地媒体和智库讨论的焦点。追根溯源，难民潮是美欧在叙利亚等国策动"颜色革命"的必然结果。正是四年多前不期而至的"阿拉伯之春"，使叙利亚从"稳定绿洲"变为最大的难民输出国。

难民潮根源在美国，波黑巴尼亚卢卡大学政治学院院长及政治学家内纳德·克茨曼诺维奇深刻剖析了此次难民潮背后的大国因素说，美国为了阻止其霸权的衰落，试图让 21 世纪继续成为"美国世纪"，在全球采取了一系列行动，包括在一些国家制造政变并进行军事干预，其中就有"阿拉伯之春"。现在回过头看，阿拉伯之春并没有实现真正的民主，反而导致中东动荡不安，大批民众被迫逃离家园。他尖锐地指出，阿拉伯之春的实质是，一些别有用心的势力用临时性的虚假民主来诱惑民众，把他们圈到街头"闹革命"，然后再把他们关到笼子里去。

克茨曼诺维奇指出，事实表明伊拉克、利比亚和叙利亚的动乱及外部干预过去之后，连虚假的民主也消失了，接着出现的是"伊斯兰国"带来的乱局。伊斯兰恐怖分子制造了无数的人道主义危机，摧毁世界遗产，在盛产石油的阿拉伯国家中，军事行动一再升级，而这些军事组织背后都有超级大国的支持。

克罗地亚和斯洛文尼亚边境是这次难民潮聚集地之一，自从 2015 年 9 月份以来，难民潮改道克罗地亚，有超过 12 万难民进入该国并试图由此进入欧盟发达国家。是什么使他们不惜一切代价离开自己的家园？

克罗地亚哲学家和政治活动家、政治专栏作家斯雷奇科·霍瓦特在其评论文章中称，实际上，难民潮的真正根源在叙利亚内战之前就存在了，甚至可以追溯到西方国家对阿富汗和伊拉克的武力干预，然后是阿拉伯之春。卡扎菲和穆巴拉克等其实曾是西方国家的盟友，但在阿拉伯之春中被暴力推翻，同时使数以百万计的百姓深陷战区，使他们别无选择，被迫逃离家园。他指出，根据维基解密网站披露的文件，美军早在 2006 年就开始策划推翻叙利亚政权并使该地区陷入动荡。如今欧盟也尝到了动荡的苦果。当前强烈冲击欧洲的难民潮就是阿拉伯之春的后果。

马其顿政府评论员兼电视主持人斯洛博丹·托米奇在接受媒体采访时称，此次难民危机直接与美国及其盟友在利比亚和叙利亚的干涉行动相关。欧盟在追随美国极力输出其价值观时，不但没有从中得到什么好处，还要费心费力地收拾乱局。欧洲的"失"正是美国的"得"，美国乐见欧洲强国陷入难民危机，这些进入欧洲的难民就如同一颗定时炸弹。

时至今日，尽管叙利亚动荡已经造成巨大的人道主义灾难，但美欧国家并未从中汲取教训，并改变错误政策。美欧仍将叙利亚动荡归咎于巴沙尔政府的存在，坚持要将巴沙尔赶下台，似乎唯有巴沙尔下台才能堵住叙利亚难民的源头。

这完全是倒果为因的荒谬逻辑。事实上，恰恰是老阿萨德家族从 1970 年掌权后，叙利亚才进入政局稳定、经济发展的安宁稳定期。当前的巴沙尔子承父业，仍得到多数民众的支持。在 2014 年 6 月 3 日的总统选举中，巴沙尔以高达 88.7% 的选票当选。相反，恰恰是西方在叙利亚策动"政权更替"，将该国搞得一团糟。需要指出的是，西方这种"到处放火"的政权更替政策，不仅使当事国遭遇人道主义灾难，并且由此产生的"伊斯兰国"和欧洲难民潮，也使欧美日益尝到自酿的苦果。

对广大发展中国家来说，叙利亚难民危机的最大启示，就是让人们深刻认识到"稳定压倒一切"的极端重要性。进一步看，则是捍卫政权稳固，防止西方搞"颜色革命"的极端重要性。前车之鉴啊！

（七）美国无节制地使用无人机监视全球

"9·11"事件之后，美国以反恐为名不断强化对非洲地区的军事战略控制。美国此前在非洲已建成埃塞俄比亚阿尔巴门奇、塞舌尔、吉布提莱蒙尼尔3个无人机军事基地。2013年1月28日，尼日尔总统穆罕默杜·伊素福同意美在尼部署无人机，美尼驻军地位协定签署，美将在尼北部阿加德兹省建立无人机军事基地。据美国防部公布的相关数据显示，美军"死神"无人机拥有6000公里航程和长达16—28小时的续航能力，尼日尔无人机基地的建立，标志着美军实施无人机侦察及定点打击能力已覆盖了整个非洲大陆。

过去十年，美国五角大楼共装备超过400架"捕食者"、"死神"、"猎人"、"灰鹰"和其他无人机。当美军从阿富汗撤离时，很多无人机被部署到新的前线，对武装集团、毒品走私犯和其他让美国官员担心的目标进行侦察。《华盛顿邮报》称，在中东，美国空军在卡塔尔和阿联酋拥有无人机基地。在非洲已经全覆盖。在中北美洲，美军指挥官长期以来使用无人机协助扫毒行动。

2012年9月坠毁在土耳其的一架美军"捕食者"无人机，牵出五角大楼庞大的无人机监视计划。

《华盛顿邮报》称，2012年9月18日，土耳其库尔德工人党声称击落一架美军"捕食者"无人机并展示了残骸。美军随后承认，一架"捕食者"无人机在巡逻时失控坠毁。

报道称，这架无人机当时正在执行"游荡幽灵"任务，这是美国军方的一个秘密监视计划。据《华盛顿邮报》披露，该事件显示，反恐战争逐步结束后，美国军方正将庞大的无人机群转向战场以外的世界其他热点地区。而各种迹象显示，中国很可能就是美国无人机布局的中心。不过美国滥用无人机进行的全球监视行动不仅遭到各国反对，在美国国内也掀起一场抗议浪潮。

美国国内民众的抗议浪潮越来越大，《纽约时报》称，美国华盛顿特区地方法院因为多名美国公民在也门受到无人机袭击丧生，正准备对"在海外杀戮美国公民"的合法性作出裁决。2006年美国国土安全部海关与边境保卫局一架"捕食者"无人机坠毁在亚利桑那州后，美国无人机进行对内监视的计划就此曝光。美国政府动用无人机监控国内的这类做法更让美国民众感到愤怒。

美国未来计划的重点可能就是中国周边。美国国防部副部长卡特在2013年4月的一次演讲中就说，五角大楼首次计划向阿富汗以外的亚洲国家派遣更大、更快的"死神"无人机。一名五角大楼发言人"承诺增加"美国在亚太地区的监视能力。《澳大利亚人报》则披露，美国在关岛以及澳大利亚部署"全球鹰"无人机，它们被频繁派往中国附近。报道还说，"几乎每天都有一架美军部署在关岛的'全球鹰'飞临朝鲜海岸线，对纵深内陆目标进行拍照侦查，它们获得的情报比卫星图像的细节更清楚。"

美国无节制地使用无人机监视全球的行动遭到各国反对，在反恐战争中，阿富汗、巴基斯坦数千平民遭到无人机杀戮。据悉，2004年以来，美国无人机向巴基斯坦山区发动了360多次袭击，造成3000多名巴基斯坦人丧生，其中70%是包括妇女、儿童在内的平民。

人权组织大赦国际2013年5月22日批评奥巴马政府越来越多地使用无人机杀死恐怖嫌犯的做法，并质疑这种行为违反了国际人权法。

大赦国际秘书长萨利尔·谢蒂在接受美联社电话采访时说："我们认为，这一行为的法律基础很不清楚。我们对美国如何定义'战场'一词存在疑问，这一定义太笼统，使美国能在广泛的情况下动用无人机和其他武器。"

谢蒂对围绕无人机袭击事件的神秘色彩提出了批评。

大赦国际在其报告中说："由于其秘密性的限制，所能得到的情报很有限，但这些有限的情报显示，美国政策允许在其针对'基地'及相关组织发动的'全球战争'中，违反国际人权法执行正常审判程序之外的死刑。"[①]

联合国秘书长潘基文2013年8月访问巴基斯坦期间，于8月13日批评美国无人机袭击巴基斯坦的行动，强调没有约束地使用无人机是不能接受的。他说："让我明确指出，这些新工具，比如无人驾驶的非武装飞机纯粹是为了收集情报，它们本质上是飞行摄影机，武装的无人机则是另一回事。我常常说，使用无人机和使用其他武器一样，应该受到长期存在的国际法的制约，包括人道主义原则，这是联合国非常明确的立场。"[②]

然而，奥巴马政府执政以来，在巴基斯坦、阿富汗、伊拉克、也门、索马里等地大幅增加了无人机和特种部队的使用。在这一背景下，近年来美国军工

---

① 参见《参考消息》2013年5月24日6版。
② 参见《人民日报》2013年8月15日21版。

企业格外青睐无人运载工具系统的研发，已实现空中、陆地、水下全覆盖。无人运载工具从能源、载荷、功能等方面进一步向高精尖发展。

目前，美国波音、诺斯罗普·格鲁曼、洛克希德·马丁等军工企业巨头仍是全球无人运载工具系统研发的主角。波音公司采用液氢动力的"鬼眼"无人机系统可在近2万米高空持续飞行10天，或在6000米高空持续飞行20天，以持续执行情报收集、监视和侦察任务。波音子公司英希图公司为其开发的"扫描鹰"无人机宣传说，这款无人机已参战7.82万次，战斗时间为70.06万小时。

诺斯罗普·格鲁曼公司重点推出了"X-47B"无人机。不久前，这款无人机首次成功降落在航母上。此举使得这款无人机以航母为基地持续在海上进行情报收集、警戒监视和侦察活动成为可能，并因此大大提升了航母战斗能力。

美国政府无节制使用无人机引起国内民众的抗议。抗议人群告诉人们："2011年，波音公司贿赂国会544.5586万美元；2011年，洛克希德·马丁公司贿赂国会636.2507万美元。"还告诉人们："你认为无人机能减少平民伤亡吗？第一次世界大战伤亡比例为40%；第二次世界大战平民伤亡比例为60%；越南战争平民伤亡比例为70%；无人机则使平民伤亡比例超过97%。"

由此我们可以看出，在利益集团的驱使下，美国的酷爱战争，毫无节制地使用无人机监视全球，这已显示出美国的一种病态，其病因就是"无休止的战争文化"，让美国成为一个暴政国家。

（八）美国只相信上帝，监视其他所有人

1. 美国是如何成为秘密监视国家的

在美国国家安全局流传着一句老生常谈的笑话——"我们相信上帝，我们监视其他所有的人。"

美国打造了世界规模最大的间谍机构。起先美国《卫报》报道了关于一个国内电话信息收集计划的细节，在该计划中，韦里孙通信公司被迫向国家安全局提供所有关于国内、甚至是本地电话通信的详细信息。接着《卫报》和《华盛顿邮报》披露了国家安全局另一个代号为"棱镜"的大规模监视计划，该计划要求美国各大互联网公司秘密提交包括电子邮件、照片、视频、聊天服务、文件传输、存储数据、登录及视频会议等信息。

尽管奥巴马政府以及参议院情报委员会成员们辩解说,信息监视对于打击恐怖主义活动至关重要,但是该计划不过是近一个多世纪以来政府不断向电信企业施压,要求它们向国家安全局及其前身秘密提供合作的最新章节而已。随着日新月异的技术进步使得越来越多的个人信息可以通过这些链接传递给政府,美国沦为一个秘密监视国家的危险也呈指数级上升。

由于"9·11"事件后政府预算的增加,国家安全局的手头充斥了大量的经费,以至于它开始大兴土木,并大大扩充了其窃听能力。该局在大型电信设施中辟出了秘密工作室。例如在美国电话电报公司位于旧金山的10层交换大楼里,来自国外的数据和电话通信的镜像副本被引向装备了特殊硬件和软件的工作室,以便对电子邮件和电话信息进行过滤,并将结果传送给国家安全局进行分析。

新的间谍卫星发射上天,新的监听站建立起来。在佐治亚州奥古斯塔新开张的业务中心,按设计可以容纳4000多个头戴耳机的监听员,是世界上规模最大的电子窃听基地。

与此同时,在"二战"期间曾为研制原子弹从事过绝密研究的田纳西州橡树岭国家实验室,国家安全局正在秘密建造世界上运算速度最快、功能最强大的计算机。这种计算机将能够对海量数据——例如全美国的人们每天拨打的所有电话——进行分解处理。

今天,国家安全局是世界上规模最大的间谍机构,雇员人数多达数万,其位于马里兰州米德堡的总部占地范围几乎相当于一个小型城市。但是在1920年的时候,该局最早的前身——当时被称为"黑色监听室"——却只不过栖身在曼哈顿第37街东段一套狭窄的联排住宅中。

在长达几十年的时间里,美国国家安全局或是它的某个前身与美国主要的电信公司秘密达成协议,从而非法获取美国民众的私人通信内容。

政府也与各大电报公司达成交易,规定由后者向"信号情报服务局"(以及后来的国家安全局)提供获取其通信服务内容的权限。根据代号为"三叶草行动"的安排,特工们获取电报通信内容并加以复制后,再把原始磁带送还给电信公司。

这一秘密协议延续了30年,到1975年才告结束,当时一系列有关秘密情报活动的披露震惊了全国,这些秘密是由国会议员弗兰克·丘奇所领导的一项调查发现的,非法且规模庞大的秘密监视行动让所有人感到吃惊,包括左翼和右翼、民主党人和共和党人。

于是两党共同起草了新法律，以确保类似的事件不再发生。这项《外国情报调查法》的实施，使其后的 1/4 个世纪中，国家安全局把自己的巨大触角朝向国外，远离了民众的日常生活。

但是 2001 年的 9·11 事件发生后不久，布什政府启动了未获授权的窃听计划。于是国家安全局的局长再一次寻求美国电信业的秘密合作，以便获得进入通信渠道和链接的权限。尽管这么做违法，然而国会通过了一项立法对它予以豁免。

2. 美国监控世界的招数

众所周知，美国是全球最大的网络窃密者，其手段和招数恐怕无人能及。其隐蔽的监听手段，从海底到天上再到网络空间，可谓无所不用其极。

海底光缆成为"情报富矿"。据《美国全球监听行动记录》称，美国人获取数据的一个重要途径是从光缆获取世界范围内的数据。全球的通信流量大部分经过美国，目标数据流可以很容易流入或流经美国。美国国家安全局与国防部等机构在 2003 年与美国环球电信公司签署《网络安全协议》，此后 10 年间，又与更多电讯公司签署了类似协议。这些协议规定，电讯企业要在美国本土建立"网络运行中心"，美国政府官员可在发出警告半小时内进入查访。

除了通过协议进行光缆窃听以外，美国人还通过更为隐秘的手段直接窃听别国光缆。2005 年 3 月，美国"吉米·卡特"号核潜艇正式服役，该潜艇可用于为海底光缆安装窃听装置。美国国家安全局通过至少 3 种手段窃听别国光缆：第一种是对光纤进行弯曲，通过弯曲部泄露的光能信号对其进行窃听；第二种是利用更细的光纤插入现有的光缆光纤中，光束会被部分引入窃听装置；第三种则是中继站窃听，即通过打开光缆中继器加装窃听装置实现窃听。

由于光缆的数据容量大，带宽宽，各国也往往疏于防护，以至于光缆逐步成为美国的情报获取富矿。

后门、病毒齐上手也是窃密的重要手段。对于一些大公司的网站和内部网络，美国国家安全局则通过后门和植入病毒的方式实施窃密。据《美国全球监听行动记录》，"棱镜"项目相继与微软、雅虎、谷歌、脸谱、paltalk、youtube、skype、AOL 和苹果公司等九家互联网公司合作，数据会通过这些公司的服务器传输给美国政府，有时一些公司的服务器还会建立独立安全入口，以便政府由此调取信息。情报人员可直接进入上述公司的服务器和数据库获取数据,甚至可直接监控用户的网络搜索内容。

另一名不愿透露姓名的中国军事专家介绍,美国公司对外出售的一些服务器、程控交换机具备远程维护功能。也就是通过网络,由其母公司对服务器、交换机进行诊断和维护,而如果在这项功能中提前设置"后门",那意味着美国即便不与网络经营商签订协议,也可以任意复制服务器上的信息,或者通过这种方式监控重要用户信息。

美国还广泛通过植入病毒等黑客手段窃取信息。美国国家安全局在1997年就下设"获取特定情报行动办公室",主要任务是通过秘密入侵目标计算机和电信系统、破译密码、攻破受保护目标计算机的安全系统等,窃取储存在目标计算机中的数据。很多大型公司的网络就是这样被攻克的。

另外,对于一些与外部网络进行物理隔绝的内部网络,美国也有技术手段进行攻克。例如,通过"广泛撒网"的方式,将一些病毒植入一些目标用户的个人计算机。当该用户通过移动存储设备或光盘,在染病毒的计算机和内部网络之间进行数据交换的时候,病毒就可能被复制到其内部的计算机网络中,并收集相关情报,然后再通过移动存储设备复制到连接互联网的电脑上,传回情报机构。美国情报机构还在研发电力线窃密手段,也就是通过计算机的电源线窃取相关信息。当然这需要对目标计算机使用事先被植入后门的芯片。

通信卫星日益成为各国进行远程通信的重要装备,美国也一直对通信卫星进行窃听、监控。目前,除美国以外,世界各国的通信卫星中,据保守估计有1/3以上为美国制造。这些卫星也完全可能存在后门,可能将通过卫星传输的相关信息直接传输到美国本土。美国科学家协会的情报专家约翰·派克曾宣称,让休斯公司借助中国火箭发射通信卫星,然后中国又用这些卫星来通讯这个做法有很大好处。"你不要听到国家安全局抱怨,中国政府或军方使用美国的通信卫星,因为他们想让中国把信息发射到太空中,以便我们获取。而使用我们了如指掌的美国卫星更是再好不过了。"

对于别国制造的卫星美国照样窃听不误。美国情报史学者切尔森说:"只要把信号发到空中,总有办法能弄到它。"对通讯卫星的数据截获从地面到天上同步展开。在地面,美国在本土和盟国建有众多监听站,其中一个重要用途就是监听别国的通信卫星。美国还专门研发在空中进行信号拦截的卫星,这类卫星不同于常规"大酒瓶"电子侦察卫星,这类卫星运行于地球上方3.6万公里的轨道上,与通信卫星相距不远。它们的定位使它们可以截留散射的微波信号,从而使美国得以监控中国内陆。①

3. 揭秘美国超级情报机构 NSA

美国国家安全局(NSA)一般是远离公众视线的,"棱镜门"事件将 NSA 置于聚光灯下,使这个有着数个第一头衔的超级情报机构有所暴露,我们从中可窥见其神秘机构的大概轮廓。

雇员 16 万,每年花费上百亿

从巴尔的摩沿着高速公路向西驶往美国首都华盛顿,在距离哥伦比亚特区约 16 公里的路段有一个特殊的出口,交通指示牌上赫然写着"美国国家安全局雇员专用"。下了匝道,有两辆马里兰牌照的警车日夜看守着从出口延展出的公路。这条神秘的公路笔直地插进一片高大浓密的森林,那里便是乔治·米德要塞——美国国家安全局总部。

据 NSA 官方网站称,美国国家安全局的前身是 1949 年 5 月 20 日由国防部成立的"武装部队安全局"(AFSA)。1951 年 12 月 10 日,中央情报局局长在写给国家安全委员会主席的一份备忘录中,建议成立一个综合的通讯情报部门。1952 年根据杜鲁门总统的秘密指示,在 AFSA 的基础上正式成立国家安全局。

由于监听工作需要大量人手和设备,因此与其他间谍机关相比,国家安全局的两大特点便集中在两"多"上:一是人多,国家安全局总部和外派人员共有军方和文职人员大约 16 万,超过美国其他 16 个情报机关的雇员总和,其中 43% 是密码破译员、语言学家和电子技术人员,是全世界独立聘用数学博士和电脑专家最多的机构,而总部门前的访客停车位高达 1.8 万个;二是钱多,美国国家安全局每年耗资都在 120 亿美元以上,铺设在其总部墙壁和楼板内各种用途的电线长达 250 余万米,一年的电费就高达 2100 万美元。NSA 名义上是国防部的一个部门,而实际上则只是一个直属于总统、并为国家安全委员会提供情报的机构。它甚至能监视包括中央情报局、联邦调查局在内的美国其他情报或政府部门的高级官员。

越来越依赖技术承包商

尽管国家安全局雇佣了大量技术人员,但却越来越依赖技术承包商。2013 年 6 月 10 日,美国《大西洋月刊》网站的一篇文章称,NSA 已将一些公司视

---

① 张亦驰:《美国用那些招数监控世界》,参见《环球时报》2014 年 5 月 28 日 8 版。

为自己团队的一部分。

自1999年到2006年担任美国国家安全局局长,后任中央情报局局长的退役空军上将迈克尔·V.海登称,政府的大规模数据收集和监视系统主要并非由专业间谍或者华盛顿官僚建设,而是由硅谷以及众多私营的防务承包商来建设的。报道称,早在"9·11"事件之前,海登就意识到随着互联网时代的到来,NSA在收集信号情报方面的工作(无线电通信情报的监听)会逐渐衰退,并最终"变聋"。在经历很多次失败的试探后,通过雇佣私营公司,NSA开始取得成绩,因为这些公司在技术上远远比NSA的官僚们懂得多。这些公司主要负责建立监视系统,并负责系统的日常管理和技术维护工作。报道称,在所有的公司中,位于加利福尼亚州帕洛·阿尔托市的帕兰迪尔技术公司是NSA公司最紧密的技术合作伙伴。另外一家是"鹰盟"公司,这是一家计算机科学公司的联合商业风险公司,以及运行的NSA公司IT项目诺斯罗普·格鲁门公司。诺斯罗普·格鲁门公司在其网站上描述自己是"情报委员会首席信息技术管理服务提供商"。海登说,"我们将其视为团队的一部分"。

据《赫芬顿邮报》报道,在美国,与情报机构签约后为其工作的公司达1931家。除了承包商,还有大量自愿与情报机构"合作"的美国企业,当然这些民间公司也并非"白忙活"。美国彭博新闻社2013年6月15日称,上千家科技、金融和制造业公司正与美国国家安全部门紧密合作,向其提供敏感信息,同时获得机密情报。这些项目的参与者被称作"可信合作伙伴",范围远超"棱镜"计划。有些承包商服务于不止一家情报机构。

《纽约时报》报道称,国家情报局透露,美国政府拥有"接近机密权限"的人中,21%在民间企业。对参与某一项目建设和维护的承包商工作人员,情报机构不得不明确告知他们监控重点和需要什么样的技术,这为外雇技术人员进一步了解机密情报的全貌创造了条件。这可能就是斯诺登获得情报的原因吧。难怪泄密者斯诺登对媒体说,他有完全权限看到国家安全局的所有工作人员的值勤表、整个情报圈、世界各地的卧底干员、美国拥有的工作站的位置、目前有哪些具体的行动计划等等。一般而言,普通技术人员不可能获得如此大的权限,如果是真的,那很可能是通过非正常技术手段获得的。[①]

[①] 谌庄流、张亦驰、刘杨:《揭秘美国超级情报机构NSA》,参见《环球时报》2013年6月17日8版。

4. 美国操控社交网络的新战场

美国对世界范围内的社会运动展开调查以便根除这些运动，进而达到巩固其霸权地位的目的。这也正是美国展开大规模操纵活动的原因所在。

社交网络已经成为美国确保其霸权的新战场。例如，美国政府通过秘密监控脸谱网站上 7 亿用户的情绪表达，了解他们对某些事件的态度。通过监控用户对新闻的选择偏好，了解人群当中是否存在一种"情绪传染"。

国防部出资研究"反美运动"。有媒体说，对脸谱网站的调查或许与美国国防部出资推动的"智慧女神计划"有关，数所美国大学参与了这项计划。该计划和美国国家安全局在"棱镜门"事件中秉持的观念一致，认为全世界都是"敌对领土"，需要美国去消除敌对势力。

美国政府通过"智慧女神计划"向多个大学研究项目提供了资金，以便更加深入地了解全世界具有不同战略价值地区的社会、文化和政治发展动向。

美国军方从 2008 年就开始调查人们如何参与旨在推翻美国霸权地位的社会活动，于是催生了所谓的"恐怖主义研究"。参与此类社会活动的人们被其视为感染了一种"社会传染病"。在五角大楼看来，全世界所有像"占领华尔街"运动那样，反对美国军事政策、镇压式的司法制度和贫富悬殊的社会运动都是敌对的，必须加以镇压。

在"智慧女神计划"的框架下，美国国防部向康奈尔大学提供了大笔资金，用以研究社会运动何时会通过互联网的方式达到愤怒的极限，进而转化为街头暴动并且威胁到当权者的利益。

华盛顿大学的研究课题则是大规模社会运动。研究人员对全世界大约 58 个国家中参与者超过 1000 人的社会运动展开调查，以了解这些参与者是如何组织和开展运动的。

美国政府对世界范围内的电话通信和互联网通信展开监听，并对人类聚集的方式进行研究，以便尽可能地将抵抗扼杀在摇篮中，以免这些社会运动在全世界引发传染效应。

康乃尔大学的教授杰弗里·汉考克曾于 2009 年接受国防部资助，就一项课题为《霸权政府如何塑造社会舆论》的课题展开研究。

监控社交网络上的每个人

美国国防部还专门设立了高级研究项目局，旨在研究推特网站、脸谱网站等社交网站的用户活动，以便通过操纵信息来控制社会情绪。

五角大楼的战略通信计划已经深入到社交网站，这是其在媒体宣传运动中迈出的新步伐。美国国防部高级研究项目局研究的正是用以帮助美国政府监控有悖美国利益的信息工具。

据经常接触上述研究项目的研究人员称，互联网上的每一个人都被视为可能传播信息的潜在因素，因此他们的工作就是在特定的时刻找到恰当的人，以便传播有利于美国利益的信息。

近年来五角大楼一直在开展虚拟情报项目，以便预测公众对其宣传活动的反应，并通过某些手段败坏针砭时弊的活动家、政治家和媒体人的名誉，使其丧失公信力。

2013年前中情局雇员爱德华·斯诺登向世人公开了大量有关华盛顿对电话通信和互联网通信进行监听的证据，被监听对象不但包括普通人，还有盟友国的领导人。

秘密资助他国反政府网站

不仅如此，美国政府还秘密资助了他国反政府网站，例如古巴版推特"zun zuneo"，目的是通过传播煽动性言论来引诱古巴年轻人推翻古巴的政治体制。

据媒体披露，大量证据表明这个古巴版推特是美国国际开发署于2010年创建的，目的是在古巴年轻群体当中传播反动思想，进而拉他们加入持不同政见者的队伍。

美国政府创建古巴版推特的秘密计划只是美国利用高科技展开煽动计划的冰山一角。有关媒体认为，美国政府也曾在叙利亚、乌克兰和委内瑞拉等国制定过类似的煽动计划。美国情报机构在这些国家利用高精尖技术，对最易接受社交网站等新生事物的年轻群众进行意识形态渗透。

美国政府这种行为在世界范围恐怕并不在少数。美国政府甚至在第三国开设空壳公司，利用洗白的钱和伪装成商人的技术兵在这些国家实施煽动计划。

美国政府的某些行为违反本国法律和国际通信法，甚至在未经国会允许的情况下使用地下资金。仅在为推动古巴地下无线网络的装配计划中就投入了430万美元。

5. 美国怎样践踏基本的民主法则

美国这几年的全球监听战略危害极其严重，世人不能掉以轻心。不仅美国的对手被当作敌人，盟友也被当作敌人。监听范围已扩大到普通民众和国家元首私人生活的事实——远远超出传统意义上的搜集战略、武器装备、技术和经济信息的范畴，显示出一种疯狂而专制的世界观。

认真审视美国的权力理论，就会发现其疯狂之处。美国对权力的认识可能在9·11事件影响下已变得非常偏执，安全机构不但被赋予监视本国居民的权力，还被赋予监控全世界的权力。

说它专制是因为，拥有了解一切以及威胁和操纵每一个人的能力，始终是专制国家的梦想，西方的法西斯主义就是令人生畏的样本，美国凭借超现代的技术手段，比20世纪的独裁国家更好地实现了这一梦想。这已成为一种新型帝国的代表，其目的不在于进行直接统治，而在于获得使任意一个看似危险的人失去行动能力的手段，敲诈数以百万计的个体，挑起国家或经济体之间的冲突。总之，尽全力对付在国际上反对它的人。德国"明镜在线"2013年8月25日根据斯诺登提供的资料爆出，美国国家安全局的监听计划远远超出了此前所知范围。联合国总部、欧盟常驻联合国代表团都在美国国家安全局的监听范围之内，监听内容涉及政治、经济、商业等领域。美国在全球的80座使领馆也同时是美国国家安全局的监听基站，用于监听所在国的情报。

报道指出，美国国家安全局在2012年夏天成功侵入了联合国内部视频会议系统，并破解了加密视频。这一窃听行为违反了美国和联合国之间签署的协议，该协议至今仍有效。

同样被监听的还包括欧盟常驻联合国代表团。美国国家安全局获得了欧盟常驻联合国代表团的办公室布局图了以及整个网络基础设施和服务器信息。由于这些计算机通过VPN系统相连，因此美国国家安全局只要一个入口，就可以访问所有网络。

斯诺登提供的资料还显示，美国国家安全局制定了一份秘密的舰艇列表，表格列出了在哪个国家获得了哪些情报以及相应的级别，最高红色1级为"极高价值"，最低蓝色5级为"普通价值"。中国、俄罗斯等国的信息在表格中基本都为红色1级。这份表格的监听对象也包括联合国和欧盟，涉及的主要内容包括经济稳定性以及贸易政策和外交（分别是3级），还包括能源安全、食品和技术创新（分别为5级）。

美国国家安全局还在美国驻外使领馆设立监听基站，德国的法兰克福以及奥地利的维也纳都有这样的基站。基站通常把天线和接收器伪装在屋顶不显眼的位置。美国国家安全局的文件中描述，如果这些措施被发现，"将对美国与所在国的关系造成严重损害"。

美国国家安全局不仅监视欧洲公民的通信,而且显然也对欧盟办公楼进行了有针对性的窃听。

德国《明镜》周刊的报道引述自美国国家安全局2010年9月份的一份"绝密"文件,这份文件简要介绍了美国国家安全局如何窃听欧盟办公室,并且监控着欧盟驻美国和联合国的内部电脑网络。美国国家安全局不仅监听欧盟人员的对话和电话,而且还可以查看他们的文档和邮件。文件明确称欧盟是一个"目标"。

美监听默克尔超过10年

德国《明镜》周刊2013年10月24日报道,美国间谍机构从2002年起就开始对德国总理安格拉·默克尔的手机实施监听。报道称默克尔的手机号码以"GE总理默克尔"之名出现在美国国安局"特殊搜集服务"的文件中。信息透露,监听任务显然在2013年6月奥巴马访问柏林之前几周还在进行。

不仅默克尔,她的前任施罗德也曾是美国间谍的目标。乔治·W·布什担任美国总统时启动了针对施罗德的监听项目,因为后者曾坚决反对派兵参加伊拉克战争。

美被曝监听三任法国总统

据西班牙《国家报》网站2015年6月23报道,维基揭秘网透露,法国最近的三位总统雅克·希拉克、尼古拉·萨科齐和弗朗索瓦·奥朗德都是美国情报部门的监听对象,美国国安局的情报人员甚至控制了奥朗德本人、他的几名顾问以及其他合作伙伴的通讯,通话都被记录了下来。

2012年5月22日,美国国家安全局总结了奥朗德上台后的活动:法国总统接受了欧元区的秘密磋商;会见德国反对派。

国家安全局的监听文件显示,奥朗德将在巴黎举行这些秘密会谈,主要是讨论"希腊退出欧元区的后果"。

文件指出,经济部长、财政部长和外交部长等相关部长将出席会议,讨论希腊退出欧元区对整个法国经济特别是法国银行的影响。"奥朗德强调了会议应是秘密进行的。"

法国《解放报》也做了报道,这些被归为"顶级机密"的文件主要包括美国国家安全局的5份报告。这些报告的内容建立在"截获通信"的基础上,以供美国"情报团"和国家安全局官员传阅。

最新文件是在 2012 年 5 月 22 日，也就是奥朗德上台的数日后。这份文件指出，奥朗德召开了关于希腊可能退出欧元区的秘密讨论会。

美英联手监控二十国集团

据《纽约时报》报道，英国《卫报》引述美国"棱镜门"揭露者斯诺登提供的高度机密的"开创性情报能力"文件称，美国国家安全局与英国政府通讯总部密切合作，监控 2009 年 4 月在伦敦举办的二十国集团峰会，暗中截取俄罗斯总统等与会外国政要的通话。

报道称，峰会期间英国情报机关暗中设立了间谍网吧，在电脑上安装电子邮件拦截程序和按键记录软件，吸引部分与会代表使用，藉此读取这些官员的邮件，获取情报。英方还监视与会者的手机通讯，潜入与会代表的黑莓等手机，窃听他们在峰会期间的通讯。美英联合安排 45 名分析师全天实时汇报谁参与了峰会、谁在峰会上打电话等。报道说，这一监控活动获得时任英国首相布朗的批准。英国政府通讯总部重点对土耳其财政部长及另外 15 名代表进行监控，并从美国国家安全局获得时任俄罗斯总统梅德韦杰夫与莫斯科之间的卫星通话。此外，政府通讯总部的情报人员还进入南非外交部的计算机网络，窃听南非驻英国大使的电话，获得了包括提供给南非参加二十国集团峰会和八国集团峰会代表的简报在内的文件。

此前美方一直辩称，监控电话和互联网通讯是为了反恐。此次爆料令外界更为关注英国秘密情报机构政府通讯总部和美国国家安全局的"真正角色"。

据英国《卫报》网站 2013 年 6 月 16 日报道，文件披露了驻英国的美国间谍窃听时任俄罗斯总统梅德韦杰夫在伦敦出席二十国集团峰会期间的绝密通讯。

由美国国安局准备的一份简报披露了截获情报的详细内容。英国、澳大利亚、加拿大和新西兰的高官共享了情报。

国家安全局在二十国集团峰会上窃听俄罗斯领导人的行动，是在奥巴马和梅德韦杰夫首次会晤几小时后进行的。

虽然众所周知，美俄两国互搞间谍活动，但是某一方被抓个现行实属罕见。在奥巴马准备在八国峰会间隙同接替梅德韦杰夫出任俄罗斯总统的普京举行会谈之际，这个最新被公开的秘密也让白宫深陷尴尬的境地。

美被曝监控巴西、墨西哥总统

巴西外交部 2013 年 9 月 2 日召见美国驻巴西大使托马斯·香农，要求就最新披露的美国监听巴西总统罗塞夫一事做出解释。一名巴西官员称，此事使巴西政府陷入了"紧急状态"。

当天下午，罗塞夫紧急召集部分部长商讨此事。还召集了司法部长、国防部长、交通部长以及其他内阁成员。

巴西环球电视台根据美国国家安全局前承包商雇员爱德华·斯诺登提供的文件制作并播出的一期节目指出，巴西总统罗塞夫和墨西哥总统涅托都遭到了美国国家安全局的监听。

针对涅托的监听活动从他成为总统候选人时就已经开始了，并在2012年他当选总统后继续进行，美国因此得以提前获知部分部长人选。

这些文件是居住在巴西里约热内卢的英国《卫报》专栏作家格伦·格林沃尔德从斯诺登处获得的。

环球电视台的报道指出，美国国家安全局对罗塞夫与其主要顾问之间的电话和电子邮件内容进行了窃听和监控。

巴西司法部长卡多佐对记者说："这种监控活动不仅侵犯了巴西，而且也以与国际法完全相反的方式侵犯了好几个国家的主权。"

墨西哥政府也召见了美国大使，要求美方对有关美国国家安全局监控涅托总统的说法展开调查。

墨西哥外交部在一份声明中说，墨西哥向华盛顿发出了外交照会，要求展开"彻底调查"，确定在涅托2012年当选前是谁涉嫌对其电子邮件进行暗中监视。

墨西哥政府说，"坚决拒绝并谴责违反国际权益对墨西哥公民进行任何监控"。

美"监听教皇"引发新批评潮

意大利媒体2013年10月31日爆料说，美国国家安全局（NSA）将手伸向了"拥有12亿信众"的梵蒂冈教皇。教皇在西方有不小的影响力，美国《福布斯》杂志刚刚把他排在"全球最具权势人物"第四位。"俄罗斯之声"评论称，在美国看来，没有什么是神圣不可侵犯的。"NSA是不是想了解上帝对情报收集有何看法？"美国媒体以此奚落政府"愚蠢"对待国家安全的同时，NSA在自家门口制造了"特大数据盗窃案"：渗入谷歌和雅虎全球数据中心之间的网络连接，"随心所欲"地拿走了普通用户的信息。"NSA变流氓了吗？"CNN的这个标题似乎表明：美国真急了。

2013年10月31日意大利周刊《全景》杂志爆料说，NSA的监听对象可能也包括意大利和梵蒂冈，甚至连教皇方济各的电话也未能幸免。报道称，仅2012年12月10日至2013年1月8日期间，全意大利就有约4600万次电话被NSA监听，而这其中也包括往来于梵蒂冈教廷的通话。2013年3月梵蒂冈主教秘密会议期间，NSA截取了主教们居所内的通话记录。而据"维基解密"网站公开的文件显示，早在2005年，还是阿根廷主教的现任教皇就已经被NSA列入了监听名单之中。报道称，被监控的还有梵蒂冈银行新任总裁弗莱贝格。报道称，NSA对梵蒂冈的电话监听分为四个等级：领导人意图、对金融体系威胁、外交政策和人权。

法国《观点报》称与本笃十六世不同，方济各不太喜欢与同事直接交谈，特别喜欢打电话。看来隔音房间和加密通信未必挡得住NSA。

美国《天主教文化》网站文章认为，奥巴马政府很少放过任何削弱罗马教廷权威的机会，也不会错过鼓动教廷反对人士的机会。想到美国通过间谍手段影响宗教政治，真让人担心。

美国被揭秘监听普京20年

德国全球新闻网2015年7月19日称，英国媒体爆料，美国早在20年前就开始监听俄罗斯总统普京。

英国《泰晤士报》18日称，美国中央情报局（CIA）前莫斯科站负责人帕尔默20世纪90年代递交美国国会的一份报告提及监听普京的情况，当时普京只是圣彼得堡副市长。多年来美国在俄罗斯的情报人员一直在收集有关普京个人财富等方面的情报。报道称，尽管从克林顿时期开始，美国试图重新调整与俄罗斯的关系，监听内容未被高层重视，但美国情报人员20多年来从未放松对普京的监听。

"普京其实早已是主角"，德国《焦点》周刊称，一周前，美国国家安全局被曝光窃听与普京交往密切、已卸任多年的德国前总理施罗德。监听的重要内容之一便是施罗德与普京的通讯。现在是否还在监听，仍是一个谜。俄新网称，美国对施罗德的监视活动至少保持到2006年之后，是年施罗德成为俄罗斯天然气工业股份公司"北溪"天然气管道建设项目监事会主席。俄新网19日报道称，对克里姆林宫来说，媒体爆出的有关美国情报部门监听他国领导人，以获得有关普京的情报的消息并不是什么新鲜事。普京新闻秘书佩斯科夫说："这是众所周知的事情。"

"焦点新闻外的俄罗斯"网站称，事实上，冷战结束后，俄美相互间的"间谍游戏"从未停止，它已成为两国关系中的"常见行为"。一些资深特工和外交官道出了其中的原因：美俄在持续多年的争霸中形成规模超大的情报队伍，习惯于在相互比拼和恫吓中找存在感。在那些对"政治游戏"抱怀疑态度的两国安全高官眼中，没有任何改革和变迁能改变美俄敌对的"基本性质"。

6. 美国为何连盟友也要监听

自从维基解密问世，其频频揭露美国安全部门大规模监听本国民众以及外国政府的事实，世界就更添几分精彩，连连引起各方惊讶：美国怎能这样？怎么连盟友也监听？

一个非常有必要提出的问题是，为什么要这么做？美国为什么在战略和政治上痴迷于此？

答案既不可能是心理上的，也不可能如奥巴马所说，只是一个"错误"，而是历史和经济上的。事实上，美国所僭取的不受节制的权力以及国家安全局的监听能力，是美国所处环境的直接后果：这个国家在经济上陷入危机，财政上处于崩溃的边缘，同时还要面对新兴大国（中国、印度和巴西）崛起和德国重返世界权力中心。

美国寻求通过控制全球信息扭转不可避免的颓势，把经济武器（与核武器和石油武器一样重要）作为未来的核心。之所以要控制信息，是因为未来世界经济将越来越多地依赖互联网等重要力量以及谷歌、苹果、微软等全球性运营商。而且可能还会出现更加强大的力量。美国要面对的正是这一历史挑战，为此不惜践踏最基本的民主法则。谁能最大程度地垄断信息，谁就能掌握世界权力。通过监听整个世界精确跟踪民众的思想动态，正成为全球竞争中最重要的一种资源。美利坚帝国试图利用现代电子知识保护其正在衰落的经济力量并扭转这一趋势。这一战略的成败，首先倚赖于受害者的逆来顺受。

至于所谓盟国，就是鉴于共同或接近的国家安全利益而经由法律形式所形成盟约的一些国家的集合，其宗旨就是共同防御，即对缔约的任何一个成员的攻击自动构成对所有其他成员的攻击，因此整个系统将对这种攻击予以集体回击。但是这样的盟约往往不会明确规定成员国之间必须平等。事实上，也没有任何一个同盟的盟国关系是平等的。

美国与他国的同盟关系从根本上服务于美国利益。以美日安保条约来说，自美日结盟以来，美国曾长期限制日本获得集体自卫权。根据美日盟约，美国有责任保卫日本，但日本无权协防美国。即使最近美国在"亚太再平衡"旗号下对日本管束有所放松，但日本根本就不敢奢望修改了防卫合作指针后就可以与美国平起平坐。

即便是对盟国，美国防范日本的程度也远超其他盟友。正因为不信任日本，美国长期以来在日本广泛开展情报收集，其人力情报网络直插日本首相府，电子技侦手段更是时刻紧盯日本。在这方面美国的盟国们没有谁能避过美国国家安全局的耳目，德国、日本都是如此，以色列更是受到美国最为严密的监视。就是西方"五只眼"情报体系中的新西兰，也同样受到美国监视。美之所以监听盟友，就是对其统统不放心，它把"知己知彼"发挥到了极致。

其实，美国与盟友之间，一方面同盟协作，甚至情报分享，另一方面在相互摸底，彼此渗透，不亦乐乎。正因如此，当美国监听日本这类消息曝光后，安倍最为淡定，仅仅表示遗憾，他知道无论美国是否为日本提供安保，美日间相互监视是国家间竞争的一种正常表现。

7. 美国对华间谍战无孔不入

美国有着庞大的情报系统，它的情报机构范围非常广泛，其中最主要的是中央情报局，即 CIA。它的工作重点在于获取外国情报和在海外进行秘密活动。中央情报局是美国强大情报系统的"统帅机关"。1947 年的《国家安全法》确立了美国中央情报局局长的职责和地位：领导美国政府的整个情报机构，他身兼数职，既是中央情报局局长，又是总统情报顾问，还是中央情报室主任和国家情报系统的总管。

此外，美国还有十多个情报搜集机构，分布在政府各部门之中，包括国防部情报局、国家安全局、国家侦查局、联邦安全局等等，就连能源部、财政部、国务院等也都有数量庞大的情报机构，其中较重要的有：国务院情报与政策研究司、司法部的联邦调查局和缉毒局、财政部的秘密勤务局等。

苏联解体后，当时的总统老布什认为，"中国是最令美国感到不安的国家"，"中国应该成为中央情报局日常工作的重点"。基于这种认识，美国不光是中央情报局，整个情报体系都日益重视并不断加强对中国的情报工作。

美国作家马克·佩里透露，中情局在"文革"期间招募中国特务，最有价值的是一大批在中国最有声望的科学家、作家和外交人士等，"我们发现这些人是我们从未有过的最具献身精神的特务，我们要什么他们就提供什么。"

"这笔横财包括中国秘密的科技规划的详细情报。70年代中期，东亚处的官员把中国最重要的导弹科学家之一招募到手，他向中情局提供有关中国核能力的最精确的情报。这一情报证明中国在发展核武器和导弹运载工具方面所取得的巨大进展，比中情局分析家们原先所承认的要大得多。"[1]

马克·佩里还说，在"文革"这一时期，美国从中间派和在"文化大革命"中受到伤害的人中物色，然后招募他们。

中国改革开放以来，美国情报机构利用青年及知识分子中出现的"意识形态真空""信仰危机"，在一些高校和学术研究机构加紧特务组织的发展工作，使间谍网有明显发展。

一方面，他们大力推动在中国各大学建立传播美国思想文化的研究机构，提供大量图书资料，并且有计划地每年在中国党政机关、经济、文教、宣传部门邀请一些对国家决策有影响力或潜在影响力的人士访美或赴美学习考察，从中发现和挑选亲美派，并招募特务人员，以期"打开中国国务院神奇的至今尚未打开的大门"。

另一方面，他们利用高校的各种学生社团组织，在传播西方价值观念和各种理论观点的同时，以基金会的方式向他们提供美元作为活动经费，在背后操纵各种秘密活动和间谍活动。

近年来，美国不只是中情局，整个情报系统都日益重视并不断加强对中国的情报工作。美国情报机构早已将刺探并获取中国情报作为其工作的首要任务。华盛顿对中国机密的胃口贪得无厌，这是美国政府对内外情报界专家的普遍看法。对美国窃听工作著述颇丰的情报历史学家杰弗瑞·里切尔森说："美国可用于窃听中国通信的手段很多，范围包括从潜艇之类的海底平台到地面上的各种无线系统，直到运行于太空中的卫星。大体上说，这是个耗资数十亿级的大专案，而中国就是其主要目标。"

美国把英国、加拿大、澳大利亚和新西兰的间谍网同自己联系在一起，建立起一个发展成超级间谍机器的全球间谍网络，并由冷战时期一直到现在，被用来进行拦截中国通信的窃听活动。用来拦截中国通信的"窃听器"，简单的只是玻璃纤维制成的假树枝——其实是一个扩音器，复杂者则如价值5亿美元的间谍卫星。假树枝曾被用来收集驻华盛顿中国大使馆的重要情报。

---

[1] 参见《参考消息》2004年6月15日9版。

美国对中国的情报活动，大量采用高新科技设备，可以说是见缝插针、无孔不入。

对中国使馆安装窃听装置

90年代后期，澳大利亚一家报纸透露：在堪培拉的中国驻澳使馆，在施工期间被人安装了窃听器，使整座使馆建筑本身成为一台庞大且非常有效的窃听器。

设于海外的美国使馆，包括驻北京的美国使馆，通常是小型间谍站，装有能接收首都城市的短波通信的天线。美国及其盟国在许多偏僻地点安放了许多具有战略性的下载站，利用间谍卫星天线截取情报并发送给国安局情报中心。

更平凡有效的是地面窃听站。被监听的通信包括国际长途电话和高频的外交专线。世界上至少有3个类似站点被用来窃取进出中国的国际通信卫星资讯。它们分别位于澳大利亚西部的吉罗德镇附近、新西兰南岛的怀霍派镇附近、美国华盛顿州中部陆军雅基马射击场内。这些是拦截太平洋上空卫星通信的主要站点。

澳大利亚媒体披露，位于华盛顿州的雅基马，是最可能拦截到北京外交部和中国驻华盛顿大使馆之间通信的窃听站。美国在太平洋区域内的日本、夏威夷和加拿大都设有收集中国高频无线传输信号的侦察站。

对中国海底电缆安装窃听装置

许多横跨太平洋的光缆都经过关岛或夏威夷美军基地附近的某个海底地点，且大多数跨太平洋光缆均以美国为起点或终点。即使光缆不经过美国或英美某个谍报协议成员国控制下的地域，要想截取其信号传输也是有办法的。报道称，在冷战期间，美国曾派遣配备有特殊装置的潜艇潜入中国港口，将国家安全局的"窃听器"装在海底电缆上。

从中国发出的通信或发到中国的通信，即发送、接收端都在中国内地的通信，同样容易被窃听。如果这些通信通过中国政府自己发射的卫星传送，美国也可以用另一个太平洋边缘站点、位于日本北部的见泽空军基地进行窃听。

利用间谍卫星窃听

"猎户座"是美国一种最新的间谍卫星系列，被用来截获世界许多本地及长途电话所采用的点到点无线信号——微波通信。通过这种手段，美国可以窃听到中国内陆深处的电话。

"猎户座"原先设计用途是侦听前苏联内部重要的指挥控制系统的通信。

后来国家安全局得知无线电话可发射出可被截收的信号。于是，利用北极上空的卫星，美国便可以窃听到中国和其他国家内的手机通话。美国国家安全局以"梯队系统"作为窃听网路，"梯队系统"有着强大功能，它可以利用美国的卫星网路，截取移动通信的微波信号，在同一时间可记录数以百万个电话通信，然后利用效能强大的搜寻设备，找出那些可能对美国构成威胁的字眼。美国情报史学者里切尔森说："只要有信号发到空中，总有办法弄到它。"

电脑窃听

美国还采用新技术对中国进行电脑窃听。最先进的偷听科技可以在电脑键盘上放置一个窃听器，这样就可以监视使用者按下的键码，因为按每个键都会发出不同的声音，只要把这些声音转化成字母就可以知道使用者的文档内容。

对出售给中国的民用客机安装窃听装置

美国对华的窃听活动，不但技术手段先进，形式多样，而且到了无所顾忌的地步。为了满足美国情报机构的需要，它们甚至置国际法公约和基本的国际关系准则于不顾，在美国看来，只要能达到窃取中国情报的目的，就应不顾一切，采取一切别国不敢采取的手段。譬如前几年出售给中国的民用客机上，居然也装了大量复杂先进的窃听装置。

美国黑客军团深潜中国网络 15 年

美国《外交政策》双月刊网站 2013 年 6 月 10 日报道，奥巴马拥有一支自己的黑客军团，这支军团已经深深潜入中国的网络。

根据一些秘密消息来源，隶属于美国政府庞大的电子窃听组织国家安全局下属的一个高度机密、名为"获取特定情报办公室"（TAO）的部门，已经成功入侵中国电脑和通信系统近 15 年的时间，并且获取了一些关于中国境内正在发生的事情的最优质、最可靠的情报。

藏于马里兰州米德堡的国家安全局总部大楼之内，TAO 的办公室与其他部门隔离开来，对于国家安全局的很多工作人员来说，这个机构也是一个谜。因为 TAO 业务的极端敏感性，只有寥寥数位国家安全局高级官员对于 TAO 的信息享有完全知情权。而且要进入该部门的工作区需要经过特别安检。通向超现代的控制中心的大门由荷枪实弹的警卫把守，只有在数字键盘准确输入六位密码才能顺利通过一道威严的钢制门，此外还有一个视网膜扫描器，确保只有经过特别甄别的人才能通过这道门。

据前国安局官员称，TAO 的任务很简单，通过秘密入侵计算机和通信系统,破译密码、破坏保护目标计算机的安全系统,盗取存储在电脑硬盘中的数据,然后复制目标邮件和短信系统中所有信息和通过的数据流量,来获取关于境外目标的情报。

TAO还负责搜集情报,以便一旦总统下令,美国就有实力发动一场网络袭击来破坏外国的计算机和通信系统。美国网络司令部负责发动类似的网络袭击,其总部位于米德堡,负责人是国家安全局长吉斯·亚历山大上将。

据情报人士称,2013年4月罗伯特·乔伊斯开始执掌TAO,他之前是国安局信息保障理事会副会长。TAO目前是国安局庞大的信号情报理事会中最大、并且可以说是最重要的组成部分,包括1000多名军队和民间计算机黑客、情报分析人士、目标专家、软硬件设计人员以及电气工程师。

自1997年创建以来,TAO已经赢得了为美国情报界提供一些最好情报的"美名",这些情报不仅关于中国、还包括外国恐怖组织、外国政府针对美国开展的间谍活动、全球范围内弹道导弹和大规模杀伤性武器的研发活动,以及全世界最新的政治、军事和经济进展。

一名前国安局官员描述TAO:"这个机构已经自成产业了。他们能到情报界别人去不了的地方,弄到别人弄不到的东西。"

美在驻华使领馆搞监听

据德国媒体引述美国国家安全局(NSA)的文件披露称,美国在全球约80个地点设有特殊情报搜集点,其中包括北京、上海、成都等中国城市。"全球70亿人都被视为恐怖分子,它们(NSA)就是现代网络塔利班。"《印度教徒报》2013年10月30日愤怒地表示。

《洛杉矶时报》称,有美国情报官员表示,对盟友搞监听得到了白宫和国务院的批准,看到总统为了从斯诺登泄密导致美国与亲密盟友关系紧张的困境中脱身而把情报人员抛弃,NSA等美国情报机构的专业人士感到愤怒。《纽约时报》称,一些现任和前任官员说,历任总统和国家安全顾问都了解对外国领导人进行监听的情况。小布什政府国家安全委员会成员迈克尔·布伦表示:"如果白宫高层不了解情报具体从哪里得到、怎么得到将非同寻常。这些信息能帮助政策制定者评估情报的可靠性。"艾伦说,在准备美国总统与外国领导人电话通话或会晤之前,这些情报往往会提交给总统。

"窃听门"引起美国内部分歧以及可能随之而来的党派政治炒作,真正令奥巴马难堪。而美国国家情报总监克拉珀表示,白宫早就对NSA的海外监听有基本了解。他为 NSA 的监听做出强力辩解，从中或许也透露出奥巴马政府内部在此问题上存在分歧。

法新社称，众议院情报委员会主席罗杰斯问道："你认为盟国也曾就某个事件针对美国、美国情报机构或国家领导人等进行某种形式的间谍活动吗？"克拉帕说："绝对如此。"他还表示，监听外国领导人是国际间谍活动的核心，"我 1963 年上情报学校时首先学到的知识就是，不管在什么层面上，情报界最基本的一条就是了解领导人的意图。"

国内分歧突显之际，美国情报部门的监听丑闻被越控越深。德国《明镜》周刊在一期专题报道中披露，负责实施 NSA 和中情局（CIA）监听活动的"特别搜集服务"（SCS）项目，以美国驻世界各地大使馆和领事馆为据点进行活动。这个项目开始于 20 世纪 70 年代后期，截至 2010 年 8 月 13 日，CSC 的据点达到 80 个以上。其中，在亚洲地区有北京、上海、成都、香港、台北、曼谷、雅加达以及新德里等 20 个城市。SCS 独自开发出一种名为"爱因斯坦"的天线监听设备，该设备不仅能监听手机、无线网络、卫星电话的通信，甚至能探知被监听对象身在何处。

据斯诺登爆料，在东亚，美国情报搜集工作的重点是中国。早在 2009 年就开始监控中国内地和香港的计算机系统。SCS 的监听站点被指常常隐藏在美国驻外使领馆内，一些情报人员有外交身份作掩护。

（九）美国标榜自由，实则伪善

美国人有一个习惯性思维是"如果手中有了锤子，就去找个钉子"。这种锤子钉子似的恐吓战略在实际中的应用就是满世界找敌人，不惜使用各种手段，推翻别国政权，发动战争，挑起策划"颜色革命"。从无人机监视全球到连盟友也不放过的各种监听监控活动，美国的例外主义再次抬起了丑陋的头，而美国人没能认识到它的丑陋。在他们看来，在基本层面上，美国的利益与这个星球上其他任何国家的利益都不相同。

从国际法的角度来看，美国政府的窃听行为在多个层面有明显的非法性。窃听行为不仅侵犯了中国的国家主权和国家尊严，还侵犯了当事人的最基本的人权和经济权利，是一种对国际法原则的粗暴践踏。

情报霸权是美国控制世界的主要手段之一。美国垄断了根服务器，在截取通讯信息方面拥有绝对技术优势，对全球通讯监控无孔不入。

美欧一向标榜言论自由，互联网言论自由是西方向其他国家施压的主要武器之一。"监听门"事件充分暴露出美欧政府言行不一的虚伪性。美国不仅对国内民众进行监听，还把触角伸向全球，当然也包括欧洲普通民众，一个月内监听7000万个法国电话、6000万个西班牙电话。使欧洲政府无颜面对民众，更难以对其追随美国推行言论自由的政策自圆其说。

美国人显然也清楚窃听行为丑陋，否则当年的尼克松也不会因"水门事件"下台了。但美国政府推行双重道德和法律标准，一方面指责别的国家对网络的监控和黑客行为，一方面允许自己的国家机器打破任何的法律和道德的限制，用黑客攻陷任何公司网络，窃取商业秘密，并监听外国领导人。在所谓美国国家安全局的招牌下，任何个人、组织或他国政府的法律权利、利益和尊严都可以不被当回事。

《联合国宪章》明确规定了国家主权的边界，以及所有国家一律平等的原则。对中国前国家领导人的窃听，一定与这些前领导人曾经担任过重要职务相关，无疑是对中国主权和尊严的冒犯。但在美国国家利益面前，《联合国宪章》常常是一纸空文。当美国国家利益与国际法律秩序冲突时，美国通常以破坏法律秩序或者重建法律秩序满足自己的利益需求。但是美国的国家利益经常是与国际法律秩序的公平、公正和平等原则冲突的。难道世界上所有国家必须生活在一个美国为其他国家制定的法律和道德规则体系中吗？

另一个现实是，针对网络空间的跨国侵权行为，国际法上没有明确的限制。这也正是德国、巴西牵头起草一项联合国大会决议的原因。呼吁保障各国民众的网络隐私权。决议草案呼吁把联合国1966年《公民权利和政治权利国际公约》保障隐私的范围扩大适用到网络空间，要求各国"采取措施终止对这些权利的侵犯"，并且"检讨在境外监控和拦截外国管辖权内公民隐私数据的程序和合法性"。

有联合国外交官表示，提案的目的是要向那些任意滥用网络的人传递一个信息：被侵犯权利的群体不会轻易妥协。联大决议虽然不像安理会决议那样拥有法律效力，但由于拥有更广范围的成员国投票而更具政治和道德意义。

从另一个角度看，美国一直宣扬所谓的"互联网通信自由"，标榜自己是互联网的监管者意欲将互联网管理的"美式标准"强加于别国。然而"棱镜"项目等美秘密互联网监听行径的大曝光，撕下了美在互联网自由上的伪善面具，令其"锤子钉子"的恐吓战略寸步难行。

五、掀开美国"普世价值"的面纱

(一)西方宣扬"普世价值"的实质

我们在以上章节揭露了西方民主的虚伪性,当然还需认识一下西方"普世价值"的实质。

有关"普世价值"的争论,近年来延续不绝。这也是在讨论民主问题时一定要涉及的问题。西方宣扬"普世价值",实质是推销西方所谓"民主国家体系"和"自由体制"。美国原国务卿亨利·基辛格的《论中国》一书,对西方推行"普世价值"多有论述,对我们颇有启示。

该书认为,西方国家包括美国声称自己的价值观和体制普世适用,但中国从古至今都有不同于西方的价值观。"中国社会占统治地位的价值观源自于一位古代哲学家的教诲,后人称其为孔夫子。"基辛格进一步指出:"中国主张独立自主,不干涉他国内政,不向外国传播意识形态,而美国坚持通过施压和激励来实现价值观的普适性,也就是要干涉别国的内政。"该书回顾了1992年克林顿在竞选中关于布什政府对华政策的批评:"中国不可能永远抵制民主变革的力量。终有一天它会走上东欧和苏联共产党政权的道路,美国必须尽其所能,鼓励这一进程。"克林顿上台后,把扩展民主确定为外交的首要政策目标。1993年9月,他在联合国大会上宣称,美国的目标是"扩展和加强世界市场民主国家体系"和"扩大生活在自由体制下国家的数量",实现"繁荣的民主世界"。可见美国毫不掩饰地要把西方的"民主国家体系"和"自由体制"推向世界、推向中国。这恐怕就给以后的"颜色革命"、"阿拉伯之春"等埋下了伏笔。

通过推行西方价值观演变与自己价值观不同的国家,是西方国家一贯的政治原则和策略。老布什和小布什都试图用西方价值观重塑世界面貌。小布什毫不犹豫地打起美国价值观旗帜,实施外交政策。特别是,前苏联解体,更给美国政府重塑世界增强了信心,推行其"普世价值"更不遗余力、不择手段。美国自建国以来笃信自己的理想具有普世价值,声称自己有义务传播这些理想。这一信念常常成为美国的驱动力。

西方宣扬和推行"普世价值",是其和平演变策略的重要一环。民主、自由、平等、人权等作为价值观，本是人类社会所共同追求的目标，怎么会成为西方国家用来"重塑"和"演变"非西方价值观国家的工具呢？这需要进一步弄清楚，西方价值观把它们建立在生产资料资本主义私有制基础上时，便认为只有资本主义市场经济才能保证民主、自由、平等、人权等价值观的实现。它把资本主义看作人类社会最美好的制度，把资本主义民主、自由、平等、人权等宣扬为"普世价值"。尽管中国也把民主、自由、平等、人权、公正、公平等作为自己追求的价值原则，但西方并不认同。然而在中国共产党的领导下，中国不断探索走出了一条完全符合中国国情的道路，或称中国模式，它突破了西方民主的唯一合法性，在民主化进程中，创新了民主形式的多元时代，重塑了世界的价值认同。

（二）美国的建国史比任何国家都血腥和无耻

大家都知道，每年 11 月最后一个星期四是美国的感恩节。史载，1620 年 9 月 6 日，一批英国清教徒难以忍受宗教的迫害，搭乘"五月花号"木船驶往美洲。他们在疲劳、饥饿、寒冷和疾病的袭击下在大西洋上漂泊了 65 天，最后到达北美殖民地的普利茅斯。当时正值冬季，气候严寒，田野寂寥。当地印第安人慷慨地拿出贮藏越冬的玉米和土豆，送去猎获的野鸭和火鸡。

印第安人教这些被他们救活的白人种植玉米南瓜、饲养火鸡。白人移民举行了丰盛的感恩会，据说这就是感恩节的来历。听起来非常美好。因为感恩，这是全人类各种文明不约而同的共同价值。我中华文明有著名的"滴水之恩，当涌泉相报"的俗语，有形象的"跪乳之恩"、"反哺之义"等说法，也有"东郭先生"这样反面的例子。总之，感恩与背恩，是判断一个人、一个政权、一个民族优劣高下的道德尺子，全球同理。

但是，历史告诉我们，美国白人在受到印第安人的恩遇和款待，假意感恩麻痹他们之后，反而举起屠刀，展开了美洲原野上最血腥的屠杀。在微信朋友圈收到一个微友发来一段来自权威学者的资料，那个曾对移民有救命之恩的印第安部落首领被杀，尸体被剁碎投入水中，头颅被作为战利品挑在枪尖上招摇过市，整个部落从此灭绝。

白人移民对印第安人的屠杀和征剿，从 1803 年一直持续到 1892 年，差不多进行了一个世纪。1814 年美国政府还对屠杀印第安人进行奖励：每上缴一个印第安人的头盖皮，政府奖励 50 至 100 美元，其中杀死 12 岁以下印第安人婴幼儿和杀死女印第安人奖 50 美元，杀死 12 岁以上青壮年印第安人男子奖 100 美元，美国内战英雄威廉·谢尔曼将军曾大言不惭地说："如果我们今年多杀一点，那么明年要杀的人就少了一点，反正他们都得灭掉。"

特别是南北战争结束后，美国政府对印第安人的屠杀几近疯狂。在民兵的配合下，美军集中发起了 1000 多次不同规模的军事行动，许多印第安人的村庄一夜之间变成鬼蜮。截止到 1890 年代，美军基本完成了灭绝印第安人的作战任务。没有人知道到底死了多少印第安人，只知道当初哥伦布"发现"美洲新大陆时，居住在现在美国境内的印第安人高达 3000 万人以上，而现在只剩下 80 万，而这区区 80 万人中，大部分被强行同化，住在穷乡僻壤。

重温这段历史，有助于我们认清美国人权的伪善。许多人可能不知道，在北美感恩节背后，是一种文明的毁灭，是一个人种的灭绝，是几千万人被疯狂地屠杀。而中西方鼓吹美国民主人权的那些卫道士，却从来没有告诉人们，美国的伪善、贪婪、残忍。为了灭绝印第安人，美国政府决定釜底抽薪，先灭绝印第安人的食物北美野牛，20 年间，北美野牛从 1300 多万头，剩下可怜的几千头。最后零星走出山地的印第安人作为样品，被保留在圈定的贫瘠地。

南北战争的英雄格兰特将军后来当上了美国总统，他在南北战争期间就宣布："有必要灭绝全体印第安人部落。"南北战争的另一个英雄谢尔曼将军说："我见过唯一的印第安好人，就是死人。"在美国被称为建国基础的新教徒们，忘了最初艰难时期印第安人给予他们的友好帮助，甚至制定了对印第安人头皮的悬赏制度。美国开国元勋杰弗逊在《独立宣言》中，竟然毫不掩饰地责怪英国兄弟对印第安人太好了。

美国是一个现代国家，现代国家的三个基本要素就是：国土、人民和主权。对于美国这个新国家来说，国土都是别人的好，从最初独立的十三州，到现在的面积，美国的每一寸国土都是别人的。而这个新国家的"人民"却不包括曾经是这片土地的主人，后来包括了，但印第安人已经所剩无几了。即便美国国民后来包括了印第安人，美国的主权也没有印第安人的份。

我们来看看美国的立国者都干了些什么令人发指的勾当。

乔治·华盛顿总统曾鼓励屠杀并怂恿士兵对印第安人剥皮，他说，"将印第安人放到所有定居点附近，那么整个国家将不仅仅是泛滥成灾，而是被摧毁了"。在屠杀灭绝印第安人过程中，华盛顿还指示他的将军说："在所有印第安人居留地被有效摧毁前不要听取任何和平的建议。"华盛顿的灭绝政策在他的部队一次又一次屠杀了印第安人以后得以实施。军士们从印第安人的尸体上剥皮,从臀部往下剥皮,这样可以制作出高的或可以与腿齐长的长筒靴来。

托马斯·杰斐逊总统指示他的战争部门尽量杀光印第安人。他说:"如果印第安人反抗美国人去获取他们的土地,那么对印第安人的反抗就要用短柄斧头反击。"杰斐逊继续道,"如果我们约束自己不去举枪迎向这些部落,那么在这些部落灭绝之前我们将不会安静地躺下,或被赶出密西西比河以外。"杰斐逊继续道,"在战争中,他们也会杀死我们中的某些人,但我们会杀死他们全部!美国人必须追求灭绝印第安人或者将他们驱赶到我们不去的地方。"

林肯总统下令绞死了明尼苏达曼卡托地区苏语部落的 38 个酋长。这些被绞死的人大部分都是他们部落的神职人员和政治领袖。这些酋长之中没有人犯过他们被美国政府所控告的罪行,林肯总统有意制造了美国历史上最大规模的冤杀死刑。美国人根据林肯颁布的《宅地法》屠杀印第安人的活动达到高潮,许多印第安人村庄一夜之间变成鬼蜮。

笔者所引文章的作者在此大声宣布,我从此放弃对那个被白人美化的林肯的敬仰,并为自己被误导而敬仰过这样的魔鬼感到恶心,而笔者亦有同感。

美国麦迪逊政府参考 1703 年北美殖民议会作出屠杀印第安人的奖励规定,重新颁布了杀死印第安人并上缴头皮一张的奖励制度。

以上可以看出,美国所谓的文明不仅虚伪,简直令人恶心。

美国对印第安人的滔天罪行罄竹难书;美国在非洲贩卖黑人的历史同样血泪斑斑,揭开这些真相,它使我们明白,这个白人国家的建国史充满了血腥和无耻,它根本没有资格在世界上谈论民主、自由、人权,是地地道道的伪君子。①

---

① 吴鹏飞:《美国这个国家的建国史比任何国家都血腥和无耻》,引自微信载文,2015.11.27。

附录　简述美国总统间接选举制度

一、美国总统制的创立

1. 总统出现前的美国

所谓选举制度就是指一个国家选举其国家领导人或各级政权代表的、由有关程序、法律、规则等构成的一整套体系。一国的选举制度既是该国政治制度的一个重要组成部分，又与该国的其他政治制度有密切关联，还与该国的历史传统、政治文化和社会发展息息相关。因此，美国的选举制度就深深地刻上了"美国"的烙印，也就具有了所谓的美国特色。也由此，我们有必要简要叙述其总统制创立之前的美国。

对于美国的历史起点，在各种美国通史或早期史著作中，有的以印第安人独处美洲的时期为美国的史前时代，有的以欧洲人"发现"美洲为美国历史的第一页，有的以詹姆斯敦的建立为其真正开端，还有的则采取"模糊处理"的办法。我们不讨论美国历史，只从诸家之说中撷取较为多数的一种，通常叫做"殖民地时代"。

在此期间，欧洲裔和非洲裔移民源源不断地迁入，逐渐落地生根，和原住民印第安人形成交往和互动，在北美大陆造成了史无前例的巨变。这一进程虽然有不同种族和族裔的居民共同参与，但却始终为欧洲裔居民所主导，它们的制度、技术、观念和活动，支配了这期间北美历史的走向。欧洲的政治理念和制度在新的环境中发育成长，为日后美国的民主实验提供了丰富的资源。

1763 年乃是北美历史的一个分水岭。英国和法国、西班牙之间长达百年的殖民竞争，在这一年终见分晓。在一个半世纪的时断时续的较量中，英国成了最后的赢家，取得了北美从佛罗里达到魁北克的广大地区的宗主权。

由于各殖民地建立的时间不同,所处地域不一,宗教和民族五花八门,经济生活和政治体制各有特点,难免产生地域观念和本地意识,13 个殖民地居民的共同体意识发育相对迟缓,他们最大的共同点在于,都承认是"英王臣民"或"英国人"。

共同体意识的更坚实的基础,在于殖民地居民在政治制度、经济生活、价值观念和社会习俗等方面所具有的越来越强的共同性。亚历山大·汉密尔顿医生骑马从马里兰出发,一路行至缅因再折返,行程 1624 英里,对中北部社会有比较系统的观察。他在旅行记的结尾处谈到了北美居民的共同特征:在我经过各个殖民地时,我发现不同地区的人们在习俗和性格方面差别很少,只是在特许状、肤色、空气和政府方面,我看到了一些不同。……至于教养和人文方面,他们也十分相似,只是大城镇的居民更开化一些,波士顿尤其如此。①

欧洲裔居民逐渐以英语为通用语言。在热爱自由和追求权利的基础上,北美居民形成了共同的价值观念。这种共同的价值观,为殖民地居民提供了一个认同的基点和联合的基础。

北美居民以自己居住的地域而得到一个共同的名称:美利坚人。"America"和"American"这样的字眼,经常出现在人们的口头和文字中。美利坚人是一种新人,他们根据新的原则行事;因而他们必然拥有新的思想,形成新的看法。②

北美独立战争爆发后,乔治·华盛顿受命统帅大陆军,他在战争中学习战争,终于取得了胜利。

北美独立战争最主要成果是建立了一个独立的、共和的民族国家,为美国资本主义发展扫清了道路。

制宪会议在进行了近 4 个月之后,于 1787 年 9 月 17 日制定了宪法草案。

《联邦宪法》的制定最终完成了美国革命开创的历史过程,即推翻殖民统治和实现国家独立统一,进而创立自己的民主政体。这标志着美国作为一个统一多民族共和国正式形成。它为美国未来的政治、经济发展奠定了基础。

新罕布什尔作为第九个州批准宪法以后,联邦国会于 1788 年 7 月 2 日宣布合众国宪法生效,颁布命令要求进行国会议员和总统选举人选举,并确定纽

---

① 布里登博编:《绅士的游踪:亚历山大·汉密尔顿医生旅行记》,第 199 页。
② 克雷弗克:《美洲农场主信札》,第 56 页。

约市为新政府的临时首都。从此以后，联邦国会便悄然退出了历史舞台，让位于华盛顿的"伟大实验"。

1789年2月4日69名总统选举人投票，一致选举华盛顿为美国第一届总统。约翰·亚当斯为副总统。

2. 美国总统制的确立

1787年5月25日至9月17日，律师、将军、种植园主、富商55位代表到了费城开会，争论了几个月之后，制定了一部合众国宪法。该宪法是美国的立国之本、最高法律，它奠定了美国政治制度的法律基础，规定美国实行联邦制，肯定了以立法、行政、司法三权分立，相互制衡为原则的资产阶级民主政体。具体而言，它规定立法权属于美国国会，行政权属于总统，司法权属于美国联邦最高法院，但行政、立法、司法三大机构中，又以掌握行政和军事大权的总统为核心。因此美国的政体是"总统共和制"，它不同于君主立宪制，也不同于议会共和制。这部宪法详细地规定了总统的权限，也让"总统"这个词有了比较深刻的政治学意义。

美国的选举制度是在宪法规定下，在历史实践中形成的，它一直保持着宪法规定的基本骨架，并通过宪法修正案、联邦法律、政党改革、各州议会的法律，而在具体程序和规则上有所变更。美国的选举制度与政党制度、联邦制度、分权制有密切的联系，也体现了美国政权体系中权力分散、权力多元、权力有限的特点，更反映了美国"一切政治都是地方政治"的特色。

二、美国总统的间接选举

1. 美国总统选举制相关法规创设

在决定创立一个选举制的总统而不是一个选举而出的国王后，宪法的构建者们只是在宪法第二条中用了极小的篇幅来描述他们的创设。

第二条第一款专门指出了如下内容：

＊这一职位的任期（4年）。

＊选举人团制度的具体细节。

＊这一职位的基本要求（美国公民，年满35周岁，至少曾在美国境内居住14年）。

＊何种情况下副总统将接替总统。

＊"补偿"条款（未规定的薪酬）。

＊就职宣言。

第二款列举了总统的一部分权力：

＊总统担任陆军及海军统帅。

＊"总统有权要求每个行政部门首长就他们职责范围内的任何事务进行书面报告"。

＊总统拥有赦免权。

＊在参议院 2/3 票数通过的情况下，总统有权缔结条约。

＊根据条例，在参议院批准后，总统有权任命大使、公使、领事、最高法院法官及任何在此未被提及的联邦官员。

＊总统有权在未经参议院批准的前提下临时填补"参议院休会时的空缺"。

第三款迫使总统需要"不时向国会报告国情，并向国会提出他认为必要和妥善的措施供国会审议"。此外，总统还有下述权力：

＊在"特定情况"下，总统有权召集国会举行会议。

＊当国会无法就休会时间达成一致时，总统有权使国会休会。

＊总统有权接见大使和其他公使。

＊总统"应当注重忠实地执行法律"。

＊总统有权委任所有"联邦官员"。

第四款囊括了对包含总统与副总统在内所有"合众国文职官员"的弹劾权和罢免权。撤除官员职务的理由仅限于"叛国、贿赂或其他重罪与轻罪"。

宪法没有过多地定义这个职位，仅仅是做出了概述，将具体化这个职位的任务留给了这个职务的担任者。①

美国及其宪法已经迈入了第三个世纪。美国总统制的实施过程，也在不断地改革与改变中。改革意味着什么？这里所说的改革，是指变更总统制的结构或权威的重大努力。它是指那些将重新安排机制运作方式作为唯一目的的情形。

改革可以通过多种方式实施：宪法修正案、法令法规、法院规定、惯例和

---

① ［美］阿克塞尔罗德：《美国总统制》，王桂馨译，经济科学出版社 2013 年版，第 16—17 页。

公众期待等。

鉴于宪法修订程序的复杂（要求国会和州两个层面上的绝对多数），人们不会期盼宪法修正经常发生。当前共有9条宪法修正案直接影响总统制。它们可以分为三种类型：对原始文件中的遗漏和异常之处予以纠正、扩大选举权、限制任期。

类型一：纠正

修正案（已批准）目的

第十二条（1804年）选举人分别选举总统和副总统。

第二十条（1933年）总统任期在1月20日结束，而不是（1792年国会提出的）3月4日。

第二十三条（1961年）哥伦比亚特区拥有3张选举人票。

第二十五条（1967年）填补副总统职位空缺；并且，当总统无法履行职责时，提供应对方案。

类型二：扩大选举权

第十五条（1870年）投票权扩展到非洲裔美国人。

第十九条（1920年）投票权扩展到妇女。

第二十四条（1964年）不得以未缴人头税为由阻碍公民行使投票权。

第二十六条（1971年）年龄限制降低到18岁。

类型三：总统两届任期限制

第二十二条（1952年）总统任期不得超过两届。

第十五条、十九条与二十六条修正案使选举权顺应了当时的形势发展——确保了非洲裔美国人与妇女的投票权，并将投票年龄限制降低到18岁。第二十四条保证了缴纳人头税并非享有投票权的前提，这是迟到已久的保证。久而久之，选举权的权证案将会改变总统竞选的性质。每一项修正案都带来合格选民数量的大增。然而，这些选民的投票率的增长也需要很长时间。[①]

2. 美国总统选举的程序

竞选美国总统的第一步，按照联邦宪法规定，必须生在美国或父母是美国人；

年龄35岁以上的自然公民；在美国境内居住14年以上。

[①] [美]查尔斯·琼斯：《美国总统制》，毛维准译，译林出版社2013年版，第140页。

第二步，是填表，选举前上联邦选举委员会网站下载一份《候选人声明》申请表，填上姓名、住址、党派和竞选的职位寄回去就可以了，这一步是最简单的。

第三步，是州预选，大选年初到党代会在各州分别进行，民主、共和两党的总统候选人都要经过各州预选。在大部分州成为预选候选人，需要在注册党员中征集到足够多的签名。这时候就需要大把撒钱建竞选团队了。一般第一个候选的艾奥瓦州在大选年的1月预选，再加上报名截止时间限制，您手头大概还有四五个月。

美国总统选举一般在选举年的6月，各政党由各州选派代表参加全国代表大会，在会议上提名总统候选人。

总统候选人的提名一般是在全国政党大会召开的第三天或是第四天进行。当全部州的代表都提出候选人之后，由大会代表通过投票的方式，最终选出代表本党角逐总统宝座的候选人。

五六月间，政党全国代表大会认可本党候选人（包括副总统候选人）的提名。

第四步，竞选阶段，这个阶段是由获得政党提名的候选人在全国范围内进行竞选。这种全国性的竞选是总统选举过程中至为关键的环节，一般在当年的9月至11月间进行。

竞选活动的主要内容是向选民介绍自己当选之后的施政纲领，向选民作出尽可能多的承诺，力求争取最多选民的支持。

真正的总统竞选是在9月的第一个星期一才正式开始。竞选的方式主要有在全国各州、各市发表竞选演说、与选民互动，以及与竞选对手进行种种辩论等等。

值得注意的是，辩论程序和题目是由主办电视台来定，那可不是阵营选好的。因此，每个候选人辩论之前得充分准备。

第五步，是选举总统候选人，这个阶段是由各州选举他们的总统候选人。

根据美国宪法，总统是由选民选派的选举人选举。每个州的选举人数同该州在国会两院中的议员总数相等。

联邦政府所在地华盛顿特区在国会中没有代表，1961年生效的宪法修正案给予特区3个选举人名额，所以，目前全美50州的总统选举人总数为538人，一旦一名总统候选人获得的选举人票达到270票，即超过全国选举人数目的一半，即可宣布当选。

因此，各州选举其总统选举人的日子也叫总统选举日。

由于总统候选人的提名是在党的全国代表大会上进行的，一般情况下，选举人总会投票给本党总统候选人，因此，总统选举人的选举实际上也就等于总统选举。

第六步，选举人投票选出总统，最后这个阶段就是由总统选举人在总统候选人之间投票正式选出总统。当各州选出总统选举人之后，这些人便组成选举团，并且在选举年的12月的第二个星期三之后的第一个星期一，在各州首府所在地分别投票，选举总统和副总统。

由于总统和副总统的候选人总是配对参加竞选，所以这两个职位的选举也就是在各政党之间进行选举。加上以上所述的原因，正式选举的结果实际上是在总统选举人被选出来之后便已经确定，因此，选举人的投票基本上就只是一种形式，没有什么实际意义。

最后，各州总统选举的投票结果将在选举之后的第二年的1月6日下午1时，由参议长在参众两院联席会议上公布。当选总统和副总统的就职时间是同年1月20日中午。

根据美国宪法，总统的任期是四年，只能连任一届，也就是说最多只能当八年的总统。

3. 美国总统选举并非全民直选

根据美国宪法的规定，美国实行总统制，行政权属于总统。国家元首和政府首脑职权集中于总统一人。总统兼任武装部队总司令。总统不对国会负责。总统由每四年举行一次的大选选出，任期四年并可连任一届。

由于多数州的选票上仅有总统和副总统候选人名单，因此普通选民在大选日投票好像是在直接选举总统，而实际上他们是在选举该州的总统选举人。美国总统并不是由公民一人一票选出，而是由选举人团选举产生，关于这一点，不只是其他国家的人搞不清楚，很多美国人也根本不知道这回事。

美国总统选举的过程漫长而复杂，主要包括预选总统候选人提名、竞选运动、全国选举、选举团投票表决以及当选总统就职仪式。

预选阶段通常于大选年2月份的第3个星期二在新罕布什尔州拉开帷幕，到6月份结束。此后，美国民主、共和两大政党将分别在全国大多数州选出参加本党全国代表大会的代表。在少数不举行预选的州，则由两党的州委会或代表大会选拔代表。因新罕布什尔州率先进行预选,其选举结果对其他州影响很大。

美国两大政党的全国代表大会通常在7月和8月分别举行。届时,参加代表大会的各州代表将投票选出本党总统候选人,然后通过由总统候选人提名的副总统候选人,并正式通过竞选纲领。大会往往长达数天,投票上百次。

代表大会结束后,选出的总统候选人即开始在全国展开历时数月的争取选票的竞选运动,其中包括到各州做竞选旅行、广泛会见选民、发表电视演说、进行电视辩论等。

总统候选人为竞选而耗费巨资,使尽各种招数。

美国法律规定:在全国选举时,选民要在大选年的11月第一个星期二到指定地点投票,在两个总统候选人之间作出选择。全国选举还要通过选举团的投票表决。由于在一个州中获得选票最多的总统候选人,便赢得该州全部选举人票,因此一般情况下只是例行公事。

(1) 什么是选举人票

美国大选中公民投票被称为普选,其作用是选举出各州的选举人组成选举人团,以确定该州的选举人票归属。因而可以说美国总统的大选并不是由美国公民直接选举产生。这一制度可以简单地理解为:美国公民选出本州直接参与选举总统的选举人,然后作为代表进行投票,这些参与直接选举的选举人所投的票即为选举人票。

(2) 各州选举人票分配

美国全部选举人票共538张,是参议员(100名)、众议员(435名)、华盛顿特区选举人(3名)的总数,参议员按州分配,50州每州2名;众议员按人口产生,约50多万人选出1名。例如纽约州约有1600多万人口,就有31名众议员,再加上2名参议员,总共有33张选举人票。

(3) 选举人票的胜者全得制度

美国的选举制度除了缅因和内布拉斯加两个州是按普选票得票比例分配选举人票外,其余48个州和华盛顿特区均实行"胜者全得"制度,即把本州的选举人票全部给予在该州获得相对多数普选票的总统候选人。

其实这种"胜者全得"制度并非一开始就确立了,它的形成源于1800年的总统选举。这次选举中,政党登上了美国政治舞台的中心。

美国在建国之初，不管是华盛顿还是杰斐逊等人都是反对党争的，但是后来由于政见不同，汉密尔顿、亚当斯等人和杰斐逊交恶。1792年杰斐逊辞去国务卿之职，着手组建民主共和党。在1800年的总统选举中，杰斐逊及其搭档伯尔胜出，亚当斯败北，可由于当时宪法并没有规定选举团分别投票选出总统和副总统，而是各位总统选举人每人笼统投出两票，导致杰斐逊与伯尔两人票数相同。后在众议院的复选中，经过多轮选举杰斐逊未达当选票数，最后在汉密尔顿的劝说下，联邦党的支持者转为支持杰斐逊，才最终选出总统。

1800年的总统选举直接导致了宪法第12修正案对总统选举制度的补充。修正案改变了每个选举人投两票的制度，改成投一票给总统，另外投一票给副总统。同时这次修正案在没有明文出现"政党"（party）字眼的情况下正式承认了政党的合法活动地位。自此以后，总统和副总统的候选人开始在政党组织下搭配竞选。政党在全国范围内推出自己的总统候选人，相应在各州推出自己的选举人团。

1824年后，大选举团的选举人都是由全州民众普选产生的，民众在投票以前都知道什么选举人将会投什么总统候选人的票，所以民众名义上是在选大选举团的选举人，实际上是在选择支持哪个政党的总统候选人。投票的时候，拥护哪个总统候选人，就投票支持相应的哪组选举人。获胜的哪组候选人在12月的一天就代表该州投票选总统，一般都选本党的总统候选人。值得说明的是，各州的总统候选人在当选前，一般都要向选民承诺支持某党的总统候选人，但在实际投票时，仍出现了少数"不忠选举人"现象。

"胜者全得"制度实际上是以各州选举的相对多数制为基础的。由于政党组织竞选和各州普选选举团，这样即使民众在开始投票的时候比较分散，但只需一党获得相对多数就可赢得本州的全部选举人票，因此大选举团在各州首府正式选举总统时，获胜的总统候选人支持率一般都能超过半数，这也有效解决了总统选举时的票数分散的问题。

（4）选举人团

选举人团又称选举团或总统选举团，是美国特有的一种选举方式。根据美国宪法，美国总统由各州议会选出的选举人团选举，而不是由选民直接选举产生。每四年一次的美国大选实际是由选民决定所在州的选举人团，再给那位总统候选人投票。通俗点说，老百姓投票选举的不是总统，而是选举人，随后再由这些选举人选出总统。决定大选胜负的，也不是看候选人获得的选民票数多少,而是看他得到的选举团成员、也就是选举人的票数有多少。

宪法制定者不希望总统完全由人民自己选出。美国各种机构都建立在共和制或代表制民主政治的理念之上,它让选民选出代表然后再由这些代表选出政府官员。选举团制度就反映了这个理念,它在总统和老百姓之间设立了选举团机构,他们认为选举人是人之精华,可以信赖他们代表百姓投票。

另外,美国建国初期,交通不是很发达,而且全国性的政治组织还没有形成。开国先父担心,由选民们直接投票选举总统会产生太多的候选人,从而使票数分散。而通过选举团制度,要求候选人赢得超过半数的选举人票,可以选出全国都比较认同的总统人选。再者,规定每个州都有一个选举人团,也可以使一些人口稀少的小洲的民意得到充分表达。

(5) 选举人的资格和职能

在确定通过选举人制度选出总统之后,美国的开国先父又面临如何产生选举人的问题。他们决定把这个决定权交给州议会。因此,美国宪法第二条第一款规定,各州按照本州议会所制定的方式选派若干选举人,选举人的人数和这个州在国会应有的参议员和众议员的人数相等。

美国独有的选举人制度是美国总统选举的根本制度。

由于选举人在州一级产生,所以如何推举选举人就是州权的范畴。在一开始,各个州的选举人产生方式可谓五花八门,有不少州的选举人是由州议会选举出来的。所以说,选举人跟选民之间没有什么直接联系。到1824年,美国有24个州选举人是由选民选举产生的。选举人制度的改革使候选人和选民之间关系固定化了,选举人成为选民的代理人,二者之间是一种委托与代理的关系,选举人必须保证要按照选民的意愿进行投票。但在实际投票时,仍出现了不少"不守信选举人"现象。

美国各州挑选选举人的程序不一样,一般来说,各政党在州大会上提名选举人。通常情况下,那些对本党忠心耿耿和贡献突出的人会被选为选举人,他们可能是州政府官员,也可能是政党领导人,还可能是与总统候选人有私交或者有政治关系的人。美国联邦宪法第二条第一款规定,参议员、众议员已在合众国担任有责任或有俸禄职务的人,都不得被选派为选举人。另外,根据美国宪法第十四条修正案的规定,参加过叛乱或其他犯罪活动的人将被免除选举人的资格。

在选举人投票选举总统的问题上,美国宪法第十二条修正案规定,选举人在各自所在的州集会上投票选举总统和副总统，他们当中必须至少有一人不是选举人所在州的居民。选举人必须在两张选票上分别写明被选为总统和被选为副总统的人的姓名，而且必须把所有被选为总统和所有被选为副总统的人分别开列名单，写明每个人所得票数，并在名单上签名作证，然后封印送到合众国政府所在地，交予参议院主席。参议院主席要在参众两院全体议员面前开拆所有证明书，然后计算票数。获得总统票数最多的候选人，如果他们所得票数超过所派选举人总数的半数，就当选为总统。得副总统票数最多的候选人，如果所得票数超过所派的选举人总数的半数，就当选为副总统。

三、美国副总统是如何产生的

在美国政治中，副总统不担任实际工作。他的公务是担任国会参议院主席，但这主要是礼仪性的，因为他只有在参议院表决时赞成票和反对票相等情况下才投票。副总统的日常工作通常根据总统的要求而定，并无具体分工，如代表总统参加外国领导人的葬礼活动等。

根据美国宪法，如果总统去世或失去工作能力，副总统接任总统职位。先当副总统是登上美国总统宝座的途径之一。第二次世界大战以来，有三位副总统在任期内接任总统职位。杜鲁门因罗斯福去世、约翰逊因肯尼迪遇刺、福特因尼克松下台而分别继任总统。此外，有几位副总统还当过总统候选人，其中包括尼克松、汉弗莱、蒙代尔和布什。

美国副总统不是由美国公众直接选出的，而是由民主党和共和党的总统候选人挑选，并经两党全国代表大会选举产生。总统候选人在选择副总统候选人时，首先要考虑此人的政治资历和条件，但主要看他在党内代表哪部分势力以便取得平衡，尽可能争取最大多数选民的支持。

但大选结果不取决于总统候选人对副总统的选择，而是取决于总统候选人。1988年美国大选期间，许多美国人认为共和党总统候选人布什的竞选伙伴奎尔太年轻、不老练、不值得考虑，而认为民主党总统候选人杜卡斯基的竞选伙伴本特森经验丰富，深孚众望。但大选结果，布什获胜当上了总统，奎尔自然也成为副总统。

副总统候选人通常是国会议员，但参议员被挑选为副总统候选人的机会较大，原因是参议员一旦当选副总统，就担任参议院主席，这可加强总统与参议院的联系。

四、美国总统选举的预选

预选即初选,是美国总统选举的第一阶段。通常从2月到6月为预选阶段。在这一阶段里主要是选举出参加各党的全国代表大会的代表,各党的总统候选人最后在党的全国代表大会上产生。

目前,美国大多数州实行直接预选的方式,通过选民投票的方式直接选出参加该党全国代表大会的代表,选民也可以直接对总统候选人表态。由于全国代表大会的代表明确表示支持哪位总统候选人,所以投票结果就能清楚地知道各位总统竞选人的支持率。

另一种预选形式叫"干部会议"(或称"基层会议"),由两党在一个州的各个选举点分别举行党的基层会议,由支持本党的选民当场表态支持谁当本党总统候选人,并选出出席县一级代表会议的代表。然后,县代表会议选出州代表会议的代表,州代表会议选出全国代表大会代表,最终由全国代表大会决定本党的总统候选人。

艾奥瓦是全美第一个两党分别召开党的代表会议的州,新罕布尔什是第一个举行直接预选的州,两州的预选起着"风向标"和"晴雨表"的作用,选举结果将影响以后其他州的预选,因此,对候选人的成败至关重要。

每个州的预选活动,不管是采取预选还是预选会议的形式,一般都只允许明确表示自己是民主党人或共和党人的选民参加,不明确自己党派立场的选民不能参加。即使是前一部分选民,实际上也只有一小部分参加。

五、美国总统届、任、位的区别

美国大选常常涉及到总统的"届"、"任"和"位"这三个含义不同的概念。

关于"届"美国宪法规定,总统选举4年一次,总统任满4年为一届。如果总统在任期内因故未能满任,另由他人接任,这两位总统为同一届总统。

关于"任",是指担任总统职位的次数。一人担任几届总统职务,仍为一任。但一人在不连续的几届总统选举中先后几次当选,当选几次就算几任。

关于"位",指担任过总统的实际人数。美国从开始选举总统至今,不论是连选连任,还是先后几次当选,不重复计算,有几位算几位。

如此计算下来,比尔·克林顿为第52届、第42任和第41位美国总统。

六、美国国会议员的选举

美国议员选举实行直接选举制。众议员由各州选民直接选举,参议员最初由各州议会选举,1913年生效的第17条宪法修正案规定,参议员也由各州选民直接选举。州长、议员和某些州的法官、重要行政官员都由选民选举产生。各级选举一般都由两党包办。为了保证两党的统治地位,一般实行单名选区制和多数代表制。

1. 选民资格

凡年满18周岁的美国公民都有选举权,除北达科他州外,其他州都规定,选民事先办理登记手续,方能参加投票。

2. 候选人资格

宪法规定,凡年满25周岁,成为美国公民7年者,均可竞选国会议员;凡年满30周岁,成为美国公民已9年者,均可竞选国会参议员。但是候选人在参选时必须在选区居住(因此美国第一夫人希拉里为竞选纽约州参议员而临时移居纽约州)。

3. 候选人产生办法

候选人的产生有许多方式,如党组织推荐、政治权势人物点名、利益集团推举,不过多数是毛遂自荐。如属于某一政党的候选人,则必须在某一党内的预选中击败党内其他对手。

一般候选人通过预选的方式获得党内提名。预选制度的形成经过了一个多世纪的时间。美国在19世纪30年代形成了由政党代表大会提名候选人的制度,从那以后,大多数议员都由党内的秘密会议产生,而这种制度使议员人选往往由党魁所控制。1867年,宾夕法尼亚州的克劳福县首先采用直接预选的方法提名地方的公职候选人,即由两党的选民直接投票确定该党提名的候选人。20世纪初,直接预选制度得到推广,到1917年,全美48个州已有44个实行了某种形式的直接预选制。现在,美国所有50个州都采用直接预选的方法提名政党候选人。

4. 参议员选举办法

国会议员由各州直接选举产生，每州选出 2 名参议员，共 100 人，任期 6 年，每两年改选三分之一。具体做法是将参议员分为 3 组，1 组两年后改选，1 组 4 年后改选，1 组任满 6 年改选。基本分配原则是保证一个州的 2 名议员不要在同一年任期届满。如参议员在任期内死亡或辞职，州长应组织补选。除非该州立法机构授权州长指定一位参议员继任者，继任者可直接任职到下次大选，但大选中继任者只竞选其前任余下的任期。比如，每一位参议员任期为 6 年，如果有人在第 3 年去世，继任者继任一年后参加大选，获选者任期只有 2 年。现在 50 个州中有 49 个州都授权州长指定参议员继任者，只有俄勒冈州是例外，必须经过补选选出参议员的继任者。

1866 年以来，美国没有统一的联邦参议员选举制度，各州自行其是，大约半数州使用两院表决，即州议会两院以院为单位分别选举，直到两院各以过半数票选出同一人士为联邦参议员。这种制度的弊端是两院常常陷入僵局，以致国会开会后几个月，参议员的有些州议席还空缺。另外半数州使用"联席投票制"，即州议会两院议员一起投票，获多数票者当选。各州自行其是的选举制度给国会选举带来不少混乱。1866 年 7 月，参议员司法委员会向全院提交报告，建议国会通过法律，统一参议员选举制度。国会两院迅速通过了有关议案。

新的参议员选举方式为：州议会两院分别投票，采用口头表决方式选举参议员，次日两院应举行联席会议，清点两院表决结果。如果两院分别以过半数票选举同一人为联邦参议员，应即行宣布该人当选；如没有一个同时获得两院过半数者，该州议会两院应在同一会期每天中午 12 点，至少每日一次地举行联席投票，直至选出联邦参议员。

这种通过间接选举选出联邦参议员的做法一直沿用到 1913 年。1913 年，三分之二的州批准宪法第 17 条修正案，规定合众国参议员由每州公民选举，即在州议会选举参议员前先由该州选民预选，州议会的选举实质上只是对预选结果加盖公章。

目前，美国有 48 个州的参议员选举只需一次投票，获得简单多数者就可以当选，只有佐治亚州和路易斯安那州是例外。

参议员选举投票是非强制性的。

5. 众议员选举办法

美国宪法将众议员的选举原则规定为：国会众议员依据各州人口比例分配名额选出，众议员与人口的比例不得超过 1:3 万（即每位众议员至少须代表 3 万选民），但每个州至少应有 1 名众议员。美国人口普查每 10 年进行一次，依据普查结果重新分配众议院议席。如按此比例，美国国会现在议员数将高达 7000 人。现在的 435 位议员数是按 1910 年第 13 次人口普查结果定下的。在第 87 届国会时曾又给阿拉斯加和夏威夷各一个名额，使众议院有 437 名议员，但人们普遍认为像英国平民院那样拥有 650 个议席的立法机构太庞大、太笨重了，不希望再增加众议员数额，因此 1929 年国会将众议员总数固定为 435 名后，不再随人口增加名额。

美国宪法规定，众议员所代表的选民数不得少于 3 万，但实际中发现这个规定范围太宽，与最高法院通过案例确定的"尽量使每一位议员与其议员所代表的选民数相当"原则不相符。因此最高法院又通过了一个裁决划分选区人口比例差额不超过 3.1%。

1967 年美国又通过法律取消了所有以州为单位选举众议员的办法，即如果给某一个州分配了 3 个名额，该州必须在本周划分 3 个选区，每个选区选出一位议员，而不得全州选民集体投票选出 3 名议员，当然该州只有一个名额的除外。现行的众议院议席分配中加利福尼亚州的议席数最多，为 52 席；纽约州其次，为 29 席；阿拉斯加等 7 个州各有 1 席；仅有 14 个州的议席数超过 10 席。

众议院除有各州选出的议员外，还有从波多黎各自由邦来的属地代表（resident commissioner），哥伦比亚特区、美属萨摩亚、关岛、美属维尔京群岛的列席代表（delegates），这些派驻众议院的代表享有大部分议员的权力，只是不能投票表决。

6. 选举的管理

联邦竞选法规定由联邦选举委员会管理有关选举事务。联邦选举委员会由 6 人组成，他们经总统提名，由参议院认可产生。联邦选举委员会专门执行联邦选举管理办法，对违法行为提起公诉。

联邦竞选法规定，任何个人在同一年内，对同一竞选人的捐款不得超过 1000 美元，对所有候选人的捐款不得超过 25000 美元，对同一政治行动委员会的捐款不得超过 5000 美元，对同一政党的全国委员会捐款不得超过 20000 美元。任何政治行动委员会在一年内对同一候选人的捐款不得超过 5000 美元，对同一政党全国委员会捐款不得超过 15000 美元，参议院的民主党、共和党两个参议员选举委员会对同一个候选人的捐款不得超过 17500 美元。虽然法律对竞选经费进行了严格的控制，但实际中还是存在着很大的漏洞。捐赠者往往通过捐软款（soft money）的方式回避法律的约束（美国法律对选民将钱捐赠用于支持某一政策的数额没有限制，但实际上一项政策很可能就是某一位候选人倡导的，因此捐钱支持一项政策与支持该候选人并无区别）。

每个候选人必须在选举前 10 天或选举后 30 天内，向联邦选举委员会报告所收到的捐款和竞选开销，其中包括所有捐款在 100 美元以上的捐款人的姓名、通讯处和职业。

7. 选举的种类

选举分大选年选举、中期选举和补选等。大选年选举为 4 年一度的总统大选年的国会选举，届时，总统选举和国会选举同期举行；中期选举指两次大选年之间的第二年举行的国会选举。议员任期未满而辞职、死亡或被所属议院驱逐等形成空缺时举行的选举为补缺选举。

8. 现任议员构成

在现任参议院 100 席中，共和党占 55 席，民主党占 45 席。众议院 435 个席位中共和党占 223 席，民主党 211 席，独立候选人一席。

参议院中共有 9 名女议员，众议院有 58 名女议员，40 名黑人议员。

绝大多数国会议员为男性、白人、受过良好教育、中年、中等或中上等收入家庭出身。按职业划分，出身律师的最多，在众议院占 40% 以上，在参议院占 60% 以上；其次是企业家和银行家，真正来自工会的或蓝领的议员很少。

9. 连选连任

美国对总统的任职规定了连选连任不得超过两届的限制，但对议员的任期未做任何限制。事实上，美国议员的连选连任率相当高，众议院有 92% 再度竞选的议员获得连任，参议院也有 75%。在普通的大选中，众议院有 50—70 个席位的议员几乎不需作任何竞选努力就可连任。

在任者能较容易地连任成功的原因主要有：1. 可利用的资源较对手多。可以在电视、广播、集会上发表演讲，让选民了解、熟悉（选民在投票时，往往会更倾向于投给自己比较了解的人）；也可通过助手向选民发信，加强联系，让选民记住；更可以利用自己的职位为选区谋福利，让选民感激。2. 在任者较其对手更容易获得竞选资助。

10. 选举时间的故事

美国人为什么不像一些国家，大选投票在星期天举行？因为美国是个多民族国家，很多人都不习惯在周末工作，大选也不例外。美国人把总统选举日定在了11月第一个星期以后的第一个星期二，听起来有些拗口，可人家就是这么规定的！

那么，为什么不选择星期一呢？这是因为1845年确定这个日子的时候，美国还是一个农业国，当天有人很难早起赶到投票点，又不能让人星期天就启程，于是就给大家预留了一天的"赶路时间"。

后 记

我的拙作经过近五年多的努力,即将付梓,按捺不住激动之情。

我本退休有年,然因年轻时工作环境的缘故,饮酒损肝,硬化危旦,庆幸友人相助,得以延续生命。曾自我调侃:

叹今生

斗酒无度自损肝,
青龄为谁残!
可惜良辰虚度,
且容草草谋欢。
何时酒醒,肝硬移植,续延生命。
庆幸友人相助,
中阳妙手驱寒。

光阴急,光阴急。
碌碌无为虚设。
对酒高歌歌一曲,
驹过隙,狂风月。
人间万事今已歇,
空赢得,鬓成雪。
既有闲愁无人说,
重振奋,朝天阙。

感恩乃人之本分，我能有今日，当感恩友人之帮助安排联系。感恩 301 医院柴国君主任，是他提出了移植手术治疗建议。感恩天津第一中心医院沈中阳院长、朱志军副院长、杜洪印副院长、张雅敏博士等专家和医护人员高超的医术，妙手回春。在术后恢复期，感谢武警总医院移植回访中心牛玉坚博士、李莉大夫等。感谢我的单位经济日报社给予我精神上的慰藉、经济上的支持。感谢牟振华、李宝珍等的服务和理疗，才使我战胜病魔，得以安心写作。

徒有感恩之心，却是无以为报。细思深究，是生逢其时，是这个伟大的国家、美好的时代，处处充满了爱。你在公园锻炼时，一些素不相识的人出于关心，热情告诉你如何锻炼才能有益调养康复。然而对日新月异、致力于和平事业的中国，西方却竭力诋毁，甚至鼓动"颜色革命"。于是我就从西方所谓"普世价值"入手，看看他们究竟宣扬的是些什么东西。究其实质，原来他们兜售的"民主"即使在西方也没有形成共识，需要人类社会不断探索。那么作为一个中国人、一名共产党员，自己有责任和义务，讲好中国故事，向世界传达中国真实的信息，让世界认识正在伟大复兴之路不断奋进的中国。这就是我写作此书的动因与初衷。

一路走来，得到很多人的支持和鼓励。我的好友邱红军同志，虽然不在社会科学领域，但对本书的主题和涉及的内容，有着独特的见解，提出了许多很好的建议。

当我成书之际，我把它托付给从事出版和文化产业的汤曼莉女士，我们结识多年，彼此很了解。小汤说："做书，相知莫相负。"她是《货币战争》等畅销书籍的策划和责编，名声在外。看了我的书稿后，她建议将书名更改为《中国道路开启全球治理新模式》，果然有神来之笔、画龙点睛之妙，既直白又有某种神秘性，引人入胜。

"对作者而言，出书是'托付'，把凝聚心血的作品托付给值得信赖的编辑、出版社。一部成功的作品，是生命历程中值得记忆的总结和回望，写作是执著的，但当成熟后，摆在读者面前会是什么结果，心里没有把握，作为书的作者，依然希望通过努力，成为被认可、珍惜的那个'幸运儿'。"（汤曼莉语）由此我对各位编辑、出版社的同志们表示衷心的谢意。

中国人民代表大会制度理论研究会副理事长吕聪敏是我尊敬的兄长，不是兄弟胜似兄弟，他通篇亲阅我的书稿，并就书稿的立论、阐释提出不少中肯的建议。聪敏同志还把书稿推荐给人大制度研究专家、全国人大常委会办公厅研究室原主任程湘清审阅。聪敏同志还给我送来中国人大成立六十周年时中央领导同志的重要讲话资料，以及杨景宇、胡康生、刘政、李林等多位专家的论著，使我受益匪浅。在此一并表示衷心的感谢。

  当然，我的家人自不必说，她们为我操碎了心。外甥女李玖丽利用业余时间对全书手稿做了录入，付出太多辛劳。

  鉴于笔者自身文学修养、从业经历、理论水平所限，不足甚至错误在所难免，希望所有阅读此书的朋友们指正。

  如果说我还能写出点东西，说到底，那也是我们的党和国家坚持道路自信、理论自信、制度自信、文化自信给了我力量和激情，使我意识到，增强对外话语影响力是我们每个人的应尽之责。要使话语表达真正起到增信释疑、扩大共识或以正视听的作用，要学会针对国际舆论的分众化和差异性特点，找准题目，抓住本质，说清道理。做好这几点不容易，但应不断创新思维、创新方式，力求把对外话语表达做得更好一些。我本人愿为此继续努力。如能对中国的话语体系建设作出一点微薄的贡献，我则不胜欣慰。

杜月明
2017 年 4 月 26 日

主要参考文献

［美］罗伯特·达尔：《论民主》，李柏光、林猛译，商务印书馆1999年版。

［美］卡尔·科恩：《论民主》，聂崇信、朱秀贤译，商务印书馆1988年版。

［美］乔万尼·萨托利：《民主新论》，冯克利、阎克文译，上海人民出版社2009年版。

［美］马丁·贝尔纳：《黑色雅典娜：古典文明的亚洲之根》，郝田虎、程英译，吉林出版集团2011年版。

［美］亨利·基辛格：《世纪秩序》，胡利平、林华、曹爱菊译，中信出版社2015年版。

［美］亨利·基辛格：《论中国》，胡利平、林华、杨韵琴、朱敬文译，中信出版社2012年版。

［美］伊恩·莫里斯：《文明的度量》，李阳译，中信出版社2014年版。

［美］列斯特·坦尼：《活着回家·巴丹死亡行军亲历记》，范国平译，世界知识出版社2009年版。

［美］大卫·哈伯斯塔姆：《美国人眼中的朝鲜战争》，王祖宁、刘寅龙译，重庆出版社2011年版。

［美］查尔斯·琼斯：《美国总统制》，毛维准译，译林出版社2013年版。

［美］阿克塞尔罗德：《美国总统制》，王桂馨译，经济科学出版社2013年版。

［英］密尔：《论自由代议制政府》，康慨译，湖南文艺出版社2011年版。

［英］戴维·赫尔德：《民主的模式》，燕继荣等译，中央编译出版社1998年版。

［英］约翰·霍布森：《西方文明的东方起源》，孙建党译，山东画报社出版2009年版。

［英］阿诺德·汤因比：《历史研究》（下卷），郭小凌、王皖强等译，上海人民出版社2010年版。

［法］托克维尔：《论美国的民主》，张晓明译，北京出版社2007年版。

［法］卢梭：《社会契约论》，李平沤译，商务印书馆2011年版。

辛向阳：《20世纪西方民主理论论析》，山东人民出版社2011年版。

郑永年：《为中国辩护》，浙江人民出版社2012年版。

郑永年：《中国模式·经验与困局》，浙江人民出版社2010年版。

孙永芬：《西方民主理论史纲》，人民出版社2008年版。

韩玉芳、林泉等：《民主执政与民主发展》，知识产权出版社2012年版。

戴激涛：《协商民主研究》，法律出版社2012年版。

南振中：《亲历中国民主立法》，新华出版社2011年版。

应克复等：《西方民主史》，中国社会科学出版社1997年版。

宋鸿兵编著：《货币战争》，中信出版社2011年版。

俞可平主编：《西方政治学名著提要》，江西人民出版社2000年版。

金一南：《走向辉煌》，中华书局2012年版。